문명 중국, 현실 중국
중국을 보는 패러다임의 대전환

이 저서는 2022년 대한민국 교육부와 한국연구재단의 지원을 받아 수행된 연구임
(NRF-2022S1A5B5A17043309)

문명 중국,
현실 중국

이종민

중국을 보는
패러다임의 대전환

역락

감사의 말

　이 책을 쓰면서 박사논문 쓸 때의 열정이 되살아났다. 1998년 나는 「근대 중국의 시대인식과 문학적 사유: 梁啓超, 王國維, 魯迅, 郁達夫를 중심으로」라는 제목의 박사논문을 쓴 바 있다. 박사논문으로 볼 때, 이 책은 근대 중국에서 고대 중국으로의 역사 여행을 떠난 셈이다. 그렇지만 고대 중국이 낯선 세계는 아니었다. 박사논문의 대상인 량치차오, 왕귀웨이, 루쉰이 고대 중국에 조예가 깊은 학자들이었기 때문이다. 그들은 고대 중국의 거울을 통해 근대 중국을 보고 있었던 것이다. 당시 나는 고대 중국에 대한 공부가 부족한 상태여서 근대 중국의 문제에 집중하여 논문을 쓸 수밖에 없었다.

　21세기 중국이 대국의 꿈을 내세우면서 고대 중국을 공부할 기회가 찾아왔다. 역사 문화의 지속성 위에서 21세기 중국을 보는 일이 학문적 실천적 과제가 되었기 때문이다. 문제는 고대 중국의 텍스트인 갑골문, 청동기 금문, 출토 문헌, 전래 문헌 등을 읽는 일이었다. 그동안 많은 분들이 번역과 연구를 해놓은 덕분에 이 책이 탄생할 수 있었다. 이 자리를 빌려 번역자 및 연구자 분들께 진심으로 감사드린다.

　돌이켜보면, 기약할 수 있는 도전이었다. 고비에 처할 때마다 문득 떠오른 선생님들의 고민은 길을 열어가는 큰 힘이 되었다. 강의를 들을 때는 국학國學을 말씀하신 이유를 몰랐는데 우리 표준의 시각 정립이 얼마나 중요한 과제인지 알게 되면서 허성도 선생님의 뜻을 짐작할 수 있었다. 중국 고대 문헌을 가리고 있는 중국 중심주의를 벗겨내고 그 본의를 새롭게 해석한 김근 선생님의 시각은 이 책의 도전을 이어갈 수 있게 해주었다. 류영표 선생님과의 왕안석 토론은 고대 중국에서 관중과 공자의 관계를 새롭게 생각케 하여 이 책의 가장 중요한 논점을 정립할 수 있었다. 그리고 이 책을 처음 기획하고 탈고할 때까지 다방면의 비평을 건네준 김영찬 형께 감사드린다.

박사논문의 미완 부분을 완성하는데 25년의 시간이 더 걸렸다. 끝까지 약속을 지켜준 나 자신에게도 감사하고 싶다.

들어가는 글

걸어온 길을 알아야 가는 길이 보인다

중국은 지금 어디로 가고 있는 것일까. 현상적으로 보면 중국은 미국의 대공세, 제로코로나 정책으로 인한 인민의 불신, 성장 둔화와 경제침체 등으로 개혁개방 이래 최대의 위기 상황에 직면해 있다. 그러나 공산당 중앙집권 하의 지방행정의 일체화, 인프라 구축을 통한 전 중국의 교통 일체화, 하나의 중국 정책을 통한 사상문화의 일체화, 디지털 관리시스템을 통한 생활의 일체화 등을 기준으로 보면, 중국은 역대 최고의 '대일통大一統 통일국가' 체제를 갖추고 있다.

최대의 위기 상황 속에서 최고의 일체화된 국가 체제를 구축하고 있는 중국. 중국의 국가 목표인 통일국가 건설의 측면에서 보면 일정한 성과를 이룬 것이지만, 직면한 안보, 경제, 신뢰의 문제는 일체화된 체제를 균열시킬 위기 요인으로 작동할 수 있다. 이를 중국 딜레마라고 부를 수 있는데, 딜레마의 의미는 두 가지 길 가운데 어느 길을 선택해도 바람직하지 못한 결과가 벌어지는 곤란한 상황을 뜻한다. 현재 중국의 상황을 잘 설명해주는 개념이라고 생각된다.[1]

지금 한국은 딜레마에 빠진 중국과 직면해 있는데, 이럴 때일수록 중국이 걸어온 길을 통찰하여 어떠한 길을 가는지 잘 이해하는 일이 중요하다. 그런

---

1   시진핑 시대 중국이 직면한 딜레마의 총체적 양상에 대해서는 박민희, 『중국 딜레마』(한겨레출판, 2021) 및 이종민, 『역사의 거울로 보는 시진핑 시대 중국과 그 딜레마: 중국이 풀어야 할 7가지 근본문제』(서강대학교출판부, 2023) 참고.

데 지금 세계에 통용되고 있는 중국 시각을 보면, 대체로 중국, 서구, 일본 표준으로 만들어진 것이다. 표준은 자기 국가의 가치관, 국익, 지정학에 기반하여 세계를 보는 고유한 시각이다. 표준은 강대국만의 독점물이 아니며, 세계 속에서 자신의 위치와 나아갈 길을 모색하는 국가라면, 반드시 확립하고 있어야 할 인식의 기준점이다.

중국의 역사를 보는 시각에도 각 국가의 표준이 개입되어 있다. 가령, 중국은 대일통 통일국가를 지향하는 역사를 표방하지만, 서구는 중국/유라시아 유목국가의 관계사를 강조하고, 일본은 동아시아나 세계사의 하위범주로서 중국의 역사를 해석하여, 중국 중심적 시각에서 벗어나려고 한다.

또 황하문명보다 더 오래된 신석기 유적이 발굴되어 동아시아 문명의 시원으로 주목받고 있는 요하문명, 요동 만주를 농경, 유목 지역과 구별되는 혼합 문화 세력의 지역으로 인식하는 만주 국가론, 청대의 성격을 만주족 청 제국의 역사로 보는 신청사 등은 대일통 통일국가를 표방하는 중국의 역사 시각에 균열을 내고 있다. 동북아 지역에 대한 역사 해석을 둘러싸고 세계 각국의 표준이 충돌하고 있는 것이다.

학술이나 연구를 국가 단위로 보면 각 국가가 표출하는 가치 규범의 표출이고, 연구자 개인으로 보면 개성적 연구를 통해 공동체가 공유할 수 있는 가치 규범을 창출하는 일이다. 한국 학계에서도 중국 문제에 대해 자기 목소리를 내고 있지만, 전체적으로 볼 때 한국의 가치 규범이라고 할 만한 시각이 있는 것일까. 세계 학계의 선도적 연구에서 수용할 부분이 많아서 그렇기도 하지만, 세계 학계의 중국 시각에 내재한 문제를 발견하고 그 대안을 제기하는 성과들이 총체적으로 연결되어야 가능한 일일 것이다.

이 책은 상주商周 교체기에서 사마천司馬遷의 『사기史記』까지 '천년의 시간'을 대상으로 중국이 어떠한 국가로 탄생한 것인지에 대해 탐구한다. 이 시기를 연구한 이유는, 중국이 근현대 시기에 반反전통적인 사회 전환을 추구했지만, 21세기 중국을 보면 여전히 문명 전통의 지속성에서 벗어나지 못하기 때문이다. 과거에 이루어진 어떤 상태를 유지하려는 '경로 의존성path dependency'이 현재까지 이어지고 있다는 얘기다.

이 책을 쓴 또 하나의 이유를 들자면 한국 표준의 중국 시각이 있어야 한다는 것이다. 그동안 우리는 중국 문화를 동양적 지혜의 원천으로 보는 데 익숙해 있었다. 중국 문화는 이미 오랜 세월 인정된 것인데 왜 딴지를 거냐고 할 수도 있겠지만, 규범적으로 수용되어온 면이 강하여 이제 역사적 성찰이 필요한 시점이 되었다.

가령, 중국인 하면 떠오르는 이미지가 두 가지 있다. 하나는 공자로 상징되는 도덕군자나 『삼국지』 영웅의 이미지이고, 다른 하나는 만만디·체면·꽌시·실리·상술·근검·배타성 등 일반 중국인들의 생활방식에 관한 이미지다. 중국인에 대한 실감의 차원에서 보면, 군자·영웅의 이미지는 텍스트 속에 존재하는 이상적 인물형에 가깝고, 생활방식의 이미지가 실제 현실에서 만날 수 있는 중국인의 모습에 근접한다.

우리에게 익숙한 중국이라는 말도 본래 국명이 아니라, 왕의 수도라는 뜻에서 출발하여 세상의 중심이자 선진 문명국의 개념으로 확대된 것이다. 진·한·당·송 등으로 불리는 왕조의 명칭이 국명이었으며, 중원을 차지한 왕조들은 한족이든 비한족이든 스스로를 중국이라고 자부하였다. 그러나 역사적으로 볼 때 이러한 왕조들이 다 중국이라는 이름에 부합하는 문명국가였다고 보기는 힘들다. 중원 왕조들은 중국으로서의 문명의 우월성을 내세웠지만, 실제에서는 그에 상응하지 않는 일들이 공존했기 때문이다.

중국에 대한 이런 의문들을 제기하고 풀어가는 과정에서 나는 상주 교체기에 이르게 되었다. 전통적으로 중국은 주나라를 천명과 덕치에 기반한 인문정치가 시행된 나라로 여겼다. 서구에서도 크릴Creel을 비롯하여 상주商周 혁명을 강조하는 학자들은 신이 중심이 된 상나라에서 인간이 중심이 된 주나라로 발전한다는 인문주의 시각을 부각시켰다. 상주를 문명적 연속성으로 보면서도 주나라를 신과 분리된 인문화의 시기로 보는 장광즈張光直, 상주 전환을 하늘의 중추성 재천명과 인간의 도덕적 실천의 자각으로 인식한 벤저민 슈워츠Benjamin Schwartz 등 서구를 대표하는 중국학 연구는 인문주의에 기반한 학문 실천이라고 할 수 있다. 이들의 사유 속에는 공통적으로 주나라 하늘天 개념의 새로움 및 인간의 도덕적 실천의 자각이라는 학문 패러다임이 전제되어 있었다.

    나는 인문주의가 출발하는 상주 교체기에 관심을 두고, 이 시기의 정보가 담겨 있는 갑골문과 청동기 금문 및 『상서尙書』, 『시경詩經』 등의 전래 문헌을 읽어보았다. 그런데 이 과정에서 흥미로운 사실을 발견하였다. 주나라 천이 상나라 최고신 상제上帝를 대체하는 과정에서 창안된 것이라는 시각과 달리, 주족周族에게는 천이라는 최고신이 없었고 상제를 최고신으로 수용하고 있었다. 상주 교체기에 동시대적으로 쓰이고 있던 천이라는 말을 주나라 통치자들이 의식적으로 채택하여 상제에 상응하는 개념으로 발전시킨 것이었다.

    인문주의의 핵심은 인간의 도덕적 자각을 통해 이성적 사회로 나아간다는 것인데, 유교 사상사에서는 시대 전환을 설명하는 유효한 시각이 된다. 하지만 상주 교체기를 정치 경제에서 사회 문화에 이르는 총체적 시각으로 접근하면, 그 전환의 실제 모습이 달라질 수 있다. 주나라 건국의 중심에 천명 개념이 있었다는 것은 다들 동의하는 일이다. 총체적 시각으로 주나라 천명 개념을 살펴보면, 세 단계의 변화를 거치고 있었다. 문왕文王 시기에 주나라 하늘에서 다섯 별이 모인 오성취五星聚 현상을 통해 천명을 선언하고, 무왕武王 시기에 상나라 정벌과 주나라 건설로 천명을 실현하고, 상나라 유민의 반란이 일어난 성왕成王 시기에 진압의 정당성을 위한 역성易姓혁명론으로 진화하고 있었다. 그리고 덕·도덕적 자각과 연관된 인문주의 개념도 그 과정에서 생성되고 있었다.

신과 밀접히 연결되어 있는 고대 중국의 정치를 일반적으로 신정정치·제정일치·주술정치 등으로 부르는데, 나는 이를 '우주 정치'라고 명명할 것이다. 우주 자연 현상을 왕의 정치적 이해관계에 따라 해석하고, 상제와 조상신·자연신에게 제사를 지내는 일은 궁극적으로 왕권 보존 강화를 위한 목적을 지닌다는 점에서, 우주 정치라는 개념이 유용하기 때문이다. 우주 정치의 핵심은 조상신이 살아 있는 왕의 매개가 되어 상제에게 왕실의 바람이 이루어지도록 보우하는 일이었다. 그리고 지상의 왕은 하늘의 뜻을 잘 살펴 나라와 백성을 편안하게 다스리는 탁월한 힘을 지니고 있어야 했다. 그것이 바로 덕이며 천명의 지속성을 결정할 관건적인 기준이 되었다.

상주 교체기와 주나라 초기에 주 왕실은 천명 개념을 통해 상나라 정벌과 통치의 정당성을 확립했고, 대내외적 위기에 직면한 서주 중후기에는 천자를 중심으로 한 종법질서를 확립했다. 서주 중후기는 춘추시대로의 전환을 이해하는데 관건적인 지점이다. 우리는 천자·종법질서·예악문화 등이 주나라 초기에 형성된 것으로 알고 있지만, 실제로는 중후기를 거치면서 정립된 것이었다. 천자의 칭호는 강왕康王 때 금문에서 처음으로 보이며, 중후기에 이르러 본격적으로 사용되기 시작했다. 『시경』에서는 선왕宣王 때의 시에 처음 출현했는데, 이는 천자의 칭호가 주나라 초기가 아니라 주나라 왕이 통제하는 천하가 형성된 시점에서 쓰였다는 뜻이다.

고고학적 성과에 근거하면, 종법질서·예악문화 등도 주나라 초기가 아니라 중후기의 의례 개혁을 통해 이뤄진 것이었다. 주나라 초기에는 상나라의 의례 관행을 계승하고 왕을 중심으로 여러 종족의 구성원들이 의례에 참여했다. 그러나 서주 중기부터 왕실에 도전하는 귀족 관료들을 통제할 필요가 있었고, 또 왕실의 가족 성원이 증가하여 대종大宗-소종小宗의 서열 관계를 정리할 필요가 있었다. 서주 중후기 의례 개혁의 핵심은 왕실과 대종을 중심으로 권력을 차등화하는 것이며, 이를 가문의 차원에서 보면 종법질서가 되고 의례의 차원에서 보면 예악문화가 되었다.

대종 중심의 종법질서에 따라 분가한 소종들은 관직과 토지 배분에 있어 불리한 위치에 놓여 있었다. 군주 계승에 있어서도 장자(대종) 중심의 부자 상속이 원칙이었지만, 실제로 장자가 순조롭게 군주의 자리에 오른 경우는 별로 없었다. 유왕幽王 때 태자 폐위 문제와 연결되어 왕실이 몰락하고, 춘추시대 서막이 정鄭 장공莊公에 대한 동생 공숙단共叔段의 도전으로 시작한 것 역시, 서주 중기 이래의 내부 위기가 지속된 결과라고 할 것이다. 통치집단의 분열과 지속된 전쟁 및 그로 인한 민심의 이반으로 주나라 천명의 유한성에 대한 우려가 눈앞의 현실로 다가왔다.

서주시대에 일어난 변화는 춘추전국시대를 거쳐 진시황秦始皇의 통일국가에 이르기까지 지속되었다. 이러한 변화의 총체상을 상고시대 황제黃帝에서 한 무제武帝까지의 거대한 통사로 만든 것이 사마천의 『사기』였다. 상주 교체기에서 사마천의 『사기』에 이르는 '천년의 시간'은 바로 중국의 정체성이 만들어진 기축의 시간이었다. 그렇지만 이 시대에 관한 중국 지식이 특정 권력-지식 집단의 시각에 의해 만들어진 것이어서, 역사적 성찰이 필요하다는 점을 놓쳐서는 안 된다.

왜 그런 것인지 천명과 현실 정치의 관계를 통해 살펴보자. 통치자는 천명을 내세웠지만 지상에 세운 질서는 하늘의 질서라기보다, 통치자의 조상신과 그 혈족들이 정치공동체가 되어 지배하는 가족국가의 질서였다. 군주제가 바로 그것이며, 통치자의 최우선적인 관심은 언제나 권력과 부의 보존 강화에 있었다. 그들이 만든 질서는 우주 자연의 보편 가치가 아니라 혈족 안의 대종-소종의 차등, 종족 간의 정치적 차등, 백성 간의 신분적 차등에 기반하고 있었다. 덕치德治를 북극성과 뭇별의 관계로 비유하더라도, 그것은 평등한 민주사회가 아니라 최상위 통치자를 중심으로 조화로운 차등질서를 확립하는 것이었다.

천명으로 보면 덕치가 당위적 목표가 되지만, 현실 정치에서는 반드시 민생의 길로 나아가지는 않았다. 백성이 참여할 수 있는 정치적 공간이 주어지지 않았기 때문이다. 백성 역시 통치자의 덕치가 자신을 보호해주지 못한다는 사실을 깨달았을 때 스스로 생존을 도모하는 길로 나아갔다. 규범은 실재하는 제도가 아니라 통치 목적을 위해 만든 이념·가치·표준에 해당하는 것이어서, 당연히 사람들이 살아가는 세계와 간극이 생길 수밖에 없다. 주나라가 내세운 천명과 현실 정치의 간극이 심각해지면서 왕조의 몰락이 시작된 것처럼 말이다. 바로 벤저민 슈워츠가 질문한 "왜 인간들의 현실은 하늘의 규율에서 멀어지는가"와 상통하는 문제다.

사람들이 살아가는 세계는 주어진 규범을 그대로 따르지 않는다. 규범을 수용하는 사람들 각자의 이해관계에 따라 변형적으로 적용된다. 이러한 현상은 최상층의 통치자가 규범을 제정하여 그것을 따르도록 아래를 강제하는 사회에서 더 강하게 표출된다. 민주적 방식으로 제정된 규범이라 하더라도, 규범에는 보편적이고 추상적인 가치가 함축되어 있어서, 그 적용은 실행자의 상황에 따라 달라지기 마련이다. 고대 중국과 같이 최상위 통치자가 규범 제정을 독점하고 아래 통치 단위는 천자-제후-대부-사-민으로 층층이 분절된 거대 사회에서는 그 적용의 '자율성'이 더욱 커질 수밖에 없다.

이 책의 제목은 '문명 중국, 현실 중국'이다. 중국을 하나가 아니라 '두 중국'으로 보는 것은, 규범 속의 중국과 현실 중국의 상호관계를 이해하는 일이 중국 통찰의 핵심적인 사안이라고 보았기 때문이다. 규범과 현실, 이상과 실재가 일치하지 않는 것은 모든 나라가 마찬가지지만, 중국처럼 '규범 속의 나라'가 별도의 이름과 상상 세계를 지니면서 '현실 속의 나라'에 강한 영향력을 행사하는 경우는 찾아보기 힘들다. 그래서 두 중국이 탄생하는 역사적 맥락과 그 진실이 무엇인지를 이해하는 일이 매우 중요하다. 이점을 간과하면 '문명 중국'을 실제 중국으로 착각하거나 아니면 '중국의 이중성'을 강조하는 시각에 머물기 십상이다. 세계 중국학에 내재한 인문주의 시각도 이 문제에서 자유롭지 못하다.

또 두 중국의 '탄생'을 강조한 것은 중국의 정체성이 자연스럽게 형성된 것이 아니라 특정 권력-지식 집단의 이해관계에 의해 만들어진 것임을 역설하기 위함이다. 역사는 경쟁을 통해 진화하고 또 승자의 시각으로 역사가 쓰인다는 사실을 생각하면, 정체성이 만들어진다는 것은 당연한 일이다. 누구의 시각으로 어떻게 만들어진 것인지가 중요할 따름이다. 권력-지식 집단이 만든 인간의 역사를 이해하려면, 우리는 역사에 개입한 사람들의 시각을 꿰뚫어 볼 수 있어야 한다.

이 책의 천년의 시간 속에도 고대 중국인의 시각, 후대 중국인의 시각, 현대 연구자의 시각이 개입되어 있었다. 주나라 천 개념은 어떠했는가. 천 개념은 주나라 창업자들이 만든 것이며, 우리가 알고 있는 인문주의 천 개념은 후대 중국인과 현대 연구자들이 해석한 것이다. 상주 교체기의 천 개념과 인문주의 천 개념 사이에 간극이 있다는 얘기다. 더 정확히 말하면, 주나라 창업자들이 우주 정치적으로 해석한 천 개념과 인문주의에서 도덕적 자각으로 해석한 천 개념이 일치하지 않는다는 것이다. 이 책에서 시도한 작업은 주나라 창업자의 천 개념을 추적하여 인문주의 천 개념을 성찰하고, 이를 통해 상주 교체기의 역사 문화적 맥락을 통찰하는 일이다.

춘추시대에서 만나게 될 공자孔子도 주나라 주공周公의 시대를 이상으로 여겼지만, 고고학적 성과는 주공이 만든 것이라고 알려진 주례周禮나 예악문화가 서주 중후기 이후에 형성된 것이라는 점을 밝히고 있다. 이는 공자가 역사적 팩트를 말한 게 아니라 믿고 싶은 사실을 역사로 내세웠다는 것을 의미한다. 공자에게 중요한 것은 혼란한 현실을 바로잡기 위한 이상적 규범이었던 것이다. 수천 년이 지난 오늘날 그 진실 여부를 확증하기는 어렵다.

또 그러한 사유방식이 춘추전국시대 지식인들이 공유한 것인 만큼, 이 문제의 쟁점은 고대사회의 이상적 규범을 통해 제기하려는 개혁안이 현실적 타당성이 있는지가 되어야 할 것이다.

이에 대해 내가 시도한 작업은, 주공 관련 텍스트를 분석하여 주공의 본의가 무엇인지 해석하고, 춘추전국시대 중국인들이 내놓은 개혁안의 현실성을 평가하는 일이었다. 가령, 『상서』에 나타난 주공의 덕은 통치자가 갖추어야 할 탁월하고 포괄적인 힘이었다. 하늘-통치자-백성의 관계에서 보자면, 하늘-신-자연과 소통하며 그 뜻을 살피고, 왕-제후-관료가 하늘의 뜻과 선왕의 유훈에 부합하게 나라를 다스리고, 최종적으로 백성의 삶을 편안하게 만드는 능력을 총칭하였다. 주공의 덕은 도덕 행위의 의미보다는 통치 행위에 가까웠다. 『논어論語』에서도 주공에 관한 정보가 소략하기는 하지만, 천명-북극성의 질서-덕치-군자로 연결된 덕 개념 속에서, 주공의 덕과 아울러 공자가 발전시킨 덕 윤리를 찾아볼 수 있다.

또 주공을 직접적으로 언급하지는 않았지만, 실천면에서는 관중管仲이 주공의 덕을 현실 정치에서 구현한 것이라고 평가할 수 있다. 관중의 실천은 이 책에서 이상적 규범과 현실 정치를 균형 있게 이해하기 위한 기준점 역할을 한다. 관중은 주나라 전통 질서의 재정립을 목표로 하면서, 춘추시대를 선도하는 혁신 정책을 추진한 인물이었다. 관중은 주나라 몰락을 초래했던 규범과 현실 정치의 간극을 목도하면서, 춘추시대의 현실 속에서 그것을 극복할 수 있는 방안을 모색하였다.

관중은 백성의 욕구 충족을 바탕으로 한 생산적 직분사회를 만들어, 백성의 의욕을 고취하였다. 농민에게 토지를 지급하는 수전제授田制, 상공인들의 생산 활동 장려책, 그리고 국가 재정을 위한 경제정책을 시행하였다. 또 행정 조직과 군사조직을 일체화한 상비군제도, 민생경제를 기반으로 한 예의 규범 사회, 세족의 권력 기반을 통제한 중앙집권적 군주제, 제후국의 신뢰에 기반한 현실주의 국제정치 등은 제나라 패권의 비결이 되었다.

관중이 실천한 중앙집권 국가는 신분별·지역별로 분절된 사회에서 벗어나, 정치공동체로서 결속감에 기반하여 백성 누구에게나 적용되는 공적 규범으로 다스리는 나라였다. 이 공적 규범이 현대적 의미의 자유 평등의 가치가 아니라 조화로운 차등질서를 추구한 것임은 물론이다. 그러나 관중의 백성이 수동적인 피통치자에서 생산능력이 있고 예의를 아는 정치공동체의 구성원이 되었다는 점은 진보적 의미를 지닌다. 관중의 실천은 춘추시대 제나라를 배경으로 한 것이지만, 진 제국에 이르기까지 통치자들이 추구하는 현실주의적 개혁의 목표가 되었다.

근래에 와서도 생산적 직분사회는 사회주의 시기의 도농 정책과 호구 제도로 연결되었고, 백성의 욕구 충족과 예의 규범은 개혁개방 시대의 선부론先富論과 공동부유를 연상케 한다. 중앙집권적 군주제는 공산당의 권위주의 통치체제로 이어졌으며, 현실주의 국제정치는 현대중국의 차등적 국제관계 속에 그 원리가 지속되고 있다. 시대적 차이를 감안하더라도, 이러한 지속성은 관중의 실천을 중앙집권 국가의 원형으로 볼 수 있게 한다.

이렇게 관중의 실천을 중국 국가를 보는 기준점으로 놓으면, 역사에 개입한 후대 중국인의 시각을 성찰하기에 한층 수월해진다. 관중에 대해 후대 중국인들은 패도霸道정치를 시행하여 전국시대의 불행을 초래한 인물로 보곤 한다. 그러나 공자는 이민족 침입으로부터 중원을 보호하고 평화 질서를 이룩한 관중의 공을 높이 평가한 바 있다. 패도정치가로서 관중 비판은 맹자孟子가 역설한 것이지만, 맹자가 왕도王道정치를 위해 제안한 인정仁政을 보면 사실 관중의 실천과 별다른 차이가 없다. 관중의 실천 목표 역시 주나라 전통 질서의 회복에 있었기 때문이다. 『맹자』에 기술된 해박한 역사 지식과 전국시대 이야기를 볼 때, 맹자가 이 점을 몰랐다고 생각되지는 않는다. 맹자가 이상주의적 왕도를 내세운 것은 현실과의 타협이 아닌 '신념의 정치'를 추구한 것이었다. 전쟁의 시대에 평화를 위한 엄격한 규범이 없다면 더 잔혹한 세상이 될 수 있었기 때문이다.

이 책의 천년의 시간 후반부 판세는 진나라와 진시황이 쥐고 있다. 그런데 후대 중국인인 한나라 유생들의 시각이 진나라와 진시황의 평가에 개입되어 있어서 이를 균형있게 바로잡아야 한다. 냉혹한 형벌이나 연좌제와 같은 감시체제만으로 진나라를 보면, 진나라가 부강을 이룩하고 진나라 백성이 동시대 육국의 백성보다 안정된 삶을 누린 이유를 알 수 없게 된다. 특히 진나라 백성의 안정된 삶은 국가가 경작할 땅을 지급하는 수전제에 기인한 것인데, 이것을 정전제井田制에 반하는 토지 사유제로 규정하여 탐욕적인 제도라고 비난하곤 한다. 맹자도 그러하며 한대 동중서董仲舒의 시각도 강하게 영향을 끼쳤다.

그러나 정전제의 주 내용이 국가 소유의 땅을 일정 단위로 구획·배분하여 백성에게 경작케 하고 낮은 세금을 내게 하는 취지라면, 이는 상앙商鞅이 시행한 수전제와 그 취지가 대동소이하다. 수전제의 핵심은 개간한 황무지와 귀족의 영지·대토지 소유자의 땅을 수용하고, 분산된 땅을 효율적으로 재정비하여, 백성에게 기준에 따라 지급하는 것이다. 그리고 선진적인 경작방식을 통해 생산성을 높여 백성을 부유하게 하는 것이 일차적인 목표였다. 토지 사유화나 사적인 매매 허용이라고 비난한 후대 중국인의 시각과 달리, 국가가 땅을 지급하여 백성의 기본 생계를 보호한다는 취지가 수전제의 핵심이었다. 당연히 이 과정에서 기득권을 빼앗긴 세습 귀족이나 대토지 소유자들의 반발이 있었지만, 백성에게는 안정된 삶을 보장하는 일이었다.

이 제도는 관중이 시행하여 제나라 백성을 부유하게 만들었고, 진나라에서도 성공하여 백성이 매우 안정된 삶을 누렸다는 순자荀子의 증언이 있었다. 그렇다고 이 제도가 현대적 의미의 복지사회를 만들기 위한 것은 아니었다.

전쟁에서 승리할 수 있는 시스템을 갖춘 전쟁국가를 만드는 일이 제도 개혁의 최종 목표였다. 국가의 목표가 전쟁 승리라는 말이, 국민의 권리와 복지 증진을 목표로 하는 현대 국가의 입장에서는 이상하게 들릴 수 있다. 그러나 군주가 국가의 주인인 시대에서는 천하를 지배하려는 통치자의 욕망이 더 우선시되었다.

이러한 점을 고려한다면 상앙과 진나라 통치자들에게 정말로 던져야 할 질문은 토지 사유화 문제가 아니라, 전쟁국가가 진 제국의 성공과 멸망을 초래한 내적 원인이었다는 점이다. 변법變法은 진나라 백성의 의욕을 고취하는 데는 성공했지만, 전쟁을 지속해야 백성이 부유해지는 기형적 사회구조를 만들었다. 이로 인해 진나라가 전쟁 수행은 효율적으로 할 수 있었지만, 육국과의 세력 균형이나 국제평화에 관한 사유를 발전시키긴 못했다. 전쟁이 끝난 후 평화의 국면이 도래했을 때, 이 문제는 결국 진 제국이 육국의 민심을 얻지 못하여 단명케 되는 역설로 작용하였다.

춘추전국시대에서 통치자는 전쟁에 최종 승리하여 천하의 주인이 되는 것이 목적이었지만, 대부분의 백성은 안전하고 부유한 삶을 누리는 것이 목표였다. 그러나 백성은 여전히 국가의 보호를 충분히 받지 못했으며, 이에 서로 믿을 수 있는 사람과 결속을 맺어 이익을 공유하려는 생활방식이 형성되었다. 중국인들은 이러한 의리義利의 세계관을 바탕으로 서로의 생존을 위해 협력하고 이익을 공유하는 생존공동체를 구축했다. 중국의 일상세계에서 의리는 개인 간의 결속과 신뢰에 기반하여 가족처럼 믿고 의지하는 관계 형성의 윤리라고 할 수 있다. 개개인에게 의리가 중요하게 다가온 것은 혈연에 기반한 씨족사회가 와해되고 낯선 사람들이 모여 살아가는 새로운 환경이 형성되었기 때문이다. 이런 사회에서 신뢰할 수 있는 사람들과 결속을 강화하는 것이 생존에 관건적인 일이 되었다.

이 시대에는 세습 귀족 출신이 아닌 새로운 소양과 능력을 갖춘 인재들이 필요해졌으며, 이에 신의를 바탕으로 인적 관계를 형성한 사인士人들이 통치 집단과 연결되었다. 뜻이 맞는 사인들은 국가와 지역을 넘는 인적 네트워크를 형성하여 관료 지식인이 되기 위한 협력관계를 이루었다. 각국의 통치자들은 전쟁과 배신이 난무하는 상황에서 믿을 수 있고 능력 있는 인재를 초빙하여 사속私屬적 관계를 맺었다. 군신 간에는 군신유의君臣有義의 위계적 윤리가 작동했지만, 그 속에는 서로 간에 정치적 대의와 이익을 공유하는 신뢰감이 내재되어 있었다.

춘추전국시대 사회는 힘 있는 세력들이 한정된 재화를 차지하려 했고, 나라는 사람들의 안전과 생계를 보장하지 못하는 경우가 많았다. 이러한 상황에서 사람들은 제각기 신뢰 집단을 형성하여 생존을 도모하려고 했다. 사람들은 자신이 속한 집단의 생존과 이익을 우선했고, 그 집단 내부의 사람들끼리 협력하는 사회가 만들어졌다. 이로 인해 집단 내부에서는 신뢰와 이익을 공유하지만, 타 집단과는 배타적 경쟁 관계를 형성하기도 했다. 또 나라의 공적 규범이라 하더라도 자기 집단의 이해관계와 충돌하거나 무관할 경우 잘 준수하지 않는, 공공성 결핍의 문제가 발생하기도 했다. 중국인이 생명처럼 여기는 꽌시가 이러한 환경 속에서 탄생하고 있었다.

이렇게 믿을 수 있는 사람과 관계를 구축하려는 중국인의 방식은 내부뿐만 아니라 외부 세계에 대해서도 나타나는데, 바로 만리장성으로 표출되는 영토 경계선이었다. 장성은 유목국가의 침입을 막는 방어시설로 알려져 있지만, 현재 중국 및 세계에 통용되는 전국시대 장성 지도를 보면 흉노제국의 근거지인 내몽골 지역을 가로지르고 있다. 이 때문에 서구에서는 일찍이 장성이 방어시설이 아니라 유목국가의 영토를 공격하여 점령하기 위한 성벽이라고 주장하였다. 나는 전국시대 장성이 명 장성 북쪽에 있는 점에 의문을 표하고, 중국 사서와 유적 유물에 기반하여 그 실제 위치를 찾아보았다.

전국시대 장성 가운데 조 장성은 산서성 흔주시에서 오르도스의 하동에 이르는 요새이고, 연 장성은 산서성 흔주시에서 하북성 석가장시 일대에 이르는 요새이며, 진 장성도 내몽골을 넘지 않는 오르도스 지역에 쌓은 것이어서, 명 장성 북쪽에 위치하지 않았다. 그리고 이 장성들은 진·조·연 북쪽에 인접한 융적 국가와 동호, 조선의 일부 영토를 공격하여 점령한 후, 배후에 있는 흉노의 침입을 방비하기 위해 쌓은 것이었다. 장성은 통제력이 있을 때는 유효한 장벽 기능을 했지만, 통제력을 상실한 진한 교체기에는 쫓겨난 사람들의 진입을 막을 수 없었다. 특히 그 사람들이 흉노제국의 일원으로 가세함에 따라, 고토 회복이 한-흉노 전쟁의 일면이 되기도 하였다. 후한 말 중원이 분열되고 흉노제국이 와해된 이후에는, 장성 지대에 살던 종족들이 독립되어 세력을 확장함으로써, 향후 고토 회복의 문제가 중국사에서 벌어질 전쟁의 불씨가 되었다.

이러한 장성의 문제를 남기기는 했지만 중원은 진시황에 의해 통일되었다. 기원전 221년 진시황은 마지막 제후국 제나라를 병합하고 통일국가를 건설했는데, 주나라의 동천東遷으로 제후국이 분립한 지 500여 년이 훨씬 지난 시점이었다. 주나라 친족 사이였던 제후국들은 오랜 전쟁과 이합집산을 거치면서 독자적인 국가로 바뀌어 있었다. 각기 다른 지역과 종족과 문화를 기반으로 성장하면서 천하는 정체성이 상이한 나라들의 각축 공간이 되었던 것이다.

진시황은 전쟁으로 중원을 통일했지만, 정체성 통일에는 실패하였다. 이 일은 사마천의 『사기』를 기다려야 했다. 진 제국이 단명한 것을 보면서, 사마천은 중국이 통일국가로 결속될 수 있는 힘이 있어야 한다고 보았다. 사마천에게 그 힘은 황제를 시조로 하는 화하족의 보편사를 서술하여, 종족과 출신 지역이 다른 사람들을 역사공동체로 만드는 일이었다. 이러한 보편사는 중국 역사의 실재를 기술한 것이 아니라 당위적인 이상세계를 구성한 것이었다. 사마천의 통사 속에서 중국은 왕조 교체 속에서도 끊임없이 지속되는 역사공동체이자 통일국가로 탄생되었다.

이로부터 중국은 본래 한 조상에서 나와 동일한 지역에서 통일국가로 존재했다는 생각이 자리하게 되었다. 왕조의 창업자는 누구나 분열된 중국을 통일국가로 만드는 일을 자신의 천명이자 통치 정당성으로 내세웠다. 이러한 역사가 지속되면서 2천 년이 훨씬 지난 오늘날에도 『사기』의 보편사가 통일국가의 규범으로 작동하고 있는 것이다.

그렇지만 사마천의 시선이 보편사에 국한된 것은 아니었다. 규범의 차원에서는 중국을 통일국가로 만드는 보편사를 구성하면서도, 현실의 차원에서는 삶의 욕구에 충실한 인간들이 중국을 움직여나가는 세계를 통찰했던 것이다. 사마천은 역사 속에서 중국을 움직이는 인간세계의 힘을 발견했으며, 이것이 『사기』를 인간의 욕망이 출렁이는 삶의 현장으로 만들었다. 통일국가의 규범 하에서 자신의 욕망에 충실한 사람들이 서로 경쟁하며 만들어가는 세계, 그것이 바로 사마천이 『사기』에서 구성한 '이원적 세계'로서 중국의 역사였다.

이러한 이원적 세계에는 필연적으로 보편사와 인간세계의 간극이 내재되어 있었다. 이것은 통일국가를 통치 규범으로 내세우는 제국이 직면할 수밖에 없는 문제이며, 통치자의 입장에서는 이 간극을 얼마나 균형적으로 관리할 수 있는지가 국가안정의 관건이었다. 역대 통치자들 가운데는 대일통 규범은 내세우면서도, 백성의 욕구 충족을 위한 책무를 간과하는 이들이 많았다. 사마천은 중국의 통치자를 위해, 부덕과 실정이 백성의 원망으로 이어지면 왕조 교체의 역사가 반복된다는 사실을 끊임없이 경고하였다.

이상이 상주 교체기에서 『사기』까지 천년의 시간 동안 중국이 어떠한 국가로 탄생한 것인지에 관한 대략적인 내용이다. '문명 중국, 현실 중국'의 두 중국은 『사기』의 이원적 세계와 상통하는 개념이다. 두 중국의 탄생 과정에서 중국의 경로 의존성이 형성된 것이며, 이점을 통찰하고 있어야 현대 중국이 가는 길을 이해할 수 있다. 그런데 이 시기에 관한 연구서를 보면 대체로 인문주의 개념에 기반한 연구 경향이 자리한 것으로 보인다. 천명, 도덕, 왕도, 예치 등의 개념으로 구축된 중국의 인문 세계가 바로 그러한데, 부국강병을 추구하는 현실 중국의 세계와 상당한 간극이 존재한다.

학문의 세계와 실제 현실 사이에 간극이 있는 것은 당연한 일이다. 학문은 현실 세계에서 실현되지 못한 가치나 이상을 발견하여 제기하는 것이 중요한 소명이기 때문이다. 문제는 그 가치나 이상에 대한 역사적 성찰이 결여되어 있을 때, 현실 세계의 통찰을 장애하는 선입견이 될 수 있다는 점이다. 이런 맥락에서 이 책은 문명 중국의 세계와 현실 중국의 세계를 상호작용의 관계로 이해하는 길을 찾는 작업이다. 나는 이 일이 세계가 만든 중국 지식을 성찰하여, 새로운 중국 시각을 정립하는 출발점이라고 생각한다.

이제 우리가 알던 상식은 잠시 내려두고, 두 중국 탄생의 역사를 찾아 천년의 시간 속으로 들어가 보자.

차례

감사의 말 • 5
들어가는 글: 걸어온 길을 알아야 가는 길이 보인다 • 7

1장 ── 천명天命 - 주나라 건국의 진실 • 27
1. 오성취五星聚, 하늘에 새겨진 지상의 권력 • 29
2. 상제上帝는 주나라 최고신이었다 • 36
3. 천명, 통치 정당성을 위한 우주 정치 • 45
4. 봉건제, 가족국가와 그 한계 • 51

2장 ── 열국의 패권 욕망과 정통성 만들기 - 춘추시대의 내면 풍경 • 63
1. 유왕과 포사, 왕조 몰락의 공식 서사를 넘어 • 65
2. 제후들의 욕망, 천명은 나의 것 • 74
3. 천하 경쟁과 정통성 만들기 • 85
4. 전쟁의 시대가 열리다 • 99

3장 ── 중앙집권과 부강의 길 - 제 환공과 관중 • 105
1. 권력과 인재의 만남 • 107
2. 백성을 부유하게 하라 • 115
3. 창고가 차야 예의를 안다 • 126
4. 중앙집권, 부국강병을 이루다 • 137
5. 신뢰의 국제정치, 패권국이 되다 • 144

4장 — 공자孔子, 천하 규범을 찾아서 • 153

1. 천명을 안다는 것 • 155
2. 북극성과 하늘의 질서 • 159
3. 주공周公의 덕 • 169
4. 관중의 힘, 대의를 실현하다 • 181
5. 중용, 균형과 공감의 정치 • 188
6. 공자, 오래된 미래의 규범 • 195

5장 — 천하 통일을 위한 방안과 민심 - 전국시대의 딜레마 • 201

1. 진秦나라를 보는 편향성을 넘어 • 203
2. 상앙의 변법, 토지와 작위가 만든 전쟁국가 • 210
3. 맹자의 인정仁政, 전쟁시대에 도덕 정치는 가능한가 • 220
4. 제자백가, 통치와 민심은 일치될 수 있는가 • 230

6장 — 중국 사회를 움직이는 힘 - 의리義利의 세계관 • 241

1. 대동大同사회의 꿈 • 243
2. 믿을 수 있는 자는 누구인가 • 253
3. 의義, 혼란된 세상의 기준이 되다 • 258
4. 성문법의 등장과 귀족사회의 불안 • 273
5. 외유내법外儒內法과 중국식 통치 세계 • 280
6. 생존공동체, 대의와 이익을 공유하는 사람들 • 284

7장 ── 중국의 대국화와 만들어진 변경 • 297

    1. 중국이 장성을 쌓은 내막 • 299
    2. 전국시대 장성이 왜 명 장성 북쪽에 있는가 • 304
    3. 고토 회복, 동아시아 전쟁의 기원 • 313
    4. 머나먼 평화의 길 • 321

8장 ── 통일국가의 탄생 − 진시황과 사마천 • 333

    1. 승자와 기억되고 싶은 역사 • 335
    2. 『사기』, 통일국가의 탄생 • 343
    3. 인간은 의리義利를 먹고 산다 • 352
    4. 26사史, 중국 왕조가 지속되는 이유 • 361

글을 마치며: 두 중국 딜레마의 통찰이 중국 이해의 관건이다 • 368

주요 참고문헌 • 382
찾아보기 • 388

1장

천명天命
주나라 건국의 진실

1. 오성취五星聚, 하늘에 새겨진 지상의 권력

주나라는 상나라를 정벌하고 새로운 나라를 세운 정당성을 하늘에서 구했다. 그러나 주나라 통치자를 제외하고는 하늘이 그러한 뜻을 내렸는지 알 수 있는 사람은 없었다. 이에 주나라의 상나라 정벌에 대한 평가는 보는 시각에 따라 극명하게 달라졌다. 제후국인 주나라가 왕의 나라 상나라를 정벌한 것으로 보면 불의한 행위가 되고, 천명에 따라 무도한 상나라 왕을 처벌한 것으로 보면 의로운 행위가 될 수 있었다. 전국시대 제자백가의 상반된 평가들[1]이 이 점을 잘 보여주는데, 그만큼 역사의 진실이 어디에 있는지 밝히기가 쉽지 않다는 것이다. 먼저 이에 관한 루쉰魯迅의 얘기를 들어보자.

주 무왕은 정벌의 명목으로 중국에 들어왔고 은과 민족도 다른 것 같으므로 현대적인 용어로 표현하자면 그야말로 침략자다. 그러나 그 당시 민중의 목소리는 이제 남아 있지 않다. 공자와 맹자는 확실히 왕도王道를 대대적으로 선전한 바 있다. 그러나 선생들은 주 왕조의 신민일 뿐이며, 여러 나라를 주유했지만 이 모든 것은 관리가 되고자 한 활동일지도 모르겠다. 좀 더 근사하게 말하자면

---

[1] 무왕의 상 정벌을 포함한 하상주 삼대의 왕권 찬탈과 그 정당성 문제에 대한 제자백가의 평가에 대해서는 사라 알란, 『선양과 세습』(오만종 옮김, 예문서원, 2009) 제6장 철학자들 참고.

"도를 행"하기 위해 그렇게 한 것이다. 관리가 되면 도를 행하는 데 수월하고, 관리가 되고자 한다면 주 왕조를 칭찬하는 것보다 더 손쉬운 일은 없다. 그러나 다른 기록을 보면 왕도의 전문가이자 창시자인 주 왕조일지라도 토벌 초기 백이와 숙제가 있었으니 말을 막으며 간언하는 이들을 끌어내지 않을 수 없었다. 또 주紂의 군대가 저항하자 그들의 피로 방망이가 떠다닐 정도였다. 이어서 은의 백성이 또 반란을 일으키자 이를 '완민頑民'이라고 따로 호칭하면서 왕도 천하의 인민에서 제외하긴 했지만 결국 결점 같은 것이 생겨난 것 같다. 좋은 왕도는 완민 하나만 있어도 그 근거가 없어지는 것이다.[2]

주나라의 천명을 받은 문왕, 무도한 상나라를 정벌한 무왕, 왕도정치와 예악문화의 기틀을 만든 주공. 주나라 창업 성군에 대한 이 서사는 전통시기 중국이 수천 년간 신봉했던 이상적 정치의 표준이었다. 그런데 루쉰은 이 서사의 역사적 실재성에 대해 세 가지 의문을 제기한다. 첫째, 주 무왕은 은나라를 정벌(침략)한 것으로 이를 반대한 백이 숙제의 간언이 있었다. 둘째, 피로 방망이가 떠다닐 정도로 잔혹한 살상을 한 전쟁이었다. 셋째, 정벌 이후 옛 풍속을 그리워하며 새로운 정치를 싫어한 은나라 유민의 반란이 있었다. 그리고 이러한 주나라의 창업 과정을 왕도정치라고 칭찬한 것은 공맹의 유가들이 관리가 되기 위한 선전에 불과했다.

---

2   루쉰, 「중국에 관한 두세 가지 일」(한국루쉰전집번역위원회 옮김, 『루쉰전집』 제8권, 그린비, 2010), 33쪽. 나카자토 가이잔은 『지나와 지나 국민에게 보내는 편지』에서, 중국인은 침략자의 성격을 지닌 은나라와 주나라뿐 아니라 원과 청과 같은 침략자라도, 국가를 안정시키는 힘이 있고 민생을 보호하는 실리가 있으면 왕도라고 칭송했다고 주장했다. 은나라와 주나라가 침략자의 성격을 지니고 있다는 것은 중국인의 상식에서 벗어난 말이지만, 루쉰은 이에 동감을 표했다. 그리고 유가의 이상은 왕도이지만 인민은 패도가 약화되거나 가중되지 않기를 바랐을 뿐이라고 하면서, 중국 왕도정치의 기원인 서주시대에 대해 비판적 의견을 제기했다.

루쉰의 세 가지 의문은 역사적 차원에서 대체로 사실로 인정되는 얘기다. 그러나 이 점을 왕도정치와 연계된 사상 문화적 차원에서 논의하면 민감하게 충돌하는 정치적 사안이 된다. 루쉰의 글에는 생략되어 있지만, 백이 숙제가 은나라를 정벌하러 가는 무왕을 막으며 '간언'한 말은, "신하로서 임금을 죽이려 하니 인仁이라 할 수 있겠소"[3]였다. 주나라는 은나라를 섬기는 제후국인데, 무왕이 은나라를 정벌하려는 것은 신하가 왕을 시해하는 불의한 일이라는 뜻이다. 백이 숙제의 간언은 주나라의 천명을 근본적으로 부정하고 있는 것이다. 그런데 이상하게도 무왕 측에서는 폭력으로 막으려 할 뿐 별다른 반론을 제기하지 않는다. 무왕의 은나라 정벌이 문왕의 천명을 이어받은 것이라면, 당연히 백이 숙제의 간언을 천명론으로 반박했어야 했다. 이렇게 민감한 상황에서 반론이 없었다는 점은 의문이 들지 않을 수 없다.

물론 백이 숙제의 간언이 당시의 실록이 아닌 전승된 이야기여서 그러할 수도 있다. 하지만 역사는 승자의 기록인 만큼, 후대에 전승된 이야기라면 더욱더 승자의 입장을 개입시키기 쉬운 법이다. 이 점에 대한 의문은 무왕 때 제작된 청동기 명문 두 편에서 그 실마리를 찾아볼 수 있다. 무왕이 상나라를 정벌한 지 8일째 되던 신미일에 주조한 청동기 <이궤利簋>에는 무왕이 상나라를 정복했다는 기록이 나온다.

> 무왕이 상나라를 정복했다. 갑자일 새벽 목성이 상공에 떠 있었다. 저녁부터 아침까지의 시간에 상나라를 손에 넣을 수 있었다. 신미일에 왕이 간 지역의 군사 집결지에서 기록관 이易에게 좋은 청동기를 하사했다. 이에 이가 선조 전공을 위해 소중한 제기를 만들었다.[4]

---

3 『史記』「伯夷列傳」. "以臣弑君, 可謂仁乎." 번역은 『사기열전』(김원중 옮김, 민음사, 2017) 참고.
4 <利簋>. "珷征商, 唯甲子朝, 歲鼎, 克聞夙有商. 辛未, 王在柬間空師, 賜右史利金, 用作䢅公寶尊

<이궤>에는 무왕이 상나라를 정벌한 시간과 아울러 당일 새벽에 목성이 상공에 떠 있는 특이한 천문 현상이 기록되어 있어서, 사건이 일어난 시간을 확정하는 데 매우 중요한 사료가 된다. 그러나 기록이 간략하여 무왕의 상나라 정벌의 배경이 되는 천명에 관한 언급은 보이지 않는다. <이궤> 이후에 제작된 것으로 보이는 <천망궤天亡簋>에는 상나라 정벌 후 무왕이 천실天室에서 문왕과 상제에 의례를 행하는 기록이 나온다.

　　을해일에 왕께서 큰 전례를 행하셨다. 왕께서 배를 타고 세 지역을 둘러보시고, 천실에서 제사를 지내고 내려오셨다. 천망이 왕을 보좌하여 빛나는 문왕에게 성대한 제사를 지내시고, 상제에게 희禧 제사를 올리셨다. 문왕께서 위에서 보고 계셨다. 빛나는 문왕께서 모범이 되셨고, 위대한 무왕이 이를 완수했으며 상나라의 제사를 끊으셨다. 정축일에 왕께서 큰 제사를 거행하셨다. 왕께서 천망에게 뿔잔에다 술을 따라주셨다. 나는 왕에게 칭찬을 받음이 있어 민첩하게 존귀한 궤에 왕의 아름다움을 드높이노라.[5]

　　무왕이 상나라를 정벌한 직후 문왕과 상제에게 지낸 제사는 천명을 완수한 자신의 대업을 고하고 감사를 올리는 의례였다. 이 명문에도 천명에 관한 직접적인 언급은 보이지 않지만, 하늘에서 문왕이 상제와 함께 있고 또 상나라의 제사를 끊어버렸다는 것은, 주나라가 상나라를 대신하여 천명을 새롭게 받았다는 점이 전제되어 있다. 문왕이 하늘에서 상제를 보필하고 자손이

　　彝." 청동기 금문의 원문과 번역은 박원규·최남규, 『중국고대 금문의 이해』(신아사, 2009), 왕휘, 『상주금문 상하』(박노봉 옮김, 학고방, 2013) 참고.

5　<天亡簋>. "乙亥, 王又(有)大豐(禮). 王汎三方. 王祀于天室, 降. 天亡又(佑)王, 衣祀于不(丕)顯考文王, 事喜(饎)上帝. 文王監才(在)上. 不(丕)顯王乍(作)省, 不(丕)緐(肆)王乍(則)(庚), 不(丕)克乞(訖)衣(殷)王祀."

감사의 의례를 올리는 모습은 주나라의 천명을 다각적으로 묘사한 『시경』 「문왕지습文王之什」을 연상케 한다.[6] <천망궤>의 의례 장면은 분명 천명이 배경이 되어 이루어진 일인데, 이러한 행위의 원천이 되는 천명에 대한 언급이 없다는 점은 의문으로 남는다.

이러한 의문은 기록된 사료에 근거한 판단이며, 당시 구전으로 천명에 관한 이야기가 전승되고 있었을 가능성은 열어두어야 한다. 가령, 리펑은 팬케니어Pankenier의 「천명의 우주 정치적 배경」[7]에 근거하여 다음과 같은 흥미로운 설명을 한다. 기원전 1059년 5월 말, 태양계의 다섯 주요 행성(목성, 토성, 화성, 금성, 수성)이 주나라 도성의 서북쪽 하늘 적위 2도에서 7도 사이로 측정되는 좁은 공간에 모였다. 주나라의 전승 기록에 적오赤烏 별자리가 지상에 있는 제단에 내려앉아 오성취五星聚가 만들어진 것으로 전하는 이날은, 현대 과학을 통해 상나라 마지막 왕 재위 32년 차에 해당한다는 사실이 밝혀졌다. 이것은 516년마다 일어나는 아주 드문 천문 현상으로 주나라 천명을 상징한 것으로 받아들여졌다. 이를 계기로 문왕은 왕권을 선언했고, 이에 따라 공식적으로 상의 체제에서 독립하게 되었다.[8]

『죽서기년竹書紀年』 주紂왕 32년을 보면 "오성이 하늘 방房 자리에 모이고, 붉은 새가 주나라 제단에 내려 앉았다五星聚于房, 有赤烏集于周社"[9]라는 구절이

---

6   『詩經』「文王之什」. "문왕께서 위에 계시니, 아, 하늘이 밝게 빛나네/ 주나라는 오래된 나라지만 그 명은 새로운 것이네/주나라가 크게 번영하고, 상제의 명이 때에 잘 맞도록/문왕께서 오르내리며 상제 옆에서 보필하네. 존귀하신 문왕 아름다운 명성 끝이 없네/주나라에 복을 내리어 문왕 자손들이 누리시네/문왕 자손들은 백세토록 집안이 번영하고/주나라 모든 신하들도 대대로 영달하지 않겠는가."(文王在上, 於昭于天, 周雖舊邦, 其命維新. 有周不顯, 帝命不時, 文王陟降, 在帝左右. 亹亹文王, 令聞不已, 陳錫哉周, 侯文王孫子, 文王孫子, 本支百世, 凡周之士, 不顯亦世)

7   David W. Pankenier, "The Cosmo-political Background of Heaven's Mandate", Early China Vol. 20, 1995.

8   리펑, 이청규 옮김, 『중국고대사』, 사회평론, 2017, 142쪽.

있는데, 이것이 바로 오성취 현상을 기록한 내용이다. 이를 별자리 시간을 측정하는 프로그램으로 조사해본 결과, 기원전 1059년 5월 말 상나라 주왕 32년 차에 실제로 일어난 천문 현상으로 확인된 것이다. 이는 주나라의 천명이 상 정벌을 정당화하기 위해 사후에 만들어진 이야기가 아니라, 문왕 시기에 오성취 현상을 천명의 징조로 받아들인 일종의 계시적 왕권 선언이었다는 점을 뜻한다.

왕권 선언은 상나라에 대한 도전을 시사하며, 실제로 문왕이 공공연한 반역 행위를 벌이기도 했다. 하지만 강대한 상나라가 현실 권력으로 존재하는 상황에서 주변국인 주나라가 역성혁명을 소리 높여 주장하기는 힘들었을 것이다. 천명을 받았다는 계시적 선언과 상나라를 대체하는 새로운 왕조 건설의 힘을 가졌다는 것은 별개의 문제이기 때문이다. 백이 숙제가 무왕의 상나라 정벌을 막았을 때 천명론이 등장하지 않은 것은 이러한 정황을 반영한 것으로 보인다. 주나라 천명에 관한 기록이 처음으로 보이는 청동기 명문은 무왕 사후 성왕 5년 때 제작된 <하준何尊>이다.

> 왕이 처음 성주 낙읍으로 수도를 옮기고, 여전히 무왕의 예에 따라 복제를 천실에서 거행했다. 4월 병술 일에 왕은 종묘에서 소자에게 말하기를 "옛날 너희 부친께서는 문왕을 잘 보필했기에 문왕이 (천명을) 받을 수 있었다('文王受茲□□'). 무왕이 천읍상天邑商을 멸한 후 하늘(천)에게 고하기를, '나는 장차 낙읍에 궁실을 건설하고, 중국(중앙 지역)인 이곳에서 백성을 다스리고자 한다'고 하셨다. 오호라! 너 소자는 아직 견식이 없어 대명을 알 수 없지만, 너희 부친 공씨는 하늘로부터 작위를 부여받고 그 사명을 완성했으며, 하늘을 공경하고 잘 받들어 모셨음을 알아야 한다'라고 했다. 공덕을 갖추고 상제를 잘 받들어

---

9 『竹書紀年前漢記後漢記』, 臺灣商務印書館영인, 18쪽.

모시는 왕이 이 우둔한 소자 하를 훈도하셨다. 왕의 훈계가 끝나고 난 뒤 하에게 패 30붕을 하사하시어, 부친께 제사드릴 존귀한 준을 만들었다. 때는 성왕 5년이다.[10]

<하준>에는 <이궤>나 <천망궤>에서 보이지 않던, '문왕이 (천명을) 받을 수 있었다文王受玆□□'는 언급이 출현한다. 다만 두 글자가 잘 보이지 않는데, <하준> 전후의 기록인 『상서尙書』「대고大誥」와 청동기 <대우정大盂鼎>에 <하준>의 위 구절과 동일한 내용으로 보이는 문장이 있다. 여기에 근거하면 보이지 않는 두 글자는 천명, 제명帝命, 상제명上帝命, 대명大命이라고 해도 무방하다.

「대고」는 『상서』에서 천명이 처음으로 등장한 텍스트다. 「대고」는 성왕 2년경 주공의 섭정을 의심한 관숙管叔·채숙蔡叔이 무경武庚·회이淮夷 등과 연합하여 삼감三監의 난을 일으키는데, 성왕이 출정하기 전에 우방국 제후와 관리들을 소집하여 진압의 정당성을 알리는 내용이다. 주나라 천명론으로 보면 폭군 주왕의 악행으로 상나라가 금방 무너질 듯 허약해 보이지만, 무왕의 상나라 정벌은 주나라 힘만으로는 역부족이어서 여러 부족 및 우방국과의 연합을 통해 진행한 것이었다. 전쟁 승리 후 무왕은 상나라 도읍 근처에 형제인 관숙·채숙을 배치하여 감시하게 하고, 상나라 주왕의 아들인 무경을 명목적 통치자로 삼아 상나라 사람들을 지배하게 했다. 2년 후 무왕이 죽고 어린 성왕成王을 대신하여 주공이 정권을 잡자, 관숙·채숙이 무경과 옛 상

---

10 <何尊>. "隹(唯)王初 (遷)宅于成周, 復稟(禀)斌(武)王豊, 福自天. 才(在)三(四)月丙戌, 王(誥)宗小子于京室, 曰: "昔才(在)爾考公氏, 克(仇)玟王. (肆)玟王受玆大令(命). 隹(唯)斌(武)王旣克天邑商, 則廷告于天, 曰, '余其宅玆中或(域), 自之辟(乂)民.' 烏虖! 爾有唯(雖)小子亡(識), (視)于公氏又(有)(爵)于天(徹)令(命), 苟(敬)享(哉)!" 叀王龏(恭)德谷(裕)天, 順(訓)我不每(敏). 王咸(誥), 易貝卅朋, 用乍(作)(庚)公寶彛. 隹(唯)王五祀."

왕조의 세력을 끌어들여 전면적인 반란을 일으켰다. 주나라의 우방국과 관료들조차 반란에 대한 군사적 진압을 지지하지 않을 정도로 주공은 커다란 위기에 빠지게 되었다.

무왕 사후 바로 터져 나온 상나라 '완민'들의 대대적인 반란과 주나라 내부 왕족의 분열, 우방국과 관료들의 동요는 주나라를 통합할 수 있는 이념, 가치, 규범의 부재를 의미하는 것이었다. 이로 인해 무왕 사후 권력의 구심이 약화된 상황에서 주나라 내부의 반란과 동요가 이어지게 되었다. 무엇보다 상나라 유민의 반란은 주나라의 존립 자체를 위태롭게 하는 일이었다. 「대고」의 천명론은 바로 이러한 위기적 상황에서 등장한 것이다. 이 때문에 「대고」의 천명론은 문왕의 천명에 대한 계시적 차원을 넘어, 하늘의 명으로 무도한 상나라 왕을 정벌한 것이라는 역성혁명론을 부각시키며, 이를 통해 상나라 반란 세력에 대한 진압 의지와 내부 동요 세력에 대한 메시지를 강하게 전달했다.

이렇게 보면, 주나라 천명론은 문왕 시기에 오성취 현상을 통해 천명을 선언하고, 무왕 시기에 상나라 정벌로 이를 완수하고, 상나라 유민의 반란이 일어난 성왕 시기에 진압의 정당성을 위한 역성혁명론이 정립된 것으로 볼 수 있다.

2. 상제上帝는 주나라 최고신이었다

주나라 천명 개념을 논의할 때 반드시 주목해야 할 점이 있는데, 천명을 언급하는 텍스트에서 천, 천명이라는 말과 아울러 제(상제), 제명(상제명)이라는 말이 함께 쓰이고 있다는 사실이다. 앞에서 인용한 청동기 <천망궤>뿐만 아니라 「대고」에서도 그러한데, 왕(주공)이 우방국과 관리들에게 훈시하는 구절을 읽어보자.

> 아아! 힘써주시오! 그대 제후들과 관리들이여! 나라가 밝아짐은 어진 일로 말미암는 것인데, 또 그 열 명의 현명한 이들만이 상제명을 알고 있소 하늘(천)은 성심으로 우리 주나라를 돕고 있소. 그대들은 법도를 가볍게 보지 마시오. 더군다나 지금 하늘(천)은 우리 주나라에 명을 내렸지 않소. 그대들은 천명은 바꿀 수 없음을 모른단 말이오?[11]

위 문장에서 상제명과 천명은 호환해도 될 정도로 의미 차이가 느껴지지 않으며, 하늘(천) 역시 제나 상제로 쓰더라도 무방하다. 여러 청동기 명문과 문헌에서 천과 상제가 동시에 쓰이고 있는데, 천실처럼 공간을 나타내는 경우를 제외하면 대체로 동일한 신격을 지닌 개념으로 보인다.[12] 과거 인문주

---

11 『尙書』「大誥」. "嗚呼肆哉, 爾庶邦君, 爾庶邦君, 越爾御事.爽邦由哲, 亦惟十人, 迪知上帝命. 越天棐忱, 爾時罔敢易法, 矧今, 天降戾于周邦. 惟大艱人誕鄰, 胥伐于厥室, 爾亦不知天命不易." 『尙書』 번역은 『신완역 서경』(김학주 옮김, 명문당, 2015) 참고.

12 근래의 연구에서는 대체로 이점에 동의하고 있다. 이와 달리 에노Eno는 서주 후기에 천이 재앙을 내리는 신격으로 등장하는 점에 착안하여 긍정적인 역할을 수행하는 상제의 개념과 구별된다고 주장한다(Eno, Robert, *The Confucian Creation of Heaven*. Albany, New York: State University of New York Press, 1990). 그러나 처음부터 이러한 구별이 있었던 것은 아니다. 주 왕실이 의식적으로 선택한 천이 기존의 상제보다 사용 빈도가 많아지는 과정에서, 점차 천명과 재앙을 내리는 절대자가 천이라는 관념이 형성되었던 것으로 보인다. 상제는 본래 하늘에 있는 최고신이라는 말인데, 갑골문에서 상제와 우주의 관련성이 발견되지 않아, 상제가 상족商族의 조상신이나 제단, 꽃 꼭지에서 기원한 것이라는 주장이 있었다. 근래 팬케니어의 연구("A Brief History of Beiji(Northern Culmen), with an Excursus on the Origin of the Character di", *Journal of the American Oriental Society* Vol.124, 2004)에서 상제의 갑골 문자 형상은 북극성을 중심으로 하는 별자리 모양에서 기원한 것이고, 주족周族에게 하늘 중심의 우주관이 있었다는 주장이 제기되었다. 이 주장에 근거하면, 상제가 북극성 별자리에서 기원한 최고신이고 또 주족이 하늘 중심의 우주관을 지니고 있었기 때문에, 주나라에 상제와 새로운 하늘로서 천을 수용할 수 있는 개념적 원천이 존재한 것이 된다. 이 우주론적 관점이 상제와 천의 관계 및 주나라에서 이 개념을 수용한 내적 원인을

의 시각에서는 주나라의 최고신인 천이 상나라의 최고신인 상제를 대체하는 과정에서 천명이 창안된 것이라고 인식했다.[13]

주나라의 천이 상제를 대체하는 것이었다면 텍스트에서 천과 상제가 위계적인 관계로 나타났을 터인데, 그런 사례는 보이지 않는다. 상주 교체기에 천이 주나라의 최고신으로 등장하려면, 당연히 주 왕조 성립 이전부터 주족의 신으로서 천이 존재해야 한다. 그렇지만 발굴된 고고학 유물이나 문헌에서 이러한 신은 등장하지 않는다. 오히려 『시경』에 상의 시조 신화를 모방한 주의 시조 신화가 나오는데, 어머니 강원姜嫄이 상제의 발자국을 밟은 후 시조 후직后稷을 낳은 것으로 되어 있다. 후직의 탄생이 상제와 연결되어 있는 것인데, 만일 주족의 최고신이 천이었다면 당연히 '천의 발자국'을 밟고 태어난 것으로 되었을 것이다.

이 점은 상나라와 주나라의 역사적 관계를 시사해준다. 상나라 후기의 갑골문과 주원周原에서 발견된 주나라의 갑골문을 종합해보면, 서로 다른 세 부류의 주가 존재했다는 점이 확인된다. 원래 주는 섬서성 중부 지역의 주원에 위치한 독립국이었지만, 무정武丁 시기의 어느 시점에 상에 복속되었다. 이때 복속된 주는 하나라 때부터 줄곧 이 지역에 살던 강姜성의 주족으로, 상나라를 멸망시킨 희姬성의 주족이 아니었다. 상나라 무정은 이 지역을 정벌한 후 상족의 제후를 책봉했는데, 갑골문에서 '주후周侯'라고 불리는 존재였다. 이 상족의 주는 상나라 왕의 명을 수행하거나 상 조정이 주도하는 제사의례에 참여하기도 했으며, 상나라 왕 또한 주나라에 재앙이 없도록 기원하는

한층 해명할 수 있다. 그리고 후대에 점성론이 북극성 중심의 천체관을 지니고 있고, 공자가 덕치를 북극성과 뭇 별의 관계에 비유하고, 도가의 최고신 태일(太一)이 북극성이라는 점 등이 명료하게 해명될 수 있다.

13 이러한 시각은 Creel, Herrlee의 연구(*The Origins of Statecraft in China*, Chicago and London: The University of Chicago Press, 1970)에서 형성되기 시작한다.

등 친근한 관계에 있었지만 존속 기간은 매우 짧았다. 강성의 주, 상족의 주와 구별되는, 희성의 주는 하나라 때 주원을 떠나 산림으로 들어가 융적 사이에 살다가, 고공단보 때 다시 돌아와 부락을 이루었다. 이들은 서부 변방에서 상나라 국가 제사를 위한 포로 사냥을 하는 등 속국으로 활약하면서 세력을 키웠으며, 제을帝乙 제신帝辛 시기에는 그 공로를 인정받아 주 문왕이 서백西伯으로 불리게 되었다. 이렇게 무왕의 정벌 이전까지 주는 상의 영향력 아래에 있는 방국이었던 것이다.[14]

주 왕조 이전 시기의 도읍이었던 주원에서 출토된 갑골문을 보면, 주족이 상의 갑골문을 공유하고 있었다는 점을 알 수 있다. 이는 주가 상에 복속되었을 때 상의 통치질서와 문화를 받아들이면서 상의 최고신 상제를 수용하고 있었음을 보여준다. 하지만 상제의 수용이 주족 고유의 신(조상신)에 대한 숭배 금지가 아니며, 최고신 상제 밑에서 주족의 조상신을 숭배하는 서열 관계가 형성되었다는 것을 뜻한다. 이렇게 상제는 상의 최고신이면서 주의 최고신이기도 했고, 상의 통치질서를 수용한 많은 방국의 최고신이 되었을 것이다. 그렇다면 주나라의 천명을 이해하기 위해선 먼저 상제가 어떠한 존재인지 살펴보아야 한다.

갑골문이 등장한 무정 시기[15]는 상제뿐만 아니라 조상신, 땅, 강, 산, 바람, 태양, 새, 동물 등 다양한 신과 정령에게 제사를 올리며 점복을 하던 다신앙의 시대였다. 이것은 상나라 시대에 자연 재해, 질병, 외부 침략 등 생존을 위협

---

14 상과 주의 역사적 관계에 대해서는 장광즈, 『중국 청동기시대』(하영삼 옮김, 학고방, 2013), 4. 은주(殷周) 관계의 재검토 및 김정렬, 『서주 국가의 지역정치체 통합 연구』(서경문화사, 2012), 제2장 제3절 商周革命의 여정, 리쉬, 『상나라 정벌』(홍상훈 옮김, 글항아리, 2024), 477~480쪽 참고.
15 갑골문의 시기는 대체로 동쥐빈의 연구에 따라 5개 시기로 구분한다. 제1기: 무정, 제2기: 조경祖庚·조갑祖甲, 제3기: 늠신廩辛·경정庚丁(강정康丁), 제4기: 무을·문정, 제5기: 제을·제신.

하는 일이 그만큼 많이 발생했으며, 신성한 의식을 통해 그 일을 일으키는 것으로 보이는 힘들을 숭배하며 재앙과 불확실성을 피하려 한 것이라고 여겨진다. 갑골문에서도 초기에는 신들에게 어떠한 재앙이 있을지에 대한 점복이 위주였으나, 이후 다양한 제사를 통해 재앙을 피할 수 있는 길을 찾으려는 변화가 나타났다.[16] 이는 상나라 사람들에게 궁극적으로 점복과 제사의 의미가 무엇이었는지 시사해주는 일이라고 할 것이다.

아울러 주목해야 할 점은 자연신에게 제사를 올리는 일이 점차 사라지고 상제가 자연신의 역할을 포괄하며 최고신으로서의 위상이 정립되어가는 현상이다. 연구자들은 상제가 최고신으로 등장하는 시점이 상과 그 통치 혈족의 패권 확립과 일치한다는 견해를 공유하고 있는 듯하다. 천하에서 왕이 보편적 패권에 관한 권리를 주장하는 것은 신들의 세계에서 최고신이 출현하는 것과 병행한다는 얘기다.[17] 여기서 최고신 상제의 위상이 어떠한지 장광즈 張光直의 설명을 들어보자.

> 복사卜辭에서 말하는 '상제'는 천지와 인간의 화복을 주재하는 존재—농업 생산과 수확, 전쟁의 승패, 도시 건설의 성패, 은나라 왕의 화복을 결정하는 최고의 권위였으며, 게다가 기근을 내리고, 질병을 내리고, 홍수를 내리는 일도 관장했다. 상제는 또 자신의 제정帝廷을 갖고 있었는데, 그중에는 태양, 달, 바람, 비 등과 같은 몇몇 자연신을 그의 관리로 삼았다. 또 제정帝廷의 우두머리를 통칭할 때에는 항상 오五라는 숫자를 사용했다. 제정帝廷의 관리들은 제가 부렸으며, 제의 의지를 시행했다. 은나라 왕이 제에게 도움을 청할 일이 있으면, 절대 상제에게 직접 제사를 드리지 않았으며, 제정의 우두머리를 제사의 매개로

---

16 윤내현, 「商王朝史의 연구—甲骨文의 중심으로」(단국대학교 박사논문, 1977), 제4장 제2절 崇神思想의 변천 참고.
17 벤자민 슈워츠, 나성 옮김, 『중국 고대 사상의 세계』, 살림, 2004, 50쪽.

삼았다. 동시에 상제는 돌아가신 선왕을 직접 알현했는데, 이를 '빈賓'이라 불렀다. 은나라 왕이 풍년이나 날씨에 대해 빌 때는 선조에게 먼저 빌고, 그 선조가 다시 상제를 '알현하여賓' 인간 세상에 있는 왕의 바람을 전달하도록 했다.[18]

상제의 위상에 대한 장광즈의 설명은 연구자들이 대체로 공유하는 시각이다.[19] 신과 밀접히 연결되어 있는 고대 중국의 정치를 일반적으로 신정정치, 제정일치, 주술정치 등으로 부르는데, 나는 이를 '우주 정치'라고 명명할 것이다. 하늘의 세계에서 상제의 지지를 받기 위한 선조들의 경쟁이 벌어지고, 또 우주 자연 현상을 왕의 정치적 이해관계에 따라 해석하는 등의 일은, 궁극적으로 지상의 왕이 왕권을 보존 강화하기 위한 현실 정치적 목적을 지닌다는 점에서, 우주 정치라는 개념이 유용하기 때문이다. 우주 정치의 핵심은 조상신이 살아 있는 왕의 매개가 되어 상제에게 왕실의 바람이 이뤄지도록 보우하는 일이었다. 지상의 왕은 성대한 제사와 점복을 통해 상제의 뜻을 살피는데, 이러한 의례는 왕의 독점적인 권한으로 현실 권력을 강화하는 신성한 행위가 되는 것이다.

그런데 상제가 최고신으로 정립된 이후인 조갑祖甲 시기에 이르러 제사 체계에 커다란 변화가 생겼다. 즉 상 왕실과 직접적인 관계가 없는 먼 조상先公의 제사를 배제하고 순혈 중심으로 재정비를 하며, 매일 조상의 간지 이름에 따라 일년내내 오종五種 제사를 순환하여 올리는 새로운 제사 체제가 정립된 것이다. 자연신과 먼 조상은 상 왕국을 구성하고 있던 상족 이외의 다른

---

18 장광즈, 『중국 청동기시대』, 476쪽.
19 상제와 신들의 관계에 대한 장광즈의 설명은 키틀리Keightley의 연구(*The Religious Commitment: Sang Theology and the Genesis of Chinese Political Culture*, History of Religions 17, 1978)에 기반하고 있으며, 시라카와 시즈카 역시 동일한 설명(고인덕 옮김, 『한자의 세계』, 솔출판사, 2008, 제3장 신화와 배경)을 하고 있다.

부족의 고유신인데, 이들에 대한 제사가 제거되고 상 왕실 중심의 제사 제도가 확립된 것은, 상족의 중앙 권력이 강화되었다는 것을 의미한다.[20]

이와 더불어 주목할 점은 선조 무정의 신위를 '제정帝丁'이라고 칭하는 등 조상의 신위에 최고신 상제의 이름을 붙이는 현상이 출현했다는 것이다. 일 년의 시간을 조상 제사로 질서화하고 신위에까지 상제의 호칭을 붙인 것은, 상 왕족의 특권을 최고신의 수준으로 상승시키려는 목적이라고 할 수 있다. 상의 마지막 두 왕이 제을, 제신의 호칭을 쓴 것은 조상의 신위를 넘어 살아있는 왕에게까지 상제의 권위를 부여하는 우주 정치를 보여준 셈이다.

상 말기의 이러한 현상을 장광즈는 '상제와 상족의 결합'[21]이라고 하고, 벤자민 슈워츠는 최고신과 특정 혈족의 권리 주장이 밀착된 '세속화' 경향[22]이라 하며, 중국정치사상사 연구자인 류쩌화도 이러한 관점[23]을 취하고 있다. 하지만 결합이라는 말이 무색할 정도로, 조상신에게는 일년 내내 오종 제사를 지내면서도 정작 왕의 간청을 최종적으로 들어줄 상제의 모습은 갑골문에서 잘 보이지 않는다. 조상신의 제사가 강화되고 또 왕이 지상의 상제가 되면서, 상 말기는 조상숭배를 통한 왕의 권리 주장의 시대가 된 것이었다.

최고신의 등장과 왕의 패권 확립이 병행한다는 학계의 시각과 달리, 상

20　윤내현, 『상주사』, 민음사, 1988, 74~76쪽.
21　장광즈, 『중국 청동기시대』, 549쪽.
22　"주초의 종교적 이념에서 가장 핵심적 위치를 차지하여 두각을 나타내는 천명이라는 개념의 핵심에는 하늘 자신의 충추성이 자리잡고 있다. 최고신의 초월적 역량은 결코 어떤 특정 혈족의 권리 주장과 뗄 수 없을 정도로 결합되지는 않는다. 따라서 만일 상 말기가 "세속화"의 경향을 대변한다면, 주의 창건에서 우리는 최고신의 종교적 중심성에 관한 재천명이나 이에 대한 전례없는 새로운 찬양을 목격한다. 중국 사상사에서 하늘이라는 개념이 이른바 국가 종교라는 체제 속에서 겪는 변화의 형태와는 관계없이, 조상이 아니라 하늘이 제국의 권력을 정당화시켜 주는 최후 권위로 남게 된다." 벤자민 슈워츠, 『중국 고대 사상의 세계』, 64쪽.
23　류쩌화, 장현근 옮김, 『중국정치사상사』 1, 글항아리, 2019, 제1장 상대의 정치관념 참고.

말기의 모습은 왕의 패권이 강화될수록 최고신은 명목적인 존재가 된 것으로 보인다. 그렇다면 여기서 근본적인 의문이 생긴다. 우주 자연과 인간사의 모든 일을 주관하며 그 위력이 최고인 상제가 어떻게 자신을 보필하는 하위 신과 인간 왕에게 권위를 넘겨줄(빼앗길) 수 있는 것인지.

엘리아데Eliade에 따르면, 하늘의 최고신이 신앙 의례에서 점차 사라져 감추어진 신이 되는 것은 고대문화 단계에서 이미 확인된 현상이다. 이는 부족의 종교 생활에 미치는 하늘의 영향력이 작아졌기 때문이지만, 그럼에도 불구하고 선조들에 대한 염원이 모두 공허하게 끝났을 때 마지막 간청의 대상으로 최고신을 부른다고 한다.[24] 엘리아데의 설명처럼, 상 말기에 인방人方의 침입으로 위협에 처했을 때 상 왕은 평소와 달리 아홉 무당巫九을 동원하여 하늘과 땅의 신들에게 제사를 올리며 다급히 구원을 요청하고 있었다. "하늘과 땅의 신들에게 제사를 지내면 내가 보우를 받을 수 있을까?"[25]

그렇지만 상 말기에 상제가 감추어진 신이 되었다거나 상제와 조상신의 위상이 변화되었다고 보기는 힘들다. 상 말기 세속화 경향 속의 상제는 명목적인 존재로 보일 수 있지만, 주나라 천명론 속의 상제는 상 왕의 행위를 분노하면서 지켜보고 있었기 때문이다. 상제는 상 왕의 행위가 도를 넘고 또 그를 대체하는 새로운 왕이 나타나자 천명을 바꾸어버렸다. 상제가 천명을 바꾸는 과정에서 상족의 조상신은 상제의 눈치만 살필 뿐 아무런 도움도 주지 못했다.[26]

그렇다면 상의 조상신과 왕은 상제가 부여한 권한을 자의적으로 행사했던 것이며, 그 결과 상 왕은 천명을 잃고, 조상신은 상제의 측근의 자리에서

---

24   M. 엘리아데, 이은봉 옮김, 『성과 속』, 한길사, 2019, 125쪽.
25   김경일, 「제5기 黃組 갑골문에 기록된 商族과 東夷 관련 텍스트의 상관성 분석 – '天邑商'과 '征夷' 텍스트를 키워드로」(中國言語研究 第74輯, 2016), 168쪽.
26   이점에 대해서는 『尙書』「召誥」 참고.

밀려나고, 상나라는 멸망하고 말았던 것이다. 이러한 관점에서 보면, 상 말기 세속화 경향은 상제와 상족의 결합이 아니라 상제의 뜻을 살피지 않고 권한을 남용하여, 상제와의 '간극'이 심각하게 벌어진 상태가 된다.

상 말기 우주 정치에 내재된 이러한 간극은, 상 왕의 점복이 미래 예언을 구하기 위한 것이라기보다 닥쳐올 재앙과 불확실성을 피하기 위한 것에 가깝다는 사라 알란Sarah Allan의 주장을 환기시킨다. 갑골문의 복사를 보면, 미래를 예언하는 점사占辭가 없는 경우가 많고, 그 징험이 나타났는지에 대한 험사驗辭는 더욱 보기 힘들며, 대부분 이미 만들어진 점복의 결과를 기록한 것이었다. 상 왕은 희생을 바치면서 갑골에 일어난 균열을 보고 재앙이 있을지 길할지를 판단하고, 만약 재앙이 발생했을 때에는 그 원인을 찾아 제사를 수정했다.

상 말기에 이르면 갑골의 뒷면에 홈을 만들어 '卜'자 형 균열이 일어나게 하여 길흉의 징조를 판독했는데, 더욱 인위적인 작업이 돼버린 것이다. 이러한 점복은 장래를 예언하기보다 영령이 제물을 받아들였는지 확인하여 재앙을 피하는 데 목적이 있었기 때문이다.[27] 상 말기에 조상신 중심의 제사 체제가 확립되고 상제의 칭호를 빌린 것도 우호적인 점복을 기대하는 욕망이 극대화된 것이라고 할 수 있다.

이는 역설적으로 상제가 왕의 뜻대로 움직일 수 있는 존재가 아니라는 것을 의미하며, 자신에게 우호적인 조상신을 내세워(혹은 다른 종족의 신들이 상제에게 접근할 수 있는 통로를 차단하여) 현실 정치를 지배하기 위한 의도인 셈이다. 이러한 욕망이 결국 상제가 부여한 권한 이상의 힘을 조상신과 살아 있는 왕에게 부여하게 만든 것이다. 상제를 보필하는 조상신의 힘을 과신하

---

27   갑골문 점복에 대한 사라 알란의 시각에 대해서는 사라 알란, 오만종 옮김, 『거북의 비밀: 중국인의 우주와 신화』, 예문서원, 2002, 5장. 상 왕조의 제사와 점복 참고.

고 살아있는 왕을 신격화하는 일은, 현실 권력을 영원히 소유하기 위한 통치자의 탐욕에 다름 아니었다.

조상제사가 정착되면서 일 년 내내 제사를 지내는데 필요한 막대한 재원과 인력을 하위 국가에서 더 수탈해야 했으며, 이로 인해 현실에서는 전쟁과 위기의 징후가 곳곳에서 발생했다.[28] 우주 정치를 통해 상나라의 영원성을 이루려는 탐욕이 결국 상나라를 멸망하게 만든 주요 원인이 된 것이다.[29] 이렇게 보면 상 말기에 이미 상제와 상족 사이에 심각한 간극이 생기고 있었으며, 이러한 상황 속에서 주나라가 상족과 분리된(상족에 대한 지지를 철회한) 상제의 보편성을 재천명한 것이라고 할 수 있다.

3. 천명, 통치 정당성을 위한 우주 정치

주원에서 출토된 갑골문에는 주족의 선조 제사와 관련된 갑골문뿐 아니라 상족의 선조에게 제사를 지내는 갑골문도 있다. 이 갑골문이 주원에서 출토된 것이기 때문에 주족이 상족의 조상신을 숭배한 것이라는 주장도 있는데,

---

[28] 상나라가 멸망한 주요 원인 및 주 문왕이 반역을 결심한 내재 동기와 관련하여, 리쉬의 『상나라 정벌』을 주목할 필요가 있다. 상나라에서는 국가제사에 인신공양을 행하고, 왕족과 귀족의 무덤에 사람을 순장하고, 건물을 지을 기초 아래에 사람을 매장하는 관습이 지속되었다. 상나라의 인신공양의 관습은 문헌에서 감춰져 있었던 것인데, 상나라 유적을 발굴하는 과정에서 적나라하게 드러난 충격적인 사실이었다. 상나라의 의례를 지속하기 위해선 인신공양을 위한 대규모의 포로들이 필요했으며, 당시 주나라는 상나라를 위한 포로 사냥꾼으로 활약하였다. 그런데 주 문왕이 상 주왕에게 감금되었다가 풀려나는 과정에서 큰 아들이 인신공양의 희생이 되는 사건을 겪었고, 이것이 주 문왕이 상나라에 반역을 결심하는 계기가 되었다. 리쉬의 관점을 수용하면, 위의 사건 이후 주 문왕이 오성취 현상을 통해 왕권 도전을 위한 천명을 주장하는 등 본격적인 반역 활동에 나서게 된 것이었다.
[29] 상나라가 주나라에 의해 멸망하게 된 현실 정치적인 요인에 대해서는 공원국, 『춘추전국이야기』 1(위즈덤하우스, 2017), 제2장 역사의 시작과 주나라의 탄생 참고.

이는 조상신을 매개로 한 우주 정치를 이해하지 못한 시각이라고 생각된다. 앞에서 살펴보았듯이, 무정 시기에는 상제뿐 아니라 조상신, 자연신이 상 왕실의 제사 대상이었으나 조갑 시기에 이르러 상족 혈족 중심으로 제사 체계가 재편되었다. 이것을 현실 정치적으로 해석하면 종족 연합체에서 상족의 중앙집권이 강화되는 현상으로 볼 수 있다.

아울러 이 과정에서 주목할 부분이 타 종족의 신이라고 배제되었던 선공先公과 자연신이 강정康丁 시기에 조상신 고조高祖의 신위가 되어 왕실 제사 체계에 다시 포함된 점이다.[30] 이렇게 왕실의 보존 강화에 도움이 될 수 있는 신들을 친근한 조상신으로 만들어 일 년 내내 제사를 지냄으로써 왕실의 재앙을 피하고자 한 것이다. 이는 왕실을 파괴하거나 재앙을 내릴 수 있는 상제나 자연신과 달리, 조상신은 혈족으로 연결된 우호적인 존재로 인식되었기 때문일 것이다.

조상신에 대한 상 왕실의 관념을 이해한다면 타 종족인 주족에게 자신의 조상신을 숭배하도록 허용해주는 일은 생각하기 어렵다. 이것은 상족의 조상신이 자신이 아닌 타 종족을 수호하게 해주는 일이며, 더 나아가 상제에게 타 종족의 지지를 허용케 하는 반역이 될 수도 있기 때문이다. 마찬가지로 주족도 자신들에게 우호적인 존재는 자신들의 조상신이며, 상족의 조상신이 자신들을 수호해줄 수 있다는 생각은 품지 않았을 것이다.

<천망궤>에서 보았듯이, 무왕은 상 정벌 직후 천실에서 자신의 선조인 문왕과 상제에게 제사를 올리고 상나라의 제사를 끊어버렸다. 그리고 문왕 시기에 천명을 받았던 것을 감안하면, 주원에서 주족은 이미 선조와 상제에게 제사를 올렸을 것이며, 이러한 의례가 <천망궤>에 묘사된 것이라고 할 수 있다. 상 말기에 조상신을 매개로 한 우주 정치 관념이 공유되고 있었다면,

---

30   윤내현, 「商王朝史의 연구－甲骨文의 중심으로」, 제4장 제2절 崇神思想의 변천 참고.

주족이 상족의 조상신을 섬기지 않았을 것이라는 점은 분명하다. 이러한 갑골문이 주원에서 출토된 이유에 대해서는 진전된 연구가 필요하겠지만,[31] 주족의 조상숭배 의식을 담은 갑골문은 아니었을 것으로 보인다.

주원에서 출토된 갑골문 가운데 다음과 같은 각사刻辭가 있다.

> □□일에 문무(정의 종묘에서) 왕이 하늘天에 소제와 체제를 지내고 … 주나라 방백方伯을 책봉하는데 … 이 일이 아주 잘 끝나며 … 왕이 보우를 받을 수 있겠습니까?[32]

이 각사에서 '왕이 하늘天에 소제와 체제를 지내고'라는 구절에 천이 쓰이고 있다. 앞에서 주족에게 천이라는 최고신이 존재했던 게 아니며, 주나라 초기에 상제와 동일한 개념으로 쓰인 말이라고 했다. 이제 천이라는 말이 어떻게 등장하여 주나라의 최고신이 된 것인지 살펴보자.

위 각사는 상 말기 제을, 제신 시기의 갑골문이며, 또 무왕의 상 정벌 직후 제작된 <천망궤>에 천실이라는 말이 사용된 것으로 보아, 상주 교체기 상과 주에서 천이라는 말이 동시대적으로 쓰이고 있었다고 할 수 있다. 천은 본래 무정 시기 갑골문에서 왕의 머리나 왕의 머리 위에 있는 하늘을 뜻하는 말로 사용되고 있었다. 상제와 같은 최고신의 신격을 지니지 않았으나, "반드시 사악함을 제거하는 제사 어를 지내면서 소를 쪼개어 하늘에 바칠까?惟禦折牛于天?"의 구절처럼, 하늘과 연결되어있는 신성한 공간의 뜻을 함축하고 있었다.[33]

---

31 리쉬는 주원의 갑골문이 대단히 작고 새겨진 글자가 좁쌀 같아서 의례에 적합하지 않은 것이라는 점을 근거로, 이것들은 상나라 갑골문이 아니라 주 문왕이 상나라를 모방하여 점복과 복사를 연습한 것이라는 흥미로운 주장을 한다. 이에 대해서는 리쉬, 『상나라 정벌』, 681~685쪽 참고. 리쉬의 관점을 따르더라도, 이 갑골문은 주 문왕의 점복 연습을 위한 것이지, 주족이 상족의 조상신에게 제사를 지낸 것은 아니다.

32 각사 해석은 왕우신, 『갑골학통론』(이재석 옮김, 동문선, 2004), 489쪽.

그리고 상나라 말기에 당시의 도읍과는 다른 특별한 읍을 지칭하는 '천읍상(天邑商. 하늘의 도읍 상)'이라는 말이 출현했는데, 이곳에서 상나라의 중요한 제사의식 및 군대의식이 수행된 것으로 보인다. 천읍상은 중상中商이라고도 불렀는데, 중상을 중심으로 하여 다른 지역을 방위에 따라 동토, 서토, 남토 그리고 북토라고 불렀다.[34] 엘리아데에 따르면, 종교적 인간은 자신의 나라가 대지의 중앙에 놓여 있고, 자신들의 도시가 우주의 배꼽을 구성하며, 신전이나 궁전이 바로 진정한 세계의 중심이라고 여겼다고 한다.[35] 즉 제사장으로서 상 왕은 자신이 있는 곳이 우주와 대지의 중앙이며 신과 인간이 만나는 지점이라고 여겼을 것이라는 뜻이다.

주 무왕은 상 정벌 후 장차 낙읍에 궁정을 건설하고 "이곳 중국兹中國에서 백성을 다스리고자 한다"[36]고 했다. 청동기 <하준>의 이 구절에서 중국이라는 말이 처음 등장하는데, 여기서 중국은 세상의 중심이자 왕의 수도인 낙읍을 뜻한다. 주 무왕 역시 상 왕과 동일하게 자신이 있는 곳이 우주와 세상의 중심이라는 사유방식을 가지고 있었던 것이다. 이러한 맥락에서 천읍상은 신성한 하늘과 통하는 지상의 도읍으로서, 왕의 현실 권력을 강화하기 위한 우주 정치적인 명칭으로 보아야 한다. 이는 상나라 마지막 두 왕이 상제의 권위를 빌어 제을, 제신이라고 칭한 것과 상통하는 현상이다.

궈머뤄郭沫若가 "복사卜辭에서 칭하는 지상신은 제이고 상제이다. 결코 천이라고 부른 적이 없다"고 주장하듯이, 상나라의 천은 상제와 같은 신격의 개념으로 발전하진 못했다.[37] 학자들 가운데 이를 근거로 천을 대大의 뜻으로

---

33 제을 제신 시기 갑골문에 나오는 천읍상 용례에 대해서는 김경일, 「제5기 黃組 갑골문에 기록된 商族과 東夷 관련 텍스트의 상관성 분석 – '天邑商'과 '征夷' 텍스트를 키워드로」, 164~168쪽 참고.
34 상나라 도읍지와 읍 그리고 천읍상의 관계에 대해서는 윤내현, 『상주사』, 40~47쪽 참고.
35 M. 엘리아데, 앞의 책, 71쪽.
36 <何尊>. "余其宅玆中或(域), 自之辟(乂)民."

한정하는 이들도 있다. 하지만 위의 사례들은 상주 교체기에 천이 물리적으로 크다는 것 이상의, 하늘과 연결된 신성한 의미가 내재된 개념으로 상승되었다는 점을 나타내고 있다.[38]

이러한 점을 고려하면, 천은 상 말기에 상제와는 별도로 하늘의 의미로 쓰이고 있었는데 주나라에서 이를 의식적으로 채택하여 사용한 것이 된다. 주나라는 왜 상제와 별도로 천을 채택한 것일까. 성왕 시기 천명론과 연계하여 이 문제에 대해 살펴보자.

천명론은 상나라 창업주 탕왕이 상제의 명을 받고 나라를 세웠으나, 후손인 주왕의 악행으로 인해 상제가 상나라에 내린 명을 철회하고 그 명을 주나라 문왕에게 내린 것이라고 말한다.

> 하늘의 상제가 자신의 장자와 위대한 은나라의 명을 바꾸어, 문왕께서 명을 받으셨습니다. 이는 한없이 복되면서, 또한 한없이 근심스럽기도 합니다.[39]

위의 논리에서 주목할 점은 상나라의 명을 바꾼 장본인이 바로 상나라가 최고신으로 섬기는 상제라는 사실이다. 상나라가 이민족 신에 의해 강제로 멸망한 것이라면 상나라 유민의 반발이 더 거셀 수 있는데, 상나라 최고신에 의해 벌을 받은 것이라면 그 멸망의 원인이 상나라 자체에 있는 셈이다. 그리고 그 결과 주나라 왕이 명을 받게 된 것인데 그 역시 상나라 최고신인 상제의 의지이다. 게다가 하늘에 있는 상나라의 선왕들도 자손 왕의 위기를 도와주지 못하는데, 그만큼 상제의 뜻이 확고하고 후세 왕의 잘못이 명백하

---

37 장현근, 『관념의 변천사: 중국의 정치사상』, 한길사, 2017, 40쪽.
38 갑골문의 천을 大의 의미로 한정할 경우 주나라의 천, 천명이 어떠한 경로를 통해 형성된 것인지 설명할 길이 없다.
39 『尙書』「召誥」. "皇天上帝, 改厥元子玆大國殷之命. 惟王受命, 無疆惟休, 亦無疆惟恤."

다는 것이다.⁴⁰

외부신에 의한 강제적인 명보다 이러한 논리가 상나라 유민을 설득하기에 훨씬 효과적이며, 주나라 내부적으로도 정벌 전쟁의 폭력성을 정당화하는 서사가 될 수 있다. 주나라의 천명은 바로 상나라의 최고신이 내린 상제명이었기 때문이다.

> 나 소자는 감히 상제명을 거역하지 못하겠습니다. 하늘(천)은 문왕을 귀히 여겨, 우리 주나라를 일으켜주었습니다.⁴¹

주나라 왕이 상제명을 받았다는 것은 더 이상 상제가 상나라 왕을 수호하는 신이 아니라는 것을 뜻한다. 상나라 마지막 두 왕 제을, 제신은 상제의 호칭을 쓰면서 자신의 통치가 상제명에 따른 종교적 행위라고 과시했다. 그런데 이제 상제와 상족의 우주 정치적 관계가 끊어지면서 상족은 평범한 신분으로 전락하고, 상제는 특정 종족을 지지하던 데에서 보편신으로 회귀하게 되었다.

천이 상제와 호환이 가능할 정도로 쓰이기 시작한 것도 상제가 보편신으로 재천명된 점과 관련되어 있다. 만일 상이 강성하여 여전히 상제가 상족의 수호신으로 존재하고 있었다면, 천이 상제의 자리를 차지할 기회는 없었을 것이다. 상제의 자리를 천이라는 새로운 개념이 차지했다는 것은 상 왕족을 대체하는 새로운 통치세력이 등장했다는 것을 의미하기 때문이다. 이러한 일련의 상황 속에서 천은 신성한 하늘의 의미를 넘어 상제와 같은 신격을 지닌 개념으로 상승하게 된 것이다.

---

40 『尚書』「召誥」. "天既遐大邦殷之命, 茲殷多先哲王, 在天."
41 『尚書』「大誥」. "予惟小子, 不敢替上帝命."

이렇게 상제와 천이 보편신으로 공존하게 되지만, 상제가 상나라의 최고신이었다는 사실 자체는 변화되지 않았다. 주 왕족의 명 역시 상제가 내린 것이었기 때문에 상제의 영향력은 지속될 수밖에 없었다. 그렇지만 동일한 개념이라면 상제보다 천을 내세우는 것이 새로운 통치자로서 주 왕족의 존재를 부각시키는 데 더 효과적이라는 점은 분명해 보인다. 이 과정에서 주나라 통치자의 '의식적 선택'이 있었으며, 주나라의 명은 옛 상나라의 상제명을 넘어 '천명'이라는 새로운 신의 이름으로 정착되었던 것이다. 천이 주나라 최고신이 된 것이다.[42]

4. 봉건제, 가족국가와 그 한계

천이 최고신이 되면서 상나라의 그늘에서 벗어날 수 있었지만, 천명론에는 주나라 통치자들을 곤혹스럽게 하는 딜레마가 내재되어 있었다. 즉 상나라가 왕의 악행으로 인해 천명을 잃고 멸망했듯이, 주나라 역시 천명을 어길 경우 언제든지 재앙이 닥칠 수 있다는 것이다. 천이 주 왕만을 편애하지 않고 천명에 따라 통치하는지가 기준이 되기 때문에, 주 왕조의 영원성은 보장될 수 없었다.[43]

---

[42] 상주 교체에 대해, 신의 나라 상나라에서 인문의 나라 주나라로 전환한 것이라는 시각은 재논의되어야 한다. 주의 천명론이 상제와 상족 조상신을 분리시켜(상족에 대한 상제의 지지를 철회시키고) 하늘의 보편성을 재천명했지만, 자신의 선조와 상제(하늘)의 관계를 단절한 것은 아니었다. 상제(하늘)와 조상신의 관계는 상주 간에 별반 차이가 없었고, 조상신은 상제를 보필하며 자손을 보우하는 역할을 담당했다. 하늘의 세계에서 상주 교체는 최고신의 대결이나 우주관의 대립이 아니라, 상제(하늘)를 보필하는 측근의 자리를 어떤 종족의 선조가 차지할 것인가의 문제였다. 자신의 선조를 상제(하늘)의 측근으로 만드는 것이 바로 자신이 지상의 최고 통치자가 되는 길이었기 때문이다.

[43] 천은 이러한 무편애성으로 인해 역대 왕조의 빈번한 교체에도 불구하고 절대자로서 숭배될

주 왕은 천명을 받아 왕이 된 것이라 하여 천자天子라고 불렸지만, 천자라는 호칭이 본격적으로 쓰이기 시작한 시점이 서주 중후기라는 사실은 주목해야 한다. 천명을 받은 문왕이나 상나라를 정벌한 무왕, 대외 정복전쟁을 이끈 성왕은 천자가 아닌 왕으로 불렸다. 강왕康王 때 제작된 것으로 보이는 청동기 <형후궤邢侯簋>에서 천자의 호칭이 쓰였으며, 그 이전의 사례는 아직 보이지 않는다. 목왕穆王을 기점으로 서주 중후기 청동기에서 천자의 호칭이 현저하게 쓰이기 시작하며, 『시경』에서는 더 늦게 선왕宣王 때의 작품으로 보이는 「증민烝民」, 「강한江漢」 등에서 천자의 호칭이 출현했다.

그렇다면 천·천명과 달리 천자의 호칭이 더 늦게 출현한 것은 무엇을 의미하는가. 서주 초기에도 천자의 호칭을 쓰진 않았지만, 왕이 하늘(상제)의 아들이라는 개념은 가지고 있었던 것으로 보인다. 『상서』「소고」의 "하늘의 상제가 자신의 장자와 위대한 은나라의 명을 바꾸어, 문왕께서 명을 받으셨습니다"를 보면, 상제가 자신의 장자를 은 왕에서 주 왕으로 바꾼 것이라고 하는데, 이는 왕이 상제의 아들이라는 것을 뜻한다. 왕조의 정당성을 천에 의지하고 있는 상황에서 천자가 왕보다 더 권위있는 호칭이라는 점을 주 통치자들도 잘 알고 있었을 것이다. 그렇다면 왜 처음부터 천자임을 표방하지 않은 것인지 의문이 남는다.

천명의 논리로 보면, 덕이 있는 누구나 천명을 받을 수 있는 것이어서, 주 왕이 반드시 하늘의 아들이라는 특별한 이유가 부각되지 않는다. 천명은 문왕 시기 태양계의 오성취 현상이 그 계시였다고 주장할 수 있지만, 그것이 하늘과의 혈연관계를 뜻하는 것은 아니었다. 이러한 상황에서 천명은 하늘의 대리 통치, 위임 통치의 의미로 수용되었다. 혈족으로 움직이는 나라에서

수 있었으며, 역대 왕조의 통치자들은 천명을 살피며 자신의 통치를 성찰해야 하는 책임을 짊어질 수밖에 없었다.

만일 왕이 하늘과 혈연관계로 이어져 있다면, 당연히 더 큰 통치의 권위를 지닐 수 있었을 것이다.

이런 맥락에서 공왕共王 때 청동기 <사장반史牆盤>에서 '상제와 후직이 천자를 보우해주셨다上帝后稷又保受天子'는 구절을 주목할 필요가 있다. 천자의 칭호가 본격적으로 쓰이기 시작하던 시기에 상제와 주족의 시조 후직이 함께 등장하는 기록이 <사장반>에서 처음으로 보이기 때문이다.

옛날 문왕께서는 정치를 처음으로 안정되고 화합되게 하니 상제께서 아름다운 덕을 겸비한 신하들을 내려 주시어 온 천하의 백성들을 다스리게 되었고 많은 소국들이 합병되었다. 위엄이 있고 용감한 무왕께서는 천하를 정벌하시고 은 주왕을 정벌하여 현인들이 더 이상 두려움이 없게 했다. 아! 계속해서 은나라의 속국을 완전히 정복했다. 영명하신 성왕은 주 대신들이 온화하고 강직함으로 새로 세운 주 천하를 안전하게 다스릴 수 있는 기틀을 마련했다. 뛰어나고 명철한 강왕도 성공적으로 온 천하를 다스렸다. 위대하고 훌륭하신 소왕昭王은 널리 초, 형을 정벌하고 성대한 군대를 이끌고 남행했다. 공경스럽고 엄숙한 목왕은 솔선수범하여 위대한 가르침을 계승하여, 이로써 천자가 지속적으로 안녕하게 다스릴 수 있게 되었다. 천자는 문왕과 무왕의 장구한 공적을 힘써 계승했다. 천자께서는 장수하고 무사하시며, 엄숙하게 천지의 신에게 기도하고, 위대한 지략을 공경하고 도모하니, 광명한 하늘이 보호해 주셨다. 상제와 후직은 천자를 보우해주셨고, 방국과 만이蠻夷를 영원히 복속케 했다.[44]

---

44 <史牆盤>. "曰古文王, 初和於政, 上帝降懿德大, 匍有上下, 迨受萬邦. 圉武王, 遹征四方, 達殷畯民永, 不鞏狄虐, 伐屍童. 憲聖成王, 左右綬剛, 用肇徹周邦. 康王, 兮尹意宖魯邵王, 廣楚荊. 隹南行. 穆王, 井帥宇誨. 寧天子, 天子文武長剌, 天子無匄. 祁上下, 亟慕, 吳亡昊. 上帝后稷尤保, 受天子令, 厚福豐年, 方亡不寍見. 青幽高且, 才微霝處. 武王既殷, 史勑且乃來見武王, 武王則令周公舍, 於周卑處. 乙且, 匹乓辟, 遠猷心子. 明亞且且辛, 毓子孫, 多孽, 角光, 義其烟祀. 文考乙公, 屯無諫, 釐嗇戊隹辟. 孝友, 史墻夙夜不寍, 其日蔑歷. 弗敢沮, 對揚天子丕顯休令, 用乍寶尊. 剌且

서주 초기에 하늘과 살아있는 왕 사이에서 매개 역할을 해주던 선조는 문왕이었으며, 시조인 후직은 등장하지 않았다. 후직은 『시경』「생민지습生民之什」의 주족 기원 신화에서 어머니 강원이 상제의 발자국을 밟은 후 태어난 것으로 되어 있다. 이는 후직을 상제의 아들로 만든 신화이며, 후직이 상제의 아들이 되면 후직의 자손인 주 왕도 바로 상제의 아들인 천자가 된다. 기원 신화를 통해 주족이 상제의 혈족으로 연결된 것이다. 이러한 혈연관계가 형성되면서, 상제와 상제의 아들이자 주족의 시조인 후직이 그 자손인 천자를 보우하는 것은 자연스러운 일이 된다. 사라 알란은 후직의 기원 신화가 만들어진 시점이 〈사장반〉이 제작된 서주 중기일 것이라고 추정하는데, 바로 이러한 맥락 때문이다.[45]

이런 측면에서 서주 초기에 천자의 칭호를 쓰지 않은 이유를 생각해보면, 주족이 하늘의 아들이라고 주장할 수 있는 근거를 만들지 못한 점에 있다고 보인다. 왕이 하늘의 아들이 되려면 천명 이외에 혈연 상의 연결점이 있어야 했다. 이러한 연결점의 결여가 바로 천자의 칭호를 쓰는 것이 더 카리스마를 높일 수 있는 일임에도 불구하고 그렇게 하지 못한 장애 요인이 되었을 것이다. 이점과 더불어 서주 초기의 국제관계도 주목해야 한다. 당시 국제관계를 보면, 주나라 이외에 왕을 호칭하는 주변의 세력들이 다수 존재했으며, 주나라로부터 독립된 판도他邦를 구축하고 있었다.[46]

이러한 국제관계 속에서 건국 초기 주나라가 압도적인 힘을 갖추지 못한 상태였다면, 주변 세력으로부터 천자의 호칭을 인정받기가 쉽지 않았을 것이

文考, 弋受爾. 福襄錄, 黃耉彌生, 龕事犖辟, 其萬年永寶用."
45 Sarah Allan, "On the Identity of Shangdi(上帝) and the Origin of the Concept of a Celestial Mandate(Tian Minh. 天命)", Early China Vol. 31(2007), Cambridge University Press, 33쪽.
46 이점에 대해서는 김정열, 「기억되지 않은 왕들－서주시대의 지역 정치체에 대한 연구」, 『숭실사학』 제25집, 2010 참고.

다. 벤자민 슈워츠의 말대로, 왕실이 왕조의 카리스마를 신빙성 있게 입증할 수 있었던 한에서, 왕이 갖는 권력의 종교적 토대-하늘과의 특별한 관계에 대한 그의 권리 주장-는 일반적으로 인정될 수 있었을 것이다.[47] 만일 당시 주나라가 압도적인 힘을 가지고 있고 아울러 후직의 신화가 만들어져 있었다면, 천자의 칭호를 택했을 가능성은 그만큼 더 커졌을 거라는 얘기다.

서주 초기 주 왕실은 상나라 반란 세력 정벌 이후 지속적인 대외 정복 전쟁을 통해 상을 대체하는 새로운 왕조의 힘을 과시했다. 정복의 정당성을 천명에서 구하며 분산되어 있던 지역 정치체들을 주의 천하周邦로 복속시켰다. 이른바 성강지치成康之治는 전쟁 후 찾아온 평화의 시대라기보다는 대외 정복 전쟁을 통해 상을 대체하는 주의 천하가 형성된 시기를 뜻한다고 볼 수 있다. 서주 초기 청동기에 남아있는 정복 전쟁과 분봉에 관한 명문들이 이러한 사실을 증언해준다.

그렇지만 소왕 때에 이르러 남방의 초나라가 불복하여 두 차례 정벌을 진행하게 되고, 2차 정벌에서 소왕이 사망하는 사태가 벌어졌다. 목왕 때에는 서북의 견융 세력을 정벌하여 승리를 거두었으나 무리한 정벌로 주 왕실과의 왕래가 끊어지게 되었다. 또 회이淮夷 지역의 동이족들이 서언왕徐偃王을 중심으로 반란을 일으켜 진압은 했으나 커다란 타격을 입게 되었다.

천자의 칭호로 보면, 대외 정복 전쟁을 완수한 강왕 시기에 처음 등장하고 또 주의 힘을 대외적으로 과시하던 목왕 시기에 현저히 쓰인 것을 볼 때, 천자는 본래 주의 세력 팽창을 상징하는 칭호였을 것이다. 그런데 이후 주의 세력 팽창은 지속되지 못하고 외부 세력의 공세뿐 아니라 내부적으로도 제후의 이탈로 봉건질서가 균열되는 위기에 직면하였다. 이에 대내외적 위기 극복을 위한 왕실의 위상 강화가 무엇보다 필요하게 되었다. 천자의 칭호는

---

47 벤자민 슈워츠, 『중국 고대 사상의 세계』, 69쪽.

대종주大宗主인 왕의 위상을 하늘의 아들로 상승시켜 종법 질서의 균열을 막는 권위가 될 수 있었으며, 아울러 외부 세력에게는 주 왕실의 천명의 지속과 카리스마를 과시하는 효과를 지닐 수 있었다. 후직의 탄생 신화는 바로 이러한 현실 정치적 필요성에 의해 만들어진 것으로 보인다.

왕실의 위상 강화와 관련하여 주목할 점이 서주 중후기에 일어난 이른바 의례 개혁이다. 주 초기에는 상나라의 의례 관행을 계승하고 왕을 중심으로 여러 종족의 구성원들이 의례에 참여했으나, 이 시기에 지배층을 대종 중심으로 엄격히 서열화하는 의례 시스템으로 전환하고 있었다. 흔히 말하는 주나라 종법 제도는 상나라 의례를 계승한 서주 초기가 아니라, 봉건질서가 균열되는 상황에서 새로운 서열 관계를 모색한 이 시기에 정립된 것으로 보인다.

이러한 주나라 방식으로의 전환은 청동기 문화에서도 나타났다. 서주 초기에는 동물 얼굴이 표현되고 테두리와 치레 장식의 복잡한 표면 구조를 가진 상나라 방식의 청동기가 유행했으나, 이 시기에는 초기의 청동기가 사라지고 깃털을 갖춘 기하학적인 새 모양 디자인의 청동기가 출현하였다. 또 예기禮器에 있어서도 상나라 풍의 주기酒器 중심에서 고기용 정鼎 곡식용 궤簋 등의 식기食器 중심으로 전환되고, 종법 서열에 따라 예기 세트를 등급화列鼎制하는 현상이 나타나고, 제례에 사용되는 악기가 등장하였다.[48]

팔켄하우젠Falkenhausen은 이러한 고고학 증거를 바탕으로 공자가 중시한 주례周禮가 주공 시기가 아니라 그로부터 200여 년 후인 서주 후기의 의례개혁 때 형성된 것이라고 주장한 바 있다.[49] 실제로 『주례』, 『예기』 등의 문헌에 보이는 주나라 의례를 청동기 명문과 비교해보면, 의례의 정립 시기를 서주

---

48 리펑, 『중국고대사』, 177~178쪽.
49 로타 본 팔켄하우젠, 심재훈 옮김, 『고고학 증거로 본 공자시대 중국사회』, 세창출판사, 2011, 109쪽.

초기가 아니라 중후기 혹은 그 이후인 것으로 보아야 한다.[50] 가령, 청동기 명문에 나타난 왕실의 태묘를 보면 왕조 이전 시기의 태왕(고공단보)이 중심 사당이 되어 계왕, 문왕, 무왕, 성왕이 모셔져 있다. 마스페로Maspero의 『고대중국』에서는 태묘의 중심 사당이 후직이라고 서술하고 있는데,[51] 이는 후대 문헌인 『예기』에 근거한 것으로 서주시대 청동기 명문을 보지 못한 결과라고 할 것이다.

중후기 전환과 이를 주도한 왕에 대한 기록은 문헌에 보이지 않는데, 팔켄하우젠은 기원전 850년경 여왕厲王 때로 추정한다.[52] 여왕은 『사기』에 폭군이라고 간략히 기록되어 있지만, 여왕 시기의 것으로 보이는 청동기 명문에 통치 질서 개혁을 통해 왕실을 부흥시키려 한 의지 및 대외 전쟁 승리의 성과가 나타나 있다.[53] 고고학 유물은 문헌에서 은폐된 중후기의 긴급한 사태를 보여준다. <사장반>에 보이듯이 선왕들의 업적을 계보화하여 천명의 지속성을 부각시키고, 시조 후직의 탄생 신화를 상제의 아들로 재구성하였다. 또 천자의 칭호를 사용하여 왕의 위상을 강화하고, 아울러 지배층의 서열 관계를 대종 중심으로 등급화하는 등의 일련의 전환은 주 왕실의 대응 방향

---

50 박지애, 「西周 靑銅器 銘文과 傳來文獻의 비교를 통해 본 西周社會 硏究－征伐, 土地制度, 官制, 祭祀를 중심으로」, 명지대학교 석사논문, 2010, V. 西周 靑銅器 銘文과 傳來文獻의 비교를 통해 본 西周社會 참고.

51 앙리 마스페로, 김선민 옮김, 『고대중국』, 까치, 1995, 144쪽.

52 이에 대해 김정렬은 중후기의 의례 개혁에 대한 과도한 정치적 해석을 경계하며, "청동예기에 나타나는 일련의 변화를 왕실이 주도한 정치적 개혁으로 해석하는 것보다, 현실세계에서 점차 분명해진 신분적 차이와 그로 말미암은 빈부의 격차가 관습적인 차별을 낳고 그것이 청동예기의 소유를 포함한 각종 사회 적 규범으로 정착"되었을 것이라는 의견을 내놓고 있다(「서주시대 청동예기의 발전과 '의례개혁'」, 『중국 고대 청동기: 신에서 인간으로』, 국립중앙박물관, 2021).

53 이점에 대해서는 심재훈, 「柞伯鼎과 西周 후기 전쟁금문에 나타난 왕과 제후의 군사적 유대」, 『中國古中世史硏究』 第29輯, 2013 및 노학관, 「厲王 銅器 銘文의 해석과 의의－㝬簋, 㝬鐘을 중심으로」, 『사학지』 제54집, 2017 참고.

을 시사해준다.

서주 초기 주 왕실이 천명을 통해 상 정벌의 정당성을 확립했다면, 대내외적 위기에 직면한 중후기에는 천자를 중심으로 종법 질서 재건을 추진했다고 할 수 있다. 이러한 두 차례의 우주 정치를 통해 주 왕실은 주의 세력권을 구축하며 대외 전쟁에 제후국과 주방周邦을 동원할 수 있었다.[54]

부계 혈족들 사이의 서열을 규정한 종법은 왕실의 결속력을 강화하면서 권력(재산)을 분배하는 규범으로 작용했다. 주의 봉건제는 혈연적 종법관계에 기반하고 있어서 일반적 계약관계보다 끈끈한 유대감[55]을 지니고 있었지만, 동시에 지속되기 어려운 구조적 문제를 안고 있었다. 봉건제는 분봉을 위한 물적 토대를 주 왕실이 구비하고 있어야 지속될 수 있는 제도였다. 서주 초기에는 끊임없는 대외 정복 전쟁을 통해 봉건제가 유지될 수 있었지만, 대외 정복이 일단락된 중기에 이르러 봉건제의 균열이 생기기 시작한

---

[54] 양콴, 쇼네시, 리펑 등 서주사 연구자들은 대체로 서주 중후기를 쇠퇴의 시기로 인식하고 그 원인으로 종법 질서가 약화되어 왕실과 제후국 사이의 관계가 소원해진 점을 들고 있다. 그러나 중후기에 봉건질서에서 이탈한 제후국과 우방국이 생기기는 했지만, 주 왕실은 천자 중심의 종법질서 재편을 통해 여전히 진, 괵, 제 등 자신에게 우호적인 세력을 동원하여 전쟁을 지휘하고 있었다. 이는 두 차례의 우주 정치를 통한 결속력이 유지되었기 때문이며, 서주가 몰락한 이후에도 바로 사라지지 않고 춘추시대 초기 회맹질서 속에 이어진 것으로 보인다.

[55] 종법질서에서 대종(大宗)의 종주(宗主)는 한 가문의 장으로 그 가문의 생사여탈권을 가졌다. 대종주의 지위는 보통 적장자가 계승했다. 다른 이들은 적자나 서자를 막론하고 각종 소종(小宗) 가문을 세워 대종에 복종했지만 소종 내에서 자신이 종주 역할을 했다. 이와 같이 가지와 잎이 뻗어나가 종족이 번성했다. 종주는 씨족을 영도하고, 씨족의 재산을 운용하고, 고아와 과부와 홀아비를 돌보고 종묘 묘지 학교를 관리하며 각종 제사와 의례를 주관하고 재난 구조 등의 활동을 조직했다. 종법제도는 혈연과 친족을 이용하여 많은 인구를 효과적으로 단합시켰다. 국인도 대부분 종법제도를 활용했고, 귀족은 더욱 독실하게 그 제도를 따랐다. 동주 후기에 이르러 엄격한 종법 형식과 세력이 점차 붕괴되었다. 그러나 종족이 한데 모여 살며 혈연관계를 중시하는 풍속은 강고한 사회 응집력으로 작용하며 오래도록 쇠퇴하지 않았다. 이 풍속을 송나라 때 다시 도학자의 고취를 거치며 다시 왕성하게 되살아났다. 어우양잉즈, 김영문 옮김, 『용과 독수리의 제국』, 살림, 2020, 154쪽.

것도 이러한 이유 때문이었다.

서주시대 청동기 금문에 기반한 리펑의 연구에 따르면, 주 왕이 분봉한 지역은 반란 세력에 의한 잠재적 위협이 되는 장소이면서 중국 동부의 교통 요충지였다. 이들은 주 왕국을 방어하는데 효율적인 연계망을 형성했다. 위衛, 진晉, 노魯, 연燕 등 주의 대표적 제후국은 이러한 전략적 근거지나 교통 요충지에 건설되었으며, 주 왕국의 안보와 밀접한 곳이었다.[56] 주 제후국은 완정한 영지를 분봉 받은 서구 봉건제의 소왕국이 아니라, 반란의 위협이 있거나 세력 확장을 위한 전략적 요충지에 건설된 중간기지에 가까웠다.

이와 관련하여 김정렬은 서주 초기에 주요 제후들은 특정 지역에 고정되지 않고 전략적 중요성이 있는 곳으로 이동했다는 점을 조명했다. 서주 초기 분봉 상황이 잘 묘사된 <의후측궤宜侯夨簋>를 포함하여 대부분의 금문에서 제후의 지역 이동이 관찰되는 것은 주나라의 역동적인 팽창과 영향력 확대에 따라 나타난 현상이었다. 서주 초기 제후들은 천하를 분할 통치하는 '군주'라기보다는 외관外官으로서의 관료적 성격을 더 강하게 지니고 있었다.[57]

이렇게 보면 당시 주 천하는 크게 세 가지 지역으로 나눌 수 있다. 수도 호경을 중심으로 왕이 직할 통치하는 지역, 제후들이 분봉 받은 전략적 요충지와 그 통치 지역, 주방周邦에 속하는 자치 국가들의 지역. 주 천하의 세 지역을 주 왕국과의 관계로 보면, 중심국가로서 주 왕국-변경기지로서 제후국-자치지역으로서 주방 국가로 볼 수 있다. 서구 feudalism의 시각으로 보면 제후국이 독립 소왕국이 되겠지만, 주 초기의 봉건은 변경 지역을 직접 지배하기 위해 설치한 후대의 군현과 같은 역할을 수행했다. 또 주방의 국가는 후대의 기미羈縻州 체제처럼 자치를 허용하며 간접 지배를 한 지역이라고

---

56 리펑, 이청규 옮김, 『중국고대사』, 사회평론, 2017, 155쪽.
57 김정렬, 『서주 국가의 지역정치체 통합 연구』, 서경문화사, 2012, 202쪽.

할 수 있다.

주나라 봉건제의 문제는 제후국에게는 세력을 주변으로 팽창해갈 여력이 있지만, 제후국의 울타리에 갇힌 주 왕실은 세력이 갈수록 약화될 수밖에 없다는 점이다. 그리고 시간이 흐를수록 대종-소종 간의 친연성이 멀어져 골육상잔의 하극상이 빈번히 벌어지게 되었다. 이는 봉건제가 국가로서의 일체감이 형성되지 않는 분절된 조직으로 연결되어 있었기 때문이다. 주 왕조의 봉건제는 왕-제후-대부-사가 층층이 권력을 나누어, 개인의 충성이 자신이 소속된 층위에 한정되는 결과를 초래했던 것이다.

우주 정치의 관점에서 보면 서주의 봉건제는 지상에 세운 조상신의 질서라고 할 수 있다. 이는 보편신인 하늘의 질서라기보다 상제의 측근이 된 선조와 그 혈족 후손들이 정치공동체가 되어 지배하는 인간사회의 질서임을 뜻한다. 그래서 그들이 만든 질서는 우주 자연의 보편 가치가 아니라 혈족 안의 대종-소종의 차등, 종족 간의 정치적 차등, 백성 간의 신분적 차등에 기반하고 있었다. 그것은 평등한 민주사회가 아니라 최상위 통치자를 중심으로 조화로운 차등 관계를 구현하는 것이었다. 천명으로 보면 덕치가 당위적 목표가 되지만, 현실 정치에서는 반드시 민생의 길로 나아가지는 않았다. 백성이 참여할 수 있는 정치적 공간이 주어지지 않았기 때문이다. 백성들 역시 통치자의 덕치가 자신을 보호해주지 못한다는 사실을 깨달았을 때 스스로 생존을 도모하는 길로 나아갔다.

후기 주 왕실은 끊임없는 전쟁을 위해 군비를 마련해야 했는데, 특히 여왕 시기 산림수택山林水澤의 독점은 국가 재정정책의 일환이었다. 이를 통해 여왕은 수차례의 전쟁에서 승리하는 성과를 거두었지만, 이해관계가 걸린 귀족들과 갈등을 벌이다 패배하여 폭군의 오명을 남기게 되었다. 게다가 지속된 전쟁으로 민생이 황폐화 되었으며, 집단노동에 기반한 공전公田이 붕괴되고 소농에게 농토를 분할하여 실물을 징수하는 새로운 제도가 출현하기 시작했다. 통치집단의 내부 분열과 지속된 전쟁 및 그로 인한 민심의 이반은 서주 초기 천명의 유한성에 대한 우려가 눈앞의 현실로 다가온 것이었다.

권력 교체에 민감한 귀족과 제후들은 그 징후를 예감하고 동쪽에서 열릴 새로운 시대를 대비하고 있었다.

2장

열국의 패권 욕망과 정통성 만들기

춘추시대의 내면 풍경

1. 유왕과 포사, 왕조 몰락의 공식 서사를 넘어

주 왕실의 동쪽 낙읍으로의 천도는 천명의 유한성을 실감케 한 역사적 사건이었다. 주 왕실이 몰락한 이유는 유왕幽王과 포사褒姒 이야기를 통해 알려져 있는데, 이는 이솝 우화의 '양치기 소년'과 같은 허구적 이야기에 가깝다. 왕조의 마지막 왕이 폭정과 애첩으로 멸망한다는 서사는 왕조 교체 원인에 대한 규범화된 설명 방식이다. 사라 알란은 이러한 왕조 교체방식이 본래 상주 교체의 정당성을 위해 만든 달기妲己 이야기에서 비롯된 것이며, 이를 하 걸왕桀王과 상 탕왕湯王 그리고 서주 말 유왕에게도 적용하여 역사적 보편성을 얻으려 한 것이라고 설명한 바 있다.[1]

중국 역사에서는 한 왕조가 패망하거나 동란이 일어날 때마다 사태의 진실을 밝히기보다 누군가에게 책임을 전가하곤 했다. 공교롭게도 그 대상이 여성인 경우가 많았다. 대표적으로 하 걸왕과 말희妺喜, 상 주왕과 달기, 주 유왕과 포사 그리고 당 현종玄宗과 양귀비楊貴妃가 그러했다. 이는 남성이 통치하는 권력 세계의 문제와 책임을 여성에게 전가하는 것인데, 루쉰은 이에 대해 다음과 같이 비판한 바 있다.

---

1   사라 알란, 『선양과 세습』, 224~230쪽 참고.

양귀비에 대해, 안록산安祿山의 난 이후 지식인들은 하나같이 대대적인 거짓말을 퍼뜨렸다. 현종이 국사를 팽개치고 논 것은 오로지 그녀 때문이고 그녀로 인해 나라에 흉사가 많이 생겼다는 것이다. 오직 몇 사람이 "하나라와 은나라가 망한 것의 본래 진실은 불문에 부치면서 포사와 달기만을 죽이고 있구나"라고 용감하게 말했다. 그런데 달기와 포사는 양귀비와 똑같은 경우가 아니었던가? 여인들이 남자들을 대신해서 죄를 뒤집어써 온 역사는 실로 어제 오늘의 일이 아니다.[2]

그래서 서주 몰락의 실제 내막을 알려면 유왕과 포사 이야기에 머물러선 안 되며, 왕실의 동천東遷 과정이 기록된 『사기』 및 『죽서기년』·『계년繫年』의 내용을 교차 검토할 필요가 있다. 먼저 『사기』의 동천 과정을 정리해보자.

(1) 유왕 2년 지진이 발생하고, 하천이 마르고, 기산이 붕괴했다.
(2) 유왕이 포사를 총애하여 왕비와 태자 의구宜臼를 폐하고, 포사의 아들 백복伯服을 태자로 간택했다.
(3) 유왕이 포사를 웃기기 위해 거짓 봉화를 올려 제후들의 신뢰를 잃었다.
(4) 유왕이 간사하고 탐욕스런 괵석보虢石父에게 정사를 맡겨 국인들의 원망을 받았다.
(5) 딸과 태자의 폐위에 분노한 신후申侯가 증·견융과 연합하여 유왕을 공격하는데, 봉화를 올려도 제후들이 오지 않아 유왕이 살해되었다.
(6) 제후들이 신에서 의구를 평왕平王으로 옹립했다.
(7) 평왕은 융의 노략질을 피해 낙읍으로 동천했다.[3]

---

2 루쉰, 『루쉰전집』 제7권, 559쪽.
3 『史記』「周本紀」.

주의 동천을 보는 『사기』의 시각은 하늘의 계시인 자연 재해, 유왕의 부덕한 행위와 그로 인한 제후·국인의 불신 등에 잘 드러나 있다. 특히 (1)에서 자연 재해를 서술하면서 태사太師 백양보伯陽父의 말을 빌려 "주는 망할 것"이라고 암시하고, (2)에서도 왕비와 태자 폐위 문제를 서술하면서 태사 백양보의 말을 빌려 "주는 망할 것"이라고 암시한다. 사마천이 이렇게 냉혹한 평가를 하는 것은 비단 유왕의 부덕 때문만이 아니다. 앞선 여왕 시기 국인 폭동, 선왕 시기 민심 이탈이 유왕 시기로 이어지면서 동천이라는 망국의 사태가 출현한 것으로 본 것이다.

『사기』에서 유왕과 포사의 희화된 이야기가 부각되기는 하지만, 정치 역학의 측면에서 보면 유왕과 폐위 세력의 갈등이 동천 사태의 본질이다. 만일 유왕이 폐위를 단행하지 않았거나 혹은 폐위 세력보다 압도적인 힘을 가지고 있었다면 동천 사태로 파장되진 않았을 것이다. 태자 시절 유왕이 강姜성 제후인 신후의 딸과 결혼한 것은, 아버지 선왕이 왕실을 보호하기 위해 신후와 결혼동맹을 맺은 것이라 할 수 있다. 그런데 유왕이 즉위 후 왕비와 태자를 폐위시킨 것은 바로 신후와의 결혼동맹을 파기한 일이 된다. 이는 유왕 스스로 신후와의 신뢰를 깨트린 것일 뿐 아니라 견융의 침입을 방비할 수 있는 울타리를 걷어찬 일이었다. 융족과 친밀한 관계를 유지하던 신후의 신뢰를 잃어버림으로써, 유왕은 신후와 융족이 결탁한 반격을 당하게 되었던 것이다. 유왕과 포사 이야기는 유왕의 정치적 오판이 포사에 대한 애정에서 비롯된 것임을 보여주지만, 그 대가로 유왕은 자신의 목숨과 아울러 왕실의 뿌리 깊은 수도를 내놓아야 했다.

사마천은 유왕 초기부터 "주는 망할 것"이라고 강하게 암시하고 있지만, 반란 세력의 목적이 주의 멸망이 아니라 폐위된 태자의 왕위 승계라는 점은 분명하다. 그런데 반란 세력의 공격은 유왕이 살해되고 수도 호경이 약탈되는 극단적 상황에 이르게 되었다. 이는 주 왕조와 오랫동안 전쟁을 벌였던 견융이 주도적으로 벌인 행각이었다. 폐위 세력의 주목적은 정치적 복권이었기 때문에, 수도 약탈이나 아버지 살해는 불필요한 일이었던 것이다.

이와 관련하여 (6)에서 유왕이 살해된 후 태자 의구가 평왕으로 옹립된 곳이 왕실의 수도가 아니라 반란의 주모지인 신이라는 점을 주목해야 한다. 유왕이 살해되었더라도 반란이 순조롭게 진행되어 수도가 태자 의구의 수중에 떨어졌다면, 당연히 선왕의 종묘가 있는 수도 종주에서 옹립되었을 것이다. (7)에서 평왕이 즉위 후 종주로 돌아갔다는 얘기 없이 견융의 노략질을 피해 동쪽의 낙읍으로 천도했다고 한 점을 고려하면, 당시 호경이 견융의 수중에 있었고 이에 평왕이 신에서 바로 안전한 낙읍으로 동천한 것으로 보인다.

『사기』의 서사는 『국어國語』, 『여씨춘추呂氏春秋』 등의 전래 문헌을 바탕으로 구성된 것인데, 동천 과정에 대한 정치 역학적인 정보는 소략한 편이다. 세부 과정이 좀 더 구체적이고 『사기』에 없는 새로운 사실을 알려주는 문헌이 바로 전국시대 위魏나라 사서인 『죽서기년』이다. 『죽서기년』의 관련 내용은 다음과 같다.

(유왕) 3년, 왕이 포사를 총애했다.

5년, ①왕세자 의구가 신으로 도피했다.

8년, ②왕이 정백鄭伯 다보多父(환공桓公)에게 사도司徒의 명을 내렸다. 왕이 포사의 아들 백복을 태자로 삼았다.

9년, ③신후가 서융과 증鄫에 사신을 보냈다.

10년 춘, ④왕과 제후들이 태실에서 회맹을 가졌다. 추 9월, 복숭아와 살구가 열매를 맺었다. ⑤왕의 군대가 신을 공격했다.

11년 춘, 정월, 해에 후광이 깃들었다. ⑥신인과 증인 및 견융이 종주로 진입하여 왕과 정 환공을 시해했다. 견융은 왕자 백복을 살해하고 포사를 사로잡아 돌아갔다. ⑦신후와 노후魯侯, 허남許男, 정자鄭子가 신에서 의구를 옹립했다. ⑧괵공虢公 한翰이 왕자 여신余臣을 휴携에서 옹립했다.

(평왕) ⑨원년 신미辛未일에 왕은 동쪽의 낙읍으로 이주했고, 문후文侯에게 명을 내렸다. 진후晉侯는 위후衛侯와 정백, 진백秦伯과 회합하여 그들의 군대로 왕을 좇아 낙읍으로 들어갔다.

⑩21년 진 문후가 휴에서 왕자 여신을 살해했다.[4]

『죽서기년』의 내용은 『사기』의 서사를 포괄하고 있으면서 『사기』에 없는 새로운 정보를 제공해준다. ①태자 의구는 폐위된 후 외척인 신후에게 도피했고, 이에 ③신후는 서융·증과 연합하여 유왕 공격을 모의했다. ②유왕은 정 환공에게 정사를 맡기는 한편, ④제후들과의 회맹을 통해 ⑤왕의 군대를 규합하여 신을 선제 공격했다. 이 부분은 『사기』에 없는 내용인데, 유왕의 권위가 제후들 사이에서 여전히 힘을 지니고 있었다는 점을 보여준다.

그러나 유왕의 선제 공격은 신후의 저항으로 실패하고 만다. 이에 ⑥신후는 증·견융을 규합하여 호경을 공격하여 유왕과 정 환공을 시해하고, 아울러 견융은 백복을 살해한 후 포사를 사로잡아 돌아간다. 이 대목에서 유왕을 살해한 주체가 신후의 반란 세력으로 명시되어 있는데, 『사기』와 달리 유왕의 선제 공격에 대한 보복 차원에서 호경을 침략한 것이라는 점에서 그 정당성을 구하는 듯하다.

그런데 유왕이 살해된 후 ⑦태자 의구가 옹립된 곳이 호경이 아니라 신으

---

[4] 『竹書紀年前漢記後漢記』, 臺灣商務印書館 영인, 27쪽. 『죽서기년』은 『금본죽서기년』과 『고본죽서기년』의 두 저본이 있는데, 이 글에서 인용한 자료는 『금본죽서기년』이다. 동천의 서사에 있어서 두 저본이 유사한 내용을 기록하고 있어서, 세부적인 차이에 대해서는 별도로 논의하지 않는다. 두 저본의 차이점에 대해서는 심재훈, 『중국 고대 지역국가의 발전』(일조각, 2018), 257~258쪽 참고.

로 되어 있다. 이는 견융이 호경을 약탈한 후에도 지속적인 위협이 되었고, 또 아버지 살해의 윤리적 부담으로 국인의 여론이 좋지 않았다는 점을 반영한 것으로 보인다. 그리고 또 하나의 요인이 등장하는데, 바로 ⑧괵공 한이 주도하여 유왕의 왕자 여신을 휴에서 왕으로 옹립했다는 점이다. 『사기』에서도 유왕이 괵석보에게 정사를 맡겼다는 기록이 나오는데, 이는 당시 괵이 정과 아울러 유왕의 최측근 제후국으로 활약했다는 점을 뜻한다.

괵공 한은 이러한 친분을 바탕으로 유왕의 또 다른 왕자인 여신을 휴왕으로 옹립하여 평왕 세력에 대항한 것이다. 괵은 호경에서 근거리에 있는 제후국이며, 여신이 옹립된 휴 지역 역시 호경에서 가까웠을 것으로 보인다. 그리고 ⑩휴왕이 21년 동안 평왕과 양립할 수 있었던 것은 그를 지지하는 군대와 제후 세력이 존재했다는 것을 의미한다. 이는 견융의 호경 위협과 아울러 평왕이 동쪽의 낙읍으로 옮겨야 하는 또 다른 이유가 되었을 것이다.

이러한 상황 속에서 ⑨평왕은 신에서 바로 동쪽의 낙읍으로 천도한다. 그런데 신에서 평왕을 옹립한 세력과 신에서 동천을 주도한 세력이 다르다는 점은 주목할 필요가 있다. 신에서 평왕을 옹립한 세력은 신후, 노후, 허남, 정자로 되어 있는데, 휴왕과 양립하는 상황에서 신후가 움직일 수 있는 자들이었을 것이다.[5] 하지만 신에서 동천을 주도한 세력은 진후, 위후, 정백, 진백으로 되어 있는데, 평왕을 옹립한 세력과 전혀 다르다. 즉 신에서 평왕을 옹립한 세력은 폐위된 왕비와 태자 의구를 복권시키기 위한 신후의 세력이었다면, 태자 의구가 평왕으로 즉위한 이후에는 다시 주 왕실의 동성 제후들이 주축이 되어 동천을 수행한 것이다.

---

5   다만 반란에 참여한 증과 견융의 이름이 보이지 않는데, 견융이야 신후의 용병으로 약탈이 목적이기 때문에 평왕 옹립에 참여할 자격이 되지 않는다. 하지만 주의 제후국인 증은 분명 평왕 옹립에 참여했을 것으로 보이는데, 『사기』에서도 제후들이 옹립했다고 포괄적으로 말하고 있을 뿐이어서 참여 여부를 확인할 길이 없다.

이들 가운데 진秦은 영성嬴姓이지만, 효왕孝王 시기에 분봉을 받아 서융을 방비하는 울타리 역할을 수행하고 있었기 때문에 동천에 참여한 것으로 보인다. 공교롭게도 이들은 동천 이후 춘추시대 세력 경쟁을 주도하는 국가로 성장하게 된다. 평왕 옹립과 동천 사이의 짧은 시간 동안 주도 세력이 확연히 바뀐 것이 의문이 들긴 하지만, 당시 주 왕실의 권위가 제후들에게 여전히 살아있음을 방증하는 사실로 보아도 무방할 것이다.

최근 전국시대 초나라 사서인 『계년繫年』이 『청화대학장전국죽서』 제2권(2011)으로 공개되었다. 『계년』은 『죽서기년』이나 『사기』보다 연대가 더 오래된 사서인 만큼, 동천에 관한 여러 의문을 풀어줄 수 있을 것으로 기대되었다. 먼저 『계년』의 관련 내용을 읽어보자.

> 주 유왕은 서신西申에서 아내를 맞아 평왕을 낳았다. 왕은 포인의 여성도 아내로 맞이했는데, 포사로 백반을 낳았다. 포사가 왕의 총애를 받아 왕과 백반이 평왕을 몰아내자, 평왕은 서신으로 갔다. 유왕이 군사를 일으켜 평왕을 포위했으나, 신인들은 (평왕을) 넘겨주지 않았다. 증인이 이에 서융을 끌어들여 유왕을 공격하여 유왕과 백반이 살해되고 주는 멸망했다. 방군邦君 제후들諸正이 이에 유왕의 아우 여신을 괵에서 옹립하니 바로 휴혜왕攜惠王이었다. 등극 21년, 진 문후 구仇가 괵에서 혜왕을 살해했다. 주에 왕이 없어진 지 9년, 방군과 제후들이 이때 비로소 주에 조근하지 않자, 진 문후가 평왕을 소악少鄂에서 맞이하여, 경사京師에서 옹립했다. 3년, 동쪽으로 이주하여 낙읍에 정착했다. 진인晉人들이 이때 비로소 경사로 진출하기 시작했고, 정 무공武公 역시 동방의 제후들을 다스렸다.[6]

---

6 淸華大學出土文獻研究與保護中心 編, 李學勤 主編, 『淸華大學藏戰國竹書(貳)』(上海: 中西書局, 2011). "周幽王取妻于西(申), 生坪(平)王或(取)孚(褒)人之女, 是孚(褒)(姒), 生白(伯)盤. 孚(褒)(姒)辟(嬖)于王與白(伯)盤达(逐)坪王走西(申). 幽王起(師), 回(圍)坪(平)王于西(申)人弗(畀), 曾

서사적 차원에서 『계년』의 내용을 보면 『사기』・『죽서기년』과 맥락이 다른 서사를 취하고 있다. 유왕이 살해된 후 평왕이 주축이 되는 서사와 달리, 『계년』은 평왕이 사라지고 휴왕이 주축이 되는 서사를 보여주기 때문이다. 이는 왕위가 유왕에서 휴왕으로 계승된 것으로, 유왕과 반란 세력 사이의 정치 역학이 상이하게 작용한 결과로 보인다.

유왕이 살해된 후 방군과 제후들이 평왕이 아닌 휴왕을 옹립한 이유는 무엇이었을까. 『사기』・『죽서기년』에서 평왕을 옹립한 것은 평왕을 왕위 계승자로 인정한 것이 된다. 이에 반해 『계년』이 휴왕을 옹립한 것은 평왕의 반란을 부정한 행위로 본 것이다. 즉 부친 살해와 수도 약탈이 주의 질서 규범을 무너뜨린 중차대한 잘못으로 간주하여, 평왕의 왕위 계승 자격을 부정한 것이 된다.

이로 인해 휴왕이 방군과 제후들의 추대로 괵에서 등극한 반면, 평왕은 30년 동안(유왕 재위 21년과 왕이 부재한 9년) 야인 생활을 하게 된 것이다. 이는 『죽서기년』에서 평왕과 휴왕이 양립하는 상황과도 사뭇 다르다. 평왕을 지지하는 자들이 없을 만큼 반란 세력이 지탄의 대상이 되었다는 얘기다. 나중에 평왕이 다시 옹립되기는 하지만 그것은 휴왕과 진 문후의 갈등에서 기인한 것이다.

휴왕은 21년 동안 재위하지만, 수도 호경을 회복하지도 못하고 괵의 부용으로 지내면서 천자의 권위를 잃어버렸다. 이에 진 문후는 휴왕을 살해하고 9년간 왕 없이 대리 통치를 하는데, 방군과 제후들이 조근을 하지 않으면서 진 문후에 저항한다. 진 문후는 왕의 공백을 메우기 위해 그제서야 야인이

(繒)人乃降西戎, 以攻幽王及白(伯)盤乃滅, 周乃亡. 邦君者(諸)正乃立幽王之弟 (余)臣于(虢), 是(攜)惠王. 立廿又一年, 晉文侯(仇)乃殺惠王于(虢). 周亡王九年, 邦君者(諸)侯(焉)(始)不朝于周, 晉文侯乃逆坪(平)王于少鄂, 立之于京(師). 三年, 乃東(徙), 止于成周. 晉人(焉)始啓于京(師), 奠(鄭)武公亦政(正)東方之者(諸)侯."

된 평왕을 맞이하여 호경에서 옹립하고, 3년 후 동쪽의 낙읍으로 이주한다.

표면적으로 보면 『계년』의 서사는 폐위 → 반란 → 유왕 살해 → 휴왕 등극 → 평왕 등극 → 동천으로 진행되어, '휴왕 등극 → 평왕 등극'을 제외하면 커다란 차이가 없는 것처럼 보인다. 그러나 주 왕과 제후 세력 간의 정치 역학이 달라지면서, 주 왕이 실권을 상실한 명목적인 존재로 전락했다는 점을 주목해야 한다. 『죽서기년』에서는 평왕이 왕위를 계승하면서 진 문후에게 동천을 수행하도록 명하는 등 주 왕의 권위가 여전히 살아있었다. 그러나 『계년』에서는 방군과 제후들에게 옹립된 휴왕은 괵의 부용으로 지내다가 진 문후에게 살해되고, 평왕도 진 문후에 의해 추대되었다가 낙읍으로 이주하는 의존적인 존재가 되었다.

『계년』에서는 이상하게도 유왕 사후 반란 세력의 주축인 신후의 역할이 없어졌다. 유왕을 공격할 때 서융을 끌어들인 주체가 신후가 아닌 증인으로 되어 있다. 그래서인지 유왕 사후에 반란 세력이 신에서 평왕을 옹립한 기사 자체가 빠져 있다. 반란의 목적이 평왕의 옹립에 있는데, 이 기사가 없다는 것은 반란이 실패했다는 것을 의미한다. 반란 이후 평왕이 소악이란 낯선 곳에서 야인 생활을 한 것도 이 때문일 것이다. 이러한 상황 속에서 방군과 제후들은 실패한 반란 세력이 아닌, 유왕 세력인 휴왕을 괵에서 옹립한 것이다.

그런데 휴왕을 수도 호경이 아닌 괵에서 옹립했다는 것은 호경을 장악하지 못했다는 뜻이다. 호경이 서융의 지배하에 놓였기 때문일 것이다. 그렇다면 휴왕 세력이 정통성을 갖추지 못한 것이기 때문에, 설령 방군과 제후들이 휴왕을 옹립했다 하더라도, 평왕 세력도 자신들의 근거지에서 충분히 옹립할 수 있는 상황이었던 것으로 보인다. 『죽서기년』에서 평왕과 휴왕이 공존하는 서사처럼 말이다.

『계년』에 이 기사가 없다는 것은 상당한 의문이다. 또 21년간 재위한 휴왕을 살해하고 평왕을 추대한 주체가 진 문후로 되어 있는데, 당시 진 문후가 이런 막강한 힘을 가지고 있었는지도 의문이다. 춘추시대의 패자들도 주왕의 권위로 인해 함부로 대할 수 없었다는 사실[7]을 고려하면, 더욱 수긍하기 어려운 일이다. 이러한 측면에서 『계년』의 서사는 역사적 개연성이 떨어지며, 『사기』·『죽서기년』과 상호 보완되기가 어려운 이질적인 자료라고 판단된다.[8]

2. 제후들의 욕망, 천명은 나의 것

동천 과정을 전체적으로 보면, 『죽서기년』의 서사가 『사기』의 서사를 포괄하면서 역사적 개연성을 지닌 것으로 보인다. 여기서 동천 이후 주의 위상을 이해하기 위해 논의해야 할 사항이 있는데, 바로 『사기』에서 강하게 암시하고 있는 '주는 망할 것이다'의 문제이다. 『사기』에서는 주나라가 이왕夷王 시기부터 쇠락하기 시작하고, 여왕 시기 국인 폭동으로 왕이 추방되면서 멸망해가는 것으로 기술하고 있다. 그러나 서주 중후기에 봉건질서에서 이탈

---

[7] 가령, 동천 시기에서 290여 년이 지난 황지회맹(B.C. 482) 때까지도 천자가 명분상의 권위를 유지하고 있었다. 진과 오가 회맹 자리에서 패자의 순위를 다투며 일촉즉발의 위기 상황을 맞았는데, 진이 오의 칭왕 포기와 천자 조회의 조건으로 오에게 양보한 것은 명분상에서 천자의 권위가 여전히 살아있었음을 뜻한다.

[8] 『계년』의 서사를 역사적 사실에 기반한 것으로 간주하며 세부적으로 고찰한 연구에 대해서는 심재훈, 「전래문헌의 권위에 대한 새로운 도전 — 清華簡『繫年』의 周 왕실 東遷」(『역사학보』 221호, 2014) 참고. 이러한 입장을 취하고 있는 연구들은 사실 고증을 통해 새로운 역사 해석을 시도하고 있는데, 그 이전에 『계년』의 서사에 역사적 개연성이 있는지의 문제를 먼저 논의해야 한다. 내가 지적한 것처럼 『계년』의 서사에 문제가 있다면, 그것은 『계년』의 편찬자인 초나라의 시각이 개입되었기 때문일 것이다. 즉 춘추시대 패자로서 초나라가 동천 시기 진 문후와 같은 역할을 수행한다는 점을 부각하기 위해 서사를 재구성했을 거라는 얘기다. 그러하다면 『계년』의 서사가 새로운 역사 해석으로 확장될 가능성은 제한될 수밖에 없다.

한 제후국과 우방국이 생기기는 했지만, 당시 대외 전쟁에 관한 청동기 금문이 증언하듯이, 주 왕실은 여전히 진, 괵, 제 등 자신에게 우호적인 세력을 동원하여 전쟁을 지휘하고 있었다.[9] 이는 주의 통치 권위와 질서가 여러 방식으로 유지되고 있었던 것이며, 동천 이후 전국시대 진에 의해 멸망할 때까지 주나라가 장기 존속할 수 있었던 이유에 대해서도 동시에 설명되어야 함을 뜻한다.

문헌에 드러난 내용으로 보면 『사기』의 암시가 당시 공유된 정치 감각이었을 것으로 보인다. 가령, 반란 세력의 유왕 공격 때 함께 살해당한 정 환공은 선왕의 아우로 정나라 영지를 받았고, 유왕 시기에 내정을 담당하는 사도를 맡는 등 왕실의 최측근이었던 인물이다. 그런데 『국어』「정어鄭語」를 보면, 주나라 몰락 이후를 대비하는 정 환공의 두 마음이 드러난 기사가 있다. 동천 직전 사도이던 정 환공은 왕실에 변고가 많아 자신이 재난에 휩싸이지 않을까 걱정하며, 주나라 사백師伯에게 당시 정세와 정나라 생존의 길에 대해 묻는다. 사백의 답변 가운데 동천을 예측하는 구절이 있는데, 먼저 그 얘기를 들어보자.

지금 군왕은 이 화합의 원칙을 포기하고 오직 상동相同하는 자들만 가까이 하고 있습니다. 하늘이 군왕의 총기를 빼앗아 갔는데 망하지 않으려 한들 그것이 과연 가능하겠습니까. 저 괵 석보는 참언과 간교한 웃음으로 아첨을 일삼는 사람입니다. 그런데 군왕이 오히려 그를 경사로 삼았으니 이는 상동하는 자를 가까이 하는 것입니다. 왕후로 맞이한 신후를 버리고 첩 포사를 세우니 이는 덕의德義를 모르는 사람을 좋아하는 것입니다. 어릿광대인 곱사등이 척시戚施를

---

[9] 이점에 대해서는 노학관, 「厲王 銅器 銘文의 해석과 의의-㝬簋, 㝬鐘을 중심으로」(『사학지』 제54집, 2017), 심재훈, 「柞伯鼎과 西周 후기 전쟁금문에 나타난 왕과 제후의 군사적 유대」(『中國古中世史硏究』 제29輯, 2013) 참고.

신변에 가까이 두고 웃음을 취하는 것은 우매한 자를 가까이 하는 것입니다. 주나라 법제는 시행되지 않고 부인의 말을 쫓아 국가 대사를 처리하니 이는 참언을 일삼는 간특한 자를 중용하는 것입니다. 덕행이 있는 사람을 경사로 임명치 않고 오히려 아첨을 일삼는 간악한 자에게 권력을 맡기니 이는 행동이 몽매한 것입니다. 이렇게 해서는 나라가 오래갈 수 없습니다.[10]

『국어』「정어」에 나오는 사백의 말 전체를 읽어보면 『사기』의 동천 서사가 이 내용을 기반으로 구성한 것이며, 사백이 바로 『사기』에서 '주는 망할 것'이라고 말한 주나라 태사 백양보임을 알 수 있다. 천명을 중시하는 주나라 태사답게 사백은 하늘의 뜻인 화합·덕의를 따르지 않고 참언·아첨을 일삼는 탐욕적인 패거리 세력을 중용한 것이 유왕이 몰락한 주 원인이라고 설명한다. 또 사백은 당시 주나라 국제관계가 신, 증, 서융이 극성한 상황이어서, 유왕이 이러한 정세를 거스르고 포사에 대한 사욕을 채우고자 한다면, 왕실이 쇠퇴하게 되는 사태가 벌어질 수밖에 없을 것이라고 단언한다.

군왕이 장차 태자 의구를 죽이고 백복을 세우고자 하면 태자는 반드시 신나라로 망명하고 신나라 사람들은 군왕의 명을 받아들이지 않을 것입니다. 그러면 군왕은 반드시 신나라를 토벌코자 할 것입니다. 만일 신나라를 토벌케 하면 증나라와 서융이 신나라와 연합하여 주 왕실을 칠 것입니다. 그리되면 주 왕실은 보전키 어려울 것입니다. 증나라와 서융이 신나라에 감격해하고, 신나라와 여呂나라가 바야흐로 강성하니 그들이 태자 의구를 크게 좋아하는 것 또한 당연

10　『國語』「鄭語」. "王將棄是類也而與剸同. 天奪之明, 欲無弊, 得乎? 夫虢石父, 讒諂巧從之人也, 而立以爲卿士, 與剸同也; 棄聘后而立內妾, 好窮固也; 侏儒戚施, 寔御在側, 近頑童也; 周法不昭, 而婦言是行, 用讒慝也; 不建立卿士, 而妖試幸措, 行暗昧也. 是物也, 不可以久." 번역은 『국어』 (신동준 옮김, 인간사랑, 2017) 참고.

한 일입니다. 이때 군왕의 군사가 신나라를 치면 그들이 신나라를 구원할 것이 뻔합니다. 군왕이 신나라에 크게 화를 내자 괵 석보 또한 덩달아 화를 내고 있으니 주 왕실의 존망 여부가 3년이 안 돼 분명히 드러날 것입니다.[11]

여기서 사백은 유왕과 폐위 세력 간의 정치 역학이 어떻게 파장될 것인지 예측하고 있는데, 사건 진행 과정으로 보면 『사기』보다 『죽서기년』의 서사에 더 근접하는 내용이다. 사마천도 분명 사백의 말을 다 보았을 터인데, 『사기』의 서사에 사백의 합리적 설명이나 사건 진행이 소략하게 처리되고 유왕과 포사의 이야기가 부각된 점은 의문으로 남는다. 아무튼 사백은 주나라가 처한 위기적 상황을 실제 역사를 예견하듯이 설명하고 있다. 여기에 정 환공이 궁금해 하는 주 왕실이 쇠락한 이후의 정세에 대한 설명을 연결하면, 동천 이후 춘추시대의 세력 경쟁에 대한 사백의 통찰을 만날 수 있다.

강姜성과 영嬴성, 형荊 땅의 미芈성은 장차 희姬성과 함께 천명을 다툴 것입니다. 강성은 백이伯夷의 후손입니다. 영성은 백예伯翳의 후손입니다. 백이는 능히 예로써 신령을 경배하는 것으로 요 임금을 보좌했고, 백예는 능히 만물이 그 뜻을 얻게 하는 것으로 순 임금을 보좌했습니다. 그들의 후손은 모두 제사를 버린 적이 없는데도 흥성치 못했습니다. 주 왕실이 쇠미해지면 그들 또한 장차 흥성할 것입니다.[12]

---

11 『國語』「鄭語」. "王欲殺太子以成伯服, 心求之申, 申人弗畀, 必伐之. 若伐申, 而繒與西戎會以伐周, 周不守矣! 繒與西戎方將德申, 申·呂方彊, 其隩愛太子亦必可知也, 王師若在, 其救之亦必然矣. 王心怒矣, 虢公從矣, 凡周存亡, 不三稔矣!"

12 『國語』「鄭語」. "姜·嬴·荊·芈, 實與諸姬代相干也. 姜, 伯夷之後也, 嬴, 伯翳之後也. 伯夷能禮於神, 以佐堯者也, 伯翳能議百物, 以佐舜者也. 其後皆不失祀, 而未有興者, 周衰其將至矣."

사백은 동쪽의 수도인 낙읍 사방에 융적을 포함한 수많은 나라들이 있는데, 그 가운데 강성인 제齊와, 영성인 진秦, 미성인 초楚가 희성인 진晉과 더불어 4강 체제를 형성하여 주 이후의 천명 경쟁을 할 것이라고 예측한다. 이는 동천 이후 네 나라를 중심으로 세력 경쟁이 진행되고, 주변의 약소국들은 정세에 따라 다각적인 생존의 길을 모색하는 구도를 잘 보여준다. 그런데 사백이 네 나라가 흥성하여 춘추시대를 주도할 것이라고 판단하는 이유를 보면 단순히 국력 때문만은 아니다. 무엇보다 그 선조들이 고대 성왕 시대에 훌륭한 공적을 이루었고 그 후손들이 백성에게 덕행을 쌓은 나라만이 흥성할 수 있다는 것이다.

사백이 보기에는, 낙읍 남쪽에 축융祝融의 후예인 미성의 나라들이 많이 있지만 형 땅의 초나라에만 밝은 덕행이 남아 있다. 동쪽에는 백이의 후손인 강성의 제나라, 서쪽에는 백예의 후손인 영성의 진나라 그리고 수많은 희성 나라 가운데는 주 무왕의 후손인 진나라가 이러한 흥성의 조건을 갖추고 있다. 사백은 바로 이 네 나라가 흥성의 조건을 갖추어 주나라 이후 천명 경쟁을 벌일 것으로 예측한 것이다. 『국어』가 전국시대에 간행된 전래 문헌이라는 점을 감안하더라도, 사백이 제기한 나라 흥성의 조건과 천명 경쟁이 춘추시대를 이해하는 주요한 시각이 된다는 사실은 변함이 없다.

사백은 이렇게 주나라가 쇠락한 이후의 정세를 예측하고 정 환공에게 정나라 생존의 길에 대해 제안한다. 희성의 소국들이 있는 제수齊水와 낙수洛水, 황하, 영천潁川 사이의 땅으로 이주하고, 동괵東虢과 회鄶의 부덕한 행위를 천자의 명으로 토벌하여 흥성의 기반으로 삼으라는 것이다. 친족관계와 명분을 이용해야 살아남을 수 있다는 냉혹한 생존전략이다. 정나라는 실제로 사백의 말에 따라 이주했고 동천을 수행한 정 무공 때 동괵과 회를 정벌했다.

정 환공 때 이미 유왕의 사도를 맡으면서 주나라가 쇠락한 이후의 시대를 대비하고 있었던 것이다. 아들 정 무공은 아버지가 평왕 옹립 세력에 의해 살해되었지만 결국 평왕의 동천을 수행하게 되는데, 이는 정나라의 생존을 위한 불가피한 정치적 선택이었을 것이다. 동천 과정에서 벌어진 정나라의 두 마음은 향후 춘추시대 각국의 생존전략을 시사하는 의미심장한 대목이다.

동천 이후를 선도적으로 대비한 정나라는 무공과 장공莊公이 천자의 경사가 되면서 정국을 주도하는 역량을 갖추게 되었다. 주 평왕 역시 동천 이후 왕조를 재정비하려는 의지를 보이며 정나라를 견제하기 위해 다른 제후국들을 끌어들였다. 서주시대와 달리 구심력이 약해진 왕실은 제후국들 사이의 세력 균형을 이용하는 방식을 통해 생존을 도모했다. 하지만 환왕桓王 시기에 이르러 괵공에게 정권을 넘기려 하면서 정나라와 갈등이 심해졌다. 이에 환왕은 진·채·위의 군대와 연합하여 정나라를 공격하는데, 정 장공의 반격을 당하여 환왕이 대부 축담祝聃의 화살에 어깨를 맞는 사태가 벌어졌다. 축담은 기세를 몰아 천자를 사로잡으려 하지만 정 장공은 머뭇거리며 공격을 멈춘다.

> 군자는 윗사람을 자주 범하지 않는다. 그런데 어찌 천자를 능멸하겠는가? 스스로를 구하고 사직에 탈이 없으면 다행인 것이오.[13]

정 장공의 말 속에 정나라의 두 마음을 억제하는 기준이 세워져 있다. 이는 정나라의 국력, 주나라의 권위, 제후국들 사이의 세력관계 등이 고려된 현실적인 멈춤이었다. 정나라뿐만 아니라 춘추시대 제후국들이 지니고 있던 두 마음이 이 시대를 움직이는 동력으로 작용한다는 점은 주목해야 한다. 즉 주 왕실의 최측근에서부터 변방의 나라에 이르기까지, 다들 자국의 흥성을 위한 욕망과 그것을 억제하는 규범 사이에서 움직이고 있었다는 것이다.

---

13 『春秋左傳』 桓公 5년. "君子不欲多上人, 況敢陵天子乎? 苟自救也, 社稷無隕, 多矣." 번역은 『춘추좌전』 1(신동준 옮김, 한길사, 2006) 참고.

이와 관련하여 서쪽 변방의 나라 진秦 무공武公 시기 명문 <진공종秦公鐘>을 읽어보자.

진공이 말하기를, "나의 선조는 천명을 받으시어 토지를 받고 제후국으로 봉해졌다. 지금 하늘에 계신 위엄 있고 혁혁한 공적을 쌓은 문공, 정공, 헌공은 하늘의 명을 게을리하지 않고 어긋남 없이 행하여 만방蠻方을 다스렸다." 진공과 왕희王姬가 말하길, "소자는 밤낮없이 짐에게 맡겨진 제사를 경건히 받들어 하늘로부터 많은 복을 받았다. 마음을 밝게 했고, 안정과 화합으로 경대부들을 대했고, 이들을 신하로 중용했다. 위엄있고 진실한 마음으로 미덕을 경건하게 받들어, 나의 국가를 안정시키고 힘을 합하여, 주위의 많은 나라들百蠻이 그들의 직분을 수행하게 했다.[14]

위 글에서 천명을 받은 나의 선조는 진 양공襄公이다. 진은 선조 비자非子가 효왕 때 영지를 받은 이래 서융의 침입을 막아내는 울타리 역할을 했다. 그러다가 양공이 평왕의 동천 때 근위병 역할을 수행한 공로로 제후국으로 승격되었고, 동천한 주를 위해 서융이 침탈한 기산岐山과 풍읍豊邑을 되찾으면 그 땅을 진에게 주겠다는 약속을 받았다. 『사기』 「진본기秦本紀」에서는 양공이 토지를 받고 제후국으로 봉해진 일이 평왕의 명을 받고 그렇게 된 것[15]이라고 기술했는데, 이를 축원하는 진 공실의 청동기에서는 평왕의 명이 아닌 하늘의 천명을 받은 것으로 기록하고 있다. 청동기는 전래 문헌이 아닌 당사자의 육성이 담긴 실록인 만큼, 진 무공의 속마음이 드러나 있다고 해도

---

14 <秦公鐘>. 秦公曰: "我先祖受天令, 商宅受或, 烈烈卲文公·靜公·憲公, 不象于上, 卲合皇天, 以虩事(蠻)方." 公及王姬曰: "余小子, 余夙夕虔敬朕祀, 以受多福, 克明又心, 盭龢胤士, 咸畜左右, 藹藹允義, 翼受明德, 以康奠協朕或, 盜百蠻, 具即其服."

15 『史記』「秦本紀」.

무방하다.

서주시대에 천명은 주 왕만이 이어받을 수 있는 독점적인 권위였는데, 동천 이후에는 진 무공도 천명이란 말을 쓰고 있다. 주 왕실의 입장에서는 서융의 침입에 대한 울타리 역할의 대가로 영지를 준 것이지만, 진의 입장에서는 자신의 선조가 하늘로부터 복을 받아 서융 지역을 다스리게 된 것으로 본 셈이다. 주 왕실의 분봉을 받은 동성 제후국이나 이성 제후국과 달리, 진은 자신이 천명을 받아 독자적인 나라를 수립한 것이 된다. 그렇게 되면 진의 울타리 역할이나 동천 수행은 제후로서의 의무가 아니라 국익에 기반한 정치적 결정이 되는 것이다.

『사기』에 따르면, 진 양공이 '서치西畤를 만들어 상제에게 제사'를 지낸 이래 문공, 선공, 영공, 헌공이 각각 제단을 쌓고 백제白帝, 청제靑帝, 황제黃帝, 적제赤帝에게 제사를 올렸다고 한다.[16] 사마천의 시각은, 상제 제사는 주 천자만이 올릴 수 있는 제사인데 주의 번신에 불과한 진이 이를 거행한 것은, 주 왕의 권위를 참월한 일이라는 것이다. 사실 진의 제례가 주의 권위를 부정하기 위한 의도적인 것인지 아니면 진의 전통적인 제례를 행한 것인지 단정하기는 어렵다. 그러나 진이 독자적인 천명을 받은 것이라고 여긴다면 상제 제사를 올리지 못할 이유는 없다.

진 양공이 서치에서 올렸다고 하는 상제 제사는 서제 혹은 백제로 알려진 소호少昊[17]에게 지낸 제사로 보인다. 양공 이후 제단을 쌓고 백제, 청제, 황제,

---

16 『史記』「封禪書」.「진본기」에서는 사방의 사제에게 올린 제사가 아니라 모두 상제에게 올린 천제로 되어 있다. 이는 중국 왕조의 정통성을 진이 이어나간 것으로 보는 본기의 서술 목적에 따른 것이라고 여겨진다.

17 사마천은 「진본기」에서 진나라의 시조를 전욱顓頊으로 기술하고 있는데, 전욱은 소호의 아들로 알려져 있다. 사마정의 『사기색은』에서는 소호를 진나라의 시조로 보고 있는데, 고대 제왕의 계보에 근거한 설명이다. 사마천은 오제에서 소호를 제외하고 있지만, 소호를 오제의 첫 번째 제왕으로 보는 설도 있다. 이는 고대 중국인이 소호를 서쪽 지역을 다스

적제에게 제사를 올린 것 역시 상제가 아니라 사방의 토지신社에게 지내는 제사에 해당한다. 토지신은 방위에 따라 색을 달리하는데 동쪽은 녹색, 남쪽은 적색, 서쪽은 백색, 북쪽은 흑색, 중앙은 황색이며 각 방위를 주재하는 토지신을 각각 녹제綠制, 적제, 백제, 흑제黑帝, 황제라고 부른다.

오제의 토지신 모두에게 제사를 지낼 수 있는 권한은 천자만 지니고 있으며, 제후들은 자신의 영지 위치에 상응하는 토지신에게만 제사를 지낼 수 있다. 처음에 양공이 서치에 올린 제사는 진의 서쪽의 방위에 상응하는 백제 제사에 해당하며,[18] 이후 사방의 토지신에게 모두 제사를 올린 것이다. 다만 주의 세력권에 해당하는 사방이 아니라 진의 영역에 속하는 사방이었을 것이다.

『예기』에 따르면 주의 상제 제사는 남교南郊의 원형 제단에서 올렸으며, 또 하늘에도 다섯 방위의 천신인 오제가 있어서 제단을 쌓고 제사를 올렸다고 한다.[19] 이것은 하늘의 천신에게 올리는 천제天祭에 해당하며, 토지신 제사와 구별된다. 신의 서열로 볼 때 상제는 전 우주를 관장하는 최고신이며, 그 아래에 다양한 천신과 자연신 그리고 조상신이 위치한다. 그런데 후대에 상제 아래에 있는 여러 신들에게 제의 칭호를 부여하면서, 상제가 마치 복수의 존재라는 생각이 들게 한다. 우주 주재자로서 상제와 상제의 권위를 부여받은 하위 신을 구별하지 못한 결과인 것이다.

다섯 방위의 오제 천신이나 오제 토지신도 제의 칭호를 쓰기는 하지만

리는 제왕이자 신으로 여긴 것이며, 서쪽 지역에서 건국한 진나라가 소호를 자신의 시조로 삼을 수 있는 근거가 된다.

18 이점은 「봉선서」 "진나라 양공이 견융을 공격하여 주 왕조를 구하고 그 공으로 처음으로 제후의 반열에 올랐다. 진나라 양공이 제후가 되고 나서 서쪽 변경에 거주하고 있었는데 스스로 소호의 신령에게 제사 지내는 것을 주관해야 한다고 생각하고는 서치를 만들어 백제에게 제사 지냈는데, 희생물로는 유구와 황소와 저양을 각각 한 마리씩 사용했다"는 서술에 근거한다. 제천의식으로서 진의 교사에 대해서는 문정희, 「秦漢 祭禮와 國家支配」 (연세대학교 박사논문, 2005), 17~23쪽 참고.

19 『禮記』「祭法」. 번역은 『예기』 중(이상옥 옮김, 명문당, 1995) 345~353쪽 참고.

이들을 상제라고 볼 수는 없다. 사마천이 상제 제사라고 말한 진의 제례는 진 영역의 토지신이나 천신에 대한 제사이며, 최고신 상제에게 올리는 천제라고 보기는 힘들다. 주의 천하를 넘보는 천자가 되기 위한 의례가 아니라 진의 영역에 한정된 제사라고 보아야 한다는 것이다. 다만 진의 정당성을 주 왕실의 분봉이 아니라 자신의 천명에 둔 것은, 분명 주의 천하에 도전하는 신생 세력이 등장했다는 점을 뜻한다.[20]

주 왕실의 최측근인 정나라와 변방의 진나라의 속마음에서 보이듯이, 춘추시대 제후국들은 자국의 부강과 질서 규범 사이에서 정치적 선택을 하고 있었다. 춘추시대 첫 번째 패권국인 제나라 환공桓公과 관중管仲이 만든 존왕양이尊王攘夷의 회맹會盟질서는 열국의 이러한 욕망이 불안정한 균형을 이룬 상태라고 할 수 있다. 회맹질서는 주 왕실의 권위를 인정하는 선 위에서 패자를 중심으로 세력 균형을 추구하는 것인데, 그 근저에는 천명과 연결된 주 왕실의 권위가 놓여 있었다. 서주시대 우주 정치를 통해 주 왕실과 연결된 하늘의 끈은, 천명이 제후국인 자신에게 옮겨왔다는 공유된 확신과 강력한 힘이 있어야 비로소 끊을 수 있는 것이었다.

회맹질서의 패자 누구도 이러한 카리스마를 갖추지는 못했다. 하지만 그들의 속마음마저 완벽하게 억제할 수는 없었다. 첫 번째 패자인 제 환공은 규구葵丘 회맹을 주관한 후 천자만이 거행할 수 있는 봉선封禪의식을 하고 싶어했다.[21] 또 두 번째 패자인 진晉 문공文公은 아우의 반란으로 쫓겨난 양왕襄王을 성공적으로 복귀시킨 후, 자신의 장례에 천자만큼의 묘도를 쓰게 해달

---

20 필자는 상제와 제의 칭호를 쓰는 신들의 차이를 구별하는 입장이지만, 진나라 통치자들이 이런 신들을 상제라고 여기며 제천의례를 했을 가능성은 충분하다. 의례가 통치 권위를 세우기 위한 행위인 만큼, 통치자에게는 상제라고 여기며 제사를 올렸다는 것 자체가 중요한 의미를 지니기 때문이다.
21 『史記』「齊太公世家」.

라고 요청했다.²² 자신의 실력에 합당한 권위를 인정받고 싶은 욕망인 셈이다. 패자들과 열국의 통치자에게 갈수록 빈번히 나타나는 이러한 행위 가운데 가장 상징적인 사건은, 초 장왕莊王이 천자의 상징물인 주 왕실의 구정九鼎의 무게를 묻는 일화이다. 『춘추좌전春秋左傳』의 관련 기사를 읽어보자.

초 장왕이 육혼陸渾의 융족을 정벌하고 낙수까지 이르러 주나라 국경에서 열병식을 거행했다. 이에 주 정왕定王이 왕손 만滿을 보내 초 장왕을 위로했다. 초 장왕이 구정의 크기와 경중을 물으니 왕손 만이 대답했다. "왕의 권위는 덕에 있지 구정에 있지 않습니다. 옛날 하나라가 덕을 지니고 있었을 때, 먼 나라에서 물상物象을 그려서 바치고, 구주九州의 장관들은 청동을 진상했습니다. 구정을 주조할 때 물상을 새겨 넣어, 모든 물상을 갖추게 함으로써, 백성들이 신령과 요괴를 구별할 수 있게 했습니다. 그리하여 백성들이 강과 저수지川澤나 산과 숲山林에 들어가도 마주치지 않고 피할 수 있었습니다. 이에 산림의 요괴 이매螭魅와 목석의 요괴 망량魍魎이 백성들을 해치지 못했습니다. 상하가 서로 화합하여 하늘의 복을 받을 수 있었습니다. 하 걸왕 때 덕이 어두워져, 구정이 상나라로 옮겨졌고, 나라가 600년 동안 이어졌습니다. 상 주왕이 포악해지자, 구정이 주나라로 옮겨졌습니다. 왕의 덕이 크고 아름다우면, 구정이 작다 하더라도 무겁게 여겨지고, 왕의 덕이 간악하고 혼란스러우면, 구정이 크더라도 가볍게 여겨집니다. 하늘은 밝은 덕에 축복을 내리고, 그곳에 머물게 됩니다. 주 성왕成王이 구정을 낙읍郟鄏에 안치하고 점을 치니, 30대 700년 동안 누릴 것이라고 했습니다. 이는 하늘이 명한 것입니다. 지금 주의 덕이 쇠락하고 있지만, 천명은 아직 바뀌지 않았습니다. 그러니 구정의 무게는 물을 수 없습니다.²³

---

22 『春秋左傳』僖公 25년.
23 『春秋左傳』. "楚子伐陸渾之戎, 遂至於雒, 觀兵于周疆. 定王使王孫滿勞楚子. 楚子問鼎之大小, 輕重焉. 對曰, "在德不在鼎. 昔夏之方有德也, 遠方圖物, 貢金九牧, 鑄鼎象物, 百物而爲之備, 使

이 기사를 전체적으로 보면, 초 장왕이 정의 무게를 물은 것은 주 왕실을 위협하거나 정을 빼앗기 위한 목적은 아니다. 주 정왕은 육혼의 융족을 정벌한 초 장왕에게 왕손 만을 보내 위로하는데, 이는 초나라의 국익뿐만 아니라 주 왕실의 안전에도 도움이 되는 정벌에 대한 치하로 보인다. 이렇게 분위기가 고조된 자리에서 초 장왕은 자신이 구정을 만들 수 있는 실력이 있다는 점을 과시하기 위해 구정의 무게를 물은 것이며, 주 왕실의 강역에서 군사 열병식을 거행한 것 역시 이러한 의도라고 할 수 있다. 이런 점들은 전국시대 진나라가 군사력으로 주 왕실을 위협하며 구정을 요구하던 때와는 정황이 다르다. 제 환공의 봉선의식이나 진 문공의 묘도처럼 자신의 실력이 천자의 의례를 모방할 정도가 된다는 패기인 셈이다.

이에 왕손 만은 천명-덕-예기를 연결하는 정통성 프레임으로 도전자인 초 장왕의 실력 과시를 제어한다. 그리고 현재 주나라가 쇠락하기는 했지만 성왕의 점복에 이르길 천명이 30대 700년은 지속될 것이라고 못을 박는다. 과시하고자 한 질문이 천명을 넘보지 말라는 경고로 돌아온 셈이다. 『춘추좌전』의 기사에는 주 왕실의 경고에 대한 초 장왕의 반응이 나오지 않지만, 딱히 천명의 권위를 반박할 수 있는 새 담론을 내놓진 못했을 것이다.

3. 천하 경쟁과 정통성 만들기

패권 경쟁을 주도하는 열국의 욕망과 행위를 보면서, 춘추시대를 서주시대

民知神, 姦. 故民入川澤, 山林, 不逢不若. 螭魅罔兩, 莫能逢之. 用能協于上下, 以承天休. 桀有昏德, 鼎遷于商, 載祀六百. 商紂暴虐, 鼎遷于周. 德之休明, 雖小, 重也. 其姦回昏亂, 雖大, 輕也. 天祚明德, 有所底止. 成王定鼎于郟鄏, 卜世三十, 卜年七百, 天所命也. 周德雖衰, 天命未改. 鼎之輕重, 未可問也."

의 종법질서가 붕괴된 무도한 사회라고 평가하곤 한다. 이러한 평가는 춘추시대가 약육강식의 시대로 돌입했다는 점에서 타당한 측면이 있다. 그러나 서주시대의 몰락이 주 왕실 내부에서 시작되었다는 점과 춘추시대의 새로운 질서가 여전히 주나라 전통 관념을 기반으로 이뤄지고 있다는 점을 고려한다면, '주는 망할 것'이라는 예언과 마찬가지로 객관적인 평가라고 보기는 힘들다.

서주 후기에서 춘추 초기의 작품으로 보이는 『시경』「소아小雅」·「국풍國風」 가운데는 하늘과 왕, 조상, 관료 등을 원망하며 시대를 한탄하는 시들이 많다. 이 시들은 동천 전후의 혼란한 상황을 배경으로 하는데, 왕조를 창업하며 약속한 천명과 달리 고통스런 세상을 만든 지배층에 대한 불만과 배신감의 표출이었다. 천명을 받은 왕은 민생보다 전쟁을 일삼았으며, 왕을 보좌하는 관료는 사리사욕만을 채웠고, 제사를 받는 조상은 후손에게 가혹한 고난을 안겨줄 뿐이었다. 『시경』의 시들은 바로 천명이 실현된 세상을 기대하던 충직한 신하와 백성이 터트린 울분에 다름 아니었다.

> 아득히 높은 하늘은 백성의 부모라 했거늘
> 죄도 없고 허물도 없는데 어지러움 이토록 내리는가[24]

> 하늘의 명은 일정치 않아 이토록 무거운 재난을 내리셨고
> 하늘이 사랑하지 않으시어 큰 환란을 내리셨네[25]

> 주나라 왕실은 이미 멸망하여 머물러 살 곳도 없고
> 높은 관리들은 모두 떠나가 우리의 괴로움 아랑곳 하지 않네[26]

---

[24] 「巧言」. "悠悠昊天, 曰父母且. 無罪無辜, 亂如此憮." 번역은 『신완역 시경』(김학주 옮김, 명문당, 2018) 참고.

[25] 「節彼南山」. "昊天不傭, 降此鞠訩. 昊天不惠, 降此大戾."

조상들은 사람이 아닌가 어쩌면 나를 이렇게 하실까[27]

나는 서쪽으로 종군하여 먼 거친 들에 이르렀는데
어찌 돌아가고 싶지 않으리 법망이 두려워 못가는 거지[28]

아득한 푸른 하늘이여 언제면 안정될 수 있을 것인가[29]

이렇게 동천 전후의 시에서는 하늘에 대한 원망이 두드러지는데, 이는 상주 교체기에 주 왕조 창립의 정당성을 부여해주던 최고신 하늘의 모습과는 사뭇 다르다. 주나라 천명론 속의 하늘은 탐욕적인 상 왕에게 재앙을 내리고 덕을 지닌 주 왕에게 천명을 부여했다. 그러나 이제는 부덕한 상 왕을 멸망시킨 것처럼 주나라에 재앙의 고통을 내리고 있다. 이 재앙은 근원적으로 왕의 부덕함에서 기인하는 것이지만 그 고통은 주나라 전체로 파장되어 결국 동천의 사태로 이어졌다.

주 왕 역시 자신의 부덕으로 인한 하늘의 재앙을 감지하고 있었다. 서주 후기 청동기로 보이는 <사순궤師訽簋>, <모공정毛公鼎> 등을 보면, 선왕의 공덕을 계승하지 못해 하늘의 재앙이 내리는 것에 대한 두려움과 왕실의 천명을 지속시키기 위한 사명감을 표출하고 있다.

모공毛公아, 위대하고 영명하신 문왕과 무왕이 계시어, 하늘이 그 덕을 크게 만족해하시고, 우리 주나라에 큰 덕을 베풀어 주셨다. 문왕과 무왕은 진심으로

---

26 「雨無情」. "周宗旣滅, 扉所止戾. 正大夫離居, 莫如我勩."
27 「四月」. "先祖匪人, 胡寧忍予."
28 「小明」. "我征徂西, 至于艽野.", "豈不懷歸, 畏此罪罟."
29 「鴇羽」. "悠悠昊天, 曷其有所."

하늘의 명을 잘 받들어 주변 방국들을 위무하니, 문왕과 무왕의 빛나는 업적을 찬양하지 않는 자가 없었다. 하늘이 천명을 길이 내리시어 옛 신하들은 왕을 보좌하여 천명을 공경하게 받들었다. 이에 하늘은 미워하지 않으시고 우리 주나라를 굽어 살피시어 선왕께서 받드신 천명은 더욱 공고하게 되었다. 인자하신 하늘이 돌연히 위엄을 보이실 때, 왕위를 계승받은 내가 미처 이를 인식하지 못하면, 나라를 어떻게 호전시킬 수 있겠으며, 혼란한 천하는 크게 방종하고 불안하게 되지 않겠는가! 아! 나 소자는 어려움에 빠져 있지만 선왕의 천명을 영원히 받들고자 한다.[30]

위 글은 선왕宣王 시기 청동기로 보이는 <모공정>의 앞부분이다. 서두에 주나라 창업주인 문왕과 무왕의 공덕을 칭송하는 것은 서주시대 청동기 명문의 일반적인 서술 방식이다. 그런데 칭송 이후 왕 자신의 시대에 이르러 하늘의 재앙이 내릴 위기에 처했음을 암시하는 서술은 선왕이 직면한 시대적 상황을 드러낸다. 서주 중기 청동기 <사장반史牆盤>의 경우에도 역대 선왕들의 계보와 그 공덕을 칭송하고 있는데, <모공정>과 같은 위기감은 드러나지 않았다. 물론 <모공정>의 서술 의도도 <사장반>과 마찬가지로 주의 천명을 영원히 이어가겠다는 것이다. 하지만 왕 자신이 위기감을 드러내고 그 대책을 도모하고 있다는 점은 뚜렷한 변화라고 할 것이다. 특히 하늘의 재앙을 외부적 요인보다 내부의 실정과 부덕함에서 찾으려 하는 점은 주목할 필요가 있다.

<모공정>에서 보이는 선왕의 의지에도 불구하고 주 왕실은 결국 동천의 사태를 맞게 되었다. 앞에서 서술했듯이 그 결정적 계기는 유왕의 태자 폐위

---

[30] 「毛公鼎」. "父厭, 丕顯文武, 皇天引厭乓德, 配我有周, 膺受大命, 率懷不廷(庭)方亡不覲於文武耿光. 唯天將集厥命, 亦唯先正, 乓辟爵董大命, 肆皇天亡, 斁臨保我有周, 丕鞏先王配命, 畋天疾威, 司餘小子弗, 伋邦將害吉? 踄踄四方, 大從丕靜. 嗚呼! 懼作小子溺湛於艱, 永鞏先王"

와 반란에 있었다. 종법 질서의 차원에서 보자면, 유왕의 태자 폐위는 장자 계승 제도를 무너뜨린 행위이다. 주 왕실 스스로 종법 질서를 붕괴시켜 위기에 처하게 된 것인데, 그 시초는 의왕懿王의 동생인 효왕이 조카 이왕의 승계를 빼앗아 왕이 된 사건에서 비롯되었다. 효왕의 왕위 찬탈에서 유왕의 태자 폐위로 이어지면서 주 왕실의 종법 질서가 균열되고 결국 서주시대의 몰락을 고하게 된 셈이다. 주 왕실의 종법 질서 파괴는 춘추시대의 무도함에 대한 선례가 되었다.

게다가 주 선왕이 노나라의 장자 계승 제도를 파괴하면서까지 의공懿公을 군주로 내세워 내란을 유발시킨 사건도 발생했다. 선왕은 노나라로 출병하여 내란을 진압하고 효공孝公을 군주로 세웠는데, 이것은 제후국의 종법 질서를 주 왕실이 파괴한 행위로서 제후들이 등지게 되는 결정적인 계기가 되었다.[31] 동천 전후로 이러한 사건들이 지속되면서 주 왕실 내부에서는 천명을 잃어버릴 수 있다는 두려움이 확산되었다. 정 환공과 사백의 대화에서 엿볼 수 있듯이, 주 왕실 이외의 세력들도 주나라가 하늘의 재앙을 받고 있다는 점을 인지하면서 자신이 천명의 새로운 주인이 될 수 있다는 마음을 지니기 시작했다.

천명은 일정하지 않고 덕이 있는 자라면 누구나 천명을 받을 수 있다는 주나라 천명론이, 이제 주 왕실 이외의 세력이 천명과 연결될 수 있는 논리로 확장된 셈이다. 동천이 주의 멸망을 뜻하는 것은 아니어서, 천명은 여전히 주 왕실을 떠나지는 않았다. 하지만 주 왕실이 천명을 독점하던 시절과 달리, 천명과 주 왕실의 관계가 균열됨에 따라 타 세력이 들어갈 수 있는 공간이 열리게 된 것이다. 통치권을 장악한 제후·대부 들이 자신의 통치 권위를 천명에서 구할 수 있었던 것이다. 또 공자孔子를 대표로 하는 사士 계층이

---

31 『史記』「魯周公世家」.

자신의 소명과 운세를 하늘에서 구했고, 일반 사람들도 자신의 수명과 운세를 하늘의 뜻과 연결시켰다. 나는 춘추시대에서 시작된 이러한 현상을 '천명의 다원화'라고 명명할 것이다.[32]

춘추시대 천명의 다원화에는 열국의 통치 권위를 주 왕실이 아닌 자신의 천명에서 구하는 일이 그 중심에 있었다. <진공종>에서 보았듯이 진은 주의 분봉이 아니라 자신의 선조가 천명을 받아 세운 나라라고 여겼다. 천자를 칭하며 역성혁명을 하려는 의도는 아니지만, 향후 제후국들이 나라의 권위를 주 왕실이 아니라 자기 선조의 천명에서 구하는 선례가 되었다. 열국의 통치자들도 천하 통치의 천명이 여전히 주 왕실에 있다는 점은 부정하지 않으면서 나라의 권위를 자기 선조의 천명에서 구했다.

서주시대에 천명은 주 왕만이 받을 수 있었고 제후들은 왕명으로 분봉된 것인데, 이제는 제후가 직접 천명을 받아 자신의 나라를 다스리게 된 것이었다. 주 왕이 제후국을 분봉하던 왕명의 권위가 사라진 셈이다. 이점과 관련하여 진晉 헌공獻公 시기 후계 문제로 망명 생활을 하게 된 이오夷吾와 중이重耳 형제의 기사를 살펴보자.

---

[32] 천명의 다원적 개념 가운데 통치 권위로서 천명은 소수 통치집단이 독점했고, 그 외 사람들은 소명, 수명, 운세 등의 개념으로 사용했다. 이 때문에 전국시대 이래 천명이라는 말은 제한적으로 사용되며 천, 명, 성(性), 도 등의 개념이 다각적인 의미로 사용되었다. 그렇지만 천명이 주 왕실의 독점에서 벗어나 다원적으로 사용되면서 춘추시대 사람들이 하늘(신)을 자신의 삶과 연결시키며 새로운 세계관과 질서를 만들어간다는 점은 매우 중요하다. 이러한 흐름 속에서 지식 엘리트는 신격에 가까운 고대 성왕을 규범적 존재로 만들어 현실 정치를 개혁할 수 있었다. 또 통일 전쟁의 승리자가 되려는 왕은 부국강병과 아울러 천명을 지속시키기 위해 상제 제사와 종묘 제사를 중시했다. 민간의 백성들은 주술적 세계관을 통해 일상적 삶을 살아가면서, 자신의 생명과 생계를 보호해줄 수 있는 다양한 신들에게 기원을 하고 있었다. 이렇게 고대 중국에는 왕실의 천명을 위한 우주 정치, 지식 엘리트의 고대 성왕을 통한 규범 정치, 민간의 생존을 위한 신앙 세계 등 세 가지 층차의 세계관과 질서가 공존하고 있었다. 이 세 가지 층차는 매 시대마다 역동적인 상호 작용을 했으며, 이 과정에서 유일신과는 다른 다양한 신앙 행위에 기반한 사회가 형성되고 있었다.

1) 귀국의 군주(秦 穆公)가 만일 나(이오)를 도와주면, 나의 등극은 천명이 없어도 되는 것이오. 망명한 사람은 오직 귀국하여 종묘에 제사를 지내 사직을 안정시키는 것만으로 대만족이오. 망명한 사람이 어찌 사치스럽게 광대한 국토를 옹유하는 것을 바랄 수 있겠소. 귀국의 군주는 이미 많은 군현을 가지고 있으나 나는 귀국에게 황하 이남의 땅 5개 성읍을 바치고자 하오.[33]

2) 공자 중이 일행이 초나라로 가자 초 성왕成王이 주례에 의거하여 공후의 예로써 대접했다. 술잔을 9번 올리고 뜰에 백 가지 예품을 늘어놓았다. 공자 중이가 사양하려고 하자 자범子犯이 말했다. "이는 천명입니다. 주군께서는 응당 받아야 합니다. 망명 중인 사람이 군주의 예로써 대접받고, 지위가 같지 않은 사람이 군주의 예로써 대접하니, 하늘이 아니고서야 어찌 초 왕에게 이런 예를 행하도록 하겠습니까"[34]

1)은 진秦나라에 망명해있던 이오가 아버지 헌공이 죽자 후계자가 되기 위해 귀국을 서두르며 진 목공의 협력을 요청하는 내용이다. 이오는 진 목공이 협력하여 군주가 된다면 황하 이남의 5개 성읍을 바치겠다고 제안한다. 이오는 진 목공의 협력만 있으면 천명이 없어도 군주가 될 수 있다고 여긴 것이다. 여기서 이오가 말한 천명은 하늘의 명이 아니라 주 천자의 명에 해당한다. 서주시대부터 제후를 임명하는 왕명은 하늘을 대신한 천자의 명이었기 때문이다.

그런데 이오는 공석이 된 군주 자리를 형제들과 다투는 상황에서, 주 천자

---

33 『國語』「晉語」 2. "君苟輔我, 蔑天命矣! 亡人苟入掃宗廟, 定社稷, 亡人何國之與有? 君實有羣縣, 且入河外列城五."
34 『國語』「晉語」 4. "楚成王以周禮享之, 九獻, 庭實旅百. 公子欲辭, 子犯曰: "天命也, 君其饗之. 亡人而國荐之, 非敵而君設之, 非天, 誰啓之心?"

의 명이 없더라도 내외의 협력을 통해 충분히 승계할 수 있다고 여겼던 것이다. 물론 내외의 협력이라는 것은 땅을 통한 거래를 뜻한다. 그만큼 주 왕의 권위가 약해져 제후국 내부의 세력 경쟁으로 승계가 결정되고 있는 것이다. 또 진秦이 이미 천명을 내세운 나라라는 사실을 환기한다면, 이오가 진의 권위에 의지하여 더 큰 생각을 한 것이 될 수도 있다. 천명을 받은 진의 협력을 통해 자신도 주 천자의 명에서 벗어난 독자적인 천명의 나라를 만들 수 있다는.

2)는 이오가 진晉 혜공惠公이 된 후, 중이 일행이 망명자 신분으로 초에 가는데 초 성왕이 군주의 예로 대접하는 내용이다. 초 왕의 과분한 대접에 중이가 사양하려고 하자 대부 자범이, 이는 천명으로서 하늘이 초 왕에게 그렇게 명하게 한 것이라고 만류한다. 중이는 자신이 진의 군주가 아니기 때문에 사양하려 한 것인데, 자범은 중이가 장차 군주가 될 것이라는 천명을 받아 이런 대접을 받는다고 말한 것이다. 여기서 자범이 말한 천명은 하늘의 명으로 1)과 같은 주 천자의 명이 아니다. 현재 군주가 진 혜공이기 때문에 주 천자의 명은 진 혜공에게 있으며, 중이의 천명은 미래의 군주를 위한 하늘의 명에 해당한다.

물론 이는 측근인 자범의 말일 뿐 중이가 천명을 받았다는 계시는 어디서도 보이지 않는다. 그렇지만 천명이 이제 대부인 자범도 입에 올릴 수 있는 말이 되었다는 점은 주목할 필요가 있다. 자범을 비롯한 측근들의 활약 덕분에 중이는 진 문공文公이 되어 춘추시대 두 번째 패자가 될 수 있었다. 진 문공 시기 청동기 <진공분晉公盆>에 진의 천명과 관련된 구절이 있다.

왕 정월 초길 정해일, 진공晉公이 말했다. "나의 시조 당공唐公께서는 대명大命을 받고 무왕武王을 보좌하여, 만방百蠻을 조화롭게 하고 사방을 광범위하게 다스려 대정大廷에 이르렀으니, 왕께 내조하지 않은 이가 없었다. 왕은 당공에게 경사京師에 평온히 자리하라 명하셨다." (…) 공이 말하기를, "나는 비록 지금 소자에 불과하나, 감히 선왕先王들을 모범으로 삼아, 삼가 덕을 지켜 만방을 화합하며, 하루도 겸양하지 않음이 없었다."[35]

    진의 시조인 당공은 주 무왕의 아들로, 성왕에 의해 분봉된 당숙唐叔이다. 위 명문에는 당숙이 대명을 받은 것으로 되어 있지만, 대명은 서주시대 청동기에서 창업주인 문왕이 하늘로부터 받은 명을 지칭할 때 쓰인 말이었다. 천명과 동일한 의미의 대명은 당연히 당숙이 받을 수 있는 명이 아니다. 그런데 진 문공이 이룬 패자霸者의 업적을 칭송하는 청동기에서, 시조인 당숙이 주의 분봉이 아닌 대명을 받은 것으로 바뀐 것이다. 서주시대에는 주 왕실과 연결되는 것이 권위를 높이는 일이었는데, 이제는 자신의 선조가 직접 하늘과 연결되어 천명을 받는 일이 권위의 상징이 되었음을 뜻한다.

    다만 진은 주의 최측근 동성 제후국으로서 전통적인 친연관계를 끊어버리지는 않았다. 당숙이 대명을 받고 무왕을 보좌한 것처럼, 문공 역시 주 선왕들을 본받아 대업을 이어갈 것이라고 하기 때문이다. 이는 진의 대명이 주 왕실을 계승하는 역할로 제한된 것인데, 변방의 나라 진秦에서 선조 양공이 천명을 받고 후대 군주가 그 대업을 이어간다는 시각과는 차이가 있다. 그렇지만 분봉이 아닌 대명을 받은 이상, 정세 변화에 따라 주 왕실에서 벗어나 독자적인 길을 갈 수 있는 명분은 확보한 셈이다. 실제로 진 문공이 패자가 되었을 때의 회맹질서는 존왕양이를 중시한 제 환공 때보다 현실적인 이해관계에 더 치우쳤다.

    이렇게 변방의 진에서 자신의 천명을 내세운 이래 정통 제후국에서도 주

---

35 <晉公盆>. "隹(唯)王正月初吉丁亥, 晉公曰: "我皇祖唐公, 受大令(命), 左右武王, 龢(燮)百蠻, 廣四方, 至于大廷, 莫不來王. 王令(命)唐公門宅京師. (…) 公曰:「余雖今小子, 敢帥型先王, 秉德秩, 協燮萬邦, 哀莫不日卑恭."

왕실이 아닌 자신의 천명을 구하고 있었다. 그리고 중소 열국에서도 자신의 통치 권위를 하늘과 직접 연결하는 일이 일반화되고 있었다. 가령, 등藤나라 군주를 칭송하는 청동기 <사마무편종司馬楙編鐘>은 "지난날 나의 황조皇祖 도공悼公께서는 천명을 엄숙하게 공경하시고, 홀아비와 과부를 불쌍히 여기시며, 이로써 선왕先王의 맹사盟祀를 경건히 이어받으셨다"[36]고 말한다. 서주 시대 주 왕실의 청동기나 춘추시대 강대국의 청동기와 동일한 방식으로 등나라 선조의 천명을 칭송하고 있는 것이다.[37] 이러한 약소 열국의 청동기 가운데 <증후여편종曾侯與編鐘>에는 당시 천명에 대한 생각을 드러내는 주목할 부분이 있다.

왕 정월 초일 갑오, 증후曾侯 여與가 말했다. 백괄白括이 등용되어 문왕과 무왕을 보좌하여 은나라의 명을 치고, 천하를 안정시켰다. 왕은 남공南公(백괄)을 보내어 명하길, 변방의 땅汭土에 자리잡아, 회이淮夷를 통치하고, 강하江夏에 임하라 하셨다. 주 왕실이 쇠미해지자, 우리는 초楚에 귀의했다. 오吳는 무리가 많음을 믿고 난폭하게 행동하여, 서쪽과 남쪽을 정벌하여, 이에 초를 침략했다. 형방荊邦에 변란이 생겨, 천명이 장차 어그러지려 했다. 위엄있는 증후曾侯는 (…) 총명함을 떨치고 무공을 세워, 초의 천명이 안정되었다. 초왕을 안정시킨 것은 증후 덕분이었다.[38]

---

36 <司馬楙編鐘>. "隹(唯)正孟歲十月庚午. 曰古朕皇祖悼公, 嚴龏(恭)夤天命, 哀命(矜)鰥寡, 用克肇謹 (先)王明(盟)祀."
37 춘추시대 청동기에 나타난 천명 관련 명문에 대해서는 성시훈『先秦 시기 尙書의 사상적 특징에 대한 연구-출토문헌을 중심으로』(성균관대학교 박사논문, 2016), 85~102쪽 참고.
38 <曾侯與編鐘>. "隹(惟)王正月, 吉日甲午, 曾侯(與)曰: 白(伯)适(适)上(庸), (左)(右)文武, 達(撻) (殷)之命, (撫)(定)天下. 王譴(遣)命南公, (營)宅(汭)土, 君此淮尸(夷), 臨有江夏. 周室之既卑(卑), (吾)用燮譎楚. 吳恃有衆庶, 行亂, 西政(征)南伐, 乃加于楚. (荊)邦旣(削), 而天命(將)誤. 有(嚴)曾 侯 (…) 親塼(搏)武攻(功), 楚命是(靜), (復)(定)楚王."

증나라는 평왕의 반란 때 신과 연합한 나라인데, 증후 여 시기에는 주가 아닌 초의 천명을 지지하고 있다. 증은 주에게 천명이 있던 시절에는 주를 보좌했으나, 주 왕실이 쇠미해진 당시에는 천명이 초로 옮겨온 것으로 여겼던 셈이다. 오가 초를 침범할 때 초를 안정시키기 위해 군사를 동원한 것도 천명이 초에 있다고 보았기 때문이다. 여기서 말하는 천명은 주 왕실을 대신하여 천하를 지배하는 천명에 해당한다. 앞에서 살펴본 것처럼 열국들이 자신의 천명을 구하기는 했지만, 천하의 천명이 아직 주 왕실에 있다는 점은 부정하지 않았다. 이것이 회맹질서가 유지될 수 있었던 주의 권위로 작용했는데, 증후 여는 천명이 주를 떠나 초로 왔다는 전국시대적 사고를 드러내고 있는 것이다.

본래 초는 무왕 웅통熊通 시기에 왕을 칭한 나라로, 중원의 제후국보다는 변방의 진과 유사한 정체성을 지니고 있었다. 그러나 진과 마찬가지로 초나라도 초기에는 주의 천명을 대체한다는 생각보다는 자신의 지역 장악을 우선적인 목표로 삼고 있었다. 그런데 초와 오의 패권경쟁 시기에 이르게 되면서, 증후 여는 존왕양이의 회맹질서가 붕괴되고 전국시대적인 천명 경쟁이 이미 시작된 것으로 본 셈이다.

대부들이 열국의 실권을 장악한 춘추 후기에는 통치자로서 대부도 자신의 천명을 내세우며 천명 경쟁에 뛰어들고 있었다. 진 문공을 수행한 대부 자범의 경우에서 보이듯이 자신의 주군을 위한 천명은 입에 올리고 있었다. 그런데 이제는 통치자로서 대부 자신을 위한 천명을 언급하게 되었던 것이다. 이러한 천명의 다원화는 『춘추좌전』·『국어』의 기사가 증언하듯이, 춘추시대의 특성으로 자리잡고 있었다.[39]

---

[39] 『춘추좌전』·『국어』에서 다양한 주체들이 사용하고 있는 천명의 내용과 맥락에 대해서는 김성재, 「전래문헌에 나타난 주대의 천명」(단국대학교 박사논문, 2011) 2. 사서류에 나타난 천명과 제명 참고.

천명의 다원화의 핵심은 무엇보다 주 왕실이 아닌 자기 선조의 천명을 내세우는 일이었다. 이점과 관련하여 주목할 시대적 현상이 있는데, 춘추시대 후기 명문으로 보이는 <숙이종叔夷鐘>을 살펴보자.

> 왕 5월, 신辰이 무인戊寅에 있을 때, 치淄의 강변에 군사를 모았다. 제공齊公이 말했다. "(…) 내가 너에게 명하노니, 나의 삼군三軍을 관장하라." (…) 이夷가 말했다. "(…) 나는 감히 나의 명을 폐기할 수 없다. 이夷는 선조들과 고조高祖를 본받을 것이다. 위엄스런 성탕成湯께서는 상제의 궁정에 엄숙히 자리하고 계신다. (성탕께서는) 천명을 받으시고 하후夏后를 정벌하시어 그 난폭한 군대淺師를 패배시키셨다. 이윤伊小臣이 보좌하여, 구주九州를 모두 소유하시고 禹의 땅에 거처하셨다. 빛나는 목공의 자손이, 양공의 소생으로 성공과 혼인하여 낳은 여식을 배필로 삼았다. 이들이 낳은 숙이叔夷는 제후齊侯의 궁정에서 군주를 모심이 조심스럽고 공경했다. (…) 이夷는 보배로운 종을 주조하여, 황조皇祖와 황비皇妣, 황모皇母와 황효皇考에게 제사를 올리며, 장수하고 명이 영원하며 늙지 않기를 기원한다. 빛나는 황조께서 원손元孫에게 복을 내려 주시노라.[40]

명문의 주인공인 숙이는 제 영공靈公 때의 대부로, 삼군을 관장하라는 군주의 명을 받고 이를 기념하기 위해 기물을 만들어 조상에게 제사를 지냈다. 그런데 숙이의 선조를 거론하는 서두에서 상의 창업주인 탕왕의 천명과 그 공업에 대해 칭송한다. 명문에서 숙이는 송나라 공족 출신이어서, 송의 조상

---

[40] <叔夷鐘>. "隹(唯)王五月, 辰在戊寅, 師(次)于(淄)滙. 公曰: "(…) 余命女(汝), 政于朕三(軍)" (…) "余弗敢(廢)乃命. 尸(夷)(典)其先舊及其高祖. (虩虩)成唐(湯), 又(有)敢(嚴)在帝所. 專(溥)受天命, (剄)伐(夏)司(后), (敗)厥(靈)師, 伊少(小)臣隹(唯)輔(輔), 咸有九州, 處禹(禹)之堵. 不(丕)顯穆公之孫, 其配襄公之, 而(成)公之女, 生叔尸(夷), 是辟于齊侯之所 (…) 尸(夷)用乍(作)鑄其寶鐮, 用享于其皇且(祖)·皇妣, 皇母·皇考, 用旂(祈)眉壽·靈(永)命·難老." 不(丕)顯皇且(祖), 其乍(作)福元孫."

나라인 상과 그 창업주인 탕왕을 연결시킨 것이다. 본래 탕왕을 시조로 칭송하는 것은 송 공실에서나 행할 수 있는 일이었다. 숙이는 삼군을 관장하는 제나라 대부이기는 하지만, 명문의 내용을 보아서는 송 공족 출신인지 분명치 않은 인물이다. 그런데도 숙이는 송 공족이나 할 수 있는 조상의 계보를 내세우고 있다. 자신의 대업을 탕왕의 천명에서 구하고 또 탕왕이 상제를 보필하는 자리에 있게 함으로써, 숙이는 위대한 조상의 공덕을 이어받은 신성한 후손이라는 권위를 얻게 되었다. 이른바 조상 만들기 효과라고 할 것이다.

<숙이종>은 천명의 관건이 위대한 조상을 자기 가문과 연결시키는 일이라는 점을 보여준다. 숙이처럼 상 탕왕을 선조로 내세우더라도 친족으로서의 개연성이 있어야 권위를 인정받을 수 있다. 그러나 춘추시대 실권자들의 경우, 주 왕실의 동성 제후나 창업 공신인 이성 제후 그리고 상나라 후손국인 송을 제외하고는, 딱히 자신들과 연결되는 위대한 선조가 있지는 않았다. 천명과 연결된 위대한 선조가 있는 가문의 후예가 되어야 하는 상황에서, 조상 만들기는 바로 천명의 자격을 갖추기 위한 신성화 작업이었던 셈이다.

춘추시대 열국의 시조를 보면 모두 신화적인 존재나 고대 성왕·현신과 연결되어 있다는 사실을 발견할 수 있다. 그러나 문헌에는 열국들이 어떻게 이런 위대한 존재와 연결된 것인지에 대한 설명이 없다. 전승되어오던 각 지역의 신화, 전설, 민담 속의 영웅적인 존재들을 조상 만들기에 활용했을 가능성이 크다. 『춘추좌전』·『국어』에 시조가 기록되어 있는 열국들을 보면 다음과 같다.

1. 강성의 나라인 강융姜戎·기紀·래萊 등은 대악大嶽.
2. 사姒성의 나라인 관觀·기杞·越 등은 우禹.
3. 영성의 나라인 갈葛·강江·곡穀 등은 대업大業.

4. 미성의 나라인 기蘷·楚는 축융.

5. 위嬀성의 나라인 수遂·진陳·거莒는 순舜.

6. 기己성의 나라인 곤오昆吾·담郯·온溫은 소호少昊.

7. 언偃성의 나라인 동桐·료蓼·육六 등은 고요皐陶.

8. 요姚성의 나라 虞는 有虞.

9. 임任성의 나라 설薛은 해중奚中.

10. 자子성의 나라 권權·담譚·대戴 등은 설契.

11. 풍風성의 나라 수구須句·숙宿·임任·전유顓臾는 태호太皞.

12. 주 왕실과 동성인 희성의 나라는 후직.

열국의 선조들 가운데 강성의 대악은 산악의 신이고, 풍성의 태호는 강의 신에서 연원한 것으로 보인다. 사성의 우, 위성의 순, 요성의 우는 고대 성왕이며, 영성의 대업, 미성의 축융, 언성의 고요 등은 모두 고대 현신들이다. 열국은 위대한 선조뿐만 아니라 자기 성씨도 갖게 되어, 춘추시대에는 서주시대보다 훨씬 많은 성씨가 존재하게 되었다. 이후 대부와 사 들도 채읍采邑을 받음에 따라 자기 성씨와 천명을 가질 수 있었다.

그리고 『국어』 「진어」를 보면, 황제黃帝의 후손으로 희姬, 유酉, 임任, 순筍 등 12개 성의 나라를 들고 있는데, 이는 요순에서 하상주 삼대, 춘추시대 열국들이 모두 황제의 후손이 되는 계보 형성의 과정이라고 할 수 있다.[41] 춘추시대의 이러한 조상 만들기가 바로 전국시대 중국의 통일 정체성 및 『사기』의 화하족 계보를 구축하는 밑바탕이 되었다.

---

41 춘추시대 조상 만들기에 대해서는 김정렬, 『서주 국가의 지역정치체 통합 연구』(서경문화사, 2012), 211~219쪽 참고.

4. 전쟁의 시대가 열리다

선조의 천명과 신성한 가문 만들기는 통치자의 권위를 인정받기 위한 것이었는데, 춘추시대의 우주 정치는 서주시대와 같은 권위를 갖기가 힘들었다. 춘추시대에도 나라 흥성의 가장 중요한 요건이 제사와 군사력이었지만, 주 왕실이 약속했던 세상을 만들지 못하면서 불신의 감정이 그만큼 증폭되었기 때문이다. 천명에 부합할 만한 덕과 민생의 정치가 수반되어야 사람들의 신뢰를 받을 수 있었던 것이다.

천명이 다원화된 춘추시대에도 제사는 통치 정당성을 위한 신성한 의례였다. 신분에 따라 제사 예기의 수를 제한하는 열정제列鼎制처럼, 춘추시대 초에는 천자-제후-대부-사의 의례에 엄격한 서열이 유지되었다. 그러나 천명을 받은 선조와 신성한 가문을 내세우는 열국들이 생기면서 규범에서 벗어난 의례 행위가 나타나기 시작했다.

『사기』에서 진나라가 천자만 행할 수 있는 상제 제사를 지냈다고 했듯이, 교외에 제단을 쌓고 하늘에 제사 지내는 천제天祭가 바로 그러했다. 천명을 받은 선조가 있는 만큼 그에 걸맞는 천제를 지내고 싶은 욕망이 생긴 것이었다. 천제는 원칙적으로 천자만 지내는 제사이지만, 이미 진의 선례가 있고 노와 송에도 제천단이 있었다. 예에 어긋나는 이 같은 사실을 노에서는 주공에게 특별히 내려진 은총으로 설명하고, 송에서는 송공의 조상인 은나라의 왕제王制 전통을 고수한다는 명분을 내세웠다.[42]

앞에서 진의 상제 제사가 실제로는 진의 영토에 한정된 토지신과 천신 제사일 것이라고 했듯이, 열국들이 지낸 교외의 천제도 자기 영역의 토지신과 천신 제사일 가능성이 크다. 그러나 토지신을 비롯한 여러 신들의 칭호에

---

42   앙리 마스페로, 『고대중국』, 142~143쪽.

제帝가 붙여지면서 이들을 상제라고 여겼을 것이다. 천명이 다원화되어 통치자 누구나 하늘과 연결될 수 있었던 것처럼, 신의 영역에서도 제의 호칭이 늘어나면서 상제를 복수의 존재로 생각하게 되었을 것이다.

이러한 제의 칭호는 이후 황제, 제요, 제순, 제우, 오제 등 고대 성왕에게도 확장되어 상제처럼 여겨지게 되었다. 상제의 신격과 상제의 권위를 빌린 신의 차이를 구별하지 않으면, 상제는 복수의 존재이며 또 그들이 모두 우주를 주재한다는 관념이 형성될 수 있다. 춘추시대에 회맹을 맺을 때 천지신명에게 제물을 바치며 맹세하는 제사를 토지신 앞에서 올렸다는 사실은 이를 시사해준다.

선조의 천명과 천제가 통치 권위를 위한 전통적 방식이라면, 춘추시대에는 궁전과 무덤의 거대화라는 세속적인 방식이 새롭게 출현하였다. 서주시대의 종교적 정치적 중심지는 도읍 내에 있는 왕실의 종묘였는데, 평평한 안마당을 벽돌로 둘러싸서 만든 출입이 제한된 공간이었다. 그런데 춘추시대에는 닫힌 종묘에서 벗어나 높은 누대가 돋보이는 열국의 궁전이 정치적 권위의 상징이 되었다. 하늘 높이 솟아 있는 궁전 누대는 더 이상 깊은 곳에 벽으로 둘러싸인 비밀스런 곳이 아니었다. 궁전 누대에서 거행되는 제사나 정치적 행사는 누구나 바라볼 수 있었다.

아울러 조상의 무덤이 거대화되고 누대가 세워지는 현상이 나타났는데, 이는 무덤이 조상숭배의 중심지로 부상했다는 사실을 뜻한다. 서주시대의 종묘는 시조를 비롯한 창업 선조를 숭배하는 것인 반면, 교외의 무덤은 죽은 아버지나 가까운 조상의 것으로 거대하게 만들어졌다.[43] 신성한 조상 만들기

---

[43] 우훙, 김병준 옮김, 『순간과 영원 ─ 중국고대의 미술과 건축』, 아카넷, 2003, 55쪽. 거대한 궁정과 무덤의 출현은 춘추시대에 나타나기 시작한 상반된 두 가지 현상을 보여준다. 즉 천명의 다원화와 더불어 성씨·제사·무덤의 대중화가 나타나기 시작하고, 다른 한편으로 거대 권력·부를 소유한 집단과 그렇지 못한 대중들 사이에 사회적 빈부격차 혹은 불평등이

를 하면서 또 가까운 혈족의 무덤을 거대하게 만들어 통치자의 힘을 과시한 것이다.

그러나 이러한 과시 행위가 온전하게 통치 권위로 이어지지는 않았다. 서주시대의 몰락은 제사만을 통해서는 신(하늘)의 뜻을 온전히 붙잡을 수 없다는 점을 알려주었다. 이에 신에게 올리는 제사神事로 인간 세상의 일人事을 해결할 수 없으며, 나라의 발전을 위해선 현실 정치의 원리에 따라야 한다는 생각이 출현하였다. 이러한 생각은 관중, 자산子產, 안영晏嬰, 공자와 같은 현능賢能한 대부와 사 계층이 주도한 것이었다. 이들은 의례를 넘어, 우주 자연의 운행 원리, 신과 인간의 관계, 인간사회에 적용되는 통치원리, 인간의 삶의 도리 등의 문제에 관해 폭넓게 사유했다.

춘추시대의 이러한 현상을 신 중심에서 인간 중심으로 전환하는 인문화 경향이라고 설명한다.[44] 그렇지만 이 말이 춘추시대가 신에서 벗어난 인간중심주의 사회가 되었다는 뜻은 아니다. 선조의 천명, 천제, 종묘 제사 등에 나타나듯이, 하늘을 통치 권위의 근원으로 보는 관념은 여전히 지속되고 있었기 때문이다. 춘추시대의 인문화는 이러한 우주 정치에 기반하여 출현한 현상으로 보아야 한다.

이렇게 춘추시대의 질서는 완전히 새로운 세계가 아니라 주나라 전통 위에서 다원적으로 형성되고 있었다. 천명을 포함하여 덕, 종법, 예악, 제사, 효 등 서주시대에 형성된 주요 개념들이 계승되었으며, 열국의 다양한 주체들이 현실 정치에 참여함에 따라 그 행위 방식들이 양단으로 폭넓게 나타났다. 그 한쪽에서는 춘추시대를 무도한 시대라고 말하듯이, 미신을 신봉하고, 골

심화되기 시작하는 현상이 그러하다. 대중화와 불평등의 공존은 열국의 중앙집권이 강화되면서 나타난 현상으로 사회학적 분석이 필요한 주제이다.

[44] 춘추시대 정치사상에 나타난 인문화 경향에 대해서는 류쩌화, 『중국정치사상사』 1(장현근 옮김, 글항아리, 2019), 143~163쪽 참고.

육상잔의 찬탈이 일어나고, 전쟁이 일상화되고, 권모술수가 횡행하고, 사리사욕을 채우는 일 등이 빈번하게 벌어졌다.

다른 한쪽에서는 현능한 대부와 사 계층이 출현하여 천인관계, 덕치, 예치, 법치, 민생 등 중국 사상사의 핵심적인 규범을 제기하였다. 무도한 행태에서 윤리적 규범에 이르기까지 양단의 다양한 현상들이 공존·경쟁하면서 새로운 질서를 형성해가는 과정이 바로 춘추시대의 특성이었다. 그래서 춘추시대를 『동주 열국지』와 같은 전쟁 영웅의 세계나 유교사상사 속의 윤리 규범의 세계 가운데 어느 한 면으로 보아서는 안 된다.

춘추시대 이후 전쟁의 시대가 열린 것은 무도한 행태를 포함한 부국강병 세력이 현실 정치를 장악했기 때문이다. 제 관중의 중앙집권, 진 문공의 개혁 정치, 초 장왕의 통치철학, 정 자산의 법치, 공자의 군자정치처럼 춘추시대의 성세와 질서 규범을 이룬 시기도 존재했지만, 결국 다가오는 전국시대가 전쟁의 시대로 흐르는 것을 막지는 못했다. 오히려 진이나 오·월처럼 중원의 규범과는 다른 방식으로 강국화를 추구하는 나라들이 득세하면서, 중원의 나라들이 이를 모방하는 흐름이 형성되었다. 천하 경쟁의 시대로 돌입한 것이었다.

하지만 이러한 흐름이 시세가 되었다고 하여 춘추시대 인문화의 의미가 줄어드는 것은 아니다. 다각적인 윤리적 실천 덕분에 세상이 더 파행이 되는 사태를 제어할 수 있었기 때문이다. 제자백가의 대안들은 춘추시대의 윤리적 전통을 계승한 것이었다. 그러나 공자를 포함한 제자백가는 새로운 질서 규범을 제안한 사람들이며, 그들의 대안을 현실 정치와 동일시해서는 안 된다. 고대중국에서 규범의 제정은 최고 통치자만이 할 수 있는 일이며, 군주에 의해 수용된 규범만이 비로소 현실 정치의 영역으로 전환되었기 때문이다.

『춘추좌전』·『국어』에서 춘추시대 통치 규범이라 할만한 개념을 꼽으라면 단연 덕과 예와 민[45]이다. 덕이 있는 통치자가 예 질서를 통해 백성을 위한 나라를 만들어야 한다는 것인데, 서주시대 규범의 연속선 위에 있다. 춘추시대에도 덕은 천명과 연결된 통치자의 덕목이었으며, 예는 하늘의 도에서 기원하는 사회 질서였고, 민은 천명의 실현 여부를 판단하는 척도였다. 오히려 춘추시대의 규범에는 주 왕실이 천명에만 의지하여 덕·예·민을 현실 정치 속에 구현하지 못했다는 성찰이 내재되어 있었다. 천·상제·천명이 통치 권위를 부여하더라도, 덕·예·민에 기반한 현실 정치를 이루어야 비로소 천명을 따르는 통치자가 된다고 본 것이다.

그러나 규범은 실재하는 제도가 아니라 통치 목적을 위해 만든 이념·가치·표준에 해당하는 것이다. 이 때문에 사람들이 살아가는 현실 세계와 간극이 생길 수밖에 없다. 주 왕실이 내세운 천명이 현실 정치와의 간극으로 인해 동천의 사태가 일어난 것처럼 말이다. 이는 벤자민 슈워츠가 질문한 "왜 인간들의 현실은 하늘의 규율에서 멀어지는가"[46]와 상통하는 문제였다.

춘추시대에도 덕치는 당위적 목표였지만 통치자의 최우선적인 관심은 언제나 권력의 보존 강화에 있었다. 공자가 덕치를 북극성과 뭇별의 관계로 비유하더라도, 덕치가 반드시 백성의 민생을 위한 길로 이어지지는 않았다. 천명의 다원화는 천명을 자기화한 다양한 주체의 등장을 의미했지만, 이들을 제어할 수 있는 질서 규범이 정립되지 못한 상태에서는, 힘의 경쟁 시대로 나갈 가능성이 잠재되어 있었다.

사람들이 살아가는 세계는 주어진 규범을 그대로 따르지 않는다. 규범을 수용하는 실행자 각자의 이해관계에 따라 변형적으로 적용된다. 이러한 현상은 최상층의 통치자가 규범을 제정하여 아래에서 따르도록 강제하는 사회에

---

45 중국 정치사상 속에서 민은 현실 존재로서 백성을 나타내기보다는 백성의 안정적 삶의 상태인 민생의 개념에 가깝다. 이렇게 민(민생)은 덕치의 당위적 목표로 제기되었기 때문에 일반 백성이 아닌 통치 규범으로 보아야 한다.
46 벤자민 슈워츠, 『중국 고대 사상의 세계』, 88쪽.

서 더 강하게 표출된다. 민주적 방식으로 제정된 규범이라 하더라도, 규범에는 보편적이고 추상적인 가치가 함축되어 있어서 그 적용은 실행자의 상황에 따라 달라지기 마련이다. 고대 중국과 같이 최상위 통치자가 규범 제정을 독점하고 아래 통치 단위는 천자-제후-대부-사-민으로 층층이 분절된 거대 사회에서는 그 적용의 '자율성'이 더욱 커질 수밖에 없다.

이러한 맥락에서 나는 천명과 현실 정치의 관계를 '규범과 실행자'의 관계로 이해하려고 한다. 이렇게 보면 춘추시대의 실재는 천명의 이상적 규범보다 이 규범을 적용하는 실행자들의 총체적 행위 속에서 발견할 수 있다. 현능한 인사들의 구상뿐만 아니라 열국의 통치자들도 천명의 이름으로 국가를 운영하고 있었다. 그들도 천명을 지속시키기 위해 부국강병책을 쓴 것이며, 국가의 패망은 바로 천명의 상실을 의미하였다. 불행하게도 열국의 통치자들 가운데 덕을 지닌 현자들은 찾아보기 힘들었다. 천명은 다원화 되었지만 통치 권위를 부여하는 수단으로 전락했고, 이에 덕치의 이상은 현실 정치에서 소외되어 갔다.

춘추시대를 무도한 시대라고 하는 것은 서주를 대체하는 새로운 질서 규범이 정립되지 못한 상태임을 뜻한다. 춘추시대의 국가 경쟁은 전국시대의 통일 전쟁으로 이어졌다. 그러나 춘추시대가 주나라 개념에 기반하여 한층 현실적이고 구체화 된 규범을 제기하고 있었다는 점은 주목해야 한다. 현실은 전쟁의 시대로 흘러가고 있었지만, 새로운 질서 수립을 자신의 천명으로 삼는 사람들이 춘추시대 내부에서 성장하고 있었던 것이다.

이러한 흐름 속에서 춘추시대를 이끌어갈 인물이 등장하는데 바로 관중管仲이었다.

3장

중앙집권과
부강의 길
제 환공과 관중

1. 권력과 인재의 만남

제 환공을 춘추시대 첫 번째 패자로 만들고 존왕양이尊王攘夷의 천하 질서를 구축한 관중에 대해 공자는 그 공적을 높이 평가한 바 있다. 관중이 없었다면 중원이 북방 이민족의 지배를 받을 수 있었다는 평가는 문명의 차원에서 관중의 능력을 인정한 것이었다. 주 왕실의 동천 이후 중원은 대국이 소국을 병합하고 이민족이 침입하는 상황이 빈번하게 벌어졌다. 그런데 이러한 혼란된 세상에 새로운 질서를 만든 인물이 주 왕실도 아니고 귀족 가문도 아닌 제나라 변방 출신의 사 계층이었다는 점은 주목할 만하다. 이것은 중국을 움직이는 힘이 변화되고 있음을 보여주는 중요한 사건이었기 때문이다.

당시 주나라 신분질서가 흔들림 없이 작동하고 있었다면, 변방 출신의 관중이 중원의 새 질서 구축에 참여할 기회는 주어지지 않았을 것이다. 공자는 주나라 신분질서가 붕괴된 시대를 무도한 세상이라고 비판했지만, 역설적으로 무도한 세상은 신분질서의 변방에 있던 인재들에게 중앙정치에 진출할 수 있는 공간을 열어주었다. 열국 경쟁체제가 형성됨에 따라 천하의 유능한 인재들이 활약할 기회가 생기게 되었던 것이다.

대국에 멸망한 소국의 사람들, 대종에 밀려난 소종의 사람들, 공동체가 붕괴된 씨족사회의 사람들, 도시로 몰려든 변방의 사람들 ……. 이러한 사람들 속에 관중이 있었다. 춘추시대의 사회 변화 속에서 관중이 중앙정치에 등장할 수 있었던 것은 전적으로 절친인 포숙鮑叔 덕분이었다. 관중과 포숙은 제나라 변방 마을에서 함께 자란 친구 사이로, 포숙은 누구보다도 관중을 잘 알고 있었을 뿐 아니라 어떤 상황에서도 관중에 대한 믿음을 놓지 않았던 사람이다. 관중은 절대적 신뢰를 보여준 포숙에 대해 '나를 낳아 준 이는 부모이지만, 나를 알아준 사람은 포숙이다'라고 하며, 부모와 같은 존재로 생각했다.

> 내가 가난하던 시절 포숙과 함께 장사를 했는데, 나는 늘 더 많은 이익을 챙겼지만 포숙은 나를 탐욕스럽다고 하지 않았다. 내가 가난한 줄 알았기 때문이다. 내가 포숙을 도와주다가 일을 망친 적이 있었지만 포숙은 나를 어리석다고 하지 않았다. 사업엔 이로울 때와 불리할 때가 있음을 알았기 때문이다. 내가 세 번 벼슬에 나아가 세 번 다 쫓겨났지만 포숙은 나를 나무라지 않았다. 내가 아직 때를 만나지 못했음을 알았기 때문이다. 내가 세 번 전쟁터에 나가 세 번 모두 달아났지만 포숙은 나를 겁쟁이라고 하지 않았다. 내게 늙은 어머니가 계신 줄 알았기 때문이다. 공자 규糾가 패한 뒤 소홀召忽은 죽었으되 나는 옥에 갇힌 채 살아 욕을 당했어도, 포숙은 나를 부끄러움을 모르는 인간이라고 하지 않았다. 내가 작은 절개를 지키지 못함을 부끄러워 않고 천하에 큰 공명을 날리지 못함을 부끄러워하는 줄 알았기 때문이다. 나를 낳아 준 이는 부모이지만, 나를 알아준 사람은 포숙이다.[1]

청년 시절 관중이 포숙과 함께 장사를 할 때 욕심을 부리거나 사업을 망쳐

---

[1] 『史記』「管安列傳」. "吾始困時, 嘗與鮑叔賈, 分財利多自與, 鮑叔不以我為貪, 知我貧也. 吾嘗為鮑叔謀事而更窮困, 鮑叔不以我為愚, 知時有利不利也. 吾嘗三仕三見逐於君, 鮑叔不以我為不肖, 知我不遭時也. 吾嘗三戰三走, 鮑叔不以我怯, 知我有老母也. 公子糾敗, 召忽死之, 吾幽囚受辱, 鮑叔不以我為無恥, 知我不羞小節而恥功名不顯於天下也. 生我者父母, 知我者鮑子也."

도 포숙은 관중의 사정을 이해해주었다. 또 관직에 나갈 때마다 실패해도 때를 만나지 못한 것이라 생각했고, 전쟁에 참전할 때마다 도망쳤지만 모친 때문이라고 여겼다. 포숙은 관중의 실패를 이해해주었으며, 관중은 포숙의 믿음 덕분에 실패의 경험을 미래를 위한 교훈으로 삼을 수 있었다. 관중이 실패를 겪어도 좌절하지 않고 또 포숙이 관중의 실패를 믿음으로 대해준 것은, 이들에게 실패 너머의 대의가 있었기 때문이다. 관중이 주군인 규를 따라 죽지 않고 환공을 선택한 것이나, 포숙이 관중의 위기를 구원하여 환공을 만나게 한 것도, 두 사람이 공유한 대의가 있기에 가능한 일이었다.

당시 규를 주군으로 섬기던 신하로 관중과 아울러 소홀이 있었다. 본래 포숙은 소홀과 관중을 다 구하여 환공을 보필하게 할 생각이었는데, 소홀은 규를 따라 자살의 길을 택했다. 춘추시대 귀족문화에서는 주군과의 신의를 지키는 것이 절개있는 행위라고 인정되었으며, 소홀은 이에 따른 전통적인 길을 선택한 셈이다. 이와 달리 관중은 살아남는 것을 부끄럽지 않게 여기며 환공 보필의 길을 수용했다. 관중은 이를 대의라고 생각했지만, 배신으로 보는 주위의 따가운 시선을 견뎌야 했을 것이다. 이러한 상황 속에서 환공을 패자로 만드는 일이 자신의 선택이 틀리지 않았음을 증명하는 길이었다. 포숙은 이 과정에서도 환공이 관중의 방안을 따르도록 하는데 결정적인 기여를 했다.

가령, 환공 5년에 송나라가 기杞나라를 침범하자 환공은 송나라를 치고 싶어 했는데, 관중이 이를 반대했다. 환공이 포숙에게 어떻게 해야 하는지 묻자 포숙은 "관중이 말한 대로 하십시오."라고 했다. 또 적인狄人이 형邢나라와 위衛나라를 공격하자 환공이 이들 나라를 보존해주었는데, 습붕隰朋과 빈서무賓胥無가 반대의 뜻을 표했다. "저 나라들이 망하는 것은 그저 힘이 없기 때문입니다. 망하는 나라들에게 땅을 주다가 정작 우리 땅이 없어집니다." 이에 환공이 관중에게 물어보니 환공의 뜻대로 하라고 했다. 환공이

다시 포숙에게 물으니 "관중이 말한 대로 하십시오"라고 했다.[2]

포숙이 관중을 신뢰한 것은 천하의 판세를 읽는 관중의 탁월한 능력에 기반한 것으로, 사리사욕을 추구하는 패거리 짓과는 달랐다. 공자의 평가처럼 관중은 천하를 위한 대의 정치를 구현하고 있었기 때문이다. 그 덕분에 관중의 대의 정치는 보상을 받을 수 있었다. 환공에게 패자의 지위를 안겨주었을 뿐 아니라 관중 자신에게는 부유함이 돌아왔다. 관중의 부유함은 군주에 견줄 만하여 호사스러움이 극에 달했지만, 제나라 사람들은 사치라고 생각하지 않았다. 그러한 보상을 과하게 여기지 않을 만큼 제나라 사람들의 삶을 풍요롭게 해주었기 때문이다.

그리고 포숙에게는 자손 대대로 녹을 받는 대부 가문과 아울러 천하 사람들이 관중의 능력보다 포숙의 사람 알아보는 능력을 더 높이 사는 명예가 돌아왔다. 대의를 실천하고 그에 따른 이익을 얻었던 관중과 포숙의 만남은 관포지교管鮑之交라는 우정의 대명사로 전해진다. 하지만 중국사로 볼 때는 서로 신뢰하며 이익을 공유하는 이른바 '의리義利 공동체'를 형성하는 일이 중국 사회를 움직이는 새로운 힘으로 표출되는 순간이었다.

제 환공은 관중뿐만 아니라 영척寧戚, 습붕, 빈서무, 포숙 등과 같은 현신을 등용했다. 포숙이 관중의 인물됨을 알고 신뢰한 것처럼, 환공 역시 현신들의 능력을 믿고 발탁하여 패자가 될 수 있었다. 환공이 등용한 현신들은 모두 제나라 정치를 좌우하던 양대 세족인 고高씨·국國씨 가문의 성원이 아니었다. 두 가문은 당시 제나라 영토와 군사를 환공과 삼분하여 통수할 정도로 막강한 파워를 지니고 있었다.

환공이 발탁한 현신들은 패권을 위한 부국강병을 추구하면서 아울러 귀족 관료들을 견제하기 위한 신흥세력이었다. 당시 열국은 군주권 승계 과정에서

---

2 『管子』「大匡」(김필수 외 옮김, 소나무, 2021), 237~241쪽 참고.

분쟁이 극심하여 공자公子들이 망명하는 경우가 비일비재했는데, 환공의 경우도 거莒나라에 망명한 경험이 있었다. 망명 과정에서 보필하는 신하는 목숨을 건 운명공동체를 이루어 누구보다도 신뢰할 수 있는 측근이 되었으며, 환공에게는 포숙이 바로 그러한 존재였다.

공식적인 관리선발 제도가 부재한 상황에서 인재 추천은 대체로 측근의 인적 네트워크를 통하게 되는데, 포숙의 관중 추천도 그러한 방식으로 이뤄진 것이었다. 자신을 살해하려고 한 관중을 발탁한 데에는 포숙에 대한 환공의 신뢰가 그만큼 두터웠다는 것을 뜻한다. 이렇게 임용된 신하들은 귀족 관료들과 구별되는 정체성을 지니고 있었다. 환공과는 은혜/충성을 매개로 한 '사속적私屬的' 관계를 형성하고, 귀족 관료와는 정치적 경쟁관계가 되었던 것이다.

사속적 관계는 혈연관계나 예속관계와 달리, 주종관계이면서도 은혜/충성의 매개가 사라지면 관계가 변할 수 있는 계약적 성격을 지닌다.[3] 이는 혈친이 아니라 능력있는 낯선 인재와 맺는 결속관계라고 할 수 있다. 이러한 관계에서는 무엇보다 신뢰가 관건적인 요인이 되며, 아울러 결속관계를 통해 추구하려는 대의가 무엇인지가 중요하다. 국내에서 세족과의 권력 투쟁, 국제적으로 열국과의 패자 경쟁은 무력을 동반하는 지난한 과정이었으며, 이를 위해선 대의와 목숨을 거는 자기 헌신이 요청되었다.

환공과 현신들은 대의 실현을 위한 운명공동체가 되어 각고의 노력을 다했으며, 그 결과 패자의 권력과 경제적 보상을 얻을 수 있었다. 함께 술을 마시는 자리에서 나눈 이들의 대화를 들어보면 운명공동체로서의 결속감을 엿볼 수 있다.

---

3 고대 중국의 사속적 관계의 형성과 시대적 변화 양상에 대해서는 박건주, 「중국고대 私屬層의 신분제적 속성」(『中國古中世史硏究』 第47輯, 2018) 참고.

환공, 관중, 포숙, 영척이 함께 술을 마시고 있었다. 술자리가 무르익자 환공이 포숙에게 말했다.

"왜 과인의 축복을 위해 건배하지 않는 것이오?"

포숙이 잔을 높이 들고 일어나 말했다.

"공은 거나라에 계실 때를 잊지 않으시고, 관중은 노나라에 구류되어 있을 때를 잊지 않고, 영척은 수레 아래서 밥 먹던 시절을 잊지 않게 해주십시오."

그러자 환공이 일어나 두 번 절하며 사례했다.

"과인이 두 분의 대부와 더불어 선생의 말을 잊지 않는다면 국가의 사직이 위태로워지는 일은 결코 없을 것입니다."4

환공은 현신들과의 술자리가 무르익자 포숙에게 자신의 축복을 위해 건배를 해달라고 한다. 일반적인 군신관계였다면 온갖 미사여구를 써서 환공의 기분을 즐겁게 해주었을 것이다. 그러나 포숙은 환공에게 망명하던 어려운 시절을 잊지 말라 하고, 관중과 영척에게도 삶의 위기의 순간을 잊지 말라고 한다. 어려운 시절의 초심을 잊지 말고 대의 실현에 더욱 정진하자는 얘기다. 이 말은 환공에게 자신의 안위보다 국가의 부강을 먼저 생각하라는 쓴소리로 들릴 수 있다. 듣기 좋은 말을 기대했던 일반적인 군주라면 흥을 깨는 소리라고 면박을 줄 수도 있겠지만, 환공은 포숙의 충정에 감사를 표한다. 어려운 시절을 함께 겪어온 운명공동체로서, '천명미상天命靡常'에 대한 경계심을 일깨우려는 뜻이었기 때문이다.

제나라 권력 구조로 볼 때 포숙의 말을 단순한 경계심으로 보기는 힘들다. 『사기』「관안열전管安列傳」에서는 관중이 제나라 재상이 되어任政相齊 나라

---

4 『管子』「小稱」. "桓公, 管仲, 鮑叔牙, 寧戚四人飮, 飮酣, 桓公謂鮑叔牙曰: '闔不起爲寡人壽乎?' 鮑叔牙奉杯而起曰: '使公毋忘出如莒時也, 使管子毋忘束縛在魯也, 使寧戚毋忘飯牛車下也.' 桓公辟席再拜曰: '寡人與二大夫能無忘夫子之言, 則國之社稷必不危矣.'"

를 부강하게 했다고 한다. 재상은 나라의 최고 집정관으로 국정 전반을 총괄하는 직책인데, 후대 문헌에서는 대체로 관중이 제나라 재상이 되어 막강한 권력을 지녔던 것으로 보고 있다. 환공의 최측근으로 관중이 제나라 부강의 일등 공신인 것은 분명하지만, 최고 집정관의 직책을 지니고 있었는지는 확실하지 않다.

『국어』「제어齊語」에는 환공이 군주가 된 후 포숙을 재宰로 삼으려 하지만 이를 관중에게 양보하는 기사가 있다. 재는 서주시대부터 내려오던 직책으로 왕실의 사무를 담당하는 관리였는데, 환공 시기의 재 역시 군주의 측근에서 정책을 입안·수행하는 실권자였다. 『사기』「주본기周本紀」를 보면, 관중이 환공의 사신이 되어 주 양왕을 만났을 때 양왕이 관중을 상경上卿으로 예우하는데, 관중이 이를 사양하며 다음과 같이 말한다.

> 신은 미천한 관리有司입니다. 제나라에는 천자께서 명한 상경인 국씨와 고씨가 있습니다. 만약 절기인 봄, 가을에 왕의 명을 받들러 오면 폐하께서는 그들을 어떠한 예로 대하시려 합니까? 신은 제후의 신하로서 이를 사양하겠습니다.[5]

양왕은 패자인 환공을 예우하는 차원에서 관중을 상경의 예로 대우하려 한 것이지만, 관중은 제나라 신분질서를 근거로 사양하고 있다. 제나라에는 주 왕실이 임명한 상경인 국씨와 고씨가 있고, 관중 자신은 제후인 환공이 임명한 관리로 신분상의 차이가 있다는 것이다. 관중이 미천한 관리라고 한 직책은 바로 재이며, 서열로 볼 때 국씨와 고씨의 상경 직책 아래에 있다. 환공이 군주권을 확립하고 있었다 해도 주 왕실이 후원하는 국씨·고씨 가문

---

5 『史記』「周本紀」. "臣賤有司也. 有天子之二守國, 高在, 若節春秋來承王命, 何以禮焉, 陪臣敢辭."

의 권력은 위협적이었을 것이다. 그리고 이들이 최고 집정관인 상경을 겸하고 있어서, 신분과 직책에서 상위에 있는 이들의 영역을 관중이 통제하기는 어려웠을 것이다.

사마천은 「주본기」에서 관중의 직책을 유사라 하고, 「제태공세가齊太公世家」와 「관안열전」에서는 재상相을 맡은 것으로 보고 있다. 그런데 『춘추좌전』에 따르면, 제나라에 상의 직책이 생긴 것은 한참 후인 경공景公 시기의 일이었다. 경공을 옹립한 최저崔杼와 경봉慶封이 국씨·고씨 세족을 견제하기 위해 상이라는 집정관을 신설했던 것이다.[6] 그렇다면 관중은 집정관인 상이 아니라 환공의 최측근으로 재라는 실권직을 맡은 것으로 보아야 한다. 국씨·고씨 가문이 세습하는 경과 신흥세력이 맡은 재가 제나라 권력을 분점한 것이다.

제나라의 이러한 권력 현실은 관중이 누구보다도 잘 알고 있었을 것이다. 『사기』를 비롯한 문헌에서 관중의 직책을 재상이라고 한 것은 관중의 공적을 부각시키려는 후대인의 시선이며, 제나라 실정은 환공과 양대 세족이 경쟁하는 국면에 있었다. 환공 사후 공자들의 승계 분쟁으로 국정이 혼란에 빠지자, 양대 세족이 다시 득세하여 신흥세력이 미약해진 점이 이를 반증한다. 권력 구조의 측면에서 보자면, 군주/세족의 전통적 판도 위에 관중과 같은 신흥세력이 등장하여 새로운 질서를 형성하는 과정이라고 할 수 있다. 그러나 이들은 군주의 사속적 정치 세력으로 등장한 것이어서, 군주의 상황에 따라 운명이 좌우되는 처지에 놓여 있었다.

---

6 김동오, 「中國 古代 職官制度의 구조와 그 변화」(서울대학교 박사논문, 2018), 67쪽. 이 사건에 대해선 『춘추좌전』 2(신동준 옮김, 한길사, 2006), 311~318쪽 참고.

2. 백성을 부유하게 하라

관중과 환공의 만남은 군주/세족의 권력관계 속에서 이뤄진 것이었다. 포숙의 노력 끝에 환공의 정치적 선택을 받은 관중은 환공에게 자신의 능력을 증명해야 했다. 환공을 패자로 만드는 일은 다른 사람에게 자신의 대의를 입증하는 길이기도 했다. 환공은 관중을 만나자마자 패자가 되기 위한 치국 방안에 대해 질문을 던진다. 관중의 구상은 『국어』 「제어」에 대체적인 내용이 서술되어 있는데, 특히 아래 구절에 관중의 치국 원리가 잘 응축되어 있다.

    1) 전에 우리의 선왕이신 소왕·목왕은 문왕과 무왕의 위업을 본받아 공적을 세웠습니다. 연륜 있는 분을 모으고, 백성 가운데 현명한有道 사람을 선별했습니다. 법을 정하여 백성의 기강 세우고, 규범을 만들어 서로 따르게 했습니다. 조직을 법도에 따라 구성하고, 근본을 정해 세부를 바르게 했습니다. 포상으로 선행을 장려하고, 형벌로 악행을 바로잡았습니다. 일의 본말에 순서를 정하여, 백성의 기강으로 삼았습니다.[7]

    2) 옛 법을 정비해 그중에 좋은 것을 선택하여 직분에 따라 시행하고業用, 백성을 충분히 늘리고, 가난한 사람을 도와주고, 관리百姓를 존중하면, 나라가 안정될 것입니다.[8]

---

7   『國語』「齊語」. "昔吾先王昭王·穆王, 世法文·武遠績以成名, 合羣叟, 比校民之有道者, 設象以爲民紀, 式權以相應, 比綴以度, 立專本肇末, 勸之以賞賜, 糾之以刑罰, 班序顛毛, 以爲民紀統." 번역은 『국어』(신동준 옮김, 인간사랑, 2017) 참고.
8   『國語』「齊語」. "遂修舊法, 擇其善者而業用之; 遂滋民, 與無財, 而敬百姓. 則國安矣."

관중이 구상한 치국 원리는 주나라 봉건질서를 대체하는 방안이 아니라 주나라 전통 가운데 좋은 것을 선별하여 시행하자는 것이다. 즉 주 소왕과 목왕이 문왕과 무왕의 치국 방안을 본받아 공적을 이룬 것처럼, 환공도 이를 계승하여 부강을 이루자는 뜻이다. 구질서가 흔들리는 전환기에 신질서의 혁신성을 부각하기보다는, 전통의 계승에서 통치 정당성을 구한 셈이다. 주나라 선왕先王과 연결시킨 점을 볼 때, 잃어버린 주나라의 영광을 제나라에서 부흥시키려는 뜻도 내재한 것으로 보인다.

관중의 이러한 구상은 열국의 통치자들이 주 왕실이 아닌 자기 선조의 독자적인 천명을 만들고 또 금지된 상제 제사를 올리려고 한 것과 비교하면, 보수적인 시각으로 비칠 수도 있다. 하지만 선조의 천명이나 상제 제사 또한 주나라 방식에 속하기 때문에, 춘추시대 질서는 주나라 전통 위에서 만들어진 것으로 보아야 한다.

관중의 1), 2) 언급만을 놓고 보면, 전통을 지속하면서 새로운 것을 만들지 않는다는 공자의 '술이부작述而不作'을 연상케 한다. 신분질서를 법도있게 재정비하고, 연륜있고 현명한 사람을 중용하고, 상벌을 적합하게 시행하고, 백성의 기강을 바로잡는 것은 '명덕신벌明德愼罰'의 주나라 전통에 다름아니다. 관중은 혼란해진 질서를 바로잡는 일을 핵심 과제로 생각하고, 주나라 전통을 통해 이를 실현하려고 한 것이다.

그러나 관중이 전통을 그대로 고수한 것은 아니었다. 관중이 시행한 제도를 살펴보면, 전통의 틀은 유지하지만 혁신적인 내용을 추구한다는 점을 발견할 수 있다. 행정 제도의 경우, 국읍國邑과 비읍鄙邑을 나누어 통치하고 신분(직분)을 엄격히 구분하고 있는데, 이는 전통적인 방식이다. 관중 역시 신분(직분)에 따라 주거지, 일, 의무를 구분하는 차등질서를 추구하고 있었던 것이다. 하지만 관중의 차등질서는 직분-생산성을 결합한 분업, 행정-군대가 일체화된 조직에 기반하고 있는데, 이는 춘추시대를 선도하는 혁신적인 방안이었다.

전통적으로 도시의 국읍에는 군주-세족의 통치집단과 사-공인-상인이 거주하고, 지방의 비읍에는 농민이 거주했다. 국가는 통치집단을 중심으로 움직이며, 사는 군사·실무·농업에 종사하고, 수공업자는 통치집단이 필요로 하는 의례용품·생활물품을 생산했다. 상인은 주 소비자인 통치집단에게 물자를 공급하고, 농민은 지주에게 농작물을 공물로 바쳤다. 시장경제가 발전하지 않았던 시대에 통치집단의 수익은 주로 농업에서 나왔으며, 이에 토지와 농민을 확보하는 일이 통치의 근간이 되었다.

춘추시대에는 열국 간의 토지 쟁탈전이 빈번해져 멸망하는 소국들이 많았으며, 이에 씨족 단위로 집단 농경을 하던 방식이 균열되고, 가혹한 수탈로 인해 토지에서 이탈하는 농민들이 증가했다. 이에 열국은 자신들의 비읍과 약탈하여 얻은 비읍, 그리고 새로 개간한 토지를 관리하고 이를 경작할 농민을 확보하는 일이 중요하였다. 『한비자韓非子』 「유도有度」 편에 따르면, 환공 시기에 제나라는 30여 국을 병합하고 영토를 3천여 리 확장했다고 한다.[9]

이렇게 약소국을 병합하여 획득한 영토와 백성은 경대부를 비롯한 공신들에게 상으로 나누어주는 것이 전통적인 방식이었다. 그런데 관중은 이러한 사여의 방식을 지속하지 않았다. 신구 비읍을 크게 5속屬으로 나누고, 매 속마다 현縣-향鄕-졸卒-읍邑-가家의 하부 단위를 두고, 그 단위의 수장이 책임 관리 하는 중앙집권 조직을 만들었다. 이는 세족들의 세력 확장을 견제하면서 국부를 군주에게 집중시키는 새로운 방안이었다. 또 생산방식의 면에서도

---

[9] 참고로 진 목공(기원전 659~621)은 12여 국을 병합하고 영토를 1천여 리 확장하고(『한비자』 「십과十過」), 초 문왕(기원전 689~677)은 39여 국 병합했고(『여씨춘추呂氏春秋』 「직간直諫」), 장왕(기원전 613~591)은 26국을 병합하고 3천 리를 확장했고(『한비자』 「유도有度」), 진 헌공(기원전 676~651)은 19국을 병합하고 38국을 복속했고(『한비자』 「난이難二」), 문공(기원전 639~628)은 주나라 왕기에 이르렀다(『국어』 「초어楚語」).

씨족사회를 중심으로 집단농경을 하던 옛 방식에서 벗어나 소가족과 지역을 단위로 하는 소농 경작체계를 형성했다. 관중은 이러한 농촌사회의 특성을 다음과 같이 설명한다.

1) 농민들을 한곳에 모여 살게 하면, 이들은 사계절에 맞게 할 일을 계획해서 쟁기, 낫, 호미를 다루게 됩니다. 대한이 지나면 잡초를 뽑고, 땅 갈 때를 기다립니다. 땅을 갈 때가 되면 땅을 깊이 뒤엎고 비를 기다립니다. 봄비가 내리면 온갖 농기구를 들고 나가서 아침부터 저녁까지 열심히 밭에서 일합니다. 웃통을 벗고 비가 오면 삿갓을 쓰는데, 온몸이 젖고 발은 진흙투성이가 됩니다. 햇빛에 머리카락과 얼굴이 까맣게 타도 열심히 손발을 움직여 일합니다. 어려서부터 이렇게 하면 마음이 안정되어 억지로 가르치지 않아도 능숙해지고, 농부의 아들은 또 농부가 되어 도성에 가까이 가지 않습니다. 이 가운데 우수한 사람은 능히 사인이 될 수 있는데, 이들은 참으로 믿을 만합니다. 지방을 관장하는 관리가 이러한 사람을 발견하고 보고하지 않으면 그는 오형에 처해야 합니다.[10]

2) 토지의 양질에 따라 부세를 과하면 백성들이 임의로 옮길 생각을 하지 않을 것입니다. 선군의 친척과 친구를 소홀히 대하지 않으면 백성들은 구차하게 안일을 꾀하지 않을 것입니다. 천택을 관할하는 관원은 시령을 좇아 채집하는 시기를 엄히 준수하게 하십시오. 그러면 백성들이 요행히 이득을 얻으려 하지 않을 것입니다. 평지와 고지, 산지, 우물, 곡식을 심는 밭, 뽕과 마를 심는 땅은

---

10 『國語』「齊語」. "令夫農, 羣萃而州處, 察其四時, 權節其用, 耒·耜·枷·芟, 及寒, 擊菓除田, 以待時耕; 及耕, 深耕而疾耰之, 以待時雨; 時雨旣至, 挾其槍·刈·耨·鎛, 以旦暮從事於田野. 脫衣就功, 首戴茅蒲, 身衣襏襫, 霑體塗足, 暴其髮膚, 盡其四支之敏, 以從事於田野. 少而習焉, 其心安焉, 不見異物而遷焉. 是故其父兄之教不肅而成, 其子弟之學不勞而能. 是故農之子恆爲農, 野處而不暱. 其秀民之能爲士者, 必足賴也. 有司見而不以告, 其罪五."

고르게 분배하십시오. 그러면 백성들은 원한을 품지 않을 것입니다. 농민이 씨뿌리고 거둬들이는 시절을 빼앗지 않도록 하십시오 그러면 백성들이 부유하게 될 것입니다. 또한 임의로 희생을 사용하지 마십시오. 그러면 소와 양이 매우 빨리 번식할 것입니다.[11]

3) 30가를 1읍으로 삼아 읍에 유사有司를 두고, 10읍을 1졸로 삼아 졸에 졸수卒帥를 두고, 10졸을 1향으로 삼아 향에 향수鄕帥를 세우십시오, 3향을 1현으로 삼아 현에 현수縣帥를 두고, 10현을 1속으로 삼아 속에 대부大夫를 두십시오, 전국에 모두 5속이 있으니 5명의 대부를 두고, 그들이 1속을 나누어 다스리도록 하십시오. 또 5장을 따로 두어 각 속의 정무를 나누어 감찰하게 하십시오. 그리하면 5장은 5속 대부가 다스리는 정황을 감찰할 수 있고, 5속 대부는 현수가 다스리는 정황을 감찰할 수 있고, 현수는 향수가 다스리는 정황을 감찰할 수 있을 것입니다.[12]

위의 글에서 1)은 사농공상의 직분별 거주지 정책에 따라 농민이 모여 살 때의 생활상을 설명한 것이고, 2)는 토지 분배와 조세 그리고 생산성 향상을 위한 정책을 제안한 것이고, 3)은 농촌의 조직체계와 책임 관리에 대해 언급한 것이다. 관중은 직분별 거주지 정책을 구상하고 있는데, 이는 백성들이 자기 본업에 충실할 수 있는 환경을 만들어, "뒤섞여 살면 황망한 말이 많아지고 일을 함부로 바꾸는" 폐해를 방지하기 위함이다. 같은 직분을 지닌

---

11 『國語』「齊語」. "相地而衰征, 則民不移; 政不旅舊, 則民不偸; 山澤各致其時, 則民不苟; 陵‧阜‧陸‧墐‧井‧田‧疇均, 則民不憾; 無奪民時, 則百姓富; 犧牲不略, 則牛羊遂."

12 『國語』「齊語」. "三十家爲邑, 邑有司; 十邑爲卒, 卒有卒帥; 十卒爲鄕, 鄕有鄕帥; 三鄕爲縣, 縣有縣帥; 十縣爲屬, 屬有大夫. 五屬, 故立五大夫, 各使治一屬焉; 立五正, 各使聽一屬焉. 是故正之政聽屬, 牧政聽縣, 下政聽鄕."

사람들과 함께 거주함으로써 서로 존중하는 공동체 의식을 지니고 일의 효율성을 높일 수 있다.

또 자녀들이 자연스럽게 일을 배울 수 있는 환경이 조성되어 직분의 안정성도 유지할 수 있다. 분리 정책으로 인해 거주 이전과 본업 변경의 자유는 제한되지만, 당시 백성들의 삶에 있어서 안전과 생계가 가장 중요한 일이었다는 점을 고려하면, 현대적 의미의 부자유로 보아선 안 된다. 가혹한 조세와 부역으로 생계의 위기에 처한 농민이나 대국에 멸망하여 불안전한 처지에 놓인 소국 사람들, 그리고 토지에서 이탈하여 떠돌이 신세가 된 유랑민에게 관중의 농촌은 국가가 책임관리 하는 안전한 삶의 터전이었을 것이다.

관중의 농촌은 소가족을 단위로 토지와 생산자원을 균등하게 분배하며, 절기에 따라 농사지을 수 있게 관리하여 생산성을 높인다. 조세는 토지의 양질에 따라 부과하여 농민의 부담을 덜어주며, 소와 양을 제사에 임의로 쓰지 못하게 하여 가축을 번식시키고, 공유지인 천택을 시기에 맞게 개방함으로써 농민의 수입을 향상시킨다. 관중의 농촌은 씨족이 단위가 되어 집단 농경을 하던 옛 비읍과 달리, 국가가 주체가 되어 토지와 생산자원을 분배하고 농경 및 조세를 관리하는 중앙집권 하의 소농사회였다. 그리고 국가가 농작물의 생산 수준에 따라 공급량과 가격을 조절하는 유통 정책을 써서 농민의 수익을 보장해주었다. 이렇게 토지 분배에서 가격 조절에 이르기까지 국가가 책임관리를 하여 농민들이 한층 안전하고 부유한 삶을 누릴 수 있었다.

농민들과 달리 국읍에 거주하는 공인工人도 분리된 지역에 모여 살았다. 공동 거주의 장점은 농민과 마찬가지로, 공동체 의식을 형성하고 생산성 향상과 기술 발전을 이룰 수 있으며, 자녀들에게 일의 전수가 용이하다는 것이다. 이들이 국읍에 거주하는 이유는 주 소비자가 국읍의 귀족과 도시민이기 때문이다. 하지만 통치집단을 위한 예속된 생산만을 하는 것은 아니며, 사계절 소비자의 수요와 시장 동향을 헤아려 물건을 만들고, 제품의 질을 향상시키는 능동적인 생산활동을 했다.

> 공인들을 한곳에 거주하게 하면, 이들은 사계절의 수요를 살펴서 노동력을 배분하고, 물건의 쓰임을 헤아리고, 재료의 질을 비교하고, 아침저녁으로 물건을 만들어, 사방으로 보내게 합니다. 이렇게 공인의 자녀를 가르칩니다. 그들은 서로 의견을 나누면서 일하고, 서로 재능을 보여주고 기술을 비교합니다. 어려서부터 이렇게 하면 마음이 안정되어 다른 일을 하러 함부로 옮겨가지 않습니다. 이렇게 하면 공인의 자녀들은 계속 공인이 되는 것입니다.[13]

상인商人도 공인과 마찬가지로 국읍의 분리된 거주지에 모여 살았다. 농민이 국가의 조세와 부역의 근간이 되던 시대에 상인은, 시세 차이로 돈을 벌어 힘들게 노동하는 농민의 마음을 미혹시키는 존재로 인식되었다. 농민이 본업을 버리거나 빈부 차이로 민심이 흉흉해지는 것은 국가의 근간이 흔들리는 일로 간주되었기 때문이다. 관중은 이러한 전통적인 생각과 달리 상인을 부정적인 존재로 여기지 않았다.

> 상인들을 한 곳에 모여살게 하여, 사계절의 수요를 살피고, 각 지역의 차이를 관찰하고, 시장 가격을 이해하게 합니다. 연후에 화물을 등에 지거나 가슴에 품고 멜대로 메거나 어깨에 메고, 또 소 달구지나 마차를 이용해 사방으로 운송하게 합니다. 이에 물건이 있는 곳에서 없는 곳으로 가져가 교역함으로써 싸게 사서 비싸게 팔게 합니다. 아침부터 저녁까지 이런 일을 하면서 그들의 자녀를 가르치게 합니다. 평소에 돈 버는 방법을 얘기하며 자신의 소득을 보여주고

---

[13] 『國語』「齊語」. "令夫工, 羣萃而州處, 審其四時, 辨其功苦, 權節其用, 論比協材, 旦暮從事, 施於四方, 以飭其子弟, 相語以事, 相示以巧, 相陳以功. 少而習焉, 其心安焉, 不見異物而遷焉. 是故其父兄之教不肅而成, 其子弟之學不勞而能. 夫是, 故工之子恆爲工."

상품을 배열해 물가를 이해하게 합니다. 그들의 자녀는 어려서 장사를 해 마음이 안정되기 때문에 다른 일에 생각을 하지 않게 됩니다. 그래서 부모가 엄격하게 가르치지 않더라도 전수할 수 있고, 자녀들 또한 힘들이지 않게 배워 장사를 할 수 있습니다. 이렇게 하면, 상인의 자녀들은 항상 상인이 될 수 있습니다.[14]

상인은 사계절에 따라 필요한 상품을 생산자와의 협력을 통해 유통시키고, 각 지역별 특산품 차이를 잘 이해하여 서로 부족한 물품을 공급하고, 시장 가격을 잘 헤아려 시세 차익을 누릴 수 있다. 소비자는 상인을 통해 필요한 물품을 얻을 수 있고, 상인은 교역을 통해 수익을 얻을 수 있다. 관중은 이러한 시장경제의 원리를 통찰하여 상인이 긍정적인 역할을 하도록 장려한 것이다. 특히 수요자와 각 지역에서 필요한 물품을 원활히 공급하고 가격 변동이 크지 않게 조절하는 것은 현지 사정에 밝은 상인의 교역 활동이 있어야 가능한 일이다. 이러한 상인의 활동에 기반하여 국가가 농산물 유통량과 가격을 조절함으로써 백성이 안정된 삶을 누리게 했다. 관중은 국민경제뿐만 아니라 국가 간 교역도 장려하여 관세를 낮추었고, 이에 제나라 상품이 국제적으로 유통되어 막대한 국부를 축적할 수 있었다.

상인은 수익을 따라 움직이기 때문에 탐욕에 빠질 가능성이 있었다. 관중은 거주지뿐만 아니라 상인의 교역 활동도 국가의 민생정책 하에 이루어지게 함으로써 상인의 과도한 탐욕을 억제했다. 이렇게 보면 관중의 직분별 거주지 정책은 폐쇄적 단절을 추구한 것이 아니라, 직분별로 생산성을 높이면서 국가의 조절 하에 상품 교역을 활성화시켜 부를 이루는 방안이라고 할 수

---

14 『國語』「齊語」. "令夫商, 羣萃而州處, 察其四時, 而監其鄉之資, 以知其市之賈, 負·任·擔·荷, 服牛·輅馬, 以周四方, 以其所有, 易其所無, 市賤鬻貴, 旦暮從事於此, 以飭其子弟, 相語以利, 相示以賴, 相陳以知賈. 少而習焉, 其心安焉, 不見異物而遷焉. 是故其父兄之教不肅而成, 其子弟之學不勞而能. 夫是, 故商之子恆爲商."

있다. 사마천이 관중을 '변변치 않던 바닷가의 나라에 교역을 통해 재물을 쌓아 나라를 부유하게 했다'고 한 것은 바로 관중의 민생경제의 성과를 평가한 것이었다.

사농공상 가운데 사인士人은 생산활동에 종사하는 농민·공인·상인보다 상급의 신분을 지니고 있었다. 이들 역시 국읍의 분리된 주거지에 모여 살지만, 공인의 거주지인 관부官府나 상인의 거주지인 시장 근방과 달리 환경이 조용하고 안정된 곳에 거주했다.

> 사인들을 함께 거주하게 하면, 이들은 조용하고 안정된 곳에 살며, 부형들끼리는 의義를 담론하고, 자제들끼리는 효를 담론하고, 군주를 섬기는 이는 공경敬을 담론하고, 젊은이는 윗사람에 대한 존경弟을 담론합니다. 어려서부터 이를 배우면 마음이 안정되어 다른 일을 만나더라도 옮겨가지 않습니다. 이에 부형이 엄격히 가르치지 않더라도 전수할 수 있고, 자제들은 힘들이지 않고 배울 수 있습니다. 이렇게 하면 사인의 자제는 항상 사인이 될 수 있습니다.[15]

사인들이 함께 거주하며 하는 일은 의·효·공·제의 사회윤리에 대해 담론하고 실천하는 것으로, 농민·공인·상인이 자기 본업의 경제활동을 하는 것과 구분되었다. 사인 가운데 '군주를 섬기는' 자는 관직을 맡은 이들이다. 하지만 국읍에 21향의 행정 단위가 있고 그중 15향이 사인의 거주지(공인 3향, 상인 3향)인 점을 감안하면, 사인들 모두가 관직에 종사할 수는 없었다. 국가 전체가 중앙집권 조직으로 정비되면서 실무를 담당할 관리들이 이전에 비해 많이 필요해졌지만, 15향 3만 가구의 사인 가운데 능력 있는 소수만이 선택되

---

15 『國語』「齊語」. "令夫士, 羣萃而州處, 閒燕則父與父言義, 子與子言孝, 其事君者言敬, 其幼者言悌. 少而習焉, 其心安焉, 不見異物而遷焉, 是故其父兄之教不肅而成, 其子弟之學不勞而能. 夫是, 故士之子恆爲士."

었던 것이다.

관중은 사인의 본업을 군역에 두고 있으며, 군인의 임무는 사농공상 가운데 사인만이 담당하는 의무이자 특권이었다. 사인이 군역을 담당하는 것은 전통적인 일이지만, 관중이 사인의 행정조직과 군사조직을 일체화한 것은 군사력을 극대화한 새로운 방안이었다. 왕실 상비군의 붕괴가 서주의 몰락으로 이어졌다는 점을 고려하면, 군주권을 확립하기 위한 군사력 강화 방안이라고 할 수 있다.

사인의 행정조직은 제일 작은 단위인 5가구를 1궤軌로 하고, 10궤를 1리里, 4리를 1연連, 10연을 1향鄕이라고 한다. 군사조직은 5가구(1궤)에서 한 명씩 차출한 5인을 1오伍라 하고, 10오로 구성된 1리 50인은 1소융小戎, 4리로 구성된 1연 200인은 1졸卒, 10연으로 구성된 1향 2000인은 1여旅가 되었다. 그리고 5개 향에서 나오는 1만 명의 군사는 군軍, 15개 향에서 나오는 3만 명의 군사는 3군이 되었다. 이렇게 행정조직과 군사조직이 일체화되어, 일상생활이 바로 군사훈련이 되는 사인 사회가 만들어진 것이다.

봄에는 봄 사냥을 이용해 군사를 정비하고, 가을에는 가을 사냥을 이용해 병사를 훈련시킵니다. 이에 군사는 마을 속에 있으니 그 편제가 이미 이루어진 것이고, 군사 활동은 교외에 있게 되니 훈련이 이미 이루어진 것입니다. 내정을 거쳐 군사를 잘 교련한 이후 하령하여 다시는 고치지 못하게 하십시오. 하나의 오에 속한 사람들은 제사를 지내면 같이 음복하고, 상사가 있으면 같이 슬퍼하고, 천재지변이 있으면 협력하여 어려움을 견딥니다. 이들은 평소 친밀히 왕래하고, 집과 집 사이에 친밀히 지내며, 대대로 함께 생활합니다. 이에 사람들은 어려서부터 함께 놀며 성장합니다. 그래서 밤에 작전을 할지라도 피차가 서로 상대방의 목소리를 알아 착오가 발생하지 않습니다. 낮에 작전할 때는 눈으로 보고 서로 쉽게 상대방을 알아볼 수 있습니다. 이러한 결속감을 통해 목숨을

걸고 서로 구조하게 됩니다.¹⁶

사인 사회는 하나의 대가족과 같은 군사 공동체가 되는데, 이들의 전투력은 첨단 무기나 군인의 수보다는 일상생활 속에서 다져진 공동체로서의 결속력에 기반했다. 일상생활이 군사훈련이 되고 고락을 함께 하며 가족과 같은 애착심이 형성된다면, 강제 동원된 느슨한 군대에 비해 공동체를 지키려는 의지와 용맹이 훨씬 강해질 것은 자명하다. 제사 음식을 나눠먹고, 경조사를 함께 지내고, 재난을 극복하는 일을 대대로 함께 하는 것은 씨족사회의 전통이었다. 이러한 공동체 생활뿐만 아니라 구성원들이 지켜야 할 윤리적 덕목을 수양하는 것도 사인 사회의 중추적인 일이었다. 어른들은 서로 의를 지켜야 하고, 자녀들은 부모에 효도해야 하고, 관리들은 군주에 충성해야 하고, 아랫사람은 윗사람을 존경해야 한다. 이들은 사회윤리를 바탕으로 공동체 생활을 하면서 군사 임무를 수행하는 문무 겸비의 집단이었다.

그렇다면 이러한 사인 사회는 어떻게 구성된 것인가. 귀족 가문의 종법질서로 볼 때, 사인 계층은 대종에서 소종이 분가하면서 관직을 세습하지 못하고 영지를 분배받지 못한 하층 귀족에 해당한다. 이들은 대체로 하급 관리가 되거나 자작농·소작농이 되어 생계를 유지했다. 또 구질서가 붕괴되는 과정에서 몰락한 상층 귀족이나 멸망한 소국의 귀족 계층, 그리고 비읍의 읍장이나 농민·공인·상인 가운데 부를 이룬 이들도 사인 계층에 편입되었을 것이다. 관중 자신이 제나라 변방의 사인 계층으로 상인, 하급 관리, 군인 등의 역정을 거쳐 중앙 대부의 자리에 올랐으니, 당시 사인 계층의 롤 모델이었던 셈이다.

---

16 『國語』「齊語」. "春以蒐振旅, 秋以獮治兵. 是故卒伍整於里, 軍旅整於郊. 內教旣成, 令勿使遷徙. 伍之人祭祀同福, 死喪同恤, 禍災共之. 人與人相疇, 家與家相疇, 世同居, 少同遊. 故夜戰聲相聞, 足以不乖; 晝戰目相見, 足以相識. 其歡欣足以相死."

인구수로 보면 사인은 국읍의 다수를 점하지만, 정치적 지위로 보면 신분질서의 차별을 받거나 몰락한 처지에 놓여 있었다. 비읍의 읍장이나 부를 이루어 사인이 된 이들도 통치집단에서 보면 학식과 신분이 낮은 하위 계층에 불과했다. 사인들은 신분이 낮아 정치 참여가 제한되었고, 목숨을 걸고 군사 임무를 수행하지만 보상이 적은 현실에 불만을 갖기가 십상이었다. 서주 후기 여왕 때 국인 폭동에 사인 계층이 가세한 이래, 춘추시대 열국에서는 사인들이 국인의 여론을 주도하여 부조리한 정치 현실에 저항하는 사건이 빈번해졌다. 관중처럼 능력 있는 사인을 등용하여 권력을 강화한 통치자도 있었지만, 이들의 민심을 얻지 못하여(사인들의 이익에 반하는 행위로) 저항에 부딪친 통치자도 존재했던 것이다.

사인 사회는 공동체를 추구하지만, 공동의 조상을 섬기는 씨족사회와는 달랐다. '제사를 지내면 같이 음복한다'고 했을 때의 제사는 구성원 공동의 제사가 아니라 개별 가구의 제사를 지칭한다. 사인 사회는 동성이지만 이미 혈연적 친연성이 먼 사람, 출신 지역이나 직분이 다른 사람, 심지어 출신 국가가 다른 이방인들로 구성되었기 때문이다. 이렇게 다양한 국읍의 구성원들은 씨족사회와 달리 상이한 이해관계와 욕망을 지니고 있어서 공동체의 결속감을 이루기란 쉬운 일이 아니었다. 제 환공이 군주가 되기 위해 자기 형제를 살해했듯이, 사인들 사이에서도 혈연관계는 자신의 안전과 이익을 약속하는 보호막이 되지 못했다. 대의와 이익을 공유하는 생존공동체가 이제 사인 사회의 주요한 인적 네트워크로 부상하기 시작했다.

3. 창고가 차야 예의를 안다

관중이 정립한 사농공상의 사회는 그 특성으로 볼 때 '생산적 직분사회'라고 명명할 수 있다. 생산적 직분사회는 기본적으로 사농공상의 신분 차이에 기반하지만 백성 개개인의 생산 능력을 중시하는 사회를 뜻한다. 즉 직분과 능력주의가 결합된 차등질서의 사회인 것이다. 차등질서는 서주시대에 천명을 받은 주 왕을 중심으로 신분에 따라 차등화된 관계가 형성되면서 전통 질서로 수용되어 왔다. 통치자들은 지상의 차등질서가 북극성을 중심으로 뭇별들이 도는 우주 질서를 본받은 것이라고 여겼다.

이렇게 차등질서가 우주 질서로 받아들여지면서 차등질서 자체에 대해 근본적인 의문을 표하는 이들은 없었다. 차등질서 안에서 어떻게 각 구성원이 만족할 수 있는 조화로운 관계를 만들 것인지가 바로 현실 정치의 목표가 되었다. 그러나 현실 정치에서 조화로운 차등질서를 이루는 것도 쉬운 일이 아니었다. 통치집단이 한 나라의 권력과 부를 독점하고 있는 상황에서 그들의 절제가 있어야 가능한 일이었기 때문이다.

앞에서 살펴보았듯이, 관중의 치국 원리는 주나라의 법도에 따라 신분질서를 재정비하는 것이었다. 이를 위해 관중이 출발점으로 삼은 것은 바로 백성의 욕구를 충족시키는 일이었다. 서주시대에도 백성이 통치의 근간이었지만, 명덕신벌의 통치 규범 이외에 백성을 풍요하게 하는 민생정책은 잘 보이지 않았다. 이는 백성을 위한 덕치를 내세우면서도 백성의 부유한 삶을 통치 목표로 삼지 않았다는 것을 뜻한다. 이점과 관련하여 서주시대 농장의 풍경을 묘사한 『시경』「대전大田」을 감상해보자.

> 커다란 밭에 농사 많이 지으니 씨 고르고 농구 갖춰
> 농사일 다 준비하고, 날카로운 쟁기로
> 남쪽 밭에 일을 시작하여 여러 가지 곡식 씨 뿌리니
> 꼿꼿하고 크게 자라 증손자는 만족하네

이삭 내밀어 패고 단단히 잘 여물어 가니
잡초와 가라지 없으면 명충과 황충을 잡고
벌레와 해충을 잡아내야 밭곡식에 해가 없으리니
밭의 신께서는 불길 속에 벌레 잡아 던지시네

구름이 뭉게뭉게 일어 비가 듬뿍 내리어
공전公田을 적시고 사전私田도 적시네
저기엔 베지 않은 벼, 여기엔 베어놓은 들이지 않은 벼가 있고
저기엔 남은 벼 다발 있고, 여기엔 빠트린 벼 이삭 있으니
과부같은 이들 차지일세

증손자가 오시자 농부의 부인은
남쪽 밭으로 밥을 날라오니 권농관田畯이 매우 기뻐하네
사방의 신에게 정결히 제사드리는데 붉은 소 검은 소 잡고
메기장 차기장으로 밥 지어 제물 올리며 제사 지내며
큰 복을 비네.[17]

이 시에는 주나라 사회의 총체적인 모습이 생활 터전인 농장 위에 펼쳐져 있다. 농장주이자 통치자인 증손자, 농사 실무 관리인 권농관田畯, 생산자인 농부와 그 부인, 사회적 약자인 과부 같은 이들, 그리고 제사를 받는 신이

---

17 『詩經』「大田」. "大田多稼, 既種既戒. 既備乃事, 以我覃耜. 俶載南畝, 播厥百穀. 既庭且碩, 曾孫是若. 既方既皁, 既堅既好, 不稂不莠. 去其螟螣, 及其蟊賊, 無害我田稚. 田祖有神, 秉畀炎火. 有渰萋萋, 興雲祁祁. 雨我公田, 遂及我私. 彼有不穫穉, 此有不斂穧. 彼有遺秉, 此有滯穗, 伊寡婦之利. 曾孫來止, 以其婦子. 饁彼南畝, 田畯至喜. 來方禋祀, 以其騂黑, 與其黍稷. 以享以祀, 以介景福."

농장의 풍경 속에 모두 등장한다. 각 계층이 함께 풍년을 맞이한 풍경은 공자가 이상사회로 상상했던 주나라의 모습에 가까울 것이다. 각자 제 역할을 수행하여 풍년의 기쁨을 누리며, 의지할 데 없는 사람에게 온정을 나누는 모습은 『예기』「예운禮運」편의 대동세계를 연상케 한다.

그런데 이 농장 풍경을 자세히 들여다보면 풍년 속에 감춰진 계층 간의 불평등이 확연히 드러난다. 이 시의 농장은 권농관이 관리하는 왕실이나 귀족관료 소유의 대농장으로 보인다. 시에 공전公田, 사전私田이 나오는데, 서주시대 공/사 개념으로 볼 때 왕실이 관리하는 직할 토지와 귀족관료에게 하사해준 토지를 공전/사전으로 구분했을 것이다.[18] 이는 서주시대에 자기 땅을 경작하는 소농이 일반적이지 않았다는 것을 뜻한다.

증손자는 농장 소유주이자 통치자로 농사철에 따른 제사를 주관하며, 현장 농사일은 권농관이 담당한다. 이 시의 농장이 공전이든 사전이든 농민이 개인적으로 경작하는 땅이 아니기 때문에, 농부와 그 부인 역시 대농장에 소속된 집단생산자일 것이다. 그래서 수확물은 농장주의 소유가 되고 집단생산자인 농부는 할당된 일정량을 받았을 것이다. 그 할당량은 농부의 시각으로 농경의 어려움을 묘사한 「칠월七月」에 근거하면, 노동 강도에 비해 매우 적었을 것으로 보인다.

농부 가족은 그래도 대농장에 소속되어 최소한의 생활은 유지할 수 있지만, 과부 같은 이들은 남은 벼 다발이나 빠트린 벼 이삭으로 생계를 연명해야 하는 처지였다. 농장주(통치자)와 현장 관리, 농부, 과부 같은 이들 사이에 빈부의 차이가 확연하지만, 농장은 풍요로워 보이며 제사를 받는 신들이 흐뭇해할 만큼 풍성한 제물을 올린다.

물론 빈부의 차이만으로 농장 구성원들의 삶이 고통스러웠을 것이라고

---

18 리처드 폰 글란, 류형식 옮김, 『폰 글란의 중국경제사』, 소와당, 2020, 74쪽.

단정할 수는 없다. 하늘 아래 모든 땅은 왕의 것이라는 왕토王土 관념하에 땅과 수확물은 통치자의 차지가 되지만, 아울러 그 땅을 경작하거나 함께 사는 사람들의 생계를 보살피는 것 역시 통치자의 책무였기 때문이다. 덕치가 이 시의 농장에 구현되고 있었다면, 농부들은 농장주의 보호를 받으며 안정적인 생활을 했을 것이다. 과부 같은 이들이 연명할 수 있도록 수확물을 남겨두는 것도 농장 공동체의 관행으로 보인다.

그러나 백성이 정치에 참여하지 못하는 차등사회는 통치자의 덕에 의해 백성의 삶의 질이 결정되는 문제를 내재하고 있었다. 선한 농장주라면 다행이지만 현실에서 그런 농장주는 많지 않았을 것이다. 농장주가 자신의 이익을 우선하여 농부들을 착취하는 경우라면 당연히 원망이 누적되었을 것이며, 흉년이 들어 최소한의 수확물마저 분배받지 못한 상황이라면 그 원망은 더욱 증폭되었을 것이다.

게다가 잦은 전쟁 동원과 부역에 시달리며 생사의 위협을 받는 상황이라면 하늘을 원망하는 감정까지 표출되었을 것이다. 서주시대에서 춘추시대 초기의 모습을 그린 『시경』을 전체적으로 읽어보면, 후기로 갈수록 통치에 대한 불만과 원망을 표출한 시가 많아지는데, 이러한 실정을 반영한 현상이라고 할 수 있다.

차등질서를 추구한다는 점에서 관중도 전통적 관념을 지니고 있었다. 하지만 백성의 욕구 충족을 통치자의 책무라고 여긴 점은 현실 정치에서 실현되지 않았던 새로운 정치를 추구한 것이었다.

> 백성은 근심과 고생을 싫어하니 나는 그들을 즐겁게 해줘야 한다. 백성은 가난과 비천함을 싫어하니 나는 그들을 부귀하게 해줘야 한다. 백성은 위험에 떨어지는 것을 싫어하니 나는 그들을 안전하게 보호해줘야 한다. 백성은 후대가 끊어지는 것을 싫어하니 나는 그들을 잘 살아가게 해줘야 한다.[19]

관중은 백성이 좋아하고 싫어하는 것을 잘 이해하여 그것을 충족시켜주는 일이 통치자의 책무라고 인식했다. 백성의 욕구 충족을 통치의 출발점으로 본 것이다. 즐거운 일을 좋아하고 고생을 싫어하며, 부귀를 좋아하고 가난을 싫어하며, 안전을 좋아하고 위험을 싫어하며, 나아가 대가 끊어지지 않고 집안을 이어가고 싶은 것은, 신분에 상관없이 모두가 바라는 일이다.『시경』 「대전」에서 농장주(통치자)의 욕구 충족이 주를 이루고 타 계층은 그를 위해 종사하는 것과 달리, 관중은 백성의 욕구 충족이 통치의 바탕이 되어야 한다고 생각한 것이다.

이러한 백성의 욕구 가운데 가장 기본이 되는 것이 먹고 사는 일이다. "치국의 길은 먼저 백성을 잘 살게 하는 데서 시작해야 한다. 백성이 부유하면 다스리기 쉽고 백성이 가난하면 다스리기 어렵다." 관중이 구상한 생산적 직분사회는 바로 백성의 부유한 삶을 위한 분업체제라고 할 수 있다. 이것은 자원과 인력이 분산되어 있던 방식에서 벗어나, 국가 관리 하에 응집시켜 효율적인 생산과 배분을 이루기 위한 사회시스템이었다.

국가의 근간인 농촌에는 공실·귀족·관리 소유의 농장, 소농의 땅, 새로 개간한 땅, 약탈한 토지 등이 여러 지역에 분산되어 있고, 집단농경·소작·자작 등 다양한 경작방식에 일정하지 않은 조세제도가 혼재하고 있었다. 새로 개간한 땅이나 약탈한 토지는 소유관계도 불분명하고 땅도 분산되어 있어 생산이나 조세의 효율성이 높지 않았을 것이다. 군주의 입장에서 보면 귀족 관료들이 소유한 땅이 많아지면 권력에 위협적인 요인이 되고, 분산되어 생산성이 높지 않거나 조세를 내지 않는 토지가 많아지면 국가 경제에 손실이 발생하게 된다.

---

19 『管子』「牧民」. "民惡憂勞, 我佚樂之. 民惡貧賤, 我富貴之. 民惡危墜, 我存安之. 民惡滅絕, 我生育之."

춘추시대 열국의 국가경쟁에서 관건은 두 가지 문제에 있었다. 국가권력(제사와 군사)이 군주에게 집중되어 있느냐의 문제와 국가의 근간이 되는 토지와 백성을 얼마나 확보하느냐(경제)의 문제. 그러나 대부분 군주와 세족이 국가권력을 분점하고 있었고, 토지와 백성은 분산되어 효율적인 관리가 이뤄지지 않았다.

이러한 상황에서 관중은 먼저 토지와 백성을 중앙집권 방식으로 재정비했다. 다양한 소유의 토지를 국가가 수용하여 소가족 단위로 배분하고, 분산되어 있던 토지를 지역 단위로 정비하여 국가가 책임관리 하는 시스템을 만든 것이다. 국가 주도의 토지개혁을 통해 체계적인 구획을 하고, 이를 소가족 단위로 배분하여 소농 경작체제를 정립했다. 이 과정에서 행정관은 효율적인 경작이 이뤄지도록 책임관리를 했다. 조세는 부담이 없도록 조정하고, 부역은 농번기를 피하고, 가축이 번식하도록 제사를 제한하고, 공유지를 적절히 개방하여 수입을 올리게 했다.

이러한 소농 중심의 토지개혁으로 인해 기존의 토지 소유자들 가운데 불만을 가진 이들이 생겼을 것이다. 대토지를 소유하고 있거나 양질의 땅을 가진 이들의 경우 국가가 강제로 땅을 수용하여 재배분하는 일이 부당한 행정이라고 여겼을 것이기 때문이다. 그렇다고 획일적인 배분을 한 것은 아니며, 신분과 공적에 따라 차등 배분을 하고 조세도 땅의 양질에 따라 차등 부가하여, 공동체가 이익이 되는 방향으로 관리되었을 것이다. 그러나 대대로 세습되어 온 땅이나 개인적으로 개간한 땅이 국가의 관리체계 속에 편입된다는 사실 자체가 낯선 일이었고, 당연히 자기 소유의 땅이 국가에 병합된다는 불만이 생길 수밖에 없었을 것이다.[20]

---

20 이러한 불만은 후대에 토지 겸병 문제로 이어지며 매 왕조마다 반복되는 고질적인 정치 문제가 된다. 토지 겸병은 국가의 수전제 토지에 대한 부실한 관리와 귀족·부호들의 토지 소유욕에서 기인한 문제이다.

이러한 토지개혁이 성공을 거두려면, 무엇보다 국가의 법이 엄정하게 시행되고, 또 생산성이 향상되어 삶의 질이 높아지는 효과가 나타나야 한다. 관중은 법을 엄정하게 시행하면서 생산성 향상을 위한 획기적인 방법을 고안했다.

먼저 철기 농기구의 사용이다. 당시 청동과 철은 국가가 독점한 전략 자원으로 주로 의례 기물이나 무기를 만드는 데 쓰였다. 이에 관중은 환공에게 양질의 금속은 검과 극戟의 무기를 만들고, 나쁜 금속으로는 호미 등의 농기구를 만들자고 제안했다. 철기 농기구는 경작 생산성이 향상되고 황무지를 토지로 개간하는 데 큰 도움이 되었을 것이다. 『관자管子』「해왕海王」과「중경重輕」에 따르면, 당시 철기를 담당하는 철관이 있었고 농부 5명을 단위로 하여 사철耜鐵이라는 세금을 징수했다고 한다.

다음으로 우경牛耕의 도입이다. 관중은 소가 제사의 희생으로 사용되는 것을 제한하여 소를 번식하게 했는데, 이는 식용을 위한 것이 아니라 소를 경작에 활용하기 위한 목적이었다. 소에 돌이나 철로 만든 농기구를 연결하여 쟁기질을 하면 소가족 단위로 농사를 지을 수 있고, 개인의 경작 생산성이 향상될 수 있었기 때문이다. 제사용으로 사용되던 소를 경작에 쓰이게 한 것은 철기 사용과 마찬가지로 국가 정책에 의해 확립된 것이며, 개인 소농들이 주도할 수 있는 일이 아니었다.

토지를 수용하여 새롭게 구획하거나 황무지를 개간하여 농사를 짓기 위해선 농경지에 물을 대는 수리 관개 사업이 필수적으로 이뤄져야 한다. 분산적으로 농경이 이뤄질 때는 수로를 확보하기 위해 농민들 사이에 분쟁이 심했을 것이다. 하지만 이러한 일을 국가 주도로 시행하면서 농민들의 이해관계 조정이 수월해지고, 철기 도구를 사용하여 작업이 한층 효율적으로 진행되었을 것이다. 이러한 정책이 결국 농민들 모두에게 이익이 돌아가는 것임을 확인하면서, 원망하는 목소리가 잦아들고 관중을 신뢰하는 사람들이 많아지게 되었다. 후대의 정나라 자산이 토지를 정돈하고 수로를 만들어 생산성을 향상시킨 공적으로 칭송받은 일[21]이 있는데, 이는 바로 관중의 토지개혁을 모범으로 삼은 것이었다.

이러한 경작방법의 혁신은 생산성을 향상시켜 백성을 부유하게 할 뿐 아니라 소농 중심의 경작체제를 가능케 해주었다. 이는 자연발생적으로 이뤄진 것이 아니라 국가 주도의 토지 재정비 및 경작 혁신을 통해 만들어진 것이었다.[22] 관중의 토지개혁이 결실을 거두면서 백성이 살기 좋은 나라라는 소문이 널리 퍼지고 이에 제나라의 인구가 증가하게 되었다.

> 무릇 땅을 지니고 백성을 다스리는 자는 사계절의 농경에 힘쓰고 창고를 잘 지켜야 한다. 나라에 재물이 많고 풍성하면 먼 곳에 있는 사람도 오고, 땅이 모두 개간되면 백성이 머물러 살게 된다. 창고가 가득차면 백성이 예절을 알고, 입고 먹는 의식이 풍족하면 영광과 수치를 알게 된다. 윗사람이 법도를 준수하면 육친이 굳건해지고, 예의염치四維가 널리 확산되면 군주의 명령이 행해진다.[23]

관중은 백성이 편안하고 부유하게 살 수 있는 토대를 구축하여, 멀리 있는 사람도 찾아오는 살기 좋은 나라를 만들었다. 나아가 관중은 민생경제를

---

21 정나라 자산의 개혁에 대해선 『춘추좌전』 2(신동준 옮김, 한길사, 2006), 412~414쪽 참고.
22 학계에서는 대체로 철기 농기구와 우경이 퍼진 전국시대에 소농 체제가 형성된 것으로 보고 있지만, 그 원형적 형태가 제나라 관중시대에 형성되었다는 점은 주목해야 한다. 철기는 국가 전략물자로 일반 농민이 접근하기 어려운 것이며, 소 역시 국가 제사에 쓰이고 있어서 농경에 활용되기 힘든 동물이었다. 이에 관중은 국가권력을 통해 토지개혁과 경작 혁신을 이루어 소농 체제를 가능케 한 것이다. 국가적 차원에서 볼 때 전국시대의 소농 체제는 농가의 생산력 발전의 산물이라기보다는, 관중의 토지정책이 주변 국가들로 확산되면서 출현한 중앙집권적 경제 현상에 가깝다고 할 것이다.
23 『管子』「牧民」. "凡有地牧民者, 務在四時, 守在倉廩. 國多財, 則遠者來, 地辟擧, 則民留處. 倉廩實, 則知禮節, 衣食足, 則知榮辱, 上服度, 則六親固, 四維張, 則君令行."

바탕으로 백성이 예절을 알고 영광과 수치를 아는, 법도와 기강이 있는 나라를 만들려고 했다. 관중은 백성의 욕구 충족을 통치자의 책무로 상승시킨 데 이어, 통치집단의 문화인 예의를 백성에게 널리 교육하여 국가의 생활문화로 정립하려 한 것이다. 하급 귀족 중심의 사인 사회가 의·효·공·제 윤리의 실천을 일상화하고 있는데, 이는 백성에게 널리 확산하려고 한 예의염치의 윤리와 연결된 것이다. 관중은 백성을 생산능력이 있으면서 예의를 아는 사람들로 만들려고 했다. 예의가 이제 통치 귀족의 문화에서 백성 모두가 따라야 하는 국가적 윤리로 전환된 것이다.

나라에는 네 가지 기강四維이 있다. 그 가운데 하나가 끊어지면 기울고, 두 가지가 끊어지면 위태로워지고, 세 가지가 끊어지면 뒤집어지고, 네 가지가 끊어지면 망한다. 기우는 것은 바로잡을 수 있고, 위태로운 것은 안정시킬 수 있고, 뒤집어지는 것은 일으켜 세울 수 있으나, 망한 것은 다시 일으킬 수 없다. 무엇을 네 가지 기강이라고 하는가? 첫째는 예禮, 둘째는 의義, 셋째는 염廉, 넷째는 치恥이다. 예는 절도를 넘지 않는 것이고, 의는 (바르지 않은 일에) 스스로 나아가지 않는 것이고, 염은 나쁜 일을 숨기지 않는 것이고, 치는 잘못된 일을 따르지 않는 것이다. 그래서 절도를 넘지 않으면 군주의 지위가 안정되고, (바르지 않은 일에) 스스로 나아가지 않으면 백성이 교활하거나 속임이 없게 되고, 나쁜 일을 숨기지 않으면 행실이 저절로 온전해지고, 잘못된 일을 따르지 않으면 간악한 일이 생기지 않는다.[24]

---

24 『管子』「牧民」. "國有四維, 一維絶則傾, 二維絶則危, 三維絶則覆, 四維絶則滅. 傾可正也, 危可安也, 覆可起也. 滅不可復錯也. 何謂四維. 一曰禮 二曰義 三曰廉 四曰恥. 禮不踰節, 義不自進, 廉不蔽惡, 恥不從枉. 故不踰節, 則上位安; 不自進, 則民無巧詐; 不蔽惡; 則行自全; 不從枉, 則邪事不生."

관중이 국가의 네 가지 기강으로 제기한 예의염치의 내용을 보면, 법도있는 차등질서를 만들기 위한 윤리 규범이다. 예의염치 모두 백성이 규정된 법도에 따라 바른 일을 하고, 나쁘고 잘못된 일을 하지 않도록 규제하는 덕목이었다. 백성이 따라야 할 법도 규범은 국가가 정하는 것이며, 이를 준수하며 허용된 범위 안에서 생각하고 행동하는 것이 백성의 의무가 되었다. 백성의 욕구 충족의 과제는 통치자의 책무이지만, 자원의 제한성으로 인해 그 충족의 범위가 조율될 수밖에 없었다.

신분과 능력에 따라 각자에게 배분된 자원을 넘어 탐욕을 부리는 일은 국가 질서를 어지럽히는 행위로 인식되었다. 관중은 생산적 직분사회를 기반으로 백성이 자신의 직분 안에서 능력껏 먹고 사는 시스템을 구축하고, 국가가 정한 법도 규범을 넘어서는 행위에 대해서는 엄정하게 대처했다.

1) 백성이 잘못을 저질렀을 때 곧바로 처벌되었다. 정사가 성공적으로 이뤄지자 향리의 백성들 사이에서 노인을 존중하고 어린 사람을 아끼며 질서를 어지럽히는 일이 없게 되었다. 조정에서는 재능에 따라 관직이 배정되어 감히 불초한 자가 현능한 자 위에 서는 일이 없게 되었다. 부도덕한 남자들은 그와 오伍가 되려는 사람이 없게 되고, 부도덕한 여자는 장부에게 시집을 가지 못했다. 이같이 하자 모든 백성이 서로 면려하여 열심히 배웠다. 향리에서 하기보다는 리에서 좋은 일을 하려 했고, 리에서 하기보다는 집에서 선행을 하려 했다. 그러자 사람들은 짧은 안목으로 이익을 따지려 하지 않고 모두 1년 앞을 내다보게 되었고, 1년의 계획을 세우기보다는 평생을 두고 큰 공업을 이루고자 했다.[25]

---

25 『國語』「齊語」. "匹夫有不善, 可得而誅也. 政旣成, 鄕不越長, 朝不越爵, 罷士無伍, 罷女無家. 夫是, 故民皆勉爲善. 與其爲善於鄕也, 不如爲善於里; 與其爲善於里也, 不如爲善於家. 是故士莫敢言一朝之便, 皆有終歲之計; 莫敢以終歲之議, 皆有終身之功."

2) 그대들이 맡은 비읍에서 부모에게 효순하지 않거나, 마을 어른을 공경하지 않고, 교만하고 난폭하여 조정의 명령을 준수하지 않는 사람이 있으면 반드시 보고토록 하시오. 이를 보고하지 않으면 사적으로 그들과 결탁한 것이니 5형의 죄로 벌할 것이오.[26]

1)은 국읍의 백성을, 2)는 비읍의 백성을 대상으로 한 언술이다. 국읍과 비읍의 백성 모두 부모에게 효순하고 어른을 공경하며 조정의 명령을 따르고 질서를 준수할 의무를 부여받고 있다. 이를 위반하는 백성은 출세의 기회가 제한되고, 부도덕하다는 오명을 얻거나 형벌을 받아 더불어 살기가 어려웠다. 그래서 백성들 스스로 예의 규범을 지키며, 사욕을 부리기보다 선행을 하고 공적을 이루려 노력하게 된 것이다.

이렇게 관중은 생산적 직분사회-예의규범-형벌이 서로 연결된 바탕 위에서, 백성이 부유하면서 예의를 지키는 조화로운 차등질서를 만들려고 했다.

4. 중앙집권, 부국강병을 이루다

이러한 질서를 바탕으로 관중이 최종적으로 추구한 목표는 환공을 춘추시대 패자로 만드는 일이었다. 패자가 되기 위해선 제나라가 압도적인 국력을 지니고 있어야 하는데, 관중은 두 가지 선결조건을 확립해야 한다고 여겼다. 하나는 토지와 백성을 충분히 확보하는 일이고, 다른 하나는 국가권력을 군주에게 집중시키는 일이다. 관중이 생산적 직분사회를 추진한 것은 첫

---

26 『國語』「齊語」. "於子之鄕, 有不慈孝於父母·不長悌於鄕里·驕躁淫暴·不用上令者, 有則以告. 有而不以告, 謂之下比. 其罪五."

번째 선결조건인 토지와 백성의 문제를 해결하기 위한 방안이었다. 이제 국가권력을 군주에게 집중시켜 군주권을 강화하는 일이 남겨져 있었다.

춘추시대 서막을 알리는 『춘추좌전』 은공隱公 원년의 기록은 정나라 장공과 동생 공숙단 사이의 권력 투쟁으로 시작한다. 형제 사이의 권력 투쟁으로 군주의 자리가 골육상잔의 무대가 된 것이다. 유왕 시기에 서주가 몰락한 것도 태자인 의구가 폐위되고 이복동생인 백복이 그 자리를 차지하면서 시작되었다. 춘추시대의 서막은 바로 서주 왕실의 비극적 불씨를 이어받은 셈이다. 춘추시대에 동족 형제간의 비극이 지속되자, 주나라 대부 부진富辰은 서주 초기 형제간의 협력이 통치의 기반이 되었던 시절을 환기시킨 바 있다.

옛날에 주공은 관숙과 채숙이 제 명에 죽지 못한 것을 슬퍼했습니다. 이에 동성의 친척을 제후로 봉해 왕실의 울타리로 삼았습니다. 관管, 채蔡, 성郕, 곽霍, 노魯, 위衛, 모毛, 담聃, 고郜, 옹雍, 조曹, 등滕, 필畢, 원原, 풍酆, 순郇 등은 문왕의 아들을 봉한 나라입니다. 또 우邘, 진晉, 응應, 한韓 등은 무왕의 아들을 봉한 나라입니다. 범凡, 장蔣, 형邢, 모茅, 조胙, 제祭 등은 주공의 후손을 봉한 나라입니다. 소목공召穆公은 왕실의 덕이 쇠미해지는 것을 걱정하여, 종족을 성주에 모아 '산앵두꽃은 꽃받침이 빛나니, 오늘날 형제만큼 친한 이가 없네'라는 시를 지었습니다. 그 4장에서는 '형제가 집안에선 다투어도 밖으로는 서로 힘을 모아 막네'라고 했습니다. 시의 뜻이 이와 같을진대 형제는 비록 소소한 원한이 있어도 좋은 친분을 잃어서는 안 되는 것입니다.[27]

---

27 『春秋左傳』 僖公 24년. "昔周公弔二叔之不咸, 故封建親戚以蕃屏周. 管, 蔡, 郕, 霍, 魯, 衛, 毛, 聃, 郜, 雍, 曹, 滕, 畢, 原, 酆, 郇, 文之昭也. 邘, 晉, 應, 韓, 武之穆也. 凡, 蔣, 邢, 茅, 胙, 祭, 周公胤也. 召穆公思周德之不類, 故糾合宗族于成周而作詩, 曰, '常棣之華, 鄂不韡韡. 凡今之人, 莫如兄弟.' 其四章曰, '兄弟鬩于牆, 外禦其侮.' 如是, 則兄弟雖有小忿, 不廢懿親.'"

그러나 서주 초기 형제 협력의 경험은 이미 회복할 수 없는 과거의 일이 되었다. 제나라 환공도 형제를 죽이고 군주의 자리에 올랐으며, 관중도 이 과정에서 생사의 위기를 겪는 뼈저린 경험을 했다. 당시 제나라 공실은 형제들 사이의 권력투쟁이 극심했을 뿐 아니라 세족 경대부인 국씨·고씨와 권력을 분점하고 있었다. 게다가 선조인 양공襄公이 자신의 욕망을 위해 권력을 남용하여 나라의 기틀이 무너진 상태였다. 관중과 환공의 만남은 이러한 국가적 위기 상황 속에서 이뤄진 것이었다. 환공은 나라를 재건하여 패자가 되려는 욕망이 있었고, 관중은 그것을 실현할 혁신적인 방안을 가지고 있었다. 정치체제의 측면에서 볼 때 그것은 국가권력을 환공에게 집중시키는 중앙집권적 군주제를 만드는 일이었다.

  생산적 직분사회가 사회 경제적 힘을 구축하는 일이라면, 중앙집권적 군주제는 그 힘을 바탕으로 국가권력을 환공에게 집중시켜, 나라가 효율적이고 체계적으로 작동하게 만드는 일이었다. 군주와 세족이 권력을 분점하고 있는 상황에서 그 관건은 군주를 정점으로 하는 중앙집권 국가를 만들고, 또 그것을 책임있게 관리할 수 있는 유능한 인재를 등용하는 것이었다. 이는 세족이 소유하고 있는 권력기반(토지, 백성, 군사)을 중앙집권 체제에 편입시켜 군주의 통제 하에 두는 일이었다.

  중앙집권 국가의 관건은 신분과 지역의 차이를 넘어 국가로서의 일체감을 형성하느냐에 달려 있었다. 양대 세족인 고씨와 국씨는 경대부의 지위와 영지, 백성을 대대로 보유하면서 자신들의 독자적인 권력세계를 구축하고 있었다. 이들에게 소속된 가신들은 환공을 주군으로 여기지 않았으며, 영지에서 산출된 생산물도 주로 자신들의 권력을 강화하는 데 사용했다. 이렇게 권력이 분산된 상태에서는 세족의 협력이 있어야 국정을 운영할 수 있고, 세족의 힘이 더 강한 경우에는 군주가 교체되거나 시해되는 사태가 벌어지기도 했다.

관중은 이렇게 권력이 분절된 구조를 중앙집권제로 전환시키는 일이 군주권 강화를 위한 근간이라고 인식했다. 그 중심에 '3국國 5비鄙'제가 있었다. 이 제도는 군주와 세족이 분점 지배하고 있는 도시와 농촌의 영토를 통합하여 중앙집권적 행정조직으로 재정비하는 것이 핵심이었다. 도시의 국읍은 21개의 향(15개 사향士鄉, 3개 공향工鄉, 3개 상향商鄉)으로 구성되는데, 군주와 두 경대부가 15개 사향을 삼분하여 책임관리 하고(3국), 3개의 공향과 상향은 모두 군주가 관리했다. 두 경대부가 관리하는 5개 사향도 독립된 지역이 아니라 군주의 명령을 따르는 행정조직이었다.

또 농촌의 비읍은 5개 속屬으로 구성되는데(5비) 모두 군주가 책임관리 했다. 국읍과 달리 세족이 관리하는 비읍이 없다는 점은 매우 주목할 만하다. 이는 국가가 세족의 영지를 수용하여 토지구획을 새롭게 하고 그 관리자(소유자)가 되었다는 것을 뜻하기 때문이다. 관료에게 봉록으로 주는 토지도 세습 영지가 아니라, 관직 임용과 연결된 식읍으로 사직 시 반환하는 토지가 되었다.

이 과정에서 귀족들의 거센 반발이 있었을 것으로 보이지만 이를 확인할 수 있는 자료는 없다. 다만 『논어』 「헌문憲問」에 "백씨의 변읍 3백 리를 빼앗았는데, 백씨는 거친 밥을 먹으면서도 죽을 때까지 원망하는 말을 하지 않았다"[28]는 구절이 있다. 백씨가 땅을 빼앗긴 이유가 불분명하지만, 관중이 사적으로 취하기 위해 그런 것은 아닐 것이다. 백씨가 거친 밥을 먹으면서도 원망하지 않았다는 것은 관중이 공적인 행위를 한 것이며, 아울러 그 토지를 수용하여 나라를 부유하게 함으로써, 관중을 사적으로 원망할 수 없는 상황이 전개되었기 때문일 것이다.

이렇게 '3국 5비'제는 세족의 권력적 기반을 통제하여 중앙집권제 하에 편재하는 사회시스템이었다. 관중은 이를 통해 군주권을 강화하는 물적 기반

28　『論語』 「憲問」. "奪伯氏駢邑三百, 飯疏食, 沒齒無怨言."

을 구축한 것이다. 세족들의 자율적 통치를 인정하던 때와 달리 중앙집권제로 나라를 통치함에 따라, 국가 행정 조직을 책임관리 할 수 있는 유능한 인재들이 필요했다. 국읍을 구성하는 향의 하부 행정 단위로 연-리-궤-가, 비읍을 구성하는 속의 하부 행정 단위로 현-향-졸-읍이 피라미드처럼 조직되어 있었기 때문이다.

또 중앙정부에는 국사를 관장하는 삼관官, 신하를 주관하는 삼재宰, 공인을 관장하는 삼족族, 시장을 관장하는 삼향鄕, 천택을 관리하는 삼우虞, 산림을 관리하는 삼형衡이 필요했다. 이에 중앙정부에서 지방의 하부 조직에 이르기까지 책임관리 할 수 있는 유능한 인재를 등용하는 일이 중앙집권제의 관건이 되었다.

환공은 패자의 꿈을 이루기 위해선 이를 뒷받침해 줄 인재가 있어야 한다는 사실을 잘 알고 있었으며, 이러한 안목 덕분에 신분과 지역의 제한을 넘어 유능한 인재들이 등용될 수 있었다.

  1) 그대들의 향에 집에서는 학문에 힘쓰고 부모에게 효도하고 지혜로우면서 본성이 착하여 마을에 이름이 난 이들이 있으면 보고하시오. 그런 이들이 있는데도 보고하지 않으면 이는 현명한 사람을 버리는 것이니 5형으로 처벌할 것이오.[29]

  2) 그대들의 향에 주먹이 날세고 힘이 남보다 뛰어난 사람이 있으면 보고하시오. 그런 사람이 있는데도 보고하지 않으면 굳센 사람을 버리는 것이나 5형으로 처벌할 것이오.[30]

---

29 『國語』「齊語」. "於子之鄕, 有居處好學·慈孝於父母·聰惠質仁·發聞於鄕里者, 有則以告. 有而不以告, 謂之蔽明, 其罪五."
30 『國語』「齊語」. "於子之鄕, 有拳勇股肱之力秀出於衆者, 有則以告. 有而不以告, 謂之蔽賢, 其罪

3) 농민 가운데 우수한 자는 선비로 충원할 수 있으니 신뢰할 만합니다. 관원이 이러한 사람을 발견하고도 보고하지 않으면 5형으로 처벌할 것입니다. 이에 관원은 인재를 천거하는 일을 완수한 후에 비로소 소임을 다했다는 평을 받을 수 있습니다.[31]

1), 2)는 환공이 향의 책임관리인 대부들과의 조회에서 훈시한 말인데, 담당 지역에서 학문이 뛰어나고 인성이 훌륭한 사람과 용맹하고 힘이 센 사람을 추천하라는 내용이다. 환공은 농촌의 속을 책임 관리하는 대부들과의 조회에서도 인재 추천을 하라는 동일한 말을 한다. 3)은 관중이 환공에게 농촌의 인재 추천을 건의한 말이다. 이렇게 환공과 관중은 국읍·농촌의 지역과 신분에 상관없이 현명하고 뛰어난 인재를 선발하여 적합한 관직을 내렸으며, 또 이들 관리 가운데 자질과 능력이 검증된 이들은 중앙의 대관으로 승진시켜 중임을 맡겼다.

사인들이 모여 사는 국읍에 비해 농촌에서 관리를 할 만한 인재가 나오기는 쉽지 않았겠지만, 특정 계층에 국한하지 않고 백성 모두에게 동일한 기회를 준다는 것은 획기적인 발상이다. 귀족들이 대대로 독점하던 영역에 능력 있는 인재가 발탁됨에 따라 백성들은 정치공동체로서의 결속감을 한층 더 가지게 되었을 것이다. 그리고 군주인 환공의 입장에서는 중앙집권제에 필요한 유능한 관리를 임용할 수 있고, 아울러 세족을 견제하는 신흥세력을 얻을 수 있었다.

이러한 과정을 통해 세족들의 권력 기반은 국가 통제 하에 재편되었으며, 군사도 국가의 상비군 체제 속에 편입되었다. 관중의 사인 사회가 행정조직

---

31 『國語』「齊語」. "其秀民之能爲士者, 必足賴也. 有司見而不以告, 其罪五. 有司已於事而竣."

과 군사조직이 일체화된 사회라는 점은 앞에서 설명한 바 있다. 이것은 사인 사회의 공동체적 결속감을 통해 군사력을 극대화하는 방안이었다. 군사들(사인)이 거주하는 국읍은 군주와 두 경대부가 삼분하고 있었기 때문에, 군사조직은 군주와 두 경대부의 삼군 체제로 편재되었다.

그러나 두 경대부의 군사는 최고 통수권자인 군주의 명령에 따르는 구조였다. 이는 세족들이 사적으로 보유하던 군사를 제한하고 국가 상비군으로 편성하여 군주의 통제 하에 둔 것이었다. 관중은 군사를 사인만의 직분으로 규정하는 전통적인 방식을 따르고 있지만, 농촌도 사인 사회와 같은 조직으로 정비되어 있어서, 정책 변화에 따라 언제든지 농민도 군사에 동원될 수 있었다. 전민개병의 시대를 예비하고 있었던 것이다.

관중이 구상한 중앙집권 국가는 신분별 지역별로 분절된 사회에서 벗어나, 정치공동체로서 결속감에 기반하여 백성 누구에게나 적용되는 공적 규범을 통해 다스리는 나라라고 할 수 있다. 물론 이 공적 규범이 현대적 의미의 평등과 자유의 가치가 아니라 조화로운 차등질서를 추구한 것임은 잊어선 안 된다. 관중은 군주를 정점으로 하는 중앙집권 국가를 통해 조화로운 차등 사회를 만들려고 한 것이다.

이는 북극성을 중심으로 뭇별이 도는 우주처럼 군주를 정점으로 피라미드식으로 조직된 세계에 다름아니다. 주나라 봉건질서 역시 천자를 정점으로 한 피라미드 구조이지만, 하부 단위의 제후-대부-사는 상층과 분절된 자율적 통치를 하고 있었다. 각 단위의 유기적 협력관계가 유지되면 봉건질서는 원활하게 작동될 수 있지만, 분절된 구조 내부에는 협력의 지속성을 강제할 수 있는 장치가 미비했다. 이것이 서주의 붕괴와 춘추시대의 혼란을 야기한 내적 원인이었다.

중앙집권적 군주제는 봉건제에 내재한 분절된 구조의 문제를 정치공동체로서의 결속감과 일체화된 제도를 통해 극복하려 한 것이다. 즉 서주의 군주제를 계승하면서 내부 구조를 일체화된 유기체로 전환시킨 것이다. 관중의 정책은 이러한 전환을 위해 구상된 것이라고 할 수 있다. 백성은 생산노동에 종사하는 피통치자에서 백성의 욕구 충족이 통치자의 책무가 되는 정치공동체의 구성원이 되었다. 엄격한 신분사회는 사농공상의 유기적 분업과 능력을 중시하는 생산적 직분사회로 전환되었다. 분산되어 있던 각 지역은 중앙집권적 행정조직으로 편재되었고, 사인 사회는 행정조직과 군사조직이 일체화된 구조를 이루었다. 또 대대로 자율적 권력세계를 유지하던 귀족들은 중앙집권제 속에 편입되어 군주의 통제를 받게 되었다.

이러한 중앙집권적 군주제를 통해 제나라는 급속한 국력 신장을 이루어, 환공은 이제 춘추시대 첫 번째 패자가 될 수 있는 내부 기반을 갖추게 되었다.

5. 신뢰의 국제정치, 패권국이 되다

국력 신장에 고무된 환공은 패권 욕망을 드러내며 관중에게 열국을 지배할 때가 되었는지 묻는데, 이에 관중은 아직 안 된다고 하며 다음과 같이 답변한다.

> 이웃 나라들이 아직 우리와 친하지 않습니다. 만일 군주가 천하 제후국의 패자가 되려면 먼저 이웃 나라들과 친해져야 합니다. 우리나라의 국경을 정비하면서 이웃 나라에게 빼앗은 땅을 돌려주도록 하십시오. 변경의 토지와 산림, 하천을 확정하면서 이웃 나라의 자원을 빼앗지 마십시오. 가죽, 비단 등의 예물을 풍부히 갖추고 속히 각국의 제후들을 방문하십시오. 이렇게 사방의 이웃 나라를 안정시키면 사방의 제후국이 우리와 친하게 지내고자 할 것입니다. 유세를 잘하는 인사 80인을 조직하여 좋은 가마와 옷을 갖춰주고, 많은 예물을 가지고 가 사방을 주유케 하여 천하의 현사들을 거두도록 하십시오. 또 가죽, 비단,

완기들을 구비한 뒤 상인들에게 사방으로 가 이를 팔면서 각국의 군신들이 무엇을 좋아하는지 살피게 하십시오. 그 가운데 문란한 나라를 가려 먼저 정벌하도록 하십시오.[32]

관중은 열국의 패자가 되기 위해선 먼저 이웃 나라들과 우호적인 관계를 형성해야 하는데, 제나라는 그렇지 못하여 아직 패자가 될 수 없다고 여긴다. 제나라가 이웃 나라들과 친하지 못한 이유는 인접한 나라들의 영토를 침탈하고 있기 때문이다. 환공 시기에 제나라는 30여 국을 병합하여 영토를 3천여 리 확장했다고 한다. 역사적으로 볼 때 인접국 사이에 영토 분쟁이 일어난 것은 서주 중기 이래 제후국들이 자신의 세력 강화를 추구하기 시작한 데서 비롯된다.

제후국들이 근거지 도시 중심으로 세력을 형성하고 있을 때에는 국경에 대한 명확한 개념이 없었고, 근거지 도시 사이에 비읍이 산재해 있어서 완충지대 역할을 했다. 그러나 제후국들이 도시 국가에서 영토 국가로 전환하면서 인접한 약소국의 영토를 침탈하거나 심지어 멸망시키는 일들이 빈번하게 벌어졌다. 주 왕이 분봉한 제후국은 서로 병합하지 않는 것이 봉건질서의 불문율이었으나, 이것이 깨지면서 열국 사이에 영토 분쟁이 일어나기 시작했던 것이다.

동방의 강국인 제나라도 이웃 나라들의 영토를 침탈하여 원성을 듣고 있었으며, 관중은 이러한 상황에서 패자가 되기는 어렵다고 본 것이다. 앞에서 보았듯이, 관중의 목표는 주나라 질서를 혁신적인 방식으로 재정비하는 일이며, 국제정치에서도 주 왕실 중심의 평화질서를 회복하는 것이었다. 다만

---

[32] 『국어』「제어」. "審吾疆場, 而反其侵地; 正其封疆, 無受其資; 而重爲之皮幣, 以驟聘眺於諸侯, 以安四鄰, 則四鄰之國親我矣. 爲遊士八十人, 奉之以車馬・衣裘, 多其資幣, 使周遊於四方, 以號召天下賢士. 皮幣玩好, 使民鬻之四方, 以監其上下之所好, 擇其淫亂者而先征之."

주 왕실이 유명무실하고 주변의 이민족이 중원을 침탈하는 상황에서 제나라가 주 왕실의 역할을 수행하며 혼란해진 국제질서를 바로잡으려고 했다. 그러기 위해선 열국이 수용할 수 있는 국제규범을 재정립하고 제나라가 모범을 보이는 일이 선행되어야 했다.

관중은 그 일을 제나라가 빼앗은 이웃 나라의 영토를 되돌려주는 데서 시작한다. 이웃 나라의 원성을 사던 영토를 반환함으로써 제나라는 국제적 신뢰를 얻고, 또 이웃 나라들이 필요로 하는 물품을 사여함으로써 우호적 관계를 회복할 수 있었다. 강대국들이 영토 병합을 탐욕스럽게 추구하는 상황에서 제나라의 영토반환은 이웃 나라의 환영을 받았을 뿐 아니라 사방의 제후국들의 신뢰를 얻는 계기가 되었다.

국익을 우선하는 냉혹한 국제사회에서 이웃 나라들이 원하는 이익을 내어 준다는 것은 바로 상생의 질서를 솔선수범하여 실천한 것이었다. 국내정치에서 백성의 욕구를 먼저 충족시킨 후에 국가의 기강을 바로잡으려 한 것과 동일한 방식이다. 이에 대해 『관자』 「목민牧民」에서는 '주는 것이 곧 얻는 것임을 아는 게 정치의 보배다知與之爲取, 政之寶也'라고 말한다.

또 하나 주목할 점은 관중의 외교 전술이다. 영토반환 정책은 제후국 간의 협력을 중시한 주나라 전통 규범을 회복하는 것인데, 이는 외교의 대의명분을 갖추는 일이다. 관중은 이러한 명분을 기반으로 현실적인 외교 전술을 구사했다. 유세가 80인을 조직하여 천하의 현사들을 포섭한 것은 국제 인적 네트워크를 구축하여 제나라를 지지하는 세력을 형성하는 일이었다. 관중은 이것이 가능하도록 대의명분과 아울러 예물(뇌물)을 제공하여 환심을 얻을 수 있게 했다. 유세가는 외교가에 다름아니며, 각국의 명망가와 우호적 관계를 이루어 제나라 중심의 국제질서가 만들어지도록 사전 공작을 한 것이었다. 여기서 진시황의 천하 통일에 일조한 외교정책인 반간계反間計가 탄생하였다.

관중은 또 상인들을 동원하여 각국 군신들이 좋아하는 바를 살피게 하는데, 이는 그 나라 통치집단이 사치/검소한지 보려고 한 것이다. 통치집단이 사치하고 탐욕을 부리면 대체로 백성을 수탈하여 민생이 궁핍해지고, 욕구를 채우기 위해 약소국을 약탈하기 십상이다. 이런 통치집단은 자국의 백성과 인접국으로부터 신뢰를 얻지 못하며 국제질서를 혼란하게 만드는 이들이다. 관중은 환공에게 이런 나라를 먼저 정벌하라고 권한다. 이는 침략 전쟁이 아니라 국제질서를 바로잡기 위한 명분있는 정벌이 되며, 제후국들의 지지를 받을 수 있는 길이었다. 관중이 사방의 문란한 나라에 대해 정벌 전쟁을 한 후 제후국들이 신복하게 된 것은 바로 이러한 이유 때문이었다.

이를 신뢰의 국제정치라고 할 수 있는데, 여기에는 제나라의 강한 경제력과 군사력 그리고 전통 규범에 기반한 대의명분이 밑받침되어 있었다. 부강한 경제력을 바탕으로 이웃 나라의 영토를 반환하고 제후국들에게 풍성한 예물을 제공하여 우호적 관계를 형성할 수 있었다. 그리고 이를 기반으로 국제질서를 위한 대의명분을 내세우면서 아울러 강한 군사력을 갖추어 제후국들이 자발적으로 복종하게 만들었다.

공자는 관중이 군사력을 쓰지 않고도 제후들을 결집시킬 수 있었던 것을 '관중의 힘管仲之力'이라고 칭한 바 있다. 이렇게 제나라가 제후국들의 광범위한 신뢰를 얻으면서 국제질서를 움직이는 패권을 쥐게 되었다. 이에 열국의 무분별한 경쟁체제는 주 왕실을 존중하고 제후국의 상생을 위한 회맹질서로 전환하게 되었다. 환공이 드디어 춘추시대 첫 번째 패자가 된 것이다.

환공은 아홉 차례의 회맹을 통해 천하를 일거에 바로잡았다고 하는데, 회맹의 협약이 바로 관중이 구상한 국제질서의 내용이라고 할 수 있다. 그러나 『춘추좌전』에는 환공이 패자가 되는 과정에서 발생한 사건 위주로 서술되어 있고, 『국어』 「제어」에는 관중이 구상한 개혁정책을 중심적으로 설명하고 있어서, 회맹의 내용이 무엇인지 상세하지 않다.

『맹자』「고자장구하告子章句下」에 당시 회맹의 주요 조목이 남아있고,『관자』「유관幼官」에 아홉 차례 회맹마다의 주요 사항이 기록되어 있어서 이를 참고할 만하다. 그 내용은 다음과 같다.

1조. 불효자는 죽이고 적장자를 바꾸지 말며 첩을 본처로 삼지 않는다.
2조. 현자를 존중하고 인재를 양성하며 덕이 있는 사람을 표창한다.
3조. 노인을 공경하고 어린이를 사랑하며 손님과 여행자를 홀대하지 않는다.
4조. 사는 관직을 세습시키지 말고, 관직을 겸직시키지 않으며, 현명한 사는 반드시 등용하고, 대부를 사사로이 죽이지 않는다.
5조. 제방을 자기에게 유리하게 구부려 쌓지 말고, 식량 무역을 막지 않으며, 영지를 내릴 때는 반드시 천자에게 보고한다.

—『맹자』「고자장구하」[33]

1차. 현제玄帝의 명이 없으면 단 하루의 전쟁도 인정하지 않는다.
2차. 고아와 노인을 양육하고, 병고에 시달리는 이를 돌보고, 홀아비와 과부를 돌보도록 한다.
3차. 토지세를 5/100, 시장세를 2/100, 관문세를 1/100, 농사 도구가 부족하지 않도록 한다.
4차. 도로를 수리하고 도량형을 통일시키며, 산림수택의 사용을 시절에 따라 금한다.
5차. 사계절의 제사와 천지자연에 대한 제사를 시기에 맞게 한다.
6차. 수확한 작물을 오관玄官에 보내 오방의 신에게 제사 지내고, 사관四輔에

---

33 『孟子』「告子 下」. "初命曰誅不孝, 無易樹子, 無以妾爲妻. 再命曰尊賢育才, 以彰有德. 三命曰敬老慈幼, 無忘賓旅. 四命曰士無世官, 官事無攝, 取士必得, 無專殺大夫. 五命曰無曲防 無遏糴 無有封而不告."

청하여 사계절 신에게 제사를 올린다.

7차. 주요 관리로서 예가 없는 사람은 멀리 유배를 보낸다.

8차. 예의를 아는 사람은 오관에 천거하여 삼공에 임용한다.

9차. 제후국의 재물과 방국의 소유물을 천자에게 폐백으로 올린다.

―『관자』「유관」[34]

두 내용을 보면 모두 제후국들이 해야 할 사항과 하지 말아야 할 사항이 들어가 있는데, 위반 시에는 패자인 제나라의 개입(공격)이 정당화된다. 『맹자』의 1조는 제후국의 군주권 계승이 평화롭게 진행되도록 대종 중심의 종법 질서를 지키라는 것으로, 골육상잔의 무도한 권력 질서를 바로잡으려는 조목이다. 2조는 현능한 인재를 존중하여 세습 귀족이 권력을 남용하는 상황을 막으려는 조목이다.

3조는 사회적 약자를 보호하고 타국 출신의 사람을 차별 없이 대하여 공동체를 이루려는 조목이다. 4조는 현능한 사를 존중하여 임용하되 관직 세습과 겸직을 막아 이들이 권력화되는 것을 막으려는 조목이다. 5조는 제후국들 사이의 수자원 분쟁을 막고, 식량 무역을 공정하게 하며, 천자의 권위를 존중하여 평화로운 국제질서를 정립하려는 조목이다.

위의 조목을 보면 관중이 제나라 국내정치에서 사용했던 정책과 일맥상통하는 내용이다. 예의 규범, 인재 중시, 정치공동체, 세습 제한 등은 관중이 국내정치에서 추구한 개혁 방향인데, 회맹이 제나라 국내정치를 국제정치로

---

[34] 『管子』「幼官」. "一會諸侯, 令曰: 非玄帝之命, 毋有一日之師役. 再會諸侯, 令曰: 養孤老, 食常疾, 收孤寡. 三會諸侯, 令曰: 田租百取五, 市賦百取二, 關賦百取一, 毋乏耕織之器. 四會諸侯, 令曰: 修道路, 偕度量, 一稱數, 毋征藪澤以時禁發之. 五會諸侯, 令曰: 修春秋冬夏之常祭, 食天壤山川之故祀, 必以時. 六會諸侯, 令曰: 以爾壤生物共玄官, 請四輔將以祀上帝. 七會諸侯, 令曰: 官處四體而無禮者, 流之焉瓠命. 八會諸侯, 令曰: 立四義而無議者, 尚之于玄官, 聽于三公. 九會諸侯, 令曰: 以爾封內之財物, 國之所有爲幣."

확대한 것임을 알 수 있다. 『관자』의 조목도 『맹자』의 조목과 상통하는 것이며, 내용이 좀 더 구체적으로 서술되어 있다.

2차의 사회적 약자 보호는 1조·3조와, 7차와 8차의 예의를 기준으로 한 관리 임용과 유배는 2조·4조와, 3차와 4차의 국내외 경제정책 및 9차의 천자 존중은 5조와 통하는 내용이다. 전체적으로 보면 『관자』의 조목이 한층 더 상세하며, 특히 3차의 국내 세율과 관세 규정은 당시 조세제도를 이해할 수 있는 중요한 자료가 된다.

그리고 신과 제사에 관한 1차·5차·6차의 조목은 『맹자』의 조목에 없는 내용이다. 1차의 현제玄帝는 북방에 거처하며 전쟁을 관장하는 신으로, 전쟁을 신의 뜻과 연결시켜 무분별한 전쟁을 막기 위한 조목이다. 5차·6차에서 천지자연과 사계절의 신에게 제사를 지내라는 것은, 우주 자연을 관장하는 신의 뜻과 그 질서에 순응하여 천자 중심의 국제질서에 혼란이 발생하지 않게 하려는 조목이다.

이상이 『맹자』와 『관자』에 남아 있는 회맹 조목의 내용이다. 이러한 실천 덕분에 제 환공은 규구葵丘 회맹에서 주 천자로부터 패자의 지위를 공식적으로 승인받게 되는데, 관중이 환공을 보필한지 35년째 되는 해였다.

> 규구 회맹에서 주나라 천자는 제 환공에게 제사 고기를 보내면서 다음과 같이 말했다.
> "내가 문왕과 무왕에게 제사를 지내고 재공을 시켜 제사 고기를 보낸다. 환공은 겸손히 자신을 낮추고 힘써서 일하니 특별히 백구伯舅라고 부르도록 하겠다. 환공은 당 아래에서 절을 하지 않고 하사품을 받아도 된다."
> 환공이 관중을 불러 이 일을 상의하자. 관중이 대답했다.
> "군주가 군주답지 않고 신하가 신하답지 않은 것이 어지러움의 근본이 됩니다."

관중의 대답을 들은 환공은 두려워하며 급히 나아가 제공을 맞이하면서 말했다.

"천자의 위엄이 지척 간에 있는데 제가 어찌 절을 하지 않고 하사품을 받아도 된다는 천자의 명령을 받겠습니까? 예를 잃어 천자께 누가 될까 걱정입니다."

결국 환공은 계단 밑으로 내려가 절을 하고는 당에 올라가 천자의 하사품을 받았다. 천자는 환공에게 용이 새겨진 조복과 커다란 수레, 용이 그려진 큰 깃발, 군 진영 앞에 세워 두는 붉은색 깃발을 상으로 주었다. 제후들은 환공의 이러한 행동이 예의에 맞는다고 모두 칭송했다.[35]

주나라 천자는 환공의 패자 지위를 인정하는 자리에서 그 상징적 의미로 문왕과 무왕에게 제사 지낸 고기, 백구의 호칭 그리고 당 아래에서 절을 하지 않고 상을 받아도 된다는 특권을 사여한다. 관중은 이에 대해 "군주가 군주답지 않고 신하가 신하답지 않은 것이 어지러움의 근본이 됩니다"라고 말하며, 환공이 주나라 예의 규범에 따라 처신하게 한다. 이 덕분에 환공은 제후들의 칭송을 받게 되는데, 이는 환공이 패자가 되더라도 제후국의 이익을 지켜줄 것이라는 점에 신뢰를 보낸 것이다. 그리고 환공과 제후들은 맹서문을 희생 위에 올려놓고 천지신명에게 제사를 지내며 목숨을 걸고 협약을 지킬 것을 맹세했다.

이렇게 춘추시대의 질서가 만들어졌다. 환공이 춘추시대 첫 번째 패자가 되자 열국은 제나라 부강의 비밀을 모방했고, 자국의 실정에 맞게 적용하여 일정한 성과를 거두었다. 진晉나라는 행정과 군사를 일체화한 방안을 농촌에

---

35 『國語』「齊語」. "葵丘之會, 天子使宰孔致胙於桓公, 曰: '余一人之命有事於文武, 使孔致胙.'" 且有後命曰: "以爾自卑勞, 實謂爾伯舅, 無下拜." 桓公召管子而謀, 管子對曰: "爲君不君, 爲臣不臣, 亂之本也." 桓公懼, 出見客曰: "天威不違顔咫尺, 小白余敢承天子之命曰 '爾無下拜', 恐隕越於下, 以爲天子羞." 遂下拜, 升受命. 賞服大輅, 龍旗九旒, 渠門赤旂, 諸侯稱順矣."

도 확장시켜 농민을 전쟁에 동원했다. 전민개병의 길을 연 것이며, 이 덕분에 진 문공이 두 번째 패자가 될 수 있었다. 관중의 3국 5비제는 변경의 전략적 근거지나 점령한 영토를 군현에 편입하여 중앙집권적 통치를 하는 군현제로 확산되었다.

열국의 권력은 군사력과 영토를 장악하는 세력에게 돌아갔으며, 이를 둘러싸고 군주와 세족들의 치열한 권력 경쟁이 벌어졌다. 열국이 도시 국가에서 영토 국가로 전환함에 따라 영토와 백성의 확보가 관건이 되었으며, 이에 황무지를 개간하고 농경 생산력을 높이는 일을 국가가 주도했다. 백성의 욕구를 충족시키는 일이 통치자의 주요 책무가 되었고, 이를 위해 혁신적인 법 제정과 제도 개혁이 수반되었다. 군주는 부국강병을 실현할 능력 있는 인재를 구했으며, 이제 등용한 인재의 방안에 따라 국가의 미래가 달라지는 시대로 나아갔다.

제나라 부강의 비밀을 알게 된 제후국들이 중앙집권제를 수용하면서 패자가 교체되었을 뿐 아니라 실권을 잡은 대부들도 패권의 욕망을 숨기지 않았다. 관중은 제도 혁신을 통해 주나라 전통 질서의 회복을 추구했지만, 열국을 제약하는 천하 규범이 부재한 상태에서 중앙집권제는 오히려 국가 간 경쟁을 가속화하고 있었다. 공자가 무도한 시대라고 분노한 세상이 다가오고 있었던 것이다.

4장

공자孔子,
천하 규범을 찾아서

1. 천명을 안다는 것

춘추시대 열국들은 회맹 질서를 통해 주 왕실을 보호하면서도 통치 권위를 자기 선조의 천명에서 구하기 시작했다. 대부들이 열국의 실권을 장악한 춘추 후기에는 통치자로서 대부도 자신의 천명을 내세우며 천하 경쟁에 뛰어들었다. 이러한 '천명의 다원화'에는 통치 권위를 천명에서 구하는 것 이외에, 공자를 포함한 사 계층이 자신의 시대적 소명을 천명으로 여기는 것, 일반 사람들이 자신의 수명과 운세를 천명으로 여기는 것 등도 포괄되어 있었다. 천명이 주 왕실의 독점에서 벗어나 다원적인 의미로 사용되면서, 춘추시대 사람들은 하늘을 자신의 삶과 연결시키는 새로운 세계관을 만들고 있었다.

개인에게 천명이라는 말이 허용된 것은 최고신으로서 천의 존재가 대중적으로 수용된 것을 의미한다. 서주 후기에서 춘추 초기의 작품으로 보이는 『시경』 「소아」·「국풍」의 시에서, 혼란한 현실에 대해 하늘을 원망하는 감정이 분출된 것도 천이 사람들의 마음속에 자리하고 있었기 때문이다. 서주 초기 주 왕조의 정당성을 위해 만들어진 최고신 천이 이제 통치집단뿐만 아니라 개인의 운명까지도 주재한다는 생각이 널리 공유된 것이다. 춘추 후기 공자는 무도한 시대를 바로잡는 것을 자신의 천명으로 여겼는데, 사의 신분인 공자가 천명을 언급할 수 있었던 것도 바로 이러한 천명의 다원화에

기반한 일이었다.[1]

공자는 칠십이 넘은 말년에 자신의 인생을 회고하면서 오십에 천명을 알았다고 언급한다. 하늘이 자신에게 부여한 소명을 나이 오십에 이르러 알았다는 것이다. 서주시대 주 왕실과 이를 모방한 춘추시대 통치자는 오성취五星聚와 같은 기이한 천문 현상이나 위대한 선조를 내세워 자신들이 천명을 받은 신성한 존재임을 과시했다. 그래서 천명을 받았다는 점을 인정받기 위해 외부적으로 보여줄 근거가 필요했고, 아울러 천명을 지속시키기 위해 제사와 신화의 권위에 의지했다. 그러나 공자는 자신의 천명을 위해 통치자처럼 특별한 천문 현상이나 선조를 내세우지 않았다.

공자에게 천명이 무엇이었는지 이해하기 위해, 먼저 공자가 하늘(천)을 어떠한 존재로 수용하고 있는지 살펴보자.

> 하늘에 죄를 얻으면 기도할 곳이 없다.[2]

> 하늘이 나에게 덕을 주었는데, 환퇴가 나를 어떻게 하겠느냐?[3]

> 오직 하늘이 위대한데, 요임금만이 그것을 본받았다.[4]

---

1 천명의 개념이 다원화된 현상과 아울러, 통치 권위를 뜻하는 천명이라는 말 자체는 소수 통치집단에 독점되어 전국시대 이래 사용이 제한된다는 점은 주목할 필요가 있다. 이 때문에 천이 개인에게 부여한 명이라는 의미는 천명 이외에 천, 명, 도, 성(性) 등의 개념 속에서 함축적으로 쓰이게 된다.

2 『論語』「八佾」. "獲罪於天 無所禱也." 이 구절의 하늘의 의미와 통하는 사례는 다음과 같다. "내가 부당한 짓을 했다면 하늘이 미워할 것이다."(「옹야雍也」), "유가 거짓을 행한 지가 오래되었구나, 가신이 없는데도 가신이 있는 것처럼 했으니, 내가 누구를 속이겠는가? 하늘을 속이겠는가?"(「자한子罕」), "안연이 죽자, 공자가 말하기를, 하늘이 나를 버렸구나! 하늘이 나를 버렸구나!"(「선진先進」).

3 『論語』「述而」. "天生德於予, 桓魋其如予何?"

문왕은 돌아가셨지만 문화가 여기에 전해져 있지 않느냐? 하늘이 이 문화를 없애려 했다면, 후세의 내가 이 문화를 함께 하지 못했을 것이다. 하늘이 이 문화를 없애려 하지 않는데, 광 사람들이 나를 어찌하겠느냐?[5]

죽고 사는 것은 운명에 달려 있고, 부귀는 하늘에 달려 있다.[6]

하늘을 원망하지 않고 다른 사람을 탓하지 않고, 인간 세상에서 배워 하늘의 뜻에 통달했으니, 나를 알아주는 이는 하늘일 것이다.[7]

하늘이 무슨 말을 하더냐? 사시가 운행되고, 만물이 생겨나는데, 하늘이 무슨 말을 하더냐?[8]

이상은 『논어』에서 공자가 하늘을 언급한 사례들이다. 하늘에 대한 명확한 정의는 보이지 않지만, 공통적으로 우주 자연과 인간 세상 그리고 인간의 운명을 주재하는 절대적 인격신으로 그려져 있다. 하늘은 공자를 훤히 내려 다보면서, 문왕의 문화를 이어갈 소명을 부여하기도 하고, 생사와 부귀의 운명을 관장하기도 하고, 잘못을 하면 벌을 내릴 수 있고, 공자에게 불행을 주기도 하지만, 또 공자를 진정으로 알아주는 존재이기도 하다. 이렇게 하늘은 공자의 삶과 긴밀히 연결되어 있으며, 공자 역시 하늘의 뜻을 알고 실천하는 삶을 살아간다. 공자의 언명만을 놓고 보면, 하늘은 공자의 운명을 결정하

---

4 『論語』「泰伯」. "唯天爲大 唯舜則之."
5 『論語』「子罕」. "文王旣沒 文不在玆乎. 天之將喪斯文也 後死者不得與於斯文也. 天之未喪斯文也 匡人其如予何."
6 『論語』「顏淵」. "死生有命, 富貴在天."
7 『論語』「憲問」. "不怨天, 不尤人, 下學而上達. 知我者其天乎!"
8 『論語』「陽貨」. "天何言哉 四時行焉 百物生焉 天何言哉"

고 공자는 하늘을 신앙하는 수행자로 보인다.

이러한 하늘이 공자에게 부여한 명은 절대적인 것이며, 그 명을 잘 알고 실천하는 일이 삶의 관건이 된다. 공자의 하늘 역시 통치자의 하늘과 같은 절대적 인격신이었으나, 공자에게 중요한 것은 무엇보다 하늘의 명을 아는 일이었다. 통치자의 하늘이 통치 권위로서 천명을 부여하는 계시적 존재라면, 공자의 하늘은 자신의 삶을 인도하는 규범적 존재에 가까웠다. 그렇다면 공자는 어떻게 하늘의 명을 알 수 있었던 것인가?

공자의 하늘은 공자의 삶과 연결되어 있기는 하지만, 인간의 인지 능력으로 온전히 인식할 수 있는 대상이 아니다. 공자가 하늘이나 천도天道[9]에 대해 절제된 언급을 하는 것으로 보아 공자도 이점을 잘 알고 있었을 것이다. 하늘이 불가지한 존재라면 하늘이 내리는 명 역시 알기 어려운 영역이다. 그렇다고 공자가 언급 자체를 하지 않은 것은 아니며, 위에서 인용한 공자의 하늘을 보면 공자가 하늘의 명을 알게 된 통로가 암시되어 있다. 즉 공자는 요임금이 하늘을 본받은 일, 문왕의 문화文, 인간 세상에 대한 배움, 우주 자연의 운행 등을 종합하여 주재자인 하늘과 그 명을 알게 된 것으로 보인다. 요임금이 하늘을 본받은 일이 우주 자연의 운행과 관련된 것임을 감안하면, 공자가 하늘의 명을 알게 된 통로는 크게 우주 자연의 운행 원리, 주나라의 통치 원리, 인간 세상의 삶의 원리로 나누어 볼 수 있다.

---

[9] 『논어』에서 쓰이는 도는 대체로 하늘의 도(천도)가 아니라 인간 세상의 도나 통치 원리에 해당한다. "하늘이 무슨 말을 하더냐? 사시가 운행되고, 만물이 생겨나는데, 하늘이 무슨 말을 하더냐?"에서 우주 자연의 운행 원리(천도)에 대한 언급이 있을 뿐이다.

2. 북극성과 하늘의 질서

『상서尙書』「요전堯典」을 보면, 요임금은 희羲씨와 화和씨에게 명하여 일월성신의 운행 원리를 계산하여 역법을 만들고 시령時令을 사람들에게 알려주게 했다.¹⁰ 요임금은 우주 자연의 운행 원리에 따라 농사에 필요한 역법과 시령을 만들어 세상을 이롭게 한 것인데, 공자가 요임금이 하늘을 본받았다고 한 것은 바로 이 일을 가리킨다. 하늘이 무슨 말을 하지 않아도 사시가 운행되고 만물이 생성되는 것도 그것을 주재하는 운행 원리가 작동하고 있기 때문이다. 공자는 거대한 우주 자연이 혼란 없이 작동하는 것을 보고, 또 하늘의 질서를 본받은 요임금의 정치가 세상을 이롭게 했다는 전승을 들으며, 하늘을 알고 따르는 것이 통치의 관건임을 깨달았을 것이다.

하늘은 형체가 없는 절대적 인격신이지만 우주 자연의 운행 원리로 그 모습을 드러낸다고 여긴 것인데, 이러한 하늘의 질서에 대한 공자의 사유가 응집되어 나타난 곳이 바로 아래의 언명이다.

> 정치를 덕으로 하는 것은, 비유하자면 북극성이 제 자리를 지키고 뭇별이 그를 중심으로 도는 것과 같다.¹¹

공자는 주나라의 통치 원리인 덕치를 북극성과 뭇별의 관계에 비유한다. 제자리를 지키고 있는 북극성을 중심으로 뭇별이 조화롭게 도는 것을 덕치라고 이해한 것이다. 이 비유는 순임금의 무위지치無爲之治와 연결되어 있다. 무위지치는 왕이 공경한 자세를 유지하며 제자리를 지키고 있어도 천하가

---

10 『尙書』「堯典」. 『신완역 서경』(김학주 옮김, 명문당, 2015), 43~44쪽 참고.
11 『論語』「爲政」. "爲政以德, 譬如北辰, 居其所而衆星共之."

태평스럽게 다스려지는 것을 뜻한다.[12] 무위지치의 왕은 바로 북극성의 중심성을 지상에 구현한 통치자가 된다. 또 공자는 우임금이 천하를 갖고도 간여하지 않았다[13]고 했는데, 이는 무위지치의 왕을 중심으로 천하의 사람들이 자신의 자리를 지키며 조화롭게 살아가는 것을 뜻한다. 이렇게 공자는 태평시대를 상징하는 요·순·우 성왕의 정치를 하늘-하늘의 질서-덕치를 연결지어 사유했다.

덕치의 원천으로서 북극성의 질서는 공자 철학의 핵심인 '수기안인修己安人'으로 이어진다. 수기안인은 자신이 먼저 인격을 수양하여 정도를 지키고 있으면 남을 편안하게 하여 조화로운 관계를 형성할 수 있다는 뜻이다. 순임금의 무위지치는 임금의 입장에서 행하는 수기안인이며, 우주론적 차원에서 보면 북극성과 뭇별의 관계를 적용한 통치 행위인 셈이다.

이점과 관련하여 생각해볼 구절이 있는데, "夫仁者, 己欲立而立人, 己欲達而達人"[14]이다. 대체로 이 구절은 "무릇 인이란 자기가 서고 싶으면 남을 세워 주고, 자기가 이루고 싶으면 남을 이루게 해주는 것이다"는 뜻으로 해석된다. 이 해석은 상대에 대한 배려를 우선하는 것으로, 자신이 잘 되고 싶으면 먼저 남을 잘 되게 해주어야 한다는 뜻을 강조한다. 남을 먼저 생각하라는 뜻이 강조되기는 하지만, 이렇게 되면, 어떻게 남을 세워 주고 이루게 해줄 것인지에 대한 방법이 보이지 않는다.

북극성의 질서와 연결지어 생각하면, 이 구절은 "무릇 인이란 자신이 서고자 함으로써 남을 서게 하고, 자신이 이루고자 함으로써 남을 이루게 한다"는 의미가 된다. 즉 자신이 먼저 바른 방법으로 일을 이루게 되면, 다른 사람이 이를 본받아 일을 이루게 된다는 뜻이다. 여기서 관건은 자신이 올바른 방법

---

12 『論語』「衛靈公」. "無爲而治者, 其舜也與. 夫何爲哉, 恭己正南面而已矣."
13 『論語』「泰伯」. "巍巍乎. 舜禹之有天下也, 而不與焉."
14 『論語』「里仁」. "夫仁者, 己欲立而立人, 己欲達而達人."

으로 행하는 것이며, 그래야 남이 이에 감응하여 따르게 된다. 통치자와 백성의 관계에서 보자면, 통치자가 솔선수범하여 백성이 이를 본받아 편안한 나라가 될 수 있고, 나아가 멀리 있는 사람들도 살고 싶어 오게 된다[15]는 얘기다. 공자는 북극성의 질서를 본받아 수기안인의 인격 수양을 하고, 이를 기반으로 백성을 편안하게 하는 덕치를 이룰 수 있다고 본 것이다.

다만 공자는 수기안인의 방법으로 천하가 곧바로 평안해질 수 있다고 보진 않았다. 북극성은 우주의 중심축이 되어 수많은 별들이 운행하는 질서를 형성하고 있지만, 수기안인은 사람과 사람 사이의 감응에 기반하고 있어서 그 범위가 한정될 수밖에 없기 때문이다. 무위지치의 왕과 그 아래 수기안인을 실천하는 현능한 신하들이 존재해야 비로소 덕치의 범위가 확장될 수 있었던 것이다. 공자가 백성들에게 널리 베풀어 많은 사람들을 구제할 수 있는 일은 요·순 같은 성인도 힘들어했다고 한 것[16]은 이런 맥락에서 연유한 것으로 보인다.

그런데 공자가 덕치를 북극성에 '비유'하고 있지만, 고대 중국에서 북극성이 우주 자연을 주재하는 신으로 여겨졌다는 점은 주목할 필요가 있다. 우주 자연을 주재하는 신에 대한 관념은 고대 중국의 세계관과 질서를 형성하는 중추가 된다. 특히 상나라에서는 모든 일을 신의 뜻과 연결지어 생각하고, 신의 뜻을 전유한 사람이 인간사회를 통치하는 권위를 부여받았다. 상나라에서는 이러한 신 가운데 최고신을 상제上帝라고 불렀는데, 이 상제가 어디에서 기원하는지의 문제는 아직 의견이 분분하다.

그간 갑골문에서 상제와 우주의 관련성이 발견되지 않아, 상족의 조상신이나 제단, 꽃꼭지 모양에서 기원한 것이라는 관점이 있었다.[17] 그러나 우주

---

15 『論語』「子路」. "近者悅, 遠者來."
16 『論語』「雍也」. 子貢曰: "如有博施於民而能濟衆, 何如? 可謂仁乎?" 子曰: "何事於仁, 必也聖乎! 堯舜其猶病諸!"

주재자로서 상제의 신격을 고려한다면, 인간의 조상신이 상제가 될 수는 없으며, 제단 모양이나 꽃꼭지는 문자형태 상의 유사성에 주목한 것으로 우주와의 관련성이 미약하다. 우주 주재자 차원에서 상제를 태양으로 보는 관점도 있는데,[18] 이미 태양에 해당하는 문자가 있는 만큼 적절하지 않은 생각이다.

근래 팬케니어Pankenier의 연구[19]에서 갑골문 제帝자가 북극성 중심의 별자리에서 기원한 것이라는 관점을 제기했다. 별자리 관측 프로그램을 통해 상나라 당시 북극성 주위의 별자리를 확인하고, 큰 곰자리와 작은 곰자리 별자리를 연결한 모양이 갑골문 제의 형상과 유사하다는 내용이다. 진북眞北을 나타내는 북극성은 본래 별이 아니라 북극점인데, 주위의 별자리를 연결하여 찾아낸다. 용 별자리 모양에서 갑골문 용자가 형상화된 것(그림 1)처럼, 북극성 주위의 별자리를 연결하여(그림 2) 진북을 찾는 고대인의 관념 속에서 갑골문 제(그림 3)가 만들어진 것으로 본 것이다. 이렇게 갑골문 제와 북극성이 연결되면 상제가 우주를 관장하는 최고신이 된 맥락이 명쾌하게 설명된다.

---

17 상족의 시조 제곡을 상제라고 하며 조상신에서 기원한다는 관점(궈머뤄, 장광즈)도 있고, 갑골문 제(帝)의 모양이 꽃꼭지를 형상화한 것으로 농경사회의 생명력을 상징한다는 관점(허진웅, 하영삼)도 있고, 제단 모양을 형상화한 것으로 신에 대한 제사를 상징한다는 관점(시라카와 시즈카)도 있다. 또 우주 주재자 차원에서 상제가 태양신에서 기원한다는 관점(하야시 미나오, 김현자)도 있고, 최근에는 갑골문 제가 북극성 중심의 별자리에서 기원한다는 관점(팬케니어, 사라 알란)도 제기되었다.
18 김현자, 『천자의 우주와 신화』(민음사, 2012) 3장 태양 의례와 빛의 전당 참고.
19 David W. Pankenier, "A Brief History of Beiji(Northern Culmen), with an Excursus on the Origin of the Character di", *Journal of the American Oriental Society* Vol.124, 2004.

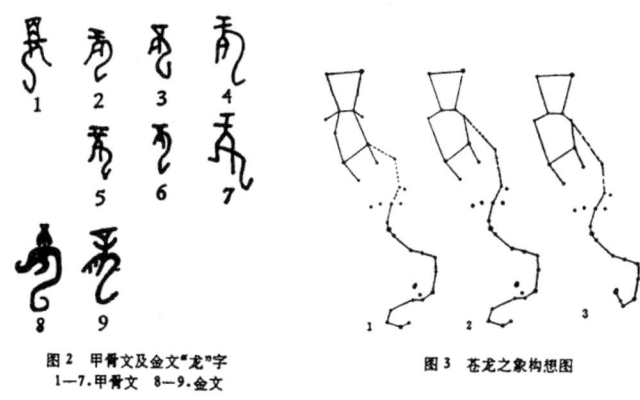

| 그림 1 | 펑스馮時가 그린 갑골문 용과 별자리 용[20]

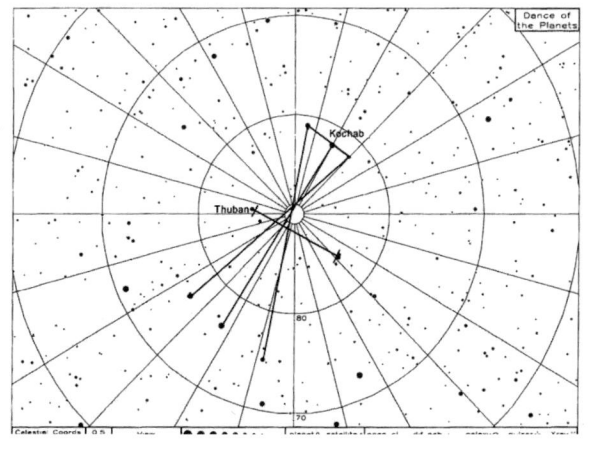

| 그림 2 | 팬케니어가 그린 상나라 시대 북극성 별자리 연결 형상[21]

---

20 육사현·이적, 『천문고고통론』(양홍진·신월선·복기대 옮김, 주류성, 2017), 379쪽.
21 David W. Pankenier, "A Brief History of Beiji(Northern Culmen), with an Excursus on the Origin of the Character di", 233쪽.

4장 공자孔子, 천하 규범을 찾아서 163

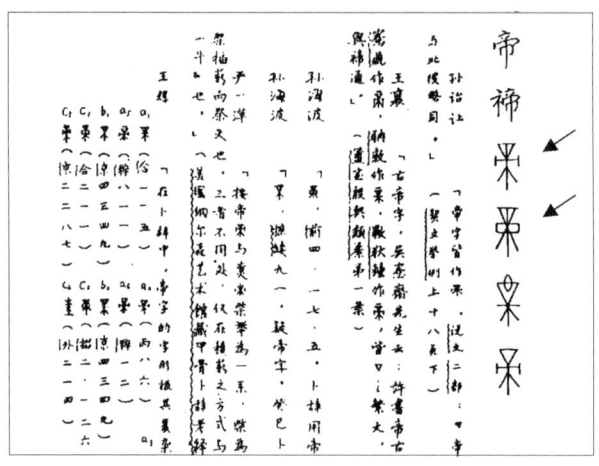

| 그림 3 | 갑골문 제 자형[22]

하늘의 별자리 모양에서 문자를 형상화하는 것은 천문을 관측하는 경험이 축적되어야 가능한 일이다. 앞에서 보았듯이 『상서』 「요전」에 천문을 관측하여 역법을 만든 일이 나오는데, 그 이전 시대인 신석기문화에서 천문 관측소로 추정되는 유적 유물이 발견되어 천문 관측의 오랜 역사를 알려준다.[23] 특히 북극성 중심의 우주관이 신석기문화에서도 나타나고 있는데, 앙소문화 복양 서수파 45호 무덤(그림 4)이 대표적이다. 무덤 내부를 보면, 피장자가 중앙에 있고 그 왼쪽에 용 모양의 조각, 오른쪽에 호랑이 모양의 조각이 있고, 아래쪽에는 북두칠성 모양의 조각이 있다. 이는 피장자를 북극성 자리에 놓고 왼쪽에 용 별자리, 오른쪽에 호랑이 별자리, 아래에 북두칠성이 위치

---

22 于省吾, 『甲骨文字詁林』(北京:中華書局), 1996, 1132쪽.
23 상고시대 천문 관측에 관한 고고학 유적과 유물에 대해서는 양홍진, 「중국 고고천문 유적의 지역적 분포와 특성에 대하여 – 홍산문화와 하가점하층문화 유적을 중심으로」, 東아시아古代學 第32輯(2013.12) 및 육사현·이적, 『천문고고통론』, 4. 토템기둥으로 관측한 태양의 일주운동 참고.

하는 하늘의 세계를 그린 것이 된다. 피장자를 북극성 자리에 둔 것은 생명의 정령이 북극성에서 나와 북극성으로 돌아간다는 점을 상징한 것이다. 이러한 배치는 하늘의 중심을 북극성으로 보는 것이며, 이 속에는 북극성을 우주의 주재자로 보는 관념이 내재되어 있다.[24]

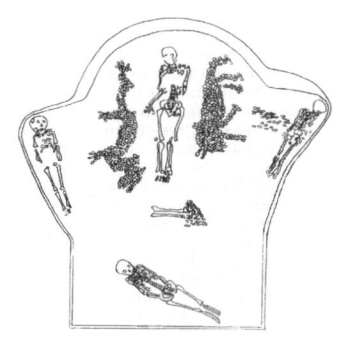 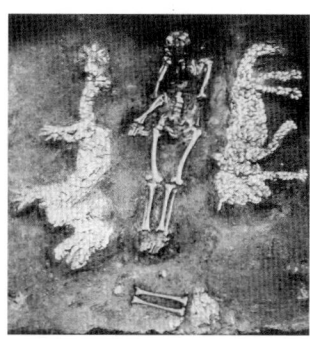

| 그림 4 | 앙소문화 복양 서수파 45호 무덤[25]

또 토기의 문양을 보면, 가운데 점을 중심으로 주위의 선들이 회오리처럼 회전하는 모양이 많이 있다. 이러한 문양을 와문渦文, 원와문圓渦文, 선와문旋渦文이라 하는데, 이는 하늘의 별들이 북극성을 중심으로 쉬지 않고 회전한다는 우주관을 형상화한 것으로 보인다.[26] 북극성을 천체의 회전 중심으로 여긴 것은 이곳에 우주를 주재하는 신이 거처한다고 믿었기 때문일 것이다.

청동기의 대표적 문양인 도철饕餮문의 경우도 북극성 중심의 우주관과 연

---

24 앙소문화 복양 서수파(45호) 무덤의 고고천문학적 해석에 대해서는 양홍진, 「중국 고고천문 유적의 지역적 분포와 특성에 대하여 — 홍산문화와 하가점하층문화 유적을 중심으로」, 341~344쪽 참고.
25 육사현·이적, 『천문고고통론』, 26쪽.
26 육사현·이적, 『천문고고통론』, 207~208쪽.

결되어 있는 것으로 보인다. 대체로 도철문은 상상 속의 동물로서, 무당의 주술적 승천을 도왔던 조력자(장광즈)로 이해한다.[27] 도철문을 동물로 보는 것은 둥그런 두 원을 동물의 눈으로 보기 때문이다. 그런데 시각을 바꾸어, 둥그런 원을 중심으로 한 기하학적 문양이 양쪽에 대칭적으로 배치된 것이라고 보면 해석이 달라진다. 그렇게 보면 둥그런 원은 북극성이며, 주위의 기하학적 문양은 북극성의 별자리를 형상화한 것이 된다. 이러한 모양이 중앙을 기준으로 대칭적으로 배치되어 동물의 두 눈처럼 보이게 된 것이다.

도철문은 하늘로 돌아가는 선조의 제사 예기에 새겨진 것인데, 이러한 목적이라면 무서운 동물보다 북극성 중심의 하늘 세계를 형상화하는 것이 이치에 맞는 일이다.(그림 5·6) 후대의 도철문에 실제 사람과 동물 모습이 나타나기도 하지만, 이는 초기의 기하학적 도철문이 현실주의적으로 변모된

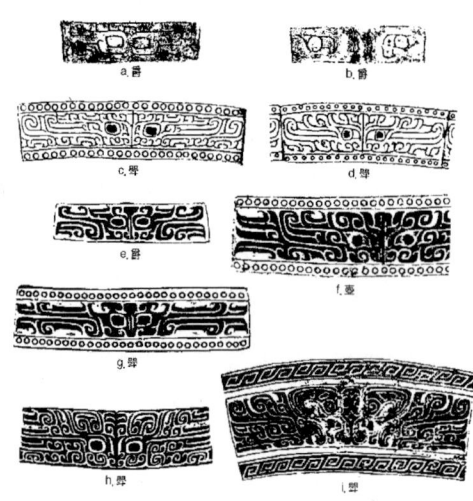

| 그림 5 | 이리강二里崗 시기 도철문 문양[28]

---

27 장광즈, 이철 옮김, 『신화 미술 제사』, 동문선, 1995, 121~123쪽.

|그림 6| 상 후기 술통의 도철문[29]

현상으로 볼 수 있다. 신화 속의 존재가 후대에 인간의 모습으로 변모된 것과 상통하는 일이다.

이러한 북극성 중심의 우주관을 이해하면 상나라 상제와 주나라 천이 우주관에서 상응하는 관계에 있다는 점을 알 수 있다. 1장에서 살펴본 것처럼, 주나라 천명이 상나라 최고신 상제를 대체하는 과정에서 창안된 것이라는 시각과 달리, 본래 주족에게 천이라는 최고신이 없었고 상제를 최고신으로 수용하고 있었다. 상주 전환기 갑골문과 금문에서 나타나듯이, 주나라 통치자가 동시대적으로 쓰이고 있던 천이라는 말을 의식적으로 채택하여 상제와 상응하는 개념으로 발전시켰던 것이다.

우주론적 관점에서 보면 천은 주재자 상제가 거처하는 장소가 되며, 서주

---

28 사라 알란, 오만종 옮김, 『거북의 비밀―중국인의 우주와 신화』, 예문서원, 2002, 217쪽.
29 양승미 외, 『중국 고대 청동기: 신에서 인간으로』, 국립중앙박물관, 2021, 72쪽.

시대에 이르러 상제와 천이 주재자를 지칭하는 개념으로 공존하게 된 것이다. 그리고 상제의 우주적 기원인 북극성은 후대에 다양한 개념으로 분화되어 중국문화 곳곳에서 핵심적인 역할을 수행한다. 점성술은 북극성 중심의 천체관에 기반하여 형성된 것이고, 도교의 최고신 태일太一은 북극성에 거처하고 있으며, 민간의 칠성七星문화도 북극성 신앙을 발전시킨 것이다. 또 진시황은 위수渭水의 남쪽에 지은 신궁信宮을 북극성을 지상에 구현했다는 뜻을 담아 극묘極廟로 개명했다.[30] 사마천이 『사기』 「천관서天官書」에서 천상의 구조를 북극성 중심으로 정리한 이래 근대 천문학이 등장할 때까지 북극성은 중국 천체관의 중심으로 자리하게 되었다.[31]

공자의 북극성 비유도 이러한 고대 중국의 우주관 속에서 이해해야 할 것이다. 다만 공자의 비유 속에는 북극성을 최고신으로 여기는 고대 신앙이 잔영으로 남아있을 뿐이다. 북극성은 이제 신이 아니라 우주의 중심축이 되고, 북극성과 뭇별의 관계는 인격신 하늘이 주재하는 질서가 된 것이다. 이러한 하늘의 질서는 인간 세상에서 따라야 하는 천도가 되고, 하늘과 천자의 관계에서 보면 하늘이 천자에게 명한 규범적 질서가 된다. 공자가 세상에 도가 있으면 예악과 정벌이 천자에서 나오지만, 무도해지면 제후, 대부, 가신에서 나온다[32]고 한 것은 천명에 기반한 언명이라고 할 수 있다.

이러한 천명 질서는 북극성을 통해 주재자 하늘과 연결되어 있지만, 주나라 통치를 옹호하는 차등질서라는 점은 부인하기 어렵다. 다만 공자는 주 천자의 유명무실함을 현실적으로 인정하며, 제후국의 군주에게도 천명의 통

---

30 마크 에드워드 루이스, 김우영 옮김, 『진·한, 최초의 중화제국』, 너머북스, 2020, 172쪽.
31 근대 이전 중국의 북극성 중심의 천문관에 대해서는 김일권, 『동양 천문사상 하늘의 역사』, 예문서원, 2012, 262~285쪽 참고.
32 『論語』「季氏」. "天下有道, 則禮樂征伐自天子出; 天下無道, 則禮樂征伐自諸侯出. 自諸侯出, 蓋十世希不失矣. 自大夫出, 五世希不失矣, 陪臣執國命. 三世希不失矣. 天下有道, 則政不在大夫. 天下有道, 則庶人不議."

치 권위가 있는 것으로 간주했다. 공자가 무도한 시대라고 한 것은 대부나 가신이 군주의 통치권을 위협하는 사태였다.

3. 주공周公의 덕

공자가 주나라를 이상사회의 표준으로 삼았다는 것은 주지의 사실이다. 『논어』에 나타나는 공자의 주나라 사랑은 정치적 비전을 넘어 종교적 신앙의 경지에 들어선 것으로 보인다. 정치적 비전을 현실 속에 구현하겠다는 생각은 정치에 뜻을 둔 사람이라면 누구나 가질 수 있는 포부이지만, 공자가 천하를 주유하다 광匡 지역에서 생명의 위협에 처했을 때, "하늘이 (문왕의) 이 문화를 없애려 하지 않는데, 광 사람들이 나를 어찌하겠느냐?"[33]라고 한 말은, 세속 정치인이 할 수 있는 위안과는 그 차원이 다르다.

주나라 문왕은 민심을 잃어버린 상나라를 대신하여 새 왕조 건설의 천명을 받은 장본인이다. 공자는 하늘이 문왕에게 내린 천명을 자신이 함께 하고 있으며, 자신의 생명이 하늘과 연계되어 있는 이상, 세속의 인간들이 함부로 할 수 없을 것이라고 믿었다. 문왕이 천명을 받은 지 500년이 훨씬 지나 주나라가 쇠락한 춘추 후기, 공자는 자신의 일이 세속적 정치 활동이 아닌 주나라의 천명을 이어가는 초월적 행위라고 인식한 것이다.

천명은 왕족의 후손들에게 계승되는 것인데, 주나라 왕족이 아닌 공자가 그 후계를 자처하는 일은 자칫 역성혁명으로 비칠 수도 있다. 그러나 공자는 왕위가 아니라 주나라의 문화를 이어가려는 것이며, 왕조로서 주나라가 쇠락하더라도 그 문화를 실현하는 곳이 바로 주나라가 될 수 있다고 여겼다.

---

33   『論語』「子罕」. "天之未喪斯文也 匡人其如予何."

불행하게도 공자는 현실 속에 그 나라를 만들지 못한 채, "심하도다 나의 쇠약함이여! 오래되었구나, 꿈에서 주공을 다시 뵙지 못한지가!"[34]라고 한탄하며 죽음을 맞았다.

공자는 이러한 언명을 통해 자신의 정치적 비전이 주나라에 있고 롤 모델이 주공이며, 나아가 주나라 문화 실현이 자신의 천명이라는 점을 표출했다. 그런데 공자의 삶에 있어서 주나라가 지니는 중요성에 비해 『논어』에서 주나라에 대한 언급은 매우 소략하며, 특히 주공의 예악문화에 대한 구체적인 정보는 거의 등장하지 않는다. 이점과 관련하여 주목할 부분이 팔켄하우젠 Falkenhausen의 고고학 연구성과이다.

팔켄하우젠은 고고학 증거를 바탕으로 공자가 중시한 주례周禮가 주공 시기가 아니라 그로부터 200여 년 후인 서주 후기의 의례 개혁 때 형성된 것이라고 주장했다.[35] 서주 초기에는 상나라의 의례 관행을 계승하고 왕을 중심으로 여러 종족의 구성원들이 의례에 참여했으나, 서주 후기에 지배층을 대종 중심으로 엄격히 서열화하는 의례 시스템이 출현했다는 것이다. 흔히 말하는 주나라 종법 제도와 주례는 상나라 의례를 계승한 서주 초기가 아니라, 주 왕실이 위기에 처한 이 시기에 새로운 질서를 모색하는 과정에서 형성된 것이 된다.

팔켄하우젠은 이러한 의례 개혁이 기원전 850년경 여왕 때 일어난 것으로 추정하지만, 청동기 명문과 전래 문헌에는 이에 관한 기록이 보이지 않는다. 이 때문에 김정렬은 "청동 예기에 나타나는 일련의 변화를 왕실이 주도한 정치적 개혁으로 해석하는 것보다, 현실 세계에서 점차 분명해진 신분적 차이와 그로 말미암은 빈부의 격차가 관습적인 차별을 낳고 그것이 청동

---

34 『論語』「述而」. "甚矣, 吾衰也, 久矣. 吾不復夢見周公."
35 로타 본 팔켄하우젠, 심재훈 옮김, 『고고학 증거로 본 공자시대 중국사회』, 세창출판사, 2011, 109쪽.

예기의 소유를 포함한 각종 사회적 규범으로 정착"[36]되었을 것이라는 의견을 제기한다.

그렇지만 의례 개혁에 왕실과 대종의 이해관계가 투영되어 있다는 점은 분명한 사실이다. 이는 서주 중기부터 왕실의 권위가 약화되면서 이에 도전하는 귀족 관료들을 통제할 필요가 있었고, 또 왕실뿐만 아니라 귀족 가문에서도 구성원의 수가 증가하여 대종-소종의 서열 관계를 정리할 필요가 있었다는 점을 알려준다. 서주 후기 의례 개혁의 핵심은 왕실과 대종을 중심으로 권력을 차등화하는 것이며, 이를 가문의 차원에서 보면 종법 질서가 되고, 의례의 차원에서 보면 예악문화가 된다.[37]

서주 후기의 차등화 된 예악문화는 대체로 춘추시대 열국들 사이에서도 지켜진 것으로 보인다. 첫 번째 패주인 제 환공이 천자만이 행할 수 있는 봉선의식을 올리고 싶어 했으나 관중이 제지했고, 두 번째 패주인 진 문공도 양왕에게 자신의 장례에 천자만큼의 묘도를 쓰게 해달라고 요청했다가 거절된 사례들이 이를 반증해준다. 그러나 춘추 후기 대부들이 실권을 잡으면서 의례를 참람하는 일들이 빈번해졌으며, 이는 『논어』에서 공자의 비판 대상이 되었던 부분이다.

또 『논어』에 서주시대 의례 개혁의 잔영이 남아있는 구절이 보이는데, 바로 "觚不觚, 觚哉, 觚哉"[38]이다. 이 구절은 대체로 "고가 모나지 않으면 고이겠는가 고이겠는가", "고가 고답지 않으면 고이겠는가 고이겠는가"로 해석되는데, 그 의미가 명료하지 않다. 그래서 리링의 경우는 고를 팔 沽의

---

36 김정렬,「서주시대 청동예기의 발전과 '의례개혁'」,『중국 고대 청동기: 신에서 인간으로』, 국립중앙박물관, 2021, 247쪽.
37 의례개혁을 통해 차등화된 신분질서와 예악문화가 형성되는 역사에 대해서는 박진일,「권력의 상징」(『중국 고대 청동기: 신에서 인간으로』, 국립중앙박물관, 2021) 가운데 1. 신분에 따른 예기 사용-열정제도, 2. 신분에 따른 악기 사용-악현제도 참고.
38 『論語』「雍也」.

가차자로 보고 「자한」편의 구절과 연결하여, 공자가 자신을 "팔아야 할까, 팔지 말아야 할까? 팔아야지! 팔아야지!"로 해석하는 기발한 발상을 보이기도 한다.[39]

고는 상나라 때부터 쓰이기 시작하던 술잔으로 네모보다는 둥그런 나팔형 모양(그림 7)이 대표적이다. 그런데 의례 개혁을 통해 상나라 풍의 주기 중심에서 식기 중심으로 전환되는 과정에서 술잔 고가 의례에서 사라지게 된다. 의례 전문가인 공자도 이 사실을 알고 있었을 것이며, 또 술을 좋아하는 공자가 제사에서 신에게 올리는 술의 의미에 대해 누구보다도 잘 알고 있었을 것이다.[40] 이에 공자는 제사에서 반드시 있어야 할 술잔 고가 사라진 것을 한탄하며, "고가 술잔으로 쓰이지 못한다면, 고이겠는가 고이겠는가"라고 한 것으로 보인다. 이 말 속에는 공자 자신이 제대로 쓰이지 못하고 잊혀져 가는 신세임을 한탄하는 뜻이 내재되어 있다.

| 그림 7 | 상 중기 술잔 고[41]

---

39 리링, 『집 잃은 개』 1, 337~338쪽.
40 이점에 대해서는 『논어』 「팔일」의 "체 제사에서 술을 뿌리는 의식 이후의 것에 대해서 나는 보고 싶지 않다"를 참고할 수 있다.

춘추시대의 의례와 『논어』의 사례로 볼 때, 서주 후기 의례 개혁은 문헌에 나오진 않지만 실재했던 것으로 보인다. 그렇다면 공자가 믿었던 주공의 예악문화는 서주 후기 의례 개혁을 통해 형성된 것으로 보아야 한다. 이는 『주례』, 『예기』 등의 문헌에 보이는 주나라 의례가 서주 초기가 아니라 그 이후에 정립된 것이라는 점을 뜻한다.[42] 가령, 『예기』에는 주 왕실 태묘의 중심 사당에 후직后稷이 모셔져 있다고 했는데, 청동기 명문에 나타난 주 왕실의 태묘를 보면 후직이 아니라 선조인 태왕太王(고공단보古公亶父)이 중심 사당이 되어 계왕季王, 문왕, 무왕, 성왕이 모셔져 있다. 이는 『예기』의 편찬자가 서주시대 실록인 청동기 명문을 보지 못하고, 전승된 자료를 중심으로 의례를 정리한 데서 기인한 일이다.

이 때문에 공자가 믿었던 일이 다 실재한 것이라고 볼 수는 없다. 공자는 전승된(가공된) 정보를 통해 자기 시대의 개혁 방안을 제기하는데 그 목적이 있었던 것이다. 이 문제는 공자의 롤 모델인 주공을 해석하는 데 있어서도 마찬가지이다. 『논어』에는 주공에 대한 정보가 거의 나오지 않지만, 공자는 학당의 교재인 『서書』를 통해 주공에 정통하게 되었을 것이다.

지금의 『상서』에 나오는 주공 이야기를 서주시대 청동기 명문 및 『춘추좌전』·『계년』 등의 문헌과 비교해보면, 주공을 보는 시각의 차이를 느낄 수 있다. 공자가 믿었던 주나라 건설자로서 주공을 보는 시각도 있고, 성왕 주도 하에 주공과 소공召公이 역할을 분담하는 시각도 있다. 『계년』에서는 주공이 등장하지 않는 완전히 다른 역사를 기술하고 있어서 『상서』의 주공 이야기가 부정될 수 있을 정도다. 그러나 청동기 명문이 주나라 건설에 주공이 일정한

---

41 양승미 외, 『중국 고대 청동기: 신에서 인간으로』, 26쪽.
42 박지애, 「西周 靑銅器 銘文과 傳來文獻의 비교를 통해 본 西周社會 硏究—征伐, 土地制度, 官制, 祭祀를 중심으로」(명지대학교 석사논문, 2010), Ⅴ. 西周 靑銅器 銘文과 傳來文獻의 비교를 통해 본 西周社會 참고.

역할을 했다는 사실을 입증하고 있기 때문에,『계년』의 시각으로『상서』를 부정하기는 힘들 것이다.[43]

주공을 신봉하는 시각에서는『상서』「대고大誥」,「강고康誥」,「소고召誥」,「주고酒誥」,「자재梓材」의 발화 주체인 왕王을 주공으로 보고 있지만, 텍스트 안에서 왕이 주공이라고 단정할 만한 근거가 없으며, 성왕이라고 보는 것이 더 자연스러울 수도 있다. 이는 주공을 보는 시각이 후대에 만들어졌다는 것을 뜻한다.[44] 그러나 어느 것이 역사적 사실인지 판정하기 어려운 상황이라면, 후대인이 주공을 통해 어떤 이야기를 하고 싶었던 것인지 해석하는 일이 더 중요해진다. 공자의 경우는 당연히『상서』의 주인공을 주공으로 여기고, 아울러「금등金縢」의 주공 이야기도 사실로 믿었을 것이다. 그래서 주공을 논하지 않으면 공자 사상이 기반하는 주요한 원천을 놓치게 된다.

「대고」는 성왕 2년경 주공의 섭정을 의심한 관숙·채숙이 무경·회이 등과 연합하여 삼감의 난을 일으키는데, 성왕이 출정하기 전에 우방국 제후와 관리 들을 소집하여 진압의 정당성을 알리는 내용이다. 주공은 옛 상나라 세력의 반란과 왕족 내부의 반란 행위는 천명을 거스르는 죄악임을 밝힌 후, 우방국 제후와 관리들에게 반란에 동요하지 말고 천명에 따라 문왕의 대업을 완성하라고 역설한다.

「대고」가 반란 진압을 위한 논리가 중심이라면,「강고」,「자재」,「주고」,「소고」에서는 주나라 건설의 논리가 부각된다. 천명은 통치의 영원성을 보장하지 않기 때문에, 통치자들은 늘 자신의 통치가 천명에 부합하는 것인지 성찰해야 한다. 이는 계시적 차원의 천명을 넘어 나라의 구성원들이 공감할

---

43 성시훈,『先秦 시기 尙書의 사상적 특징에 대한 연구―출토문헌을 중심으로』(성균관대학교 박사논문, 2016), 114~132쪽 참고.
44 후대의 주공 신화 만들기에 대해서는 마크 에드워드 루이스,『고대 중국의 글과 권위』(최정섭 옮김, 미토, 2006) 제5장 글의 정치사 가운데 '주공의 신화' 부분 참고.

수 있는 건설의 길을 제시하는 일이다. 주공은 크게 두 가지 길을 말하는데, 그 하나가 문왕의 통치 규범을 거울로 삼는 일이다.

> 위대하고 현명한 선친 문왕께서는 덕을 밝게 행하고 벌을 신중히 내리셨습니다明德愼罰. 의지할 곳 없는 사람들을 업신여기지 않았으며, 중용해야 할 사람은 중용하고, 공경받아야 할 사람은 공경하고, 벌을 받아야 할 사람은 벌을 주었습니다. 그리고 문왕께서는 이 모든 도리를 백성들에게 이해시켜 주었습니다. 이렇게 하시어 우리 작은 하나라를 만드시고, 우방국들과 서쪽 땅을 함께 경영하게 된 것입니다. 문왕의 이런 큰 노고가 하늘에까지 알려져, 하늘은 기뻐하며 문왕에게 큰 명을 내리셨습니다.[45]

이 글은 상나라 반란 세력을 진압한 후 유민들을 이주시킨 위나라를 통치하러 가는 강숙康叔에게 주공이 당부하는 말이다. 정벌 전쟁으로 민심이 흉흉하고 치안이 불안한 상나라 유민 지역을 문왕의 통치 규범인 '명덕신벌'로 다스리라는 것이다. 덕으로 사람을 대하고 죄를 지은 사람은 법에 따라 신중히 처벌하라는 것인데, 덕을 가진 사람만이 사사롭지 않고 신중히 처벌할 수 있다는 점을 감안하면, 명덕신벌의 핵심을 덕이라 보아도 무방할 것이다. 상나라 정벌 전쟁과 반란세력을 진압할 때 자비없는 폭력을 행사한 것과 달리, 진압 이후에는 주나라의 백성으로 수용한 것이다. "그대들은 이제 그대들의 땅을 갖게 될 것이며, 그대들은 이제 몸이 편안해질 것이오."[46]

문왕의 통치 규범과 아울러 또 하나의 길로 제시된 것이 상나라 선왕의 유훈을 거울로 삼는 일이다. 천명론이 상나라 정벌의 명분이 될 때는 마지막

---

45 『尙書』「康誥」. "惟乃丕顯考文王, 克明德愼罰, 不敢侮鰥寡, 庸庸, 祗祗, 威威, 顯民. 用肇造區夏, 越我一二邦以修, 我西土, 惟時怙冒. 聞于上帝, 帝休, 天乃大命文王."
46 『尙書』「多士」. "爾乃尙有爾土, 爾乃尙寧幹止."

왕인 주왕의 악행이 부각되지만, 건설의 논리가 될 때는 상 왕조의 천명을 받은 탕왕 및 현명한 후왕들의 통치 지혜도 주나라의 모범이 된다. 천명의 역사로 보면 지금은 주나라 문왕이 천명을 받았지만, 하나라 우왕과 상나라 탕왕도 천명을 받아 나라를 세운 것이며, 다만 후손인 걸왕과 주왕의 악행으로 천명을 잃어버렸을 뿐이다. 주나라 입장에서는 상나라의 천명을 받은 탕왕과 천명을 이어간 후왕들의 유훈을 거울로 삼는 것이 현실 속에서 천명을 따르는 또 하나의 길이 되는 셈이다.

은나라 현명한 선왕의 덕을 구하여 백성들을 편안하게 다스리도록 하라.[47]

상나라 선왕의 유훈도 문왕의 통치 규범과 마찬가지로 덕이 핵심이다. 반란 세력을 갓 진압하고 내부 통합을 모색하던 시기에 들고나온 것이 덕인데, 이 덕의 실천 여부에 주나라의 명운이 걸려 있었다. 그래서 덕을 행함에 있어 밝게 행하라明德와 아울러 신중히 행하라敬德는 것이 규범처럼 중시되었다. 이는 주나라가 위력이 아닌 덕으로 다스리는 나라라는 점을 천하가 알도록 빛나게 행하고, 또 덕을 행하는 과정에서 백성들이 원망하거나 고통스러운 일이 없도록 신중하고 공손하게 행하라는, 경계의 뜻에 다름아니다. 주공은 주나라를 덕의 나라로 만드는 것이 천명을 따르는 길이며, 백성을 편안하게 다스리는 일이 바로 '영원한 천명'을 보장받는 길이라고 여긴 것이다. "우리의 통치를 천년만년 이어가려면 왕의 자손들이 백성들을 영원히 잘 다스려야 한다."[48]

이렇게 보면, 주공의 덕은 도덕 행위의 의미보다 통치 행위에 가까운 것이

---

47 『尙書』「康誥」. "求于殷先哲王, 用康乂民."
48 『尙書』「梓材」. "欲至于萬年惟王, 子子孫孫永保民."

었다. 이점은 공자의 덕을 이해하는 출발점이 되는 부분인데, 주공이 주인공으로 등장하는 「금등」 이야기를 통해 좀 더 자세히 살펴보자.

무왕이 상나라를 정벌한 지 2년 만에 중병에 걸리자 강태공과 소공이 점을 치려했다. 이에 주공이 직접 제단 3개를 만들어 선조인 태왕, 계왕, 문왕에게 무왕 대신 자신을 죽게 해달라고 제사를 올리며, 거북점을 세 번 쳤는데 모두 길하게 나왔다. 주공은 축문을 기록한 책과 점괘를 상자에 넣고 쇠줄로 봉했다. 그다음 날 무왕의 병이 나았지만, 얼마 후 무왕이 죽자 어린 성왕을 대신하여 주공이 섭정을 했다. 이에 관숙이 동생들과 함께 주공이 왕위를 찬탈하려고 한다는 소문을 퍼트리자, 주공은 동쪽으로 가서 그 범인을 잡았다. 그러나 여전히 성왕은 의심을 풀지 않았다.

가을 추수철에 천둥 번개가 치고 세찬 바람이 불어 백성들이 동요하자, 성왕이 신하들의 권유로 금등 궤를 열어 축문과 점괘를 읽었다. 이에 눈물을 흘리며 다음과 같이 말했다. "옛날 공은 왕실을 위해 부지런히 수고해 주었건만 나 이 어린 사람만 몰랐구나. 지금 하늘은 위엄을 나타내 주공의 덕을 표창하시려 하니, 나 어린 사람이 친히 영접하러 가야겠소."[49] 성왕이 주공을 맞이하러 가자 하늘의 재해가 멈추고 풍년이 들었다.

사건의 전개로 보면 「금등」은 무왕을 대신하여 죽으려 한 주공의 마음이 금등 궤를 통해 인정받는 이야기로 보인다. 그러나 주공의 덕을 이야기의 중심에 놓고 보면, 주공의 두 가지 능력을 발견할 수 있다. 하나는 하늘(신)의 뜻을 잘 살피는 능력이고, 다른 하나는 그 뜻에 따라 자신이 해야 할 일을 인지하고 실천하는 능력이다.

주공은 중병에 걸린 무왕을 위해 제사를 올리고 점을 쳤다. 이는 왕실에서

---

49 『尙書』「金縢」. "昔公勤勞王家, 惟予沖人弗及知. 今天動威, 以彰周公之德. 惟朕小子, 其新逆, 我國家禮亦宜之."

아픈 사람이 있으면 조상신의 심기가 불편해서 그러하다고 여겨, 조상신을 달래기 위해 어떤 희생 의식을 치러야 하는지 점을 치는 상나라 시절의 관행[50]이었다. 일반적인 경우라면 조상신의 심기를 풀어줄 희생 의식을 청하지만, 주공은 세 선왕에게 주나라 천명을 이어가기 위한 조상의 책임을 역설하며, 무왕 대신 자신을 데려갈 것을 청했다. 무왕의 죽음으로 천명이 끊어질 위기 상황에서 조상신에게 일종의 압박을 가하고 있는 것이다.

이렇게 중차대한 제사를 사직에서 공개적으로 하지 않고 주공이 개인적으로 마련한 제단에서 올리는 것은, 조상신에게 긴밀한 청을 넣는 것이고, 현실적으로 보면 조정 관료와 백성들의 동요를 막기 위한 비밀 제의라고 할 수 있다. 주공의 청에 감응한 조상신은 무왕의 무탈함과 아울러 주공에게 '나라를 영원히 이끌어갈永終' 방안을 도모하라는 새로운 명을 내렸다.

무왕이 쾌차하여 장수를 했다면 이 이야기는 주공의 충직함에 대한 미담으로 그쳤을 것이다. 그런데 신탁과 달리 무왕이 사망하게 되면서 민감한 권력 경쟁이 벌어졌다는 점을 주목해야 한다. 이 상황에서 주공은 섭정을 택하는데, 어린 조카의 왕위를 숙부가 찬탈하는 불충의 기원이 주공이 될 수도 있는 상황이었다. 형제들이 찬탈의 소문을 퍼뜨리고 성왕이 주공을 의심하는 것은 권력의 속성상 개연성이 충분한 일이었다.

제후의 나라가 왕의 나라를 정벌한 데 이어 숙부가 조카의 왕위를 찬탈하

---

50 데이비드 니비슨은 상나라 갑골문에서 이 이야기와 유사한 사례에 대한 흥미로운 추론을 한다. 궁정에서 누군가 병이 들면 왕실 주술사들 혹은 왕은 자신의 기술을 사용해서 어떤 조상이 그런 일을 일으키고 있는지, 그리고 그런 사태를 멈추기 위해 어떠한 희생 의식이 필요한지 거북점을 친다. 이러한 의식 속에서 왕은 개나 돼지 같은 희생 대신 자기 자신을 바치면서, 병을 들게 한 신에게 '그녀를 데려가지 말고 저를 데려 가십시오'라는 내용의 말을 한다. 그 이상적인 결과는 환자가 회복될 뿐 아니라 왕 자신도 아프지 않으며, 게다가 다른 사람을 위해 자신이 위험을 감수하고자 했기 때문에 왕의 '덕'은 더욱 커지게 되는 상황이다. 데이비드 S. 니비슨, 김민철 옮김, 『유학의 갈림길』, 철학과 현실사, 2006, 52~58쪽 참고.

는 사태가 벌어진다면, 주나라의 천명은 더욱 불확실해질 수밖에 없다. 이러한 미묘한 국면에서 주공의 행위를 어떻게 신뢰할 수 있겠는가. 무왕을 대신하여 죽으려 한 것은 무왕에 대한 주공의 충직함은 될 수 있으나, 이 일이 반드시 어린 조카에 대한 충정으로 이어진다는 확신을 주진 않는다. 권력의 속성으로 볼 때, 실권을 장악하고 있는 주공에게 왕위에 대한 욕심이 없었다거나 혹은 이를 부추기는 측근이 없었다고 말하기는 힘들 것이다. 오히려 주공은 '한시적 섭정'을 택하는 과정에서 자신의 욕망과 힘겨운 싸움을 벌였을 것이다.

주공의 선택을 이해하려면 선왕들이 주공에게 내린 새로운 명과 연결지어 생각해볼 필요가 있다. 주공의 비밀 제의는 그 목적이 무왕의 쾌차에 있었지만 신탁과 달리 무왕이 사망함에 따라, 이제는 주공이 받은 새로운 명이 무엇인지가 관건이 되기 때문이다. 본래의 신탁은 무왕이 쾌차하면 무왕을 도와 나라를 영원히 다스리는 방안을 도모하라는 것인데, 무왕이 사망하면서 혼선이 빚어진 것이다. 즉 무왕을 대신하여 자신이 죽으려는 청이, 무왕 사후 국가 경영의 공백이 생기면서 이를 해결해야 하는 과제가 주공의 새로운 명이 되었다는 것이다. 그 해결책이 무엇인지는 신탁을 받은 사람의 욕망에 달려 있으며, 주공의 왕위 계승(찬탈)이 될 수도 있고 섭정이 될 수도 있다.

권력적 욕망에 따랐다면 역사에서 흔히 벌어지는 그런 사태가 되었을 것이다. 형제들의 모함과 성왕의 불신은 그러한 사태가 충분히 우려할 만한 일임을 반증한다. 주공 역시 자신이 처한 상황이 "이 난국을 피하지 못하면 선왕들에게 할 말이 없어진다"는 점을 잘 알고 있었다. 이제 주공은 무왕이 사망하고 어린 성왕이 등극한 변화된 상황에서 나라를 영원히 다스리는 방안을 찾아야 한다. 주공은 그것을 '한시적 섭정'이라고 판단하는데, 그것을 결정하는 과정에서 선왕들이 자신에게 내린 새로운 명의 의미가 무엇인지 수없이 되새겨 보았을 것이다. 주공 개인의 사사로운 욕심을 넘어, 자신이 어떠한 일을 하는 것이 선왕의 명에 부합하는 것인지 고심했을 것이라는 얘기다.

만일 선왕의 명을 욕망에 따라 자의적으로 판단했다면 반역의 사태가 벌어졌을지도 모른다. 그러나 주공은 선왕의 명을 현실 정치 속에서 펼쳐나가려는 내면의 힘을 가지고 있었고, 그 덕분에 자신의 욕망과 주변의 유혹을 뿌리치며 한시적 섭정을 지켜나갈 수 있었던 것이다. 금등 궤는 다소 극적인 요소를 지니고 있지만, 자신의 선을 드러내지 않고 행하려는 주공의 마음이 결국 보응의 원천이라는 점을 부각시킨 장치인 셈이다.

이러한 주공의 능력과 실천이 바로 주공의 덕이라고 칭송되는 것이다. 「금등」이야기와 아울러 『상서』에 나타난 주공의 덕을 종합적으로 보면 다음과 같다. 제사와 점을 통해 하늘과 소통하는 능력, 하늘의 뜻을 현실 정치에 부합하게 해석하는 능력, 선왕의 유훈을 거울로 삼아 국가를 경영하는 능력, 자기의 선을 드러내지 않고 겸손하게 행하는 능력, 제후와 관료 들이 직책을 성실히 수행하게 하는 능력, 백성들을 편안히 살게 하는 능력.[51]

그리고 이러한 덕에는 결국 상응하는 보상이 따르게 되고, 나아가 그 덕이 더욱 빛나게 된다는 메시지도 함축하고 있다. 이렇게 덕은 통치자가 갖추어야 할 탁월하고 포괄적인 힘이었다. 하늘-통치자-백성의 관계에서 보자면, 하늘-신-자연과 소통하며 그 뜻을 살피고, 왕-제후-관료가 하늘의 뜻과 선왕의 유훈에 부합하게 나라를 다스리고, 최종적으로 백성의 삶을 편안하게 만드는 능력을 총칭한다고 할 수 있다.

---

51 류쩌화는 주공의 덕을 10가지로 종합한다. 1. 경천(敬天). 2. 경조(敬祖)하고 조상의 업을 계승함. 3. 왕명을 존중함. 4. 마음을 비우고 선대 현인들 - 상나라 때 선왕 선현들의 성공 경험을 포함하여 - 의 유훈을 받아들임. 5. 어린 백성을 동정함. 6. 신중한 행정으로 심혈을 기울여 백성을 다스림. 7. 나태하지 않음. 8. 교화를 행하여 사랑의 방법을 길들여지지 않은 사람들을 이끌고 교육시키며 부지런하지 못한 사람들이 근면하게 되도록 격려하는 것. 9. 신민(新民)을 만듦, 즉 은나라 유민을 개조하여 정도를 가게 만듦. 10. 형벌을 신중히 함. 류쩌화 주편, 장현근 옮김, 『중국정치사상사』 선진편 상, 동과서, 2008, 79~80쪽.

주나라를 덕의 나라라고 칭하는 것은 이러한 덕에 의한 통치를 규범으로 삼은 데서 비롯된다. 하늘이 천명을 보장해주지 않고 현실적으로 반란의 위협이 상존하는 상황에서, 통치자 스스로 천명을 지켜가기 위해 선택한 길이 바로 덕치德治였던 것이다. 공자가 주나라를 따르려 했던 것은 덕치가 구현된 세계라고 믿었기 때문이며, 주공을 존숭한 것은 위기의 왕실을 구원하고 덕치를 구현하는 충직한 신하의 모범으로 보았기 때문이다. 공자는 주공을 통해 무도한 시대에 사 계층이 해야 할 정치적 역할을 제시하고, 그것을 자신의 천명으로 삼으려 했던 것이다.

4. 관중의 힘, 대의를 실현하다

공자는 꿈속에서 주공을 만났다고 했는데, 이때 주공이 건넨 얘기는 공자가 알고 싶어했던 주나라 문화에 관한 일일 것이다. 그러나 『논어』에 이에 관한 구체적인 언급이 없기 때문에, 공자에게 주공은 정치적 비전 혹은 이상으로 존재했다고 보아야 한다. 『논어』에서 공자에게 한층 구체적인 경험과 교훈을 제공해주는 통로는 춘추시대의 현능한 경대부들이었다.

춘추시대의 열국 경쟁체제에서 이들은 자신의 주군이 나라의 군주가 되고 나아가 회맹 질서의 패자가 되도록 보필하는 일을 소명으로 삼았다. 공자는 이러한 선배들의 역사적 경험을 통해 교훈을 얻으며 자신이 가야 할 길에 대해 사유했는데, 그중 공자에게 가장 큰 영향을 끼친 이는 바로 관중이었다.

주지하듯이 관중은 제 환공을 보필하여 첫 번째 패자 자리에 오르게 한 인물이다. 제나라는 노나라와 경쟁관계에 있는 인접국으로 그 성공 경험에서 교훈을 얻는 일이 공자에게도 중요하게 다가왔을 것이다. 먼저 공자가 예禮의 관점에서 관중을 평가한 구절을 살펴보자.

선생님께서 말씀하셨다. "관중은 그릇이 작구나!" 누군가 말했다. "관중은 검소했습니까?" 선생님께서 말씀하셨다. "관중은 세 곳에 저택을 두었고 가신들을 겸직시키지 않았으니 어찌 검소할 수 있었겠느냐?" "그러면 관중은 예를 알았습니까?" 선생님께서 말씀하셨다. "군주가 수색문樹塞門을 세우면 관중도 수색문을 세우고, 군주가 양 군주 간의 우호를 위해 반점反坫을 두면 관중도 반점을 두었다. 관중이 예를 안다고 하면 누가 예를 알지 못하겠느냐?"[52]

공자는 관중이 그릇이 작고, 검소하지 않으며 예를 잘 알지 못한다는 부정적인 평가를 한다. 관중이 검소하지 않았다고 한 것은 저택을 세 채나 소유하고 있고, 가신들을 겸직시키지 않아 그 수가 너무 많기 때문이었다. 또 관중이 예를 알지 못했다고 한 것은 군주나 설치할 수 있는 수색문과 반점을 두어 예에서 어긋났기 때문이다. 공자가 보기에 관중의 사치와 비례는 자신을 과시하기 위한 것으로, 검소하고 예의를 아는 사람이라면 하지 않을 행위였다.

그러나 저택과 가신의 수는 정치 세력의 차원에서 보면 검소/사치로 볼 수 있는 문제가 아니다. 또 제 환공이 천자나 올릴 수 있는 봉선의식을 하고 싶어 했을 때 관중이 제지한 일을 생각해보면, 관중이 예를 몰랐다고 보기는 힘들다. 그렇지만 공자는 엄격한 예를 기준으로 관중이 그릇이 작은 사람이라고 비판했다.

다음으로 공자가 인仁의 관점에서 관중을 평가한 구절을 살펴보자.

① 자로가 말했다. "환공이 공자 규를 죽였을 때 소홀은 따라 죽었으나 관중은 죽지 않았습니다. 인하지 않은 것이지요?" 선생님께서 말씀하셨다. "환공이

---

52 『論語』「八佾」. 子曰: "管仲之器小哉!" 或曰: "管仲儉乎?" 曰: "管氏有三歸, 官事不攝, 焉得儉?" "然則管仲知禮乎?" 曰: "邦君樹塞門, 管氏亦樹塞門; 邦君爲兩君之好, 有反坫, 管氏亦有反坫. 管氏而知禮, 孰不知禮?"

아홉 번이나 제후들을 회합하면서 군사력을 쓰지 않은 것은 관중의 힘이었다. 이만하면 인이다. 이만하면 인이다.⁵³

② 자공이 말했다. "관중은 인한 자가 아니지요? 환공이 공자 규를 죽였을 때 따라 죽을 수 있었는데 오히려 환공을 도왔습니다." 선생님께서 말씀하셨다. "관중이 환공을 도와 제후들의 패자가 되어 일거에 천하를 바로잡아 백성들이 지금까지 그 혜택을 입고 있다. 만약 관중이 없었다면 우리는 머리를 풀어헤치고 옷깃을 왼쪽으로 여미고 있을 것이다. 어찌 일반 남녀의 작은 신의와 같겠느냐? 이런 일은 개천에 목매어 죽는다 해도 아무도 알아주지 않는다."⁵⁴

공자는 관중이 환공을 보필하여 천하의 안정을 이룩한 공적을 인에 비견한다如其仁. 이에 반해 자로子路와 자공子貢은 관중이 주군을 배신하고 환공을 보필한 것은 인하지 않은 일이라고 비판한다. 공자와 제자들이 논하고 있는 관중 사건의 경위는 다음과 같다. 제 양공이 피살된 후 공손 무지無知가 군주로 옹립되자, 양공의 아우인 규는 관중과 함께 노나라로 피신하고 소백小白은 포숙과 함께 거나라로 피신한다. 이때 공손 무지가 피살되는데, 소백과 규는 먼저 귀국하여 보위를 차지하려고 다툰다. 소백은 귀국 도중 관중의 살해 위협을 받지만 무사히 제나라에 입성하여 환공이 된다. 환공을 모시던 포숙은 군사를 거느리고 노나라에 와서 공자 규를 주살할 것과 그를 보좌하던 관중과 소홀의 인도를 요구한다. 이에 공자 규가 죽고 소홀이 따라 죽는데,

---

53 『論語』「憲問」. 子路曰 桓公殺公子糾, 召忽死之, 管仲不死, 曰未仁乎. 子曰 桓公九合諸侯, 不以兵車, 管仲之力也, 如其仁如其仁.
54 『論語』「憲問」. 子貢曰 管仲非仁者與, 桓公殺公子糾, 不能死, 又相之. 子曰 管仲相桓公霸諸侯, 一匡天下, 民到于今, 受其賜. 微管仲, 吾其被髮左衽矣. 豈若匹婦之爲諒也, 自經於溝瀆而莫之知也.

관중은 포숙의 배려로 관료가 되고 환공을 보필하여 춘추시대 첫 번째 패자로 만든다.

관중에 대한 평가는 주군인 규를 따라 죽지 않고 환공을 도운 배신 행위와, 그 후 환공을 보필하여 천하를 안정시킨 공적 가운데 어디에 중점을 두느냐에 따라 입장이 달라진다. 자로와 자공은 배신을 강조하여 인하지 못하다고 한 것이고, 공자는 공적을 강조하여 높이 평가한 것이다. 자로와 자공의 입장에서 보면 관중의 사치와 비례를 엄격히 비판한 공자가 그보다 더 심각해 보이는 배신 행위를 인에 비견한 점이 당혹스러웠을 것이다. 관중에 대한 그들의 물음을 보면 일반적인 의문이 아니라, "인하지 않은 것이지요?", "인한 자가 아니지요?"였다. 이는 확신을 가진 어조로 공자의 수긍을 기대한 물음이다. 그러나 공자는 그들의 기대와 달리, 관중의 공적이 사적 신의의 문제로 볼 수 없는 공적인 행위라고 평가한 것이다.

공자의 평가는, 관중이 군사력을 쓰지 않고 천하를 평화롭게 하고, 이민족의 위협으로부터 중원의 백성을 보호하여, 주 천자의 질서를 안정시킨 점에 있었다. 공자는 관중의 선택을 일반 남녀의 신의/배신의 관점으로 보지 않고, 천하 공익의 차원에서 긍정한 것이었다. 관중이 주군과의 신의를 지키기 위해 죽었다면 천하의 위기를 초래했을 수 있다는 얘기다. 관중의 배신을 비판하는 입장에서 보면 이것은 결과론적인 평가다. 관중이 환공을 보필했더라도 별다른 공적을 이루지 못했다면, 공자의 평가도 달라졌을 것이기 때문이다. 관중의 공적은 인정해야 할 일이지만 배신 행위에 기반한 것인 만큼, 적어도 관중을 인하다고 보는 것은 부적절한 평가인 것이다.

공자도 이점을 느끼고 있어서, ①에서는 관중의 공적을 인에 비견하고, ②에서는 일반 남녀의 사적 신의와 비교한다. 평소 인에 대해 신중히 평가한 공자가, 예에도 문제가 있고 사적이라 하더라도 신의를 지키지 않은 관중을 온전히 인하다고 말하기는 어려웠을 것이다.[55] 공자의 관중 평가는 이러한 고심 속에서 나온 것으로 보이며, 그 속에는 제자들의 생각이 사적인 관계에 치중하여 천하를 보지 못한 관점이라는 비판이 함축되어 있었다.

①에서 공자는 환공이 아홉 번이나 제후들을 회합하면서 군사력을 쓰지 않은 것을 '관중의 힘管仲之力'이라고 말한다. 관중의 힘은 군사력을 의미하는 것이 아니라 군사력을 쓰지 않고도 제후들을 결집시킬 수 있는 힘이며, 공자는 이러한 관중의 힘을 인에 비견한 것이다. 앞에서 보았듯이, 무위지치의 왕이 정도를 지키며 제자리에 있어도 평화로운 질서가 유지되는 것이 바로 덕의 힘이다. 이런 맥락에서 보면 관중의 힘은 덕의 힘과 상통한다.[56]

그렇다고 덕의 힘이 군사력과 무관한 것으로 보아서는 안 된다. 고대 국가의 근간은 제사와 군사였다. 하늘로부터 통치 권위를 부여받고, 제사를 통해 결속력을 강화하고, 군사력을 통해 백성을 보호하는 일이 기반이 되어야 덕치가 행해질 수 있었다. 제사와 군사 위에 관중은 경제정책을 성공적으로 시행하여 백성이 풍요롭게 살 수 있는 민생의 기반을 만들었다. 존왕양이의 천하 질서를 정립하여 평화를 지키고 백성을 위한 민생경제를 실현한 이가 바로 관중이었다. 이러한 관중의 공덕은 군사력을 쓰지 않고도 제후들을 결집시킬 수 있는 힘이 돼주었다.

덕은 이러한 종합적인 힘을 갖추고 정도를 추구하면서 관용을 베풀 때 생기는 힘이다. 덕의 힘을 지니고 있으면, 위력을 쓰지 않아도 남이 감응을 받아 평화의 상태를 유지할 수 있다. 북극성의 질서, 무위지치의 왕, 주공의 덕이 모두 그러한 공통점을 지니고 있다. 갑골문의 덕자도 정벌의 뜻을 지니

---

55 『논어』「헌문」에서는 백씨가 관중에게 변읍을 빼앗기고도 원망하지 않았다는 구절에서 공자는 관중을 '인물이다(人)'라고 평가하는데, 이것도 같은 맥락이라고 할 것이다.
56 『춘추좌전』에서는 분쟁이 일어날 때 강대국이 전쟁을 통해 약소국을 침략하는 무력 행위(력)와 덕으로 문제를 평화롭게 해결하는 것을 덕/력의 관계로 대비하고 있다. 공자가 말한 관중의 힘은 덕/력의 관계로 보면 덕에 가까운 개념이다.

고 있지만, 무력을 쓰는 게 아니라 왕이 군사력을 보여주거나 제사를 올려 상대방을 제압하는 의미를 지니고 있다.[57] 이렇게 보면 덕은 어떠한 능력을 가진 사람이 그것을 보여주는 행위를 통해 상대방을 따르게 만드는 힘이라고 할 수 있다. 공자는 바로 천하의 차원에서 행한 관중의 공적을 관중의 덕으로 인정한 것이었다.

그런데 공자는 관중이 제후들을 아홉 번 회집하여 천하를 안정시킨 내용이 무엇인지에 대해서는 별다른 언급을 하지 않는다. 이것이 관중의 힘의 핵심 내용인데 『춘추좌전』이나 『국어』 「제어」에서도 상세한 기록을 남기지 않았다. 오히려 후대의 문헌인 『맹자』 「고자장구하告子章句下」와 『관자管子』 「유관幼官」에 아홉 차례 회맹의 주요 조목이 기록되어 있다. 이에 관한 내용은 3장에서 설명한 바 있으니 해당 부분을 참고하기 바란다.

관중이 주도한 회맹 조약은 공자가 비판한 무도한 시대를 바로잡을 통치 규범이 될 만한 내용이었다. 이러한 규범이 천자가 아닌 제후국 패자에서 나오기는 했지만, 천자의 권위를 존중하고 종법 질서를 지키며, 아울러 현능한 인재를 등용하여 평화 공동체를 이룬 일은, 공자가 실현하고자 한 일이었다. 이러한 시대를 관중이 등용되어 이룩했다는 사실은 공자에게 중요한 역사적 교훈이 되었을 것이다. 이상 속의 주공의 덕이 '관중의 힘'을 통해 현실 정치 속에서 구현된 역사를 목도한 것이었기 때문이다.

『논어』에는 관중에 대한 언급이 제한되어 있어서 더 자세하게 알 수는 없다. 하지만, 공자의 국가 경영에 대한 시각이 관중과 연결되어 있다는 점은 주목해야 한다. 주공이 군주권을 확립한 충직한 신하의 모델이 되었다면, 관중은 춘추시대의 현실 속에서 주공의 덕을 실천한 인물이었다고 할 수

---

57   이러한 덕의 개념에 대해서는 데이비드 니비슨, 『유학의 갈림길』(김민철 옮김, 철학과현실사, 2006) 제2장 뼛조각과 청동기에 등장하는 'virtue' 및 김혁, 「甲骨文 直과 德에 대한 小考」, 『중국어문학지』 제75집, 2021, 144~145쪽 참고.

있다. 관중은 주군인 환공을 보필하여 패자로 만들면서도 충직한 신하로 평생을 살았다. 이는 공자 당대에 실권을 장악한 대부·가신 들의 참람 행위와 대비되는, 모범적인 선례가 되었다.

관중은 세습 귀족이 아닌 사인 출신으로서 탁월한 공적을 이루었고, 아울러 출신을 가리지 않고 현능한 인재를 발탁하여, 세습사회에서 능력 중심의 사회로 전환하는 기반을 조성했다. 공자가 왕실이나 귀족의 자제를 지칭하던 군자를 인격과 능력을 지닌 인재의 개념으로 변환시키고, 나아가 현능한 사인들이 존중받는 시대를 추구했던 것도 이러한 기반 위에서 가능한 일이었다.

공자는 백성을 부유하게 하는 일을 우선하고 백성에 대한 교육은 차후의 과제로 여겼는데, 이는 '창고에 물건이 풍부해야 예절을 알고, 의식이 충족되어야 명예와 치욕을 안다'는 관중의 생각과 연결되어 있었다. 또 국가의 근간으로 군사·식량·신뢰를 들고, 재화의 균분과 안락한 삶을 중시하고, 세금을 낮게 하여 민생의 부담을 덜고, 정확한 도량형과 신의성실의 교역원칙을 중시하고, 세습 귀족의 탐욕적인 행위를 개혁하는 일 등은, 관중의 정책과 통하는 것이었다. 다만 『논어』에서는 국가 경영 방안보다 통치자를 위한 윤리적 소양 문제가 중심이 되었고, 또 공자의 일생을 서술한 『사기』「공자세가孔子世家」에서도 공자가 실제로 관직을 맡은 기간이 짧아, 공자의 경험이 통치 모델이 될 수 있는지는 판단하기 힘들다.

공자가 살던 시대는 관중의 치세가 이미 사라진 시대였다. 그리고 관중이 주도한 회맹 조약에서 사사로이 죽이지 말라고 했던 대부와 새롭게 등용된 가신이 오히려 군주권을 침탈하는 세력으로 변모했다. 이러한 사태 속에서 개혁 방안을 모색할 때 공자는 모범적이면서 가깝게 알 수 있는 역사 경험을 필요로 했을 것이다. 관중에 대한 평가 및 국가 경영 시각에 나타난 관중과의 연결점은 바로 이러한 공자의 고민을 엿볼 수 있는 지점이다.

다만 관중을 따라다니는 배신과 비례의 문제는 인을 내세우는 공자에게 상당한 부담이었을 것이다. 사적 신의/천하 공익 프레임으로 딜레마를 풀어 보려고 했으나, 자로와 자공이 윤리 규범의 차원에서 관중의 불인을 비판했기 때문이다. 어떻게 보면 공자의 입장과 자로·자공의 입장이 서로 뒤바뀐 것처럼 보인다. 『논어』에서 공자와 제자들의 대화를 들어보면, 공자는 수기修己를 중시하는 교육을 하고, 이에 대해 제자들 특히 자로·자공은 수기를 통해 어떻게 세상을 구원할 수 있는지에 더 큰 관심을 지니고 있었다. 그런데 관중 문제에 있어서 만큼은 공자가 더 현실론의 입장을 취하고 있다. 교육자·철학자로서 공자와 정치가로서 공자 사이에 간극이 있었던 것인가?

5. 중용, 균형과 공감의 정치

관중의 선택은 춘추시대 문화로 보면 군신 간의 대의大義/소의小義 문제에 해당한다. 『춘추좌전』의 기사를 보면, 군신 관계는 '군주는 의를 세우고 신하는 그 의를 행하는君義臣行' 것이었다. 신하는 군주의 명령을 충정으로 지키고, 국익과 관련된 사안은 개인의 안위보다 공무를 우선하는 것이 의가 되었다.[58] 또 불의한 방법으로 군주가 되어 덕치를 시행하지 않는 군주에 대해선 저항하는 것이 의로운 일이었다.[59]

이러한 춘추시대 문화로 관중의 일을 보면, 관중이 주군인 규를 따라 죽는 것이 의를 행하는 것이 된다. 주군인 규는 불의한 일을 하지 않았으며, 더군다

---

58 『춘추좌전』선공 15년 진 경공이 초나라의 공격으로부터 송나라를 구원하기 위해 해양을 보내는 기사, 소공 원년 숙손표가 노나라 국익을 위해 죽음에 처하게 된 기사가 그러하다.
59 『춘추좌전』은공 3년 위 장공이 교만한 서자 주우를 총애하며 공실의 질서를 어지럽게 한 기사, 희공 3년 진 회공이 대부 호돌에게 그의 아들이 망명한 중이(진 문공)를 따르지 말고 귀국하게 하라는 기사가 그러하다.

나 관중이 소백의 살해에 실패하여 주군을 죽게 만들었기 때문이다. 천하를 구제하는 것이 대의이고, 주군은 대의를 위해 선택할 수 있는 문제(소의)라고 볼 수도 있지만, 관중의 경우는 대의/소의로 보기도 어렵다. 전적으로 환공의 정치적 결정에 달린 사안이었다.

자로와 자공이 관중의 일을 불인이라고 생각한 것도 이러한 춘추시대 문화에 기반한 판단이다. 다만 관중의 일은 인/불인의 관점으로 볼 수 있는 사안인지는 의문이 든다. 인은 공자 이전에도 간간히 쓰이고 있었는데, 대체로 은혜·인정미·배려를 통해 결속감을 느끼게 하는 덕목이었다. 위력을 쓰지 않고 남을 따르게 하는 힘이라는 차원에서 보면 덕과 상통하는 것이며, 그 힘의 원천이 무엇인가에 따라 개념의 분화가 일어난 것으로 보인다.

전통적 의미의 덕이 통치집단이나 귀족들이 지닌 정치적 권위·경제적 시혜·가문 혈통 등의 물리력에 기반하고 있었다면, 인은 이러한 물리력에 제한되지 않고 그 사람의 소양과 능력에 바탕을 둔 개념에 가까웠다. 공자는 이러한 인을 세습 권력이 없는 사 계층의 덕목으로 연결하여, 수기를 통해 백성을 편안하게 다스리는 길을 정립했던 것이다.

『논어』에서 인은 덕과 같은 포괄적인 개념으로 쓰이고 있지만, 관중의 군신 관계 문제는 인보다는 의/불의 혹은 대의/소의로 판단하는 것이 적합해 보인다. 자로와 자공은 인/불인의 시각으로 보았지만, 공자는 관중의 힘으로 화제를 돌려 사적 신의/천하 공익 프레임으로 봐야 한다고 응답했다. 사적인 신의보다는 이룩한 대의를 더 크게 보아, 관중을 사적인 신의의 경계를 넘어선 사람이라고 평가한 것이다.

선/악의 경계가 분명한 윤리 규범과 달리, 현실 세계는 수많은 변수가 존재하고 복잡한 이해관계를 지닌 사람들이 살아가는 곳이다. 평화와 안정의 시기가 아니라 춘추시대와 같은 전쟁과 혼란의 시대에서는 사람들의 이해관계와 욕망, 가치관의 충돌이 더욱 심각하게 벌어지기 마련이다. 이러한 현실 세계에서 발생한 사람들의 일을 평가하려면 그와 관련된 복잡한 요인들을 고려하여 그 행위의 의미가 무엇인지 판단해야 한다.

『논어』에서 공자는 요순과 같은 성왕에서 일반 백성들에 이르기까지 수많은 사람들을 거론하며 그들의 삶에 대한 다각적인 평가를 한다. 공자 철학이 말하는 삶의 원칙과 규범 그리고 '인간 세상의 일을 배워 하늘의 뜻에 통달한다下學而上達'는 공부 방법은 이러한 사람 평가와 연결되어 있었다.

공자가 추구한 주나라 문화는 통치 규범이면서 삶의 원칙이었다. 그러나 공자의 주나라 문화는 현실 정치에서 수용되지 않았다. 앞에서 살펴보았듯이, 공자의 주나라 문화는 서주 초기 주공의 시대가 아니라 서주 중후기 의례 개혁을 통해 만들어진 왕실과 대종 중심의 예악문화였다. 춘추시대는 왕실과 대종 중심에서 벗어난 열국의 소종들이 지배하는 시대였기 때문에, 공자의 통치 규범이 통하기는 힘들었다. 공자의 방안은 춘추시대가 아니라 소종들을 통합한 대종주가 등장하여 중국 전체를 대가족 공동체로 만들 때 쓸 수 있는 '오래된 미래'의 규범이었다.

그렇다면 공자는 자기 사상과 현실 사이의 간극을 몰랐던 것일까. "나를 알아주는 이는 하늘일 것이다"라고 한탄을 하면서도, 공자는 이 간극을 좁힐 수 있는 길을 모색하고 있었다. 시대를 개혁하기 위해선 그만한 권력과 세력이 있어야 한다는 사실을 공자는 누구보다 잘 알고 있었다. 관중이 공적을 이룰 수 있었던 것도 환공이라는 군주와 정치세력이 있었기 때문에 가능한 일이었다. 그러나 발탁해줄 군주도 정치권을 움직일 세력도 없는 공자에게 이 간극은 정치적 실패에 다름 아니었다. 공자의 이러한 고심은 다음의 구절에 잘 나타나 있다.

① 군자는 세상일에 있어 반드시 해야 하는 것도 없고 반드시 하지 말아야 하는 것도 없다. 의義에 따라 판단할 뿐이다.[60]

② 함께 배울 수 있지만, 반드시 함께 도에 나아갈 수 있는 것은 아니고, 함께 도에 나아갈 수 있다고 해도 반드시 함께 지켜갈 수 있는 것은 아니고, 함께 지켜갈 수 있다고 해도 반드시 함께 적용할權 수 있는 것은 아니다.[61]

공자는 간극을 좁힐 수 있는 방안으로 의義와 권도權道를 제기한다. 세상일은 어떤 정해진 길이 있는 것이 아니라 의에 부합하는 방향으로 나아가면 된다. 그리고 배운 도를 실천하는 데 있어서 원칙대로 지키는 것보다 상황에 맞게 적용하는 것이 더 중요하다. 이렇게 보면 의와 권도는 어떤 원칙이나 규범을 고수하지 않고 상황에 맞게 적용하도록 길을 열어주는 개념이 된다. 현실 정치와의 간극을 느낀 공자가 고심 끝에 생각해낸 방법이라고 할 것이다. 관중의 일도 천하 공익이라는 대의의 관점에서 보면 의에 부합하는 것이며, 관중의 공적은 추상적인 대의를 시대 상황에 맞게 적용하여 얻은 성과가 된다. 이러한 권도의 세계에서는 원칙과 규범 자체보다는 그것을 적용하는 주체의 판단이 중요해진다.

『논어』를 보면 공자가 어떤 개념이나 규범에 대한 정의보다는 그것을 적용하는 사람들의 상황에 맞는 가르침을 주는데, 이는 교육 방면에서 권도를 실천한 것이었다. 공자는 예를 참람하는 것을 엄격히 비판했지만, 예의 정신을 중시하고 그 형식은 시대에 맞게 적용했다. 통치자들에 대해서는 엄격한 도덕성을 요구했지만, 백성들에 대해서는 먹고 사는 문제를 우선시했다. 제사는 공경하게 지낼 것을 요구했지만, 제사를 통해 인간 세상의 문제가 해결될 것이라고 생각하지는 않았다. 직분에 맞는 삶을 중시했지만 배움을 통해 자신을 변화시킬 수 있다고 믿었다.

---

60 『論語』「里仁」. "君子之於天下也, 無適也, 無莫也, 義之與比."
61 『論語』「子罕」. "可與共學, 未可與適道, 可與適道, 未可與立, 可與立, 未可與權."

이러한 권도의 세계에서는 양 극단에 빠지지 않고 균형있는 삶을 살아가는 것이 중요하다. 자신의 사상과 시대 현실 사이의 좁힐 수 없는 간극은 권도의 실패를 의미하기 때문이다. 공자에게 사상의 균형을 찾는 힘이 바로 중도 혹은 중용이었다.

> 중도를 얻어 함께 하지 못하면, 반드시 급진적이 되거나狂 고수하게 된다狷. 급진적인 자는 나아가 취하려고만 하고, 고수하는 자는 하지 않는 바가 있다.[62]

공자는 양 극단에 치우치지 않고 사상의 균형을 찾는 것을 중도라고 하며, 이 중도의 길을 찾지 못하면 반드시 급진적이 되거나 고수하게 된다고 인식한다. 급진적이 되면 현실의 실정을 고려하지 않고 혼자 나아가 취하려고만 하여, 결국 사람들과 함께 하지도 못하고 현실의 변화도 이루지 못하게 된다. 고수하게 되면 자신이 현재 가지고 있는 것을 지키려고만 하여, 시대 변화에 뒤떨어지고 사람들의 공감도 받지 못하게 된다. 공자는 이렇게 양 극단에 치우치지 않고 중도를 찾아가는 것이 사람들과 함께 할 수 있고, 또 이를 통해 현실을 변화시킬 수 있다고 생각한 것이다.

공자의 권도는 원칙이나 규범을 현실 조건 속에서 균형 있게 적용하는 일로서, 이는 중도와 상통하는 것이다. 그런데 권도의 핵심인 중도를 맹자는 좀 다르게 보는 듯하다. "중도를 실천하는 사람을 얻어 함께 하지 못할 바에야 차라리 급진적인 사람이나 고수하는 사람을 택하겠다. 급진적인 사람은 진취적인 데라도 있고 고수하는 사람은 하지 않는 바라도 있기 때문이다. 공자께서 어찌 중도의 사람을 얻고 싶지 않았겠는가마는 반드시 얻을 수 없었기 때문에 그 차선책을 생각한 것이다."[63]

---

[62] 『論語』 「子路」. "不得中行而與之, 必也狂狷乎! 狂者進取, 狷者有所不爲也."

맹자의 해석은 일을 할 때 어떤 성향의 사람과 함께 할 것인지의 문제로 보고, 중도적인 사람을 얻지 못하면 차선책으로 급진적이거나 고수하는 사람을 택하라고 한 것이다. 이는 일을 할 때 치우치지 말고 중도를 찾으라는 공자의 생각과는 다른 해석이다. 맹자의 해석을 사상론으로 변환하면, 중도를 찾지 못하면 차선책으로 급진적이 되거나 고수하라는 뜻이 될 수 있다. 공자는 중도를 찾지 못하여 급진과 고수로 빠지는 일을 경계했던 것인데, 이와는 다른 의미가 된 것이다.

중도와 관련하여 좀 더 살펴볼 구절이 있다. 『논어』에 이단·양단이라는 말이 나오는데, 이것은 정통과 대립되는 오늘날의 의미가 아니라, 중도의 양단을 지칭한다. "양단을 공격하는 것은 해로울 뿐이다(攻乎異端, 斯害也已)"[64]가 그러하다. 이 구절은 공자가 말하는 중도의 의미를 이해하지 못하면, 그 뜻이 잘 와닿지 않는 부분이다. 양단을 공격하여 몰아내려고 하면 당연히 양단과 충돌하여 혼란이 일어나게 된다. 그리고 양단을 공격하는 사람들도 점차 극단적인 방식을 닮아가게 되어 중도에서 멀어질 수 있다.

이는 아버지의 가부장적 권위를 싫어하던 사람이 자기 아들을 아버지와 같은 방식으로 대하는 것과 같다. 진보와 보수가 오랜 시간 싸우는 동안 공격하는 방식은 서로 닮아가는데 문제 해결은 하지 못하는 것과 마찬가지이다. 양단을 적대적인 공격의 대상으로 삼으면, 서로 간에 충돌을 불러일으키고 또 그 과정에서 극단적인 성향이 심해지게 되는데, 이는 서로에게 해로운 일이 된다. 그렇다면 양단은 어떻게 대해야 하는가?

내가 아는 것이 있는가? 아는 것이 없다. 어리석은 사람이 내게 와서 물으면

---

63 『孟子』「盡心 下」. "孔子, 不得中行而與之, 必也狂狷乎! 狂者進取, 狷者有所不爲也. 孔子, 豈不欲中道哉. 不可必得故, 思其次也."
64 『論語』「爲政」.

막막해진다. 나는 그 양단 두드리는 일에 힘을 다할 뿐이다.[65]

공자는 어리석은 사람이 지니고 있는 양단을 두드려준다고 한다. 양단을 몰아내기 위해 공격하는 것이 아니라, 양단에 치우친 바가 무엇인지 두드려주어(알려주어) 균형을 찾아가도록 이끌어준다는 얘기다. 양단을 두드려 중도의 길을 찾게 하는 것, 그것이 공자가 한 일이었다. 이렇게 양단에 치우치지 않으면서 누구나 받아들일 수 있는 평이한 길을 찾아가는 것이 바로 중용이다.

중용이라는 덕은 얼마나 위대한가! 사람들이 그것을 실천하지 않은 지 오래 되었다.[66]

중용의 중은 양단에 치우치지 않게 균형을 찾는 일이고, 용은 평범함·평이함의 의미로 난해하지 않아 누구나 쉽게 수용할 수 있는 것을 뜻한다. 중용을 한 단어처럼 보기도 하지만, 그것은 중도의 의미만을 강조하는 것이며, 중도를 평이하고 간결하게 표출하는 용의 의미를 생략한 것이다. 중도는 난해하거나 기이한 방식보다는 쉽게 이해되는 간결한 방식으로 표출되어야 사람들의 공감을 받을 수 있다.

중용은 중과 용의 의미가 결합된 개념으로, 균형적이면서 공감받는 삶을 살아가기 위한 권도인 것이다. 이렇게 중용적인 삶을 살아가는 사람이 많아지면, 나라가 균형있고 안정적이게 되며 사람들이 서로 소통하여 신뢰할 수 있는 곳이 된다. 그러나 중용을 실천하는 사람이 드물게 되면, 나라가 양단으로 치우쳐 갈등이 벌어지고 사람들이 소통하지 못하여 불신하는 곳이

---

65 『論語』「子罕」. 子曰, 吾有知乎哉. 無知也. 有鄙夫問於我, 空空如也. 我叩其兩端而竭焉.
66 『論語』「雍也」. "中庸之爲德也 其至矣乎 民鮮久矣."

된다. 공자는 중용이 세상을 바르게 하는 위대한 덕목이라고 생각했지만, 사람들이 이를 실천하지 않은 지 오래되어 무도한 시대가 돼버린 것이다.[67]

공자의 권도는 무도한 시대에서 중도, 중용을 실천하는 판단의 힘이었다. 누군가 공자를 안 되는 줄 알면서도 행하는 사람이라고 했지만, 공자는 "나는 이들과 다르다. 꼭 해야 할 것도 없고, 절대 해서는 안 되는 것도 없는"[68] 권도의 세계를 추구하고 있었다.

6. 공자, 오래된 미래의 규범

공자가 내세운 군자는 이러한 사상의 기반 위에서 정립된 이상적 주체라고 할 수 있다. 그러나 소종들이 지배하는 열국의 시대에 왕실과 대종 중심의 통치 규범을 내세우는 것은 현실 정치에서 수용되기 어려운 일이었다. 이것은 공자 사상의 원천 속에 내재한 딜레마와 연결된 문제였다. 즉 북극성 중심의 우주 질서가 어떻게 천자 중심의 차등적인 신분질서를 정당화할 수 있는 것인지, 주공의 덕이 어떻게 사 계층의 정치적 지위를 정당화할 수 있는 것인지, 관중의 힘은 부국강병을 위한 국가 경영 전략인데 수기안인의 도덕정치로 그것을 대체할 수 있는 것인지, 공자의 통치 규범과 현실 정치 사이의 간극은 권도로 해결할 수 있는 것인지 등이 그러하다. 이러한 딜레마

---

[67] 공자의 중도가 맹자에 의해 곡해되었다면, 공자의 중용은 자사가 지었다고 하는 『중용』에서 매우 난해한 개념으로 변해버린다. "희로애락이 미처 표현되지 않은 상태를 中이라 하고, 표현하되 모두 절도에 맞추는 것을 和라고 한다. 中이란 천하의 커다란 근본이고 和란 천하의 도를 통달하는 것이다.(喜怒哀樂之未發, 謂之中. 發而皆中節, 謂之和. 中也者, 天下之大本也. 和也者, 天下之達道也. 致中和, 天地位焉, 萬物育焉)"고 하여 공자의 생각에서 멀어진 추상적인 개념이 된 것이다.

[68] 『論語』「微子」. "我則異於是. 無可無不可."

는 공자의 좌절로 나타났으며, 전국시대 제자백가가 직면해야 할 문제로 남겨졌다.

공자에 대한 나의 관심은 윤리적 덕목보다 공자의 천하 질서에 관한 문제였다. 공자 윤리에 대한 미시적 분석과 관련하여 최근 출간된 김영민의 『중국정치사상사』를 주목할 필요가 있다. 이 책은 중국 정치사상이 공자에서 출발한 것으로 인식하며, 공자의 도덕정치를 '미시성의 정치'로 보는 흥미로운 관점을 제기했다.

김영민은 공자 정치사상을 예를 중심으로 보고 있다. 공자가 추구한 세계를 '계몽된 관습공동체'라고 한 것은, 공자가 전통적 의례를 윤리화 된 예로 전환시켜 정치사상으로 만든 점을 강조한 것이다. '계몽된'이라는 말은 전통적 의례가 초월적 존재에 의지하고 있는데, 공자가 이를 개인의 인격 수양에 기반한 예 개념으로 전환한 것을 뜻한다. 이러한 "관습공동체 혹은 예 공동체는 미시성의 특성을 갖는다. 여기서 말하는 '미시성의 정치'는 (…) 국가나 계급 같은 공동체의 거시적이고 구조적인 조건보다는 공동체 내 개개인의 미시적인 행위 양태를 매개로 이루어질 때 포착되는 차원을 말한다."[69]

덕치, 무위, 수기안인 등 예의 윤리성을 담지한 개념이 바로 미시성의 정치의 기반이 된다. 이러한 관습공동체는 예의 관습과 윤리 행위를 공유하는 공동체로서, 법·형벌과 같은 외부 개입보다 자율적인 예의 실천을 통해 조화로운 관계 유지를 중시한다. 김영민은 공자가 생각한 계몽된 관습공동체는 상대적으로 작은 나라와 한정된 집단을 상정한 것이었으나, 제국의 황제들은 국가의 법이 침투하기 어려운 보다 넓은 지역과 사람들에게로 확장시켰다고 설명한다.[70]

---

69 김영민, 『중국정치사상사』, 사회평론아카데미, 2021, 97쪽.
70 김영민, 『중국정치사상사』, 153쪽.

'예 공동체-미시성의 정치-작은 나라'로 연결되는 김영민의 관점은, '천명-북극성의 질서-주공의 덕-관중의 힘-권도의 세계'를 연결하여 천하 질서의 차원에서 공자 사상을 보는 나의 관점과 대비된다. 공자 사상의 세부에 대한 김영민의 분석은 대체로 공감하는 바이지만, 공자 사상을 보는 시각에서는 차이를 보인다고 할 것이다.

『논어』을 내용을 살펴보면, 통치자를 위한 윤리적 소양을 중심으로 편집되어 있음을 알 수 있다. 이 때문에 『논어』에는 천하 질서에 관한 내용이 제한적이다. 공자의 천하 질서에 관한 사유를 살펴보기 위해선, 『논어』 밖의 고대 중국의 역사 문화와 연결지어 해석할 수밖에 없다. 김영민이 미시성의 정치로 공자 사상을 설명한 것은 『논어』 안의 윤리적 덕목을 중심으로 해석한 관점이라고 할 것이다.

이점은 공자 사상을 초월적 존재에 의존하지 않는 계몽된 사상으로 보는 시각에서도 나타난다. 김영민은 공자 사상의 계몽성을 상나라 신정정치와 주나라 천명이 초월적 존재에 의지하고 있는 점과 대비시킨다. 이는 상주 교체기 이후 신과 인간이 분리되거나 혹은 인간의 이성화 인문화가 시작되는 경향을 반영하는 관점이다.

그런데 공자의 하늘이 절대적 인격신이며 공자의 삶이 천명과 긴밀히 연결되어 있고, 아울러 제사의 사회적 결속력을 중시했다는 점을 고려하면, 공자 사상의 계몽성은 좀 더 세밀한 성찰이 필요해 보인다. 가령, 『논어』 「향당鄉黨」편에서 마을 사람들이 나례를 지낼 때 공자가 조복을 입고 동쪽 층계에 서 있는 것에 대해, 김영민은 "기복 대상인 신과 거리를 둔 채, 떠들썩한 굿거리의 스펙터클에서 벗어나 조용히 자신의 몸가짐을 가다듬음으로써 공자는 어떤 질서의 효과를 기대했다"[71]고 설명한다.

---

71 김영민, 『중국정치사상사』, 111쪽.

『예기』를 보면, 자공이 마을의 납향 제사에 감흥을 느끼지 못하자 공자가 자공에게 건넨 말이 있다. 이 말이 김영민 해석의 문제점을 지적해줄 것으로 보인다. "백일 동안의 납향臘享 제사 가운데 주어지는 하루의 은택이니 네가 알 리가 없지. 민심을 팽팽하게 긴장시키기만 하고 풀어주지 않으면, 문왕이나 무왕도 다스릴 수 없을 것이다. 그러나 풀어주기만 하고 팽팽하게 긴장시키지 않는 일은 문왕이나 무왕도 하지 않았다. 한 번은 긴장시키고 한 번은 풀어주는 것이 문왕과 무왕의 도이다."[72]

예는 본래 통치집단이 제사를 지내는 법식과 참여자의 역할(서열)을 정한 규범이었다. 서주 초기 주나라 통치집단은 상나라 전통을 계승하여 의례를 올렸으나, 서주 후기에는 의례 개혁을 통해 왕실과 대종 중심의 예악문화가 형성되었다. 춘추시대 열국의 소종들이 실권을 장악하면서 왕실과 대종 중심의 예는 침범되기 시작했다. 그리고 열국의 군주권을 확립하는 과정에서 예는 통치집단을 넘어 구성원 전체의 관계를 정립하는 규범(예제)으로 재탄생되었다.[73] 즉 예가 군주에서 백성에 이르는 조화로운 차등질서를 형성하는 원리가 된 것이며, 이때부터 예가 하늘의 질서에서 기원한 것이라는 논리가 만들어졌다.

윤리적 덕목으로서 공자의 예는 이러한 역사적 변천 위에서 형성된 것이다. 그래서 『논어』에는 종법 질서로서 예, 통치 규범으로서 예제, 윤리적 덕목으로서 예, 외적 의식으로서 예, 민간 문화로서 제례 등이 공존한다. 공자가 이상으로 생각했던 주나라 문화는 종법질서로서 예이며, 현실개혁 방안으로 제시한 것은 통치 규범으로서 예제이며, 인격 수양을 위해 윤리적 덕목으로서 예를 교육했다. 또 「향당」편에 보이듯이 세부적인 의식도 중시했

---

72 『禮記』「雜記」. 번역은 『예기』 중(이상옥 옮김, 명문당, 1995), 303쪽 참고.
73 춘추시대에 예악문화가 예제로 변천하는 과정에 대해서는 진래, 『중국고대사상문화의 세계』(진성수·고재석 옮김, 유교문화연구소, 2008), 제7장 예치 참고.

으며, 민간의 제례나 굿거리 놀이도 그 의미를 인정했다. 이렇게 공자에게 예는 다층적 개념으로 자리하고 있으며, 계몽된 관습공동체와 같은 한정된 집단에서만 통용되는 그런 것은 아니었다.

공자와 그 학문 공동체 내부의 실천을 미시성의 정치로 보는 것은 유효한 관점이다. 그렇지만 공자의 실천이 상대적으로 작은 나라와 한정된 집단을 상정했다고 보기는 힘들다. 현실 정치에서 꿈을 펼칠 기회가 주어지지 않았지만, 실천 구상이 작아서 그런 것은 아니기 때문이다. 소종들을 통합한 대종주인 황제의 시대에서 공자를 소환한 것은 김영민의 생각처럼 어색한 것이 아니라, 천명-군주-관료-민생을 중심으로 천하 질서를 구상한 공자 사상이 제국의 시대를 만났던 것이 아닐까.

그러나 공자의 염원에도 불구하고 평화는 오지 않았으며, 오히려 전쟁으로 천하를 통일하려는 시대가 다가오고 있었다.

5장

천하 통일을 위한 방안과 민심
전국시대의 딜레마

1. 진秦나라를 보는 편향성을 넘어

사마천은 중국의 역사를 연대기로 정리한『사기』「표」에서 춘추시대는 12제후를 중심으로 한 '십이제후연표十二諸侯年表'를, 전국시대는 6국을 중심으로 한 '육국연표六國年表'를 만들었다. 실제 연표를 보면, 십이제후연표에는 제齊·진晉·진秦·초楚·송宋·위衛·진陳·채蔡·조曹·정鄭·연燕·오吳 12제후에 노魯나라가 추가되어 13제후의 연표이고, 육국연표는 위魏·한韓·조趙·초楚·연燕·제齊 6국에 진秦이 추가되어 이른바 '전국칠웅'의 연표에 해당한다.

노나라는『춘추』의 시간 축이며 진나라는 육국을 병합한 정치사의 축인데, 사마천은 두 축의 나라를 숫자에 포함하지 않은 것이다. 두 나라가 실제 연표에서 빠졌다면 역사의 축이 무너지는 것인 만큼, 12제후와 6국이라고 한 것은 사마천의 의도가 있는 것으로 보인다. 축의 나라와 춘추전국시대를 만든 나라들의 총체적 사건, 사마천은 그러한 역사를 연표에 담으려 한 것이 아니었을까.

연표의 연유는 추측할 뿐이지만, 사마천이 춘추시대의 주역은 제후, 전국시대의 주역은 국이라 하여 제후/국을 구분한 점은 주목할 필요가 있다. 즉 주 왕의 상징적 권위 하에서 제후들이 경쟁하는 시대와 스스로 왕을 칭하는 독자적인 국들이 경쟁하는 시대를 구분했던 것이다.

한韓·조趙·위魏 삼국이 결국 진晉나라를 분할하고, 전화도 제나라를 멸하고 이를 차지했는데, 육국이 강성해진 것은 이때부터 시작되었다. 병력을 강화하고 적국을 병탄하는 데에 힘쓰고 음모와 계략을 써서 합종 연횡이 벌어졌다. 왕명을 사칭하는 자들이 벌떼처럼 일어났으며, 맹세를 서약하고도 신의를 저버렸고, 아무리 볼모를 두고 부절을 나눠 가져도 여전히 믿을 수 없었다. 진秦나라는 처음에 작은 나라인데다 멀리 떨어져 있어서 중원의 나라들(제하)이 배척하여 융적과 동등하게 대했다. 헌공 이후부터는 늘 제후국 위에 군림했다. 진나라의 덕의德義를 논하자면 노나라 위나라의 포악한 자보다 못했고, 병력을 비교해 보면 삼진三晉의 강함보다 못했다. 그러나 마침내 천하를 병합한 것은 진나라의 위치가 험준해 형세가 이로웠기 때문만은 아니며 하늘이 도왔을 것이다.[1]

사마천은 진나라가 대부들에 의해 한·조·위 삼국으로 분할되고, 전화田和가 제나라 강씨를 멸하고 새 군주가 된 때부터 육국이 강성하기 시작했다고 기술한다. 그 후 군사력과 계략을 통해 적국을 병합하고 신의를 지키지 않는 세상이 되었는데, 이는 춘추시대의 기강과 의리가 무너진 것에 대한 개탄이라고 할 수 있다. 사마천은 이렇게 기강이 무너진 것이, 진秦나라 양공이 제후에 봉해진 후 상제 제사를 올리는 월권 행위를 하고, 포악하게 세력을 팽창한 데서 비롯된다고 본다. 덕분에 진나라는 제나라·진晉나라와 같은 패자의 자리에 서게 되지만, 그 영향으로 가신들이 정권을 장악하여 결국 진이 삼분되고 제의 군주가 교체되는 사태가 벌어진 것이다. 전국시대의 징후가 진나라의 등장에서 시작된 셈이다.

---

1 『史記』「六國年表」. "三國終之卒分晉, 田和亦滅齊而有之, 六國之盛自此始. 務在強兵並敵, 謀詐用而從衡短長之說起. 矯稱蜂出, 誓盟不信, 雖置質剖符猶不能約束也. 秦始小國僻遠, 諸夏賓之, 比於戎翟, 至獻公之後常雄諸侯. 論秦之德義不如魯衛之暴戾者, 量秦之兵不如三晉之強也, 然卒並天下, 非必險固便形勢利也, 蓋若天所助焉."

사마천은 진나라가 덕이 포악하고 군사력도 최강이 아니었는데도 천하를 병합한 것은, 지리적 이점 이외에 하늘이 도왔던 것이라고 본다.『사기』가 역사의 흥망성쇠를 냉철하게 성찰한 텍스트임을 감안하면, '하늘이 도왔을 것'이라는 평은 선뜻 이해가 되지 않는다. 상식적으로 보면 운이 좋았다는 뜻이다. 경쟁국인 진이 삼국으로 분열되지 않았다거나 또는 삼국이 협력하여 진의 동진을 막았다면, 그리고 상앙商鞅처럼 진의 부국강병에 결정적인 인물을 위魏 혜왕惠王이 놓아주지 않았다면, 진의 통일은 쉽지 않았을 것이다. 그런데 진에게 길이 열리고 인재를 얻었으니 천운이라 할 만 했다.

하지만 여기서 의문이 생긴다. 덕이 노나라나 위나라의 포악한 자보다 못한 진나라가 어떻게 하늘의 도움을 받을 수 있는가. 천명은 덕이 있는 자에게 내리는 것인데, 덕이 포악한 나라를 하늘이 도왔다는 건 당혹스런 일이다. 공자의 기준으로 보면 최상의 덕을 지닌 성인이 천하를 다스려야겠지만, 현실은 전쟁에서 최종 승리한 자의 차지가 되었다. 더군다나 덕이 포악한 나라임에도 불구하고 하늘은 진을 도와주었다. 당위와 현실 사이의 거대한 간극, 사마천은 이 곤혹스런 현실을 어떻게 이해했던 것일까?

사마천은 진나라가 천하를 취하려고 매우 난폭했으나, 변법을 단행하여 공을 이룬 것이 크다고 평한다. 진나라가 통일의 목적으로 전쟁을 난폭하게 한 점은 문제가 있으나, 현실 변화에 따라 제도를 개혁하여 천하 통일을 이룩한 점에 대해선 높이 평가한 것이다.[2] 이는 육국이 옛 법도에 얽매여 변법을 제대로 시행하지 못한 것이 진과의 경쟁에서 패배한 원인이라는 점을 시사한다. 사마천은 전국시대 국가경쟁의 관건을 변법으로 본 것이며, 진나라는 가장 빠르고 효율적으로 변법을 이루어 천하 경쟁에서 앞서갈 수 있었다.

그러나 사마천 역시 진나라가 덕이 포악하다는 생각은 유지하고 있는데,

---

2 『史記』「六國年表」.

이점은 진이 단명한 이유를 냉혹한 법가적 통치에서 찾는 한漢나라 유생들의 시각과 상통한다. 진의 성공 요인도 모른 채 단명을 비웃기만 하는 유생들에 대해 귀로 음식을 먹는 것과 차이가 없다고 비판하기는 했지만, 진나라가 덕이 포악하다는 생각은 공유하고 있었다. 사마천은 진나라가 덕이 포악해도 변법에 성공한 반면, 육국은 협력하지도 못하고 옛 법을 고수한 나머지 진나라가 천하 통일을 이뤘다고 본 것이다. 하늘은 성실하게 노력한 자를 도운 셈이다.

그런데 진나라가 덕이 포악하다는 것은 사실이었을까? 진이 가혹한 전쟁을 치르기는 했지만 전국칠웅 가운데 전쟁에 대해 죄책감을 가진 통치자는 없었다고 보아도 무방하다. 가령, 제나라 선왕 시기에 내란에 빠진 연나라를 공격할 때 총사령관인 광장匡章은 맹자의 교화를 오랫동안 받았지만, 잔혹한 약탈로 연나라 사람들의 거센 비난과 반격을 받았다. 전쟁의 측면에서 보면 전국시대에 덕이 있는 나라는 없었다.

춘추시대부터 진은 중원의 제후국들에게 오랑캐 '진융秦戎'이라는 냉대를 받았을 뿐 아니라, 단명한 이후에는 냉혹한 법가의 나라라는 조롱을 받았다. 공자는 그 나라의 풍속과 문화를 보고 그 나라의 교화 수준을 평가했는데, 진나라의 덕이 어떤지도 진나라의 실정을 알아야 판단할 수 있는 일이다. 전국시대 말기 진나라를 방문하여 그 실정을 관찰한 순자荀子의 얘기를 들어보자.

> 국경으로 들어와 풍속을 살펴보니 백성은 소박했고, 음악은 음란하거나 비천하지 않았고, 의복은 화려하지 않았습니다. 관리를 매우 두려워하며 순종하니 옛날의 백성과 같았습니다. 크고 작은 고을의 관청에 이르니 백관이 엄숙한 태도를 보이며 공손·검소·돈독·경건하지 않은 사람이 없었고, 충실하고 신용이 있으면서 함부로 행동하지 않았는데 이는 옛날의 관리와 같았습니다. 도성으로

들어가서 사대부들을 살펴보니 자기 집 대문에서 나와 공실의 문으로 들어가고, 공실의 문에서 나와 자기 집 대문으로 돌아가는 과정에서 사사로운 일을 하지 않았습니다. 아첨하며 결탁하지 않고, 사사롭게 파당을 만들지 않으면서 초연한 태도로 밝고도 공정하게 일을 처리하지 않음이 없었으니, 이는 옛날의 사대부들과 같았습니다. 조정을 살펴보니 분위기가 조용함에도 온갖 일을 듣고 결정함에 빠진 것이 없었으며, 고요한 모습이 마치 다스리는 사람이 없는 듯했는데, 이는 옛날의 조정과 같았습니다. 이 때문에 4세 동안 뛰어난 치적을 이룬 건 요행이 아니라 좋은 방책 때문이었습니다. 이것이 제가 본 것입니다. 그러므로 '편안하면서도 잘 다스려지고, 절제가 있으면서도 세밀하고, 번거롭게 하지 않으면서도 많은 공적을 이루는 것이 치세의 지극함이다'라고 하는데, 지금 진나라가 이와 유사합니다.³

순자가 본 진나라는 덕이 포악한 나라가 아니라 오히려 유가들이 추구하는 옛 모습을 구현한 나라에 가깝다. 백성들은 소박하고 순종적이며 음악은 안정되고 의복도 사치스럽지 않다. 관리들은 엄숙하고 성실하며, 사대부들은 사사로움 없이 공정하며, 조정은 조용하면서 만사에 신중을 기하고 있다. 순자는 진나라의 모습에서 옛날의 성인이 이룬 지극한 치세를 발견한다. 그리고 이러한 치세가 요행으로 얻어진 것이 아니라 좋은 방책 때문이라고 인식한다. 좋은 방책은 사마천이 얘기한 변법이다. 진의 성공 요인에 대해 순자와 사마천이 같은 생각을 한 것이다.

---

3 『荀子』「彊国」. "入境, 觀其風俗, 其百姓樸, 其聲樂不流汙, 其服不佻, 甚畏有司而順, 古之民也. 及都邑官府, 其百吏肅然, 莫不恭儉, 敦敬, 忠信而不楛, 古之吏也. 入其國, 觀其士大夫, 出於其門, 入於公門; 出於公門, 歸於其家, 無有私事也; 不比周, 不朋黨, 偶然莫不明通而公也, 古之士大夫也. 觀其朝廷, 其朝閒, 聽決百事不留, 恬然如無治者, 古之朝也. 故四世有勝, 非幸也, 數也. 是所見也. 故曰: 佚而治, 約而詳, 不煩而功, 治之至也, 秦類之矣."

순자는 진나라에서 덕이 포악한 면은 발견하지 못했다. 다만 진나라의 위세가 대단함에도 불구하고 육국이 연합하여 공격할까 두려워하는데, 이것은 군자를 등용하여 천하를 다스리지 않았기 때문이라고 여긴다. 진나라는 법가적 통치를 바탕으로 국력 신장을 이루었지만, 외부로 세력을 팽창하는 과정에서 육국의 원망을 받고 있었다. 이는 진나라가 왕도를 사용하지 않은 결과이며, 군자를 등용하여 육국을 인仁으로 대하면 두려울 일이 없게 될 것이라는 뜻이다. 순자는 진나라에 가서 자신을 유세한 것이었는데, 통일 전쟁 시기의 현실에서는 수용되기 어려운 제안이었다.

순자의 제안은 각국이 세력 균형을 추구한 시기나 평화의 국면에서 통할 수 있는 방안이다. 가령, 관중이 영토반환을 통해 이웃 나라들의 신뢰를 얻고 문란한 나라에 대해 정벌 전쟁을 한 것은, 패자를 중심으로 세력 균형을 추구한 시기였기 때문이다. 만일 그때가 세력 균형에서 통일 전쟁으로 전환된 시기였다면, 관중은 좀 더 강력한 정책을 통해 최소한의 희생으로 통일의 시간을 단축시킬 방안을 모색했을 것이다. 현실 정치의 측면에서 볼 때, 왕도나 인정仁政은 어느 시기에나 적용할 수 있는 규범이 아니며, 통일된 평화의 국면과 같은 특정한 시기에 유용할 수 있다.

그래서 전국시대를 덕이나 왕도를 기준으로 평가하려는 시각은 현실 정치와의 간극이 생길 수밖에 없다. 일관되게 왕도를 주창한 맹자는 현실 정치에서 그것을 실현할 방법을 찾을 수 없었다. 선양禪讓이나 정전제井田制는 맹자가 상상한 고대 이상사회의 방안으로, 현실 정치에서 실제로 채택될 가능성은 거의 없었다.[4] 순자는 전국시대에서 왕도가 실현되기 어려움을 인정하고

---

4   오히려 고대사회의 방안을 내세워 권력을 취하려는 일이 발생했다. 전국시대 연나라 쾌왕과 재상 자지의 관계가 그러했다. 당시 권력은 재상인 자지에게 있었는데, 자신이 왕이 되기 위해 대부 녹모수를 시켜 쾌왕이 선양을 하게 만드는 음모를 꾸몄다. 선양은 요순 임금을 본받는 것이니 쾌왕의 권위가 올라가고 또 자신이 왕위를 거절할 것이니 권좌에

실질적인 패도의 방안을 모색했지만, 현실 정치에서 꿈을 펼칠 기회는 얻지 못했다.

상앙 역시 진 효공孝公에게 등용되는 과정에서 이 간극을 잘 인식할 수 있었다. 상앙은 효공을 만나 치국 방안에 대해 건의하는데, 먼저 상고시대 오제五帝가 다스린 이치인 제도帝道를 얘기하자 과대망상에 빠진 사람이라고 화를 냈다. 다음으로 삼대 성왕聖王이 다스린 이치인 왕도를 얘기하자 역시 화를 내고 마음에 들어 하지 않았다. 이에 춘추시대 오패五霸가 다스린 이치인 패도를 얘기하자 비로소 쓸 만하다고 여겼다. 효공의 마음을 사로잡은 상앙은 며칠 동안 효공이 듣고 싶어 하는 방안을 얘기하며 등용의 기회를 잡았다. 상앙은 자신을 효공과 연결해준 경감景監에게 효공을 기쁘게 한 연유에 대해 다음과 같이 말한다.

> 저는 공에게 삼황오제의 도를 실행하면 삼대에 견줄 만한 태평성대를 누릴 것이라고 말씀드렸습니다. 그러자 주군께서는 '너무나 길고 멀어서 나는 기다릴 수 없소 그리고 어진 군주는 자기가 자리에 있을 때 세상에 이름을 나타내는데 어찌 수십 년 또는 수백 년 뒤에 제왕의 사업을 이루기를 기다릴 수 있겠소?' 라고 하셨습니다. 그래서 제가 강한 나라를 만드는 방법을 말씀드렸더니 주군께서 기뻐하신 것뿐입니다. 하지만 은주시대 임금의 덕행에 견주기는 어렵습니다.[5]

문제가 없다는 것이었다. 그래서 쾌왕이 선양을 한 것인데 자지가 이를 받아들이면서 비극적 사태가 벌어졌다. 태자 세력의 반란이 일어나고 또 제나라가 군사 개입을 하여 쾌왕과 자지가 모두 살해되는 종말로 마무리 되었던 것이다.

5 『史記』「商君列傳」. "吾說君以帝王之道比三代, 而君曰: '久遠, 吾不能待. 且賢君者, 各及其身顯名天下, 安能邑邑待數十百年以成帝王乎?' 故吾以彊國之術說君, 君大說之耳. 然亦難以比德於殷周矣."

상앙이 효공에게 먼저 제안한 것이 삼황오제와 삼대의 치도 방안인 것을 보면, 고대 이상사회에 대한 담론이 유가의 독점물이 아니라 당시 지식인들이 공유한 세계였음을 알 수 있다. 그러나 효공은 이 방안이 너무 오래 걸리며 그 실현 가능성도 알 수 없는 과대망상이라고 받아들이지 않았다. 현실 군주는 자신이 재위에 있을 때 성과를 얻을 수 있는 유력한 방안을 선호할 수밖에 없으며, 그것이 바로 강한 나라를 만드는 부국강병책이었다. 효공과 상앙은 부국강병책이 태평성대의 덕행에 미치지 못한다는 점을 알고 있었지만, 이상보다는 현실적인 실익을 얻을 수 있는 방안을 채택한 것이다. 상앙이 제안한 변법이 바로 왕도와 현실 정치의 간극을 넘는 해법이었던 셈이다.

2. 상앙의 변법, 토지와 작위가 만든 전쟁국가

상앙의 변법은 춘추시대 관중의 중앙집권 국가를 기준점으로 삼아 고찰할 때 그 역사성이 한층 드러날 수 있다. 이는 열국 통치자의 입장에서 왕도나 덕치보다는 관중의 중앙집권 국가가 현실적으로 실현 가능한 목표가 되었기 때문이다. 환공이 춘추시대 첫 번째 패자가 되자 열국은 제나라 부강의 비밀을 모방했고, 자국의 실정에 맞게 적용하여 일정한 성과를 거두었다. 진晉나라는 행정과 군사를 일체화한 방안을 농촌에도 확장시켜 농민을 전쟁에 동원했다. 전민개병의 길을 연 것이며, 이 덕분에 진 문공이 두 번째 패자가 될 수 있었다.

관중의 3국 5비제는 변경의 전략적 근거지나 점령한 영토를 군현에 편입하여 통치하는 군현제로 확산되었다. 열국의 실권은 군사력과 영토를 장악하는 세력에게 돌아갔으며, 이를 둘러싸고 군주와 세족들의 치열한 권력 경쟁이 벌어졌다. 이에 영토와 백성의 확보가 관건이 되었으며, 황무지를 개간하고 농경 생산력을 높이는 일을 국가가 주도했다. 통치자는 백성의 욕구 충족을 주요 책무로 여겼으며, 이를 위해 혁신적인 법 제정과 제도 개혁이 수반되었다.

각국의 군주들은 부국강병을 실현할 능력 있는 인재를 찾았으며, 이제 등용한 인재의 방안에 따라 국가의 미래가 달라지는 시대가 되었다. 상앙이 효공을 찾아간 것도 인재를 구하는 구현령求賢令에 응한 것이었다. 효공은 목공의 패업을 이어받아 잃어버린 동쪽 땅을 되찾으려고 했다. 잃어버린 동쪽 땅은 위 혜왕에게 빼앗긴 땅으로, 진秦이 동진東進하기 위한 요충지였다.

그런데 상앙의 방안이 기록된 『상군서商君書』를 보면, 각종 정책을 개진한 후 그렇게 하면 '황무지를 개간할 수 있다草必墾'는 말로 끝을 맺는다. 상앙이 말하는 황무지는 효공이 되찾으려는 잃어버린 동쪽 땅이 아니다. 진나라는 영토는 넓은데 개간되지 않은 황무지가 매우 많았고, 이를 경작할 백성도 부족한 실정이었다. 상앙은 경쟁국 백성을 진으로 오도록 유인하여 황무지 개간과 경작을 맡기려고 했다. 이렇게 하면 국내의 생산력과 백성이 늘어나 국력이 향상되고, 백성이 줄어든 경쟁국은 상대적으로 국력이 쇠약하게 된다. 상앙은 잃어버린 땅을 되찾기 전에 국내의 기반을 굳건히 하는 작업을 선행한 것이다.

상앙과 효공의 최종 목표는 잃어버린 영토를 회복하고 세력을 천하로 확장하는 일이며, 그 수단은 전쟁이었다. 즉 전쟁에서 승리할 수 있는 시스템을 갖춘 '전쟁국가'를 만드는 일이 바로 변법의 목표였다고 할 수 있다. 국가의 목표가 전쟁 승리라거나 혹은 국가의 정체성이 전쟁국가라는 말이, 국민의 권리와 복지 증진을 목표로 하는 현대 국가의 입장에서는 이상하게 들릴 수 있다. 그러나 군주가 국가의 주인인 시대에서는 천하를 지배하려는 통치자의 욕망이 더 우선시되었다.

주나라 봉건제의 경우도 주 왕실의 힘이 한정된 상황에서, 점령지를 효과적으로 지배하여 세력을 확장하기 위한 제도였다. 주 왕실이 중앙집권적 군주제로 통치할 수 있는 힘이 있었다면 아마 더 강력하게 대외 팽창을 시도했을 것이다. 관중의 경우도 강병 3만을 양성하여 이들을 데리고 천하를 평정했다. 농촌의 비읍에서도 군사조직으로 전환할 수 있는 기반을 갖추어, 마음만 먹으면 45만의 농민병을 확보할 수 있었다. 만일 국가 간 전면전을 벌이는 통일 전쟁 시기였다면 관중도 농민병을 동원했을 터이지만, 패자를 중심으로 세력 균형을 추구하는 시대였기 때문에 그럴 필요가 없었던 것이다.

상앙의 변법의 목표가 전쟁국가를 만들기 위한 것이라는 점은 『상군서』 전체에서 찾아볼 수 있으며, 아래의 구절에 상앙의 생각이 잘 응축되어 있다.

> 백성이 농업과 전쟁에 한결같이 힘쓴다면 그의 가정은 반드시 부유해지고, 자신은 국내에서 지위가 높아질 것입니다. 군주는 국가에 공을 세워서 관직과 작위를 얻는 길을 열고 사적으로 세족에게 청탁하는 길을 막아서 백성의 역량을 모으고, 세족을 위해 사적으로 공을 세운 자는 국내에서 지위가 오르지 못하며, 세족이 군주에게 청탁하지 못하게 합니다. 이와 같이 해서 공신이 권장된다면 군주의 명령은 행해지고 황무지는 개간되며, 돌아다니면서 유세하는 백성은 없어지고 간사함은 싹트지 못할 것입니다. 국가를 다스리는 데 있어서 백성의 역량을 모아서 백성이 힘쓸 일을 농업과 전쟁 한 곳으로 통일시킬 수 있는 자는 강성해질 것입니다. 근본이 되는 농업에 힘쓰고 지엽적인 상업과 수공업을 금할 수 있는 자는 부유해질 것입니다.[6]

전국시대의 전쟁은 국가 역량을 결집시킨 총력전의 양상을 띠고 있었기 때문에 국내 기반이 약한 나라는 전쟁에서 승리하기가 어려웠다. 상앙이

---

6 『商君書』「壹言」. "故民壹務, 其家必富, 而身顯於國. 上開公利而塞私門, 以致民力; 私勞不顯於國, 私門不請於君. 若此, 而功臣勸, 則上令行而荒草辟, 淫民止而奸無萌. 治國能摶民力而壹民務者, 強; 能事本而禁末者, 富."

국내 기반 강화에서 변법을 시작한 것은 이점을 잘 이해하고 있었던 것이다. 문제는 변법 추진의 장애가 되는 세족 세력이었다. 상앙이 효공에게 변법을 제안했을 때 효공도 세족의 저항을 의식하고 있었고, 대부 감룡甘龍·두지杜摯는 현행대로 법을 시행할 것을 역설했다. 상앙이 구상한 변법은 바로 세족의 권력기반을 축소하는 일이었기 때문이다. 즉 세족이 분점하던 토지와 황무지를 국가가 수용하고 이를 농민이자 군사인 백성에게 배분하는 것은, 세족의 이익을 빼앗는 일이었다.

이러한 상황은 춘추시대 관중이 먼저 겪었던 일이다. 관중이 농촌인 비읍을 중앙집권 조직으로 편제했을 때 귀족들의 거센 반발이 있었는데, 환공의 의지와 관중의 엄정한 시행으로 밀고 나갈 수 있었다. 그러나 환공 사후 공자들의 승계 분쟁이 일어나면서 세족들이 다시 득세하게 되고, 결국 이성 대부인 전씨에게 군주의 자리를 빼앗기게 되었다. 그만큼 중앙집권의 기반이 취약한 군주가 세족들의 권력을 통제하기란 쉽지 않은 일이었다. 동방의 제나라에서 미완이 된 관중의 구상이 이제 서쪽 변방 진나라 상앙의 손으로 넘어온 것이다.

제나라가 농수산물이 풍부하고 제철·염전·상공업이 발전하여 부유한 경제기반을 지니고 있었다면, 진나라는 황무지 개간과 백성의 노동력에 의존하는 농업 위주의 국가였다. 이런 차이로 인해 관중이 사농공상의 생산적 직분 사회를 구상했던 데 반해, 상앙은 농업에 종사하면서 전쟁을 수행하는 단일 사회를 추구했다. 경제발전이 목적이라면 농업 생산성 향상과 아울러 수익을 얻을 수 있는 상공업 분야를 육성했을 것이지만, 상앙은 오히려 농업과 전쟁을 통해서만 부를 얻을 수 있는, 이른바 농전農戰 사회를 구상했다.

농전 사회의 이름만을 보면 사마천이 상앙의 본성이 각박하다고 평한 것처럼 냉혹한 사회로 보인다. 하지만 농전 사회의 출발점은 백성의 욕구를 충족시키는 일이었다. 관중이 백성이 좋아하고 싫어하는 바를 잘 이해하여 그것을 충족시키는 일이 통치자의 책무라고 생각했듯이, 상앙도 마찬가지였다. 상앙은 백성이 좋아하는 것이 명예와 이익이며, 그것을 농전 사회를 통해 충족시킬 수 있다고 생각한 것이다.

무릇 농업은 백성이 괴로워하는 일이고, 전쟁은 백성이 위험하게 여기는 일입니다. 백성이 괴로운 일에 뛰어들고 위험한 일을 수행하는 것은 계산을 하기 때문입니다. 백성은 살아서는 이익을 계산하고, 죽게 되면 명예를 생각합니다. 이에 명예와 이익이 나오는 곳을 살피지 않을 수가 없습니다. 이익이 토지에서 나온다면 백성은 힘을 다해 농사를 짓고, 명예가 전쟁에서 나온다면 백성은 목숨을 걸고 싸울 것입니다. 안으로 백성이 힘을 다해 농사를 짓도록 한다면 황무지는 거칠지 않게 될 것이고, 밖으로 백성이 목숨을 걸고 싸우게 한다며 적을 이길 것입니다. 적을 이기고 황무지가 거칠지 않게 된다면, 부강한 국가를 만드는 공적을 앉아서 이룰 수 있을 것입니다.[7]

상앙이 단행한 변법은 백성의 명예와 이익을 충족시킬 수 있는 방안을 마련하기 위한 것이며, 그 핵심은 바로 작위爵位 제도와 토지개혁이었다. 작위 제도는 군공軍功, 납세, 도적 체포 등의 공적을 근거로 17등급의 작위를 만들어 백성의 신분을 정하는 제도였다. 신분이 세습되지 않고 공적에 따라 작위가 올라가고, 상으로 토지, 택지, 노동력 등의 물적 보상과 아울러 관리가 될 수 있는 신분이 주어졌다.

작위가 있는 적의 수급을 하나 베는 자는 작위 1급을 상으로 주고, 1경의

---

[7] 『商君書』「算地」. "夫農, 民之所苦; 而戰, 民之所危也. 犯其所苦, 行其所危者, 計也. 故民生則計利, 死則慮名. 名利之所出, 不可不審也. 利出於地, 則民盡力; 名出於戰, 則民致死. 入使民盡力, 則草不荒; 出使民致死, 則勝敵. 勝故而草不荒, 富強之功可坐而致也."

농지를 보태어 주고, 9묘의 택지를 보태어 주고, 작위 1급수마다 가신 한 명을 배속시켜줍니다. 그러면 군대나 관부의 관리의 대열에 들 수 있습니다.[8]

상앙이 시행한 작위 17등급은 1. 공사公士, 2. 상조上造, 3. 잠뇨簪裹, 4. 불경不更, 5. 대부大夫, 6. 관대부官大夫, 7. 공대부公大夫, 8. 공승公乘, 9. 오대부五大夫, 10. 객경客卿, 11. 정경正卿, 12. 좌서장左庶長, 13. 우서경右庶長, 14. 좌경左更, 15. 우경右更, 16. 소량조少良造, 17. 대량조大良造였다.[9] 작위가 없는 사람은 소부小夫라고 하며, 작위를 받았더라도 죄를 지을 경우 작위가 박탈되거나 노비의 신분으로 전락할 수 있었다.

전통적 작위인 공-경-대부-사에 속하지 않는 서민의 경우, 작위를 받으면 사의 신분으로 상승할 수 있었다. 또 작위에 따라 1~8급까지는 1경頃에서 8경까지의 농지와 5무畝에서 40무까지의 택지를 사여받고, 9급 오대부에게는 세읍稅邑 300가家, 그 이상은 세읍 600가를 사여받을 수 있었다.

이러한 제도로 인해 작위가 없던 서민들은 공로에 따라 신분이 상승할 수 있는 길이 열리게 되었는데, 실제로는 1~8급 사이의 작위를 받을 수 있었다. 관직도 지방조직의 관리는 할 수 있었지만, 중앙정부의 관리는 9급 오대부 이상의 전문 능력을 지닌 엘리트층의 몫이었다. 그러나 능력 여하에 따라 신분 세습의 질곡에서 벗어나 명예와 이익을 얻을 수 있었기 때문에 서민들의 의욕을 자극하기에 충분한 것이었다. 작위를 올릴 수 있는 가장 유효한

---

8 『商君書』「境內」. "能得爵首一者, 賞爵一級, 益田一頃, 益宅九畝, 一除庶子一人, 乃得人兵官之吏."

9 『後漢書』에서는 진한의 작위를 20등급으로 기록하고 있는데, 1~9등급은 『상군서』와 일치하며 10등급 이후는 다음과 같다. 10. 左庶長, 11. 右庶長, 12. 左更, 13. 中更, 14. 右更, 15. 少上造, 16. 大上造, 17. 駟車庶長, 18. 大庶長, 19. 關內侯, 20. 列侯. 그리고 전통적 작위인 경-대부-사의 기준으로 1~4급은 사에, 5~9급은 대부에, 그 이상은 경에 해당하는 것으로 설명한다.

방법이 전쟁에서 공로를 세우는 것인 만큼, 전쟁을 환영하며 부와 신분 상승의 길로 여기는 부작용이 나타날 정도였다.

이러한 작위 제도가 유지되기 위해선 사여로 제공하는 토지가 국가에 비축되어 있어야 한다. 이를 위해 상앙은 토지개혁을 단행했다. 그 핵심은 국가가 황무지를 개간하거나 귀족들의 땅을 수용하여 농지를 일정한 단위로 정비한 후, 호적에 등록된 가구나 작위의 사여로 지급하는 것이다. 이러한 방식의 토지개혁은 관중이 시행한 이래 정나라 자산이 이어가고 전국시대에는 진의 경쟁국인 위나라 이회李悝가 먼저 실시한 바 있다.

수전제授田制라 불리는 이 개혁의 성공 여부는 귀족들의 세습 토지와 분산되어 있던 땅을 모아 중앙집중적 관리를 하는 데 있었다. 상앙은 작은 도시와 고을, 읍, 취락을 모아 현을 설치하고 령令과 승丞에게 책임관리를 맡겼다. 당연히 토지를 세습하던 귀족들의 거센 반발이 있었지만, 전답을 일정 단위로 구획하여 매 가구의 백성에게 지급함으로써 부를 이룰 수 있는 터전을 마련해주었다.

그리고 관리에게 지급하던 영지는 세습되지 않고 녹봉만을 받는 세읍稅邑으로 전환했다. 세습 영지는 백성 통치권, 군사 동원권, 세금 징수권 등의 권한을 포함하고 있어서 귀족 관료들의 권력 기반으로 작용했다. 이를 세금 징수권만 허용하고 관직을 사퇴하면 반환해야 하는 세읍으로 전환함으로써 군주권을 위협하는 세력을 통제할 수 있었다.

그러나 국가가 귀족의 전 영지를 수용하여 전민적 수전제를 시행했던 것은 아니었다. 상앙이 위나라 정벌의 공으로 오於와 상商의 땅 15읍의 영지를 받은 사례에서 보이듯이, 군주의 명에 따라 제한적으로 허용되었다. 또 9급 이상의 고위직은 군공 등의 공로보다는 군주가 능력이 있다고 판단하면 임용할 수 있는 특권층의 영역이었다.

이렇게 상앙의 변법은 작위와 땅이 없는 백성의 의욕을 고취하면서, 세족들의 권력 기반을 통제하여 군주권을 강화하는 데 그 목적이 있었다. 이는 군주(국가)의 운명과 백성의 이해관계가 긴밀히 연결된 것을 의미한다. 백성은 국가로부터 작위와 토지를 받은 만큼 그 의무로서 군역, 조세, 부역 등을 짊어져야 했다. 그리고 상벌을 규정한 국가의 엄격한 법령과 사적인 일탈을 허용하지 않는 통제정책을 따라야 했다.

후대인들이 이것을 냉혹한 법치라고 비난하지만, 당시 진나라 백성은 냉혹함보다는 변법이 주는 명예와 이익이 더 크다고 여겼다. 변법이 시행된 이후 진나라 상황을 사마천은 다음과 같이 기술했다. "진나라 백성은 크게 기뻐했고, 길에 남의 물건이 떨어져 있어도 줍지 않았으며, 산에는 도적이 없었고, 집집마다 넉넉하고 사람마다 풍족했다. 백성들은 나라를 위해 싸울 때는 용감하고 사사로운 싸움은 두려워하며, 작은 마을까지 나라가 크게 잘 다스려졌다."[10]

사마천의 평은 순자의 진나라 관찰 소감과 통하는 것으로, 냉혹한 법치의 나라라는 비난과는 거리가 있는 얘기다. 그러나 귀족들에게 변법은 자신의 권한을 축소시킨 정책인 만큼 거센 반감이 일어났으며, 결국 상앙은 이로 인해 비극적 운명을 맞이하게 되었다. 변법이 귀족들의 세력을 약화시킨 것은 분명하지만, 그렇다고 신분질서의 철폐를 목표로 하지는 않았다.

작위 제도로 볼 때 고위직 대부분은 귀족들이 차지할 수밖에 없는 구조였으며, 영지가 국가에 수용되었다 하더라도 일반 백성과의 신분 차이는 여전한 것이었다. 관직의 고하는 작위 등급과 연계되어 있어서 고위직이 받는 땅은 하위직과 많은 차이가 있었기 때문이다. 상앙이 죽고 난 이후에도 변법의 틀이 그대로 유지된 것은 귀족사회에 대한 근본적 위협이 없었다는 점을

---

10 『史記』「商君列傳」. "秦民大說, 道不拾遺, 山无盜賊, 家給人足. 民勇於公戰, 怯於私鬪, 鄕邑大治."

반증한다.

그럼에도 불구하고 상앙의 토지개혁이 부정적 평가를 받는 것은 한대 동중서董仲舒의 비난과 관련되어 있다. 동중서는 한 무제에게 올리는 상주문에서 특정 세력이 토지를 독점하여 백성의 삶이 가난해지게 된 것이 상앙의 변법에서 기인한다고 고했다.

> 상앙의 변법으로 고대 제왕의 제도가 바뀌었습니다. 정전제가 폐지되어 백성이 땅을 매매할 수 있게 되면서, 부자들의 땅은 드넓게 연결되어 있지만 가난한 사람들은 송곳 꼽을 땅도 없었습니다.[11]

동중서는 무제 시기 토지 독점화의 문제가 바로 땅을 사적으로 매매할 수 있게 한 데서 비롯되었다고 본 것이다. 고대 제왕의 정전제는 국가(왕) 소유의 토지를 백성이 경작하는 제도인데, 상앙이 변법을 통해 정전제를 폐지하고 토지 사유화를 추구하면서, 지금의 문제가 발생한 것이라는 얘기다. 그런데 토지 소유제 면에서 볼 때 상앙의 변법은 귀족들이 사적으로 세습하던 토지나 황무지를 개간한 땅을 국가가 수용하는 것이었다. 이것은 토지 사유화가 아니라 오히려 토지 국유화에 가깝다.

관리에게 봉록으로 주는 토지도 세읍으로 변경하여, 관직을 사퇴하면 다시 반환해야 했다. 호적에 등록된 가구에게 주는 수전은 그 가구가 자작농이 되어 먹고 사는 생활 터전으로 매매를 위한 땅이 아니었다. 수전은 가구의 가장에게 수여하는 것으로 타인의 간섭없이 경작할 수 있는 권한이 부여되었다. 그러나 가장이 경작할 수 없는 연령이 되면 국가에 반환해야 하며, 그 자식이 수전의 자격을 갖추면 그 땅을 상속처럼 물려받을 수 있을 뿐이었다.

---

11 『漢書』「食貨志」. "以秦用商鞅之法, 除井田, 民得賣買, 富者, 田連阡陌, 貧者, 亡(無)立錐之地."

상앙의 변법에서 백성이 능력껏 경작 수익을 올리는 일은 권장되었지만 땅 매매를 통해 이익을 얻는 행위는 허용된 적이 없다. 가구가 땅을 넓힐 수 있는 길은 작위 등급이 올라 땅을 사여받거나 황무지를 새롭게 개간하는 일이었다. 땅을 수여받은 만큼 백성으로서의 의무가 엄중한 사회에서 땅 매매를 허용하는 것은 백성의 삶의 터전을 박탈하는 일에 다름아니다. 이는 백성이 거주 지역에서 이탈하지 않도록 통제정책을 시행한 취지와도 맞지 않는 일이다. 귀족들이 대토지를 세습하며 농민들에게 과중한 세금을 물리는 육국의 상황에 비한다면, 상앙의 변법이 오히려 정전제의 뜻을 계승한 제도라고 해야 한다.

동중서가 비난한 토지 사유화는 상앙의 변법에도 반하는 일이다. 그러나 백성에게 수여된 땅에 대한 관리와 반환 업무를 국가가 방치할 경우, 토지 사유화의 문제가 발생할 소지가 있었다. 국가가 세금을 과하게 부가하거나 군역이 가혹할 경우 백성이 토지에서 이탈할 수 있고, 생활이 궁색한 백성이 수전을 세족들에게 넘기고 자신은 그 소작으로 들어갈 수도 있었다. 또 장사로 크게 돈을 번 상인이 토지를 매수하여 대토지 소유자가 되는 일은 중국사에서 흔하게 벌어지는 현상이었다.

상앙의 변법 시행에서 진 제국에 이르는 시대에는 이러한 토지 사유화의 문제가 정치적 이슈가 된 기록은 없었다. 진한 교체기의 혼란과 한대 초기의 자유방임 정책을 거치면서, 동중서 시대에 호족과 대상인의 토지 겸병이 정치적 문제가 된 것이었다. 즉 한대에 국가 토지 관리에 공백이 생기면서 동중서가 비난한 문제가 발생한 것이라는 얘기다. 그 책임을 상앙에게 돌린 것에 불과하다.

동중서와 같은 이념적 비난을 넘어, 상앙과 진나라 통치자에게 정말로 던져야 할 질문은 토지 사유화가 아니다. 바로 전쟁국가가 진 제국의 성공과 멸망을 초래한 내적 원인이 되었다는 점이다. 변법은 진나라 백성의 의욕을 끌어내는 데는 성공했지만, 전쟁을 해야 백성이 부유해지는 기형적 사회구조를 만들었다. 이로 인해 진나라는 전쟁 수행을 효율적으로 할 수 있었지만, 육국과의 세력균형이나 국제평화에 관한 사유는 발전하지 못했다.

전쟁이 끝난 후 평화의 국면이 도래했을 때, 이 문제는 결국 진 제국이 육국의 민심을 얻지 못하여 단명하게 되는 역설로 작용했다.

3. 맹자의 인정仁政, 전쟁시대에 도덕 정치는 가능한가

상앙이 진나라를 강력한 전쟁국가로 만들고 육국이 이에 대응하는 전쟁을 벌이고 있을 때, 이러한 시대 흐름에 일침을 가한 사상가가 있었다. 바로 맹자다. 전국칠웅이 모두 전쟁에 혈안이 된 시대에, 맹자는 사람을 죽이는 전쟁 승리자가 아니라 사람을 살리는 왕이 천하를 통일할 수 있을 것이라고 주장했다.

맹자가 양梁나라 양왕襄王을 회견하고 나와 사람들에게 말했다. 먼발치에서 그를 보니 왕 같지가 않고, 가까이 가서 살펴봐도 외경스러운 구석이 없었소. 뜬금없이 '천하가 어떻게 될 것 같소?'라고 하기에 '하나로 결정될 것입니다定于一'라고 대답했소. 또 '누가 통일시킬 수 있겠소?'라고 하기에 '사람 죽이기 좋아하지 않는 사람이 천하를 통일할 것입니다'라고 대답했소. 또 '누가 그와 함께 하겠소?'라고 하기에 '천하 사람 가운데 그와 함께 하지 않을 자가 없을 것입니다. 왕은 저 보리 싹을 아십니까? 7, 8월경 가뭄이 들면 싹이 시듭니다. 이때 하늘에 뭉게뭉게 구름이 일어나 좍 하고 비가 쏟아지면 싹들은 부쩍 자라나지요. 그 누가 이것을 막을 수 있겠습니까. 오늘날 천하 왕들 가운데 사람 죽이기를 좋아하지 않는 자가 없습니다. 이 가운데 사람 죽이기 좋아하지 않는 왕이 있다면, 천하 백성은 모두 목을 빼고 그를 우러러볼 것입니다. 정말로 이와 같다면 천하 백성이 그에게로 몰려드는 것이 꼭 물이 위에서 아래로 쏟아지는 것 같을 겁니다. 좌 하고 퍼붓는 물줄기를 누가 막을 수 있겠습니까!'라고 대답했소.[12]

양나라 양왕은 상앙의 진나라와 경쟁하던 위나라 혜왕의 아들이다. 위나라는 동진을 위해 수도를 안읍安邑에서 대량大梁으로 옮기면서 양나라로 불리게 되었다. 위나라의 천도 덕분에 진나라는 천하 통일을 위한 동쪽 관문을 수월하게 확보할 수 있었다. 이 일은 사마천이 말한 하늘이 진나라를 도운 일 가운데 하나였다. 동진을 선택한 위 혜왕은 토지에 대한 욕심 때문에 백성을 전쟁에 몰아넣어 제나라와 수차례의 전투를 벌이지만 패배했다. 그 과정에서 영민한 태자 신申을 죽게 만들고, 맹자가 보기에 '왕 같지도 않은' 양왕이 그 후위를 잇게 되었다. 맹자는 이러한 전국시대의 현실을 보면서, 위 혜왕처럼 토지를 욕심내거나 상앙의 진나라처럼 황무지를 개간하는 이들이 백성을 전쟁으로 내몰아 사람을 죽이는 자들이라고 비난했다.

맹자는 천하가 결국 하나로 통일될 것이며, 사람을 죽이기 좋아하지 않는 왕에게 천하의 백성이 모여들어 그 왕이 천하를 통일할 수 있을 것이라고 여겼다. 그 왕이 바로 인仁을 백성에게 실천하여 대적할 자가 없는 천하무적 혹은 인자무적의 왕이다. 그러나 전쟁국가를 만들어 힘으로 천하를 경쟁하는 시대에, 인의도덕으로 백성의 마음을 얻어 천하를 통일할 수 있다는 맹자의

---

12 『孟子』「梁惠王 上」. "孟子見梁襄王. 出, 語人曰: '望之不似人君, 就之而不見所畏焉. 卒然問曰: "天下惡乎定?" 吾對曰: "定於一." "孰能一之?" 對曰: "不嗜殺人者能一之." "孰能與之?" 對曰: "天下莫不與也. 王知夫苗乎? 七八月之間旱, 則苗槁矣. 天油然作雲, 沛然下雨, 則苗浡然興之矣! 其如是, 孰能禦之? 今夫天下之人牧, 未有不嗜殺人者也. 如有不嗜殺人者, 則天下之民皆引領而望之矣. 誠如是也, 民歸之, 由水之就下, 沛然誰能禦之?'"

생각은, 통치자들에게 이상주의자의 열변으로 다가올 뿐이었다. 상앙이 효공을 만나 고대 제왕의 치도가 수용되지 않자 부국강병책으로 전환한 것과 달리, 맹자는 삼대의 왕도를 굽히지 않았다. 그럴수록 맹자는 백여 년 전 공자가 천하를 주유하며 느꼈던 현실 정치와의 간극을 더 절실하게 느꼈을 것이다.

맹자는 이렇게 전쟁국가의 시대가 된 작금의 현실을 개탄하면서 그 시초가 춘추시대 오패에서 비롯된다고 여겼다. "춘추시대 오패는 고대 삼왕에게 죄를 지은 사람들이다. 오늘날의 제후는 춘추시대 오패에게 죄를 지은 사람들이다. 오늘날의 대부는 오늘날의 제후에게 죄를 지은 사람들이다五霸者, 三王之罪人也. 今之諸侯, 五霸之罪人也. 今之大夫, 今之諸侯之罪人也."[13] 현재에 이르기까지 시대는 더 악화되고 있는데, 그 원인이 삼대의 왕도정치에서 이탈한 춘추시대 오패에게 있다는 얘기다. 춘추시대 오패는 여러 가지 설이 있지만, 맹자의 사유를 감안하면 제 환공·진 문공·진 목공·송 양공·초 장왕으로 보아도 무방할 것이다. 그렇다면 춘추시대 오패는 어떻게 삼대의 왕도에 죄를 짓게 된 것인가?

힘으로 인을 흉내 내는 자는 패자다. 패자는 반드시 큰 나라를 소유해야 한다. 덕으로 인을 실행하는 자는 왕이다. 왕자는 큰 나라가 필요하지 않다. 탕임금은 70리 땅으로, 문왕은 100리 땅으로 왕이 되었다. 사람들이 힘에 굴복하는 것은 마음으로 복종함이 아니라 힘이 부족하기 때문이요, 사람들이 덕에 복종하는 것은 마음이 움직여서 진정으로 복종하는 까닭이다. 마치 70명의 제자들이 공자에게 심복했던 것과 같다. 『시경』 「대아大雅」 '문왕유성文王有聲'에 "서쪽에서 동쪽에서, 남쪽에서 북쪽에서 복종하지 않는 사람이 없네"라고 했으

---

13 『孟子』「告子 下」.

니 이를 노래한 것이다.[14]

왕도는 덕으로 마음을 움직여 복종케 하는 것으로 큰 영토를 필요로 하지 않는다. 사방에서 복종하는 사람들이 많아지면 자연스레 나라가 커지게 되어 힘으로 영토를 확대할 필요가 없기 때문이다. 이에 반해 패자는 힘으로 사람을 굴복시켜 큰 나라를 소유하려고 한다. 힘이 부족한 사람은 패자에 굴복하지만 마음으로 복종하는 것이 아니어서, 큰 나라를 소유하려면 지속적으로 강압적인 힘을 사용해야 한다. 전국시대에 전쟁이 끊임없이 벌어지는 건 바로 힘으로 큰 나라를 소유하려는 패도가 지배적인 통치방식이 되었기 때문이다.

맹자는 이런 패도가 춘추시대 오패에서 비롯된 것으로 여기며, 특히 첫 번째 패자 제 환공을 보필한 관중에게 패도의 시대가 열린 책임을 추궁한다. 당시 제나라는 영토와 백성이 제일 많은 천하 강국이라 왕도를 행하려고 했다면 막을 나라가 없었는데, 관중이 패도를 시행하면서 지금에 이르게 된 것이라는 얘기다. "관중은 오로지 임금 마음을 얻는 데만 힘을 썼고, 국정을 오랫동안 집권하고 있으면서도 공적이 저렇게 낮은" 것은, 강국의 조건을 갖추고 있음에도 불구하고 덕으로 세상을 다스리는 왕도를 쓰지 않았기 때문이다.

제나라 사람들 말에 '지혜가 있다 한들 시세를 타는 것만 못하고, 호미가 있다 한들 봄을 기다리는 것만 못하다'라고 하던데 지금이야말로 왕도를 펼치기에 좋은 때다. 하은주가 흥성할 때도 땅이 사방 천 리를 넘은 적이 없었는데,

---

14 『孟子』「公孫丑 上」. "以力假仁者霸, 霸必有大國; 以德行仁者王, 王不待大. 湯以七十裏, 文王以百裏. 以力服人者, 非心服也, 力不贍也; 以德服人者, 心悅而誠服也, 如七十子之服孔子也. 詩雲: 『自東自西, 自南自北, 無思不服.』 此之謂也."

지금 제나라는 그만한 땅을 가졌고, 닭 울음소리와 개 짖는 소리가 연달아 사방 국경까지 닿을 정도니 백성도 넉넉하다. 땅은 더 개간할 필요가 없고 사람도 더 모을 필요가 없으니, 다만 인정仁政을 펴서 왕도를 행한다면 그 누가 막을 수 있겠는가. 더욱이 왕자가 나오지 않는 것이 지금보다 드문 적이 없었고, 천하 사람들이 학정에 시달려 까칠한 것이 지금보다 심한 때가 없었다. 굶주린 자는 먹이를 가리지 않고, 목마른 자는 마실 것을 가리지 않는 법. 공자께서 '덕이 퍼져나가는 속도는 역말驛馬이 왕명을 전달하는 것보다 빠르다'고 하셨다. 오늘날 만승의 나라가 인정을 시행하면 천하 사람들의 기쁨은 거꾸로 매달렸다가 풀려나는 것과 같으리라. 그러므로 일은 옛날의 절반만 하고도 그 성과는 반드시 옛사람의 갑절이 되는 것은 오로지 지금이 그런 때다.[15]

맹자는 양나라 양왕에게 말한 것처럼 제나라에 대해서도 인정仁政을 펴서 왕도를 행한다면 천하를 다스릴 수 있을 것이라고 여겼다. 양나라와 제나라는 당시 영토와 백성이 많은 큰 나라로서, 천하 통일을 할 수 있는 조건을 구비한 나라라고 생각한 것이다. 맹자의 왕도가 덕이 관건이어서 나라의 크기가 중요하지 않은 것처럼 보이지만, 등滕나라나 추鄒나라와 같은 소국에서 맹자는 내정에 관한 얘기만 하지 천하 통일의 일은 꺼내지 않았다. 이는 맹자가 나라의 국력 차이를 잘 인지하고 있었다는 것이며, 천하 통일을 이루기 위해선 반드시 일정한 국내 기반이 갖추어져야 한다는 사실을 뜻한다. 맹자가 말한 인정은 국내 기반을 갖추기 위한 정책이면서, 아울러 천하 백성

---

15 『孟子』「公孫丑 上」. "齊人有言曰: 雖有智慧, 不如乘勢; 雖有基, 不如待時. 今時則易然也. 夏後, 殷, 周之盛, 地未有過千者也. 而齊有其地矣. 雞鳴狗吠相聞, 而達乎四境. 而齊有其民矣. 地不改辟矣, 民不改聚矣; 行仁政而王, 莫之能禦也! 且王者之不作, 未有疏於此時者也; 民之憔悴於虐政, 未有甚於此時者也. 饑者易爲食, 渴者易爲飲. 孔子曰: 德之流行, 速於置郵而傳命. 當今之時, 萬乘之國, 行仁政; 民之悅之, 猶解倒懸也. 故事半古之倍之人, 功必倍之; 惟此時爲然."

의 마음을 얻을 수 있는 통일 방안이었다.

    현자를 존중하고 유능한 사람을 등용하여 걸출한 인물이 조정에 있으면, 천하의 사인이 다들 기뻐하며 그 조정에 서기를 바랄 것이다. 시장에서 점포의 자릿세만 받고 장세는 물리지 않고, 팔다 남은 상품은 나라에서 사주면 천하의 상인이 다들 기뻐하며 그 시장에 물건을 내놓길 바랄 것이다. 관문에서 기찰만 하고 관세를 면제하면 천하의 여행자(무역상인)가 다들 기뻐하며 그 길을 이용하려고 할 것이다. 농민에게 공전 경작을 하고 사전의 세금을 면제하면(정전제) 천하의 농민이 다들 기뻐하며 이 들에서 농사짓고 싶어 할 것이다. 이주자에게 거처를 마련해주고 주민세를 면제하면 천하 사람이 모두 기뻐하며 이 나라 백성이 되기를 바랄 것이다. 진정으로 이 다섯 가지를 실행할 수 있다면 이웃 백성도 부모처럼 우러러볼 것이니, 인류가 생겨난 이래 자식을 끌어다가 부모를 공격하여 성공한 적은 없었다. 이렇게 되면 천하에 대적할 자가 없을 것이며, 천하에 대적할 자 없는 사람은 천명을 집행하는 관리天吏가 될 것이다. 이렇게 하고서 천하의 왕자가 되지 못한 경우는 없었다.[16]

맹자가 말한 다섯 가지 인정은 사인을 위한 유능한 인재 등용, 상인을 위한 시장 조세 감면, 여행자(국제상인)를 위한 관세 면제, 농민을 위한 정전제 시행, 이주자를 위한 보호 정책 등으로 정리할 수 있다. 이 다섯 가지와 아울러 백성 교육을 위한 학교 설립을 포함하면, 『맹자』에서 왕도 구현 방안으로

---

16 『孟子』「公孫丑 上」. "尊賢使能, 俊傑在位, 則天下之士, 皆悅而願立於其朝矣. 市廛而不征, 法而不廛, 則天下之商, 皆悅而願藏於其市矣. 關, 譏而不征, 則天下之旅, 皆悅而願出於其路矣. 耕者, 助而不稅, 則天下之農, 皆悅而願耕於其野矣. 廛, 無夫裏之布, 則天下之民, 皆悅而願爲之氓矣. 信能行此五者, 則鄰國之民, 仰之若父母矣. 率其子弟, 攻其父母, 自生民以來, 未有能濟者也. 如此, 則無敵於天下. 無敵於天下者, 天吏也. 然而不王者, 未之有也."

제시된 정책의 면모를 살펴볼 수 있다. 여기서 주목할 점은 왕도/패도의 본질적인 차이를 얘기하고 있지만, 맹자의 방안이 춘추시대 관중이 세운 질서와 크게 다르지 않다는 사실이다. 실제로 맹자는 관중의 회맹 조목의 내용을 설명할 정도로 관중의 정책을 잘 알고 있었으며, 공자 역시 천하 질서를 위한 관중의 공로를 높이 평가한 바 있다.

맹자가 첫 번째로 제기한 유능한 인재 등용 문제는 관중이 백성 가운데 인재를 선발하는 획기적인 전환을 이룩한 이래 지속적으로 주장되고 있는 정책이다. 관건은 어떤 방안을 지닌 인재를 등용할 것인지가 되는데, 맹자는 통치자들이 선호하는 부국강병책이 아니라 왕도를 실현할 인재가 등용되어야 한다고 보았을 것이다.

상인을 위한 조세의 경우 관중은 시장세를 2%로 규정하고, 생산량과 물가 조절 정책을 시행하여 생산자와 상인이 공히 이익을 볼 수 있게 했다. 맹자도 상인들의 편의를 위한 방안을 내놓은 것이지만, 맹자가 상업 정책을 시행한 경험이 없기 때문에 민생경제에 활력이 되는 방안인지 여부는 알 수가 없다.

여행자(무역상인)를 위한 관세의 경우 관중은 관세를 1%로 규정하여 국가 간의 교역 활동을 장려했다. 그리고 특정 국가가 물이나 식량 등의 자원을 전략적으로 이용하여 국제 분쟁을 일으키지 않도록 엄정하게 관리했다. 맹자는 여행자의 자유로운 국경 출입만을 얘기한 것이며, 그것을 통해 평화적인 국제관계를 어떻게 만들 수 있는지에 대해선 논의하지 않았다.

이주자를 위한 보호 정책은 정치적 망명자보다는 생계를 위한 이주민을 수용하기 위한 것이다. 왕도의 나라에서 살고 싶어 하는 백성을 어떻게 수용할 것인가의 문제라고 할 수 있다. 이러한 이주민을 수용하기 위해선 무엇보다 생계수단이 되는 땅을 지급할 수 있어야 한다. 이주민은 땅이 없거나 가혹한 조세로 인해 타 지역으로 피난하는 사람들이기 때문이다. 그래서 맹자가 말한 숙소 제공과 주민세 면제가 의미있는 일이 되려면, 나라가 지급할 땅을 보유하고 있어야 한다.

이 문제는 자국 농민의 생계와도 직결되어 있는 것으로, 맹자가 제기한 인정의 관건적인 사안이다. 맹자는 이를 위해 정전제 시행을 제안한다. 주지하듯이 정전제는 땅을 9등분 하여 가운데 공전은 공동 경작하여 세금으로 내고, 나머지 8등분은 농민 가구에게 사전으로 지급하여 생계수단으로 삼게 하는 것이다. 고대 제왕의 토지제도로 알려진 정전제가 실제 시행된 것인지 아니면 상상의 산물인지는 논의가 분분하다. 모든 토지가 반듯하게 구획할 수 있는 너른 땅이 아니라는 점을 고려하면 정전제는 보편적으로 시행되기 어려운 제도다. 넓은 들판에 있는 땅이라면 구획하기가 수월하지만, 도시 부근에 분산되어 있거나 협소한 땅이라면 일정 단위로 구획하기가 쉽지 않기 때문이다.

그러나 정전제의 핵심이 국가 소유의 땅을 일정 단위로 구획·배분하여 백성에게 경작케 하고 낮은 세금을 내게 하는 취지라면, 지역의 상황에 따라 탄력적으로 시행할 수 있는 제도라고 보인다. 균등하게 분할하기 좋은 땅은 정전제 그대로 시행하고, 그렇지 않은 땅은 모두 사전으로 분할 지급하여 1/10의 산출량을 조세로 부가하면 된다. 즉 세금을 내는 방식에 있어서 공전을 공동 경작하든 아니면 공전 없이 배분하여 1/10의 조세를 내든, 그 결과는 비슷하다는 것이다. 맹자도 정전제를 이러한 취지로 설명한 바 있다.

> 지방에서는 9등분하는 정전제를 실시하여 공전을 경작한 생산물을 조세로 내고, 도성 주변에는 10가구로 분할하여 소출의 1/10를 세금으로 내게 합니다.[17]

맹자의 설명에 근거하면 정전제는 국가 소유의 땅을 분할 지급하여 공전

---

17 『孟子』「滕文公 上」. "請野九一而助, 國中什一使自賦."

생산량 혹은 사전 생산량의 1/10을 조세로 내는 제도라고 할 수 있다. 정전제에서 토지는 국가(왕) 소유의 공공재이기 때문에 소유제 문제가 발생하지 않는다. 정전제에서 말하는 공전/사전은 국유/사유의 소유제 구분이 아니라 생산량이 누구에게 귀속되는지의 문제에 해당한다. 공전은 수확물이 모두 국가에 귀속되고, 사전은 농민에게 귀속되어 일정한 세금을 낸다는 뜻이다.

이러한 차원에서 보면 정전제는 관중이 시행한 토지개혁과 그 취지가 대동소이 한 것이다. 관중 역시 국가가 토지를 수용하여 일정 단위로 구획하고 가구 단위로 배분하여 정전제보다 더 낮은 조세(5/100)를 부가했다. 맹자처럼 9등분이나 10가구의 소규모가 아니라 지역 단위로 구획하여 중앙집권적으로 관리하는 차이가 있을 뿐이다. 이 제도는 전국시대 상앙에 이르러 지방의 토지가 군현제로 대거 편입되면서, 이른바 편호제민編戶齊民을 대상으로 하는 대단위의 수전제로 확대되었다.

실정이 이러함에도 불구하고 관중 이래의 토지제도를 정전제에 반하는 것으로 여기곤 했다. 이는 수전제를 토지 사유화로 보는 동중서 식의 편견이 작용한 것이다. 정전제/수전제가 토지 국유화/사유화로 대비되면서, 이 제도의 정치 경제적 성격이 단순화되고 현대적 의미의 소농으로 이해되었던 것이다.

맹자의 경우도 정전제를 백성을 위한 방안으로 내세우면서, 황무지 개간을 포함한 수전제는 사적인 토지 욕심으로 비판했다. 여기서 맹자에게 던져야 할 질문이 있다. 왕도의 나라에서 살고 싶어하는 백성이 늘어난다면 그들에게 어떻게 생계에 필요한 땅을 지급할 것인가의 문제이다. 정전제는 소규모 지역에서 시행할 수 있는 제도이지만, 대규모의 국가에서 날로 늘어나는 백성에게 지급할 토지 문제를 해결할 수 있는 방안이 아니기 때문이다. 맹자에게는 이러한 땅을 어떻게 확보할 것인지에 대한 사유가 보이지 않는다.

한 나라 내부에서 토지 문제를 해결할 현실적인 방안은 수전제에서 시행한 것처럼, 황무지를 개간하거나 귀족의 영지, 대토지 소유자의 땅을 수용하고,

분산되어 있는 땅을 효율적으로 재정비하여 선진적인 경작방식을 통해 생산성을 높이는 일이 유력하다. 이러한 방법 없이 정전제만으로 문제가 해결될 것이라고 보기는 힘들다.

전국시대 실정을 누구보다 잘 알고 있던 맹자가 이 점을 몰랐다고 생각되지는 않는다. 맹자가 이상주의적 왕도를 내세운 것은 실정에 무지해서가 아니라 '신념의 정치'를 선택한 것이다. 전쟁국가의 시대에 평화를 위한 엄격한 규범이 없다면 더 잔혹한 세상이 될 것이기 때문이다.

맹자의 다섯 가지 인정에서 보이듯이, 국내 기반을 만드는 일이 바로 천하 백성을 수용할 수 있는 길이다. 그러한 인정을 시행하는 통치자가 천하무적이 되고 천명을 실현하는 천자天吏가 되는 것이다. 문제는 어느 나라든 맹자의 인정을 불편해하는 세력이 있었다는 점이다. 인정의 시행과 그로 인한 군주권 강화가 자신들의 이해관계와 상충된다고 여기는 세족들이었다. 이는 관중과 상앙이 개혁을 시행할 때 직면했던 일로서, 어느 나라에서나 나타날 수밖에 없는 권력 구조적인 문제였다.

인정을 내세우면서도 이 험난한 문제를 피해가려 한다면 국내 기반은 만들어지지 않는다. 세족들의 권력 기반을 제한하지 않고는 인정을 시행할 수 없는 상황에서, 맹자는 현실적인 문제보다는 군주의 덕/부덕, 왕도/패도의 이념적 차이를 부각시켰다. 이를 위해 전승되어오던 고대 이야기를 이상적 세계로 재구성하여 전쟁국가의 현실과 대비되는 규범으로 만들었다.

맹자는 자신의 인정이 고대 제왕의 치도라고 하지만 실천 방안에 있어서는 관중의 정책과 큰 차이가 없었다. 상상 속의 고대 세계와 역사 속에 구현된 평화의 순간을 수사적으로 결합한 담론에 가까웠다. 그렇다고 맹자의 왕도가 통치의 다원성을 승인하는 평화적 국제관계를 추구했다고 보기도 힘들다. 통일의 과정에서 왕도를 따르는 나라는 보존되지만, 왕도와 다른 패도를 쓰거나 다른 방식의 통치를 하는 나라는 교화의 대상이었기 때문이다.

전쟁의 시대에 평화는 스스로 지켜야 하며 타국이 지켜줄 수 있는 일이 아니었다. 맹자는 군주가 인으로 다스리면 대적하려는 사람이 없으며, 그런 나라의 백성은 몽둥이를 들고서라도 견고한 갑옷과 날카로운 무기를 든 적을 패퇴시킬 수 있다고 주장한 바 있다. 인으로 사람을 대하는 것은 좋은 일이나 국제정치의 현실은 그렇지 않았다. 나라를 인으로 다스려 편안하게 하더라도, 타국이 강병을 이끌고 침략했을 때 대응할 군사력이 없다면 백성이 몽둥이를 들고 막아낼 수 없는 일이다. 이는 통치자가 국방의 책임을 다하지 못하여 백성을 사지에 밀어 넣는 것에 불과하다. 복합적인 요인이 있었지만, 맹자의 훈화를 받은 나라들 역시 멸망을 피할 순 없었다.

제나라를 떠나는 맹자에게 순우곤淳于髡이 던진 질문처럼 맹자는 제나라에서 7년이나 재상을 지내면서도, 국내 기반뿐만 아니라 국제평화를 위한 별다른 성과를 거두지 못했다.[18] 맹자는 왕도의 규범을 역설했지만, 세상은 탐욕적인 전쟁의 길로 내달리고 있었던 것이다.

4. 제자백가, 통치와 민심은 일치될 수 있는가

육국과의 전쟁에서 승리하여 통일국가를 건설한 진나라 주역들은 "폐하께서 의로운 군대를 일으키시어 남아있는 적들을 주살하고 천하를 평정하여 전국에 군현을 만들고 법령을 통일하셨습니다. 이는 오랜 옛날부터 없었던 일로 오제라 할지라도 감히 미치지 못하는 위업입니다."[19]라고 자부했다. 그러나 천하 통일에 대한 자부와 달리 전국시대 진나라에 통일을 위한 뚜렷한

---

18 『孟子』「告子 下」.
19 『史記』「秦始皇本紀」. "今陛下興義兵, 誅殘賊, 平定天下. 海內爲郡縣, 法令由一統, 自上古以來未嘗有, 五帝所不及."

목표나 방략이 있었던 것은 아니었다.

상앙의 변법도 진나라 일국의 부국강병책이며 천하 통일을 위한 책략은 아니었다. 전국칠웅 모두 국내 기반을 다지는 것이 전쟁에 승리하는 길이라고 여겼을 뿐 천하 통일을 자신의 목표로 내세우지는 않았다. 끝없이 지속되는 살상 전쟁을 거치면서 비로소 전쟁을 끝내기 위한 전쟁이 전국시대 말기에 시작되었던 것이다.

그런데 지속된 전쟁 속에서도 전국시대가 공유한 생각과 그 질서가 있었다는 점은 주목할 필요가 있다. 춘추시대 이래 지속된 전쟁이 천하의 중심인 천자가 부재한 데서 기인하며, 이 천자 질서를 재정립하는 것이 평화 회복의 길이라고 여겼다는 것이다. 춘추시대 패자 중심의 회맹 질서나 전국시대 전쟁국가 체제도 천자 질서 회복이라는 세계상에 기반하고 있었다. 춘추전국시대의 중앙집권적 군주제는 일국 중심의 방안이기는 했지만, 타국이 그 하부 단위로 들어오면 천하 질서로 확대될 수 있는 그러한 세계였다.

이러한 생각은 전국시대의 가장 진보적 개혁가인 묵자도 예외는 아니었다. 묵자는 작금의 혼란이 강자가 자신의 탐욕을 위해 약자의 이익을 침탈한 데서 비롯된다고 보았다.

> 오늘날 천하의 가장 큰 폐해는 무엇인가? 큰 나라가 작은 나라를 공격하고, 큰 가문이 작은 가문을 어지럽히며, 강자가 약자를 약탈하며, 다수가 소수를 폭압하며, 지혜로운 자가 어리석은 자를 속이며, 귀한 자가 천한 자를 능멸하는 것이 천하의 가장 큰 폐해다. 또한 임금된 자가 은혜롭지 않고, 신하된 자가 충성스럽지 않고, 자식된 자가 효성스럽지 않은 것이 또한 천하의 큰 폐해다. 오늘날 사람이 사람을 천하게 여겨, 무기와 독약과 물과 불을 가지고 서로 해치는 것이 또한 천하의 큰 폐해다.[20]

이에 묵자는 천자-삼공-제후-경-대부-향-리에 이르는 중앙집권적 군주제를 대안으로 제시했다. 전통적으로 보면 주나라 천명 질서를 계승한 것이며, 통치방식으로 보면 관중의 중앙집권제를 수용한 것이었다. 이러한 기반 위에서 묵자는 아래로부터의 여론, 만민 공생兼愛, 이익 공유交利, 능력에 따른 직업 선택, 침략전쟁 반대 등의 개혁안을 제시했다. 묵자 개혁의 핵심 내용은 약자를 보호하는 진보적 방안이지만, 전국시대가 공유하는 정치 질서를 넘어서진 않았다. 만민 평등을 위한 신분질서 철폐나 민주적 방식으로의 통치자 선출 등은 묵자 개혁에서 기대할 수 있는 내용이 아니라는 것이다.

가령, 겸애는 유가에서 획일적 평등주의라고 비판하지만, 이는 묵자가 추구하는 세계와 어울리지 않는 것이다. 묵자의 세계에서도 작위, 신분, 직분, 능력, 출신, 국적 등에 따른 차이가 존재한다. 묵자의 겸애는 무차별의 평등의 세계가 아니라 각자가 처한 상이한 환경과 능력 차이 위에서 각자가 원하는 바를 이룰 수 있는 공생의 세계를 추구한 것이었다.[21] 묵자는 겸애의 마음을 통해 강자가 차별적 질서를 만들어 이익을 독점하는 현실을 막으려고 했다.

이것은 획일적 평등보다는 조화로운 차등질서로 향한다. 묵자가 추구한 하나됨同의 세계는 획일성이 아니라, 천자가 제정한 좋은 법이 누구에게나 공평하게 적용되는 세계를 뜻한다. 즉 하나됨에는 천자가 제정한 질서와 상위자를 따라야 한다는 의미뿐만 아니라, 천자의 질서가 누구에게나 보편적으로 적용되어 서로 이익을 공유할 수 있어야 한다는 의미도 포함되어 있다. 이는 조화로운 차등질서 하에서 백성 누구나 제 능력을 발휘하여 적합한 이익을 얻을 수 있는 사회라고 할 수 있다.

---

20 『墨子』「兼愛」下. "天下之害孰爲大. 曰. 若大國之攻小國也. 大家之亂小家也. 强之劫弱. 衆之暴寡. 詐之謀愚貴之敖賤. 此天下之害也. 又與爲人君者之不惠也. 臣者之不忠也. 父者之不慈也. 子者之不孝也. 此又天下之害也. 又與今人之賤人. 執其兵刃毒藥水火以交相虧賊. 此又天下之害也."

21 정영근, 「묵자의 직업사상」(『한국사상과 문화』 65집, 2012), 431~432쪽.

옛 성왕은 현명한 사람을 매우 존중했다. 능력에 따라 등용하고, 부형을 편들지 않고, 부귀한 자에게 치우치지 않고, 미색을 총애하는 일이 없었다. 현명하면 발탁해 높여주면서 부귀하게 해주고, 관청의 우두머리로 삼은 게 그렇다. 불초한 자는 파면시키고, 빈천하게 만들어, 일꾼으로 삼았다. 백성들 모두 서로 포상을 권하고, 형벌을 두려워하고, 함께 현능한 사람이 되려고 노력했다.[22]

묵자는 이렇게 개인의 능력을 존중하는 세계가 바로 하늘의 뜻天志이라고 생각했다. 그리고 천자는 바로 이러한 하늘의 뜻을 따르면서 백성의 추천을 받은 현자로서, 하늘이 임명한 통치자였다. 묵자의 천자는 주나라 천명처럼 하늘로부터 덕치 실현의 명을 받은 왕이었다. 하지만 주나라는 왕실의 부덕으로 백성을 위한 덕치에 실패했다. 묵자의 질서는 천명 질서를 재정비한 것이지만, 하늘의 뜻을 더 이상 특정 종족을 위한 혈연 질서에 두지 않았다. 정치공동체로서 백성의 삶을 보호하고 그 이익을 존중하는 질서가 바로 하늘의 뜻이라고 여긴 것이었다.

새로운 천자 질서는 백성의 삶을 위한 공적 질서를 바탕으로 한다. 상앙의 변법도 백성의 명예와 이익 충족에서 출발한 것이며, 맹자의 왕도의 세계도 백성이 하늘의 뜻을 담지한다는 점을 강조한 것이다. 주나라 천명에서 명분적 존재에 가까웠던 백성이 이제 한 나라 정치공동체의 기반이 되고, 나아가 천자 질서의 근간으로 인정된 셈이다. 물론 이렇게 위상이 전환된 데에는 백성이 생산과 군사력의 주축이 된 시대의 변화가 있었다.

그렇지만 백성의 위상이 전환된 후 백성의 삶이 그만큼 나아진 것인지 묻는다면, 전국시대의 현실은 그리 긍정적인 답을 주지 못한다. 묵자의 겸애

---

22 『墨子』「尙賢」中. "古者聖王. 甚尊尙賢. 而任使能. 不黨父兄. 不偏貴富. 不嬖顔色. 賢者擧而上之. 富而貴之. 以爲官長. 不肖者抑而廢之. 貧而賤之. 以爲徒役. 是以民皆勸其賞. 畏其罰. 相率而爲賢者."

나 맹자의 왕도는 실현될 기회를 갖지 못했으며, 상앙의 변법만이 진나라에서 실현되었을 뿐이었다.

제자백가의 글을 보면 대부분이 백성의 삶을 곤궁하게 묘사하고 있고, 또 그 원인을 통치집단의 탐욕으로 보고 있었다는 점은 시사하는 바가 크다.

백성이 굶주리는 것은 위에서 세금을 많이 거두어 가기 때문이다. 그래서 굶주린다. 백성들을 다스리기 힘든 것은 위에서 인위적으로 행하기 때문이다. 그래서 다스리기 어렵다. 백성들이 죽음을 가벼이 여기는 것은 위에서 잘 살려고 하기 때문이다. 그래서 죽음을 가벼이 여긴다. 오직 잘 살려고 하지 않는 것이 삶을 고귀하게 하려는 것보다 낫다.[23]

과도한 상을 공도 없는 자에게 내리고, 국고를 텅 비울 정도로 사치를 부려 거마와 의복 및 기이한 물건 등을 치장하고, 백성과 노비를 혹사해 궁실을 건조하며 연회와 오락을 즐기고, 장례 때 관곽을 크게 장만하며 수많은 의복을 묻게 하고, 살아서는 누대와 정자를 꾸미며 죽어서는 또 분묘를 치장하니, 백성은 밖에서 고생하고 창고는 안으로 바닥나게 된다. 위에서는 즐기는 일에 싫증을 낼 줄 모르고, 아래서는 그 괴로움을 감당하지 못한다.[24]

『노자』와 『묵자』 속의 현실은 전국시대 말기 순자와 한비자도 직면한 상황이었다. 열국의 영토 경쟁으로 약소국이 대국으로 병합되고 중앙집권제로

---

23 『老子』 75장. "人之饑也, 以其上食稅之多也, 是以饑. 百姓之不治也, 以其上之有以爲也, 是以不治. 民之輕死, 以其求生之厚也, 是以輕死. 夫唯無以生爲者, 是賢貴生."

24 『墨子』 「七患」. "以其極賞, 以賜無功, 虛其府庫, 以備車馬衣裘奇怪, 苦其役徒, 以治宮室觀樂, 死又厚爲棺□(槨), 多爲衣裘, 生時治臺榭, 死又脩墳墓, 故民苦於外, 府庫單於內, 上不厭其樂, 下不堪其苦."

권력이 군주와 통치집단에 집중되면서, 부의 불평등이 더욱 극심해졌던 것이다. 백성의 위상은 높아지고 나라의 규모는 커졌지만, 오히려 백성의 삶은 빈부격차만큼이나 곤궁해졌다. 진나라처럼 수전제가 실시되어 기본 생계가 마련된 나라는 좀 나았겠지만, 그렇지 못한 나라에서는 백성의 원망이 가중되었을 것이다. 이러한 상황은 군주의 통치 정당성이 흔들리고, 백성의 민란과 사회적 무질서로 이어질 수 있는 위기의 국면이었다. 백성의 욕구 충족이 통치자의 주요 책무가 된 시대에서, 통치자의 탐욕과 그로 인한 백성의 고통은 통치체제 자체를 뒤흔드는 심각한 사안이었던 것이다.

사람이 욕심을 가지면 생각이 혼란스러워지고, 생각이 혼란스러워지면 욕심이 심해진다. 욕심이 심해지면 사악한 마음이 생기고, 사악한 마음이 생기면 일을 이치에 맞게 처리하지 못해 재앙이 생긴다. 일을 이치에 맞게 처리하지 못해 재앙이 생기면 화와 재난이 생길 것이다. 이로부터 보면 화근과 재난은 사악한 마음에서 생기는 것이며, 사악한 마음은 욕심을 일으키는 데에서 나오는 것이다. 욕심을 일으키는 사물은 나아가서는 백성들을 간사하게 만들고 물러나서는 착한 사람이 화를 만나게 한다. 간사함이 생기면 위로는 약한 군주를 침해하고, 화가 이르면 백성들이 대부분 다치게 된다. 그러므로 결국 욕심을 일으키는 이들은 위로는 약한 군주를 침해하고 아래로는 백성들을 상하게 한다.[25]

한비자는 사람의 욕심에서 군주와 백성이 화를 입는 재난이 시작된다고 보는데, 여기서 말하는 사람은 군주와 백성 사이에서 사욕을 추구하는 세족

---

25 『韓非子』「解老」. "人有欲, 則計會亂; 計會亂, 而有欲甚; 有欲甚, 則邪心勝; 邪心勝, 則事經絶; 事經絶, 則禍難生. 由是觀之, 禍難生於邪心, 邪心誘於可欲. 可欲之類, 進則教良民爲姦, 退則令善人有禍. 姦起, 則上侵弱君; 禍至, 則民人多傷. 然則可欲之類, 上侵弱君而下傷人民. 夫上侵弱君而下傷人民者, 大罪也."

들을 겨냥한다. 한비자는 이런 세족들이 재화를 독점하여 백성과의 빈부격차를 극심하게 만든 주범이라고 본 것이다. 그렇다고 한비자가 인간의 욕구 자체를 부정적으로 본 것은 아니었다. 전국시대는 이익 추구의 욕구를 인간의 자연스런 본성으로 본 시기였다.

이익 문제에 대해 부정적 시각을 보인 맹자도 탐욕을 비판하기는 했지만 이익 자체를 부정한 것은 아니었다. 가령, 맹자가 강국의 방안을 묻는 양혜왕에게 "하필 이익을 말하십니까"[26]라고 핀잔한 것도, 인의로 다스리면 나라가 안정되고 나아가 천하가 귀속되는 더 큰 이익을 얻을 수 있을 것이라는 뜻이었다. 맹자가 부정한 것은 소인들의 탐욕이며, 인의에 기반한 공익은 군자가 반드시 추구해야 할 이익이었다. 이익을 소인의 탐욕/군자의 공익으로 구분한 것이지, 이익 자체를 부정했던 것은 아니다.

전국시대 성선설/성악설도 본래 이익 문제와 관련된 논의였다는 점을 주목할 필요가 있다. 우리는 성선설/성악설을 인성론적 차원으로 보는 데 익숙하다. 하지만 이 논의는 인간 본성에 대한 윤리학적 관심이 아니라 관중의 정치론에서 시작된 것이었다. 통치자의 책무가 백성의 욕구 충족에 있다는 생각이 정립되면서, 백성의 욕구가 무엇인지 즉 백성이 좋아하고 싫어하는 바가 무엇인지가 중요한 문제가 되었기 때문이다. 이러한 논의에서 백성의 이익 추구는 자연스런 욕구性이지만, 그대로 방임하면 이익 분쟁이 생겨 사회가 혼란해질 것이라는 점이 쟁점이었다.

> 사람의 본성은 악한 것이니 그것이 선하다고 하는 것은 거짓이다人之性惡, 其善者僞也.[27] 지금 사람들의 본성은 나면서부터 이익을 좋아하는데, 이것을 따르

26　『孟子』「梁惠王 上」. "王何必曰利!"
27　이러한 번역에 대해 우치야마 도시히코는 '인간의 성은 악이고, 선함은 작위(의 결과)이다'라고 번역해야 한다고 주장한다. 인간의 본성은 본래 악하기 때문에 통치자의 작위적 실천

기 때문에 쟁탈이 생기고 사양함이 없어진다. 사람은 나면서부터 질투하고 미워하는데, 이것을 따르기 때문에 남을 해치고 상하게 하는 일이 생기며 충성과 믿음이 없어진다. 사람은 나면서부터 귀와 눈의 욕망이 있어 아름다운 소리와 빛깔을 좋아하는데, 이것을 따르기 때문에 지나친 혼란이 생기고 예의와 아름다운 형식이 없어진다. 그러니 사람의 본성을 따르고 사람의 감정을 쫓는다면 반드시 다투고 뺏게 되며, 분수를 어기고 이치를 어지럽히게 되어 난폭함으로 귀결될 것이다.[28]

이렇게 인간의 욕구를 적절하게 통제하지 않으면 사회가 혼란해진다고 보는 입장이 성악설이다. 이는 인간의 본성이 도덕적으로 악하다고 규정하는 것이 아니라, 인간의 욕구를 방임하면 사회적 혼란을 야기할 수 있다고 보는 관점이다. 성악설을 이렇게 보면 맹자가 탐욕을 부정한 것 역시 의미상으로는 성악설과 대립되지 않는다.

맹자의 시각이 성악설과 다른 점은 인간의 본성을 이익 추구의 욕구로 보지 않는다는 것이다. 맹자는 인간에게 인의도덕을 추구하는 본성이 있고, 이에 정치의 목표도 인의도덕을 구현하는 나라를 만드는 일이라고 여겼다. 즉 인간의 본성 속에 이익의 욕구를 넘어 인의도덕의 씨앗(사단)이 내재되어 있고, 사람들이 이것을 발현하도록 교화하는 일을 자신의 정치적 사명이라고 인식했다. 맹자의 이러한 생각을 정립한 담론이 바로 성선설이다.

이 있어야 선하게 변할 수 있다는 뜻이다. 인간의 본성이 선하지 않다는 점은 일반적 해석과 동일하며, 위僞를 거짓이 아니라 선하게 변화시키기 위한 통치자의 작위적 실천으로 번역하는 차이가 있다. 그 작위적 실천이 순자에게 있어서는 예가 된다. 우치야마 도시히코, 『순자 교양강의』(석하고전연구회 옮김, 돌베개, 2016), 120~123쪽 참고.

[28] 『荀子』「性惡」. "人之性惡, 其善者僞也. 今人之性, 生而有好利焉. 順是, 故爭奪生而辭讓亡焉. 生而有疾惡焉. 順是, 故殘賊生而忠信亡焉. 生而有耳目之欲, 有好聲色焉. 順是, 故淫亂生而禮義亡焉. 然則從人之性, 順人之情, 必出於爭奪, 合於犯分亂理而歸於暴."

그래서 맹자는 이익이라는 말이 담론의 중심에 있는 것이 불편했다. 인의가 중심이 되어 그 구현 방안에 대한 논의가 이뤄져야 하는데, 통치자들은 늘 이익을 우선했기 때문이다. 맹자의 성선설과 달리 성악설은 인간의 욕구를 공동의 질서 안에서 충족시킬 수 있는 방안을 모색했다. 욕구를 방임하면 혼란이 일어나지만 그것을 적절한 방식으로 통제하면 사회 발전의 동력이 된다고 믿었기 때문이다.

통제 방식을 무엇으로 할 것이냐에 따라 입장이 달라질 따름이다. 묵자와 법가는 엄격한 법 시행을 통해 백성의 일탈을 통제하려고 했고, 순자는 직분에 따라 한도를 규정한 예제를 통해 인간의 욕망을 통제하려고 했다. 인간의 본성이 악하다고 냉혹한 통제를 가한 것이 아니라 정치공동체로서 백성의 욕구 실현을 위해, 각자에게 허용된 경계를 설정하려고 한 것이다.

노자가 통치자의 욕심을 비판하며 만족함을 알아야 한다知足고 하고, 묵자가 통치집단의 사치스런 문화를 비판하고, 상앙과 한비자가 귀족 관료들의 권력 기반과 탐욕을 제한하고, 순자가 성악설을 강조하며 자신의 분수를 뛰어넘는 혼란을 경계한 것도 이러한 취지라고 할 수 있다. 이들은 사람들 누구나 법과 예의 통제를 따라 질서에 순응하는 이가 될 수 있다고 본 셈이다. 이는 성선설이 교화를 통해 착한 인간이 될 수 있다고 여긴 것과 마찬가지였다.

전국시대 성선설/성악설은 공히 인간에 대한 신뢰에 기반하고 있었으며, 본성의 내용과 그것을 긍정적으로 발현시킬 방법을 보는 차이가 있었을 뿐이다. 이는 성선설/성악설이 윤리적 차원에서 진행된 철학 담론이 아니라 국가적 차원에서 벌어진 통치론에 가까웠다는 사실을 뜻한다.

그래서 이들은 공통적으로 통치집단의 탐욕을 제한하면서 백성의 기본 생계를 위한 분배를 중시했다. 이들의 논의가 통치자에게 던진 과제는 바로 한정된 재화를 어떻게 균형있게 분배할 것인지의 문제였다. 제자백가는 대부분 사유재산의 폐지와 공동 분배와 같은 급진적 방안보다는 균분均分의 방식을 추구했다. 균분은 각자의 신분(직분)에 따라 재화를 차등 분배하는 것으로 획일적인 평등 분배가 아니었다.[29]

묵자의 겸애처럼 특정 세력이 재화를 사사롭게 독점하지 못하게 하고, 백성 각자의 몫을 균형있게 배분하려는 취지였다. 상앙의 17등급 작위제에서 보았듯이, 차등 제도는 상등의 작위를 받는 귀족에게 유리한 방식이었다. 그럼에도 불구하고 이 제도가 의미있는 이유는 상위 통치집단이 재화를 독점하는 사태를 방지하여, 하위 백성에게 기본 생계에 필요한 재화를 제공할 수 있기 때문이다.

이러한 보호망조차 없는 나라에서 백성의 삶은 힘들고 불안할 수밖에 없었다. 진나라 백성이 다 부유할 수 있는 기회가 주어지진 않았지만, 순자가 목격한 것처럼 안정된 삶을 향유할 수 있었던 것은 이러한 기본 생계가 보장된 제도 덕분이었다.

제자백가의 차등질서에는 통치집단의 탐욕을 제한하여 약자의 이익을 보호하려는 뜻이 내재되어 있었다. 즉 차등질서는 신분 간의 차별보다는 통치집단의 탐욕 제한을 목표로 하고 있었던 것이다. 이점이 천자 질서가 신분상의 차등 질서이면서 백성을 보호하는 질서라고 생각했던 이유이기도 하다. 공자가 북극성의 하늘 질서가 지상에서는 조화로운 차등질서로 구현된다고 보았듯이, 묵자의 하늘의 뜻도 공자의 생각에서 크게 벗어나지 않았다.

상앙의 법치도 17등급 작위제 하의 차등질서를 추구한 것이었다. 상앙이 귀족의 특권을 제한하기는 했지만, 신분 질서 자체를 폐지한 것은 아니었다. 상앙은 차등화된 사회를 설계하고 법으로 엄정하게 작동시키려 한 것이었다. 상앙이 귀족에게 강제한 것은 이러한 법을 백성과 동일하게 지키라고 한

---

29 제자백가의 균분에 대한 생각에 대해서는 이성규, 『중국 고대제국 성립사 연구』(일조각, 1997), 1. 제민지배체제의 성립배경 가운데 2) 이념적 배경 참고.

것이며, 신분이 철폐된 평등사회를 추구한 것은 아니었다.

법치가 군주 아래에 획일적 사회를 만든다고 비난하지만, 그 방향은 순자의 직분에 따른 예치와 상통하는 세계였다. 진나라의 법치를 부정한 한나라에서 상앙의 제도를 발전시킨 20등급의 작위제와 수전제를 시행했다는 사실은 무엇을 뜻하겠는가. 이렇게 제자백가 간의 경계는 평등/차등과 같은 본질적 대립이 아니라, 조화로운 차등질서를 구현하는 방안의 차이에 있었다.

현대적 의미의 평등이나 보편 분배는 제자백가가 생각하는 천자 질서에 들어있지 않았다. 개개인은 자신의 직분이 허용하는 범위 안에서 능력껏 욕망하고 행동하도록 구상되었다. 신분 질서와 개인 능력이 결합된 이른바 능력주의 차등질서가 전국시대의 통일 전쟁 속에서 공유되고 있었던 것이다.

6장

중국 사회를 움직이는 힘

의리義利의 세계관

1. 대동大同사회의 꿈

춘추전국 시대에서 통치자는 전쟁에 최종 승리하여 천하의 주인이 되는 것이 목적이었지만, 대부분의 백성은 안전하고 부유한 삶을 누리는 것이 목표였다. 통치자들은 백성의 욕구 충족이 자신의 책무임을 알고 있었지만, 백성은 여전히 그에 걸맞는 보호를 받지 못하고 있었다. 이러한 상황 속에서 백성의 염원과 제자백가의 고대세계 담론이 결합되어 중국의 이상사회에 대한 생각이 형성되기 시작했다.

> 대도大道가 행해질 때 천하에 천자 질서가 세워졌다天下爲公. 현명하고 능력 있는 자를 뽑아 썼으며 믿음을 중시하고 화목을 실천했다. 그리하여 사람들은 자기 부모만을 부모로 여기지 않았고 자기 자식만을 자식으로 여기지 않았다. 노인들은 편안히 생을 마칠 수 있었고 젊은이들은 일할 곳이 있었고 아이들은 안전하게 길러졌다. 홀아비나 과부, 고아, 자식 없는 사람, 장애인이 모두 부양을 받았다. 남자에게는 직업이 있었고 여자에게는 혼처가 있었다. 재물을 땅에 버리는 낭비는 싫어했지만 그렇다고 재물을 자기의 것으로만 여기진 않았다, 일하지 않는 것을 싫어했지만 그렇다고 자기만을 위해 일하지는 않았다. 그리하여 모략이 벌어지지 않았고, 도적이나 폭력이 일어나지 않아서, 집 문을 잠그지 않았다. 이러한 세상을 대동이라고 한다.[1]

대동은 중국의 전통적인 이상사회로 전국시대에 그 개념이 형성된 것으로 알려져 있다. 위 구절은 한나라 문헌인 『예기禮記』에 수록되어 있는데, 『예기』가 유교적 통치를 위해 예제禮制를 정리한 문헌이라는 점에서 대동세계를 유가의 이상사회로 인식하는 이들이 많았다. 그런데 전국시대 묵자와 맹자가 추구한 세계의 차이를 이해한다면, 대동세계는 맹자보다는 묵자에 더 가까워 보인다.

현능한 이를 임용하고 사회적 약자를 보호하는 것은 맹자 묵자 공통의 사안이지만, 자기 자신·자기 부모·자기 자식만을 편애하지 않고 사람들을 서로 아끼는 삶은 맹자의 별애別愛보다는 묵자의 겸애兼愛에 바탕한 것이기 때문이다. 앞장에서 묵자의 겸애는 획일적 평등주의가 아니라 조화로운 차등 질서에 가깝다고 했다. 자신만을 생각하지 않고 다른 사람의 정당한 몫을 배려하는 것이 겸애의 의미이며, 이것이 사회적으로 확장된 것이 바로 대동세계라고 할 수 있다.

대동은 제자백가 누구나 공유한 세계인 만큼, 전국시대의 학설을 종합하여 고대 이상사회를 묘사한 것이라고 보는 것이 무난하다. 문제는 전국시대에 대동세계가 이미 사라지고, 천하가 통치 가문의 세상으로 변했다는 점이다.

> 오늘날 대도가 이미 사라져 천하에 가문의 질서가 세워졌다天下爲家. 모두 자신의 부모만을 부모로 여기고, 자신의 자식만을 자식으로 여기며, 재화와 노동은 자신만을 위해 사용했다. 통치자들大人은 세습을 예라고 여기고, 성곽과 해자로 자신을 지켰다. 예의를 기강으로 삼아 군신 관계를 바로잡고, 부자 사이

---

1 『禮記』「禮運」. "大道之行也, 天下爲公, 進賢與能, 講信修睦. 故人不獨親其親, 不獨子其子. 使老有所終, 壯有所用, 幼有所長. 矜寡孤獨廢疾者皆有所養. 男有分, 女有歸. 貨惡其棄於地也, 不必藏於己, 力惡其不出於身也, 不必爲己. 是故謀閉而不興, 盜竊亂賊而不作, 故外戶而不閉. 是謂大同."

를 돈독히 하며, 형제를 화목하게 하고, 부부를 화합하게 했다. 또 제도를 만들고, 밭과 마을의 경계를 세우고, 용맹과 지혜를 존중하고, 자신을 위하여 공을 세웠다. 그래서 간사한 꾀가 생겨나고, 전쟁도 이로 인해 일어났다. 우·탕·문왕·무왕·성왕·주공은 이렇게 하여 뛰어난 업적을 이루었다. 이 여섯 군자는 예에 힘쓰지 않은 적이 없었다. 예로 의를 드러내고 믿음을 이루었다. 예로 잘못을 드러내고 인을 본받으며 겸양을 행하여, 백성에게 기강紀을 보여주었다. 만약 예를 따르지 않는 자가 있으면 집권자라도 백성이 재앙으로 여겼다. 이러한 세상을 소강이라고 한다.²

가문이 지배하는 천하에서 소강은 예의를 통해 기강을 세운 모범적인 세계에 해당한다. 소강은 삼대의 성왕인 우·탕·문왕·무왕·성왕·주공이 만든 평화의 세계로, 맹자가 이상으로 삼은 왕도정치가 구현된 세계이기도 하다. 그런데 소강이 삼대 성왕이 만든 세계이기는 하지만, 가문의 통치자가 예를 통해 질서를 유지한 '힘의 세계'인 점은 주목할 필요가 있다.

이는 맹자가 왕도정치를 인자무적의 덕의 세계라고 칭한 것과는 차이가 있다. 맹자는 왕도정치를 확신하며, 『상서』에서 무왕이 은나라 주왕을 토벌할 때 '그들이 흘린 피로 절굿공이가 둥둥 떠내려 갔다'고 한 것조차, 인자인 무왕의 정벌을 왜곡한 것이라고 주장한 바 있다.³ 맹자의 신념이 잘 드러나는 대목인데, 상앙의 경우는 무왕이 제후의 신분으로 무력을 사용하여 천하를 빼앗았지만, 즉위 후에는 문덕과 겸양과 의로움을 통해 왕업을 유지했다고

---

2 『禮記』「禮運」. "今大道旣隱, 天下爲家, 各親其親. 各子其子, 貨力爲己. 大人世及以爲禮, 城郭溝池以爲固. 禮義以爲紀, 以正君臣, 以篤父子, 以睦兄弟, 以和夫婦, 以設制度, 以立田里, 以賢勇知, 以功爲己. 故謀勇是作, 而兵由此起, 禹湯文武成王周公, 由此其選也. 此六君子者, 未有不謹於禮者也. 以著其義, 以考其信, 著有過, 刑仁講讓, 示民有常. 如有不由此者, 在執者去, 衆以爲殃, 是爲小康."

3 『孟子』「盡心 下」.

보았다.[4]

　상앙의 시각이 소강의 실재에 한층 근접한 것으로 보인다. 하지만 실제 역사는 무왕의 정벌 이후에도 대외 정복 전쟁을 지속하며 힘으로 세상의 평화를 유지했다. 주나라 초기 성강지치成康之治의 모습이 바로 그러했다. 그렇지만 제자백가가 고대 세계를 끌어들인 이유가 혼란한 현실 세계를 위한 이상적 규범 정립에 있었다는 점을 주목하면, 고대 세계의 실재성 여부는 관건적인 문제가 아닐 수 있다. 춘추전국시대 지식인들이 이러한 사유방식을 공유하고 있었던 만큼, 고대 세계의 규범을 통해 제기하려는 개혁 방안이 현실성이 있는지가 더 중요한 사안이라고 할 것이다.

　이렇게 보면 대동은 이상적 규범에 가깝고, 소강이 바로 당대에 실현할 목표로 제기된 것이라고 볼 수 있다. 이상세계로서 대동과 실천 가능한 세계로서 소강. 그러나 소강도 삼대 성왕의 세계로 설정한 것을 보면, 이조차 현실 속에서 실현하기 쉽지 않다는 생각이 내재된 것으로 보인다.

　소강이 대동세계와 다른 근본적인 차이는, 천하가 천자의 질서天下爲公인지 가문의 질서天下爲家인지에 있다. 일반적으로 이 두 구절은 천하가 '공동의 것'이 되었다/'가문의 것'이 되었다, 천하가 '공유'되었다/'사유'되었다 등의 의미로 해석된다. 이는 천하가 백성 모두가 공유하는 것에서 특정 가문이 사유하는 것으로 변화되었음을 뜻한다. 그러나 이렇게 공유/사유로 보면 전국시대의 질서를 이해하는 데 문제가 생긴다. 왜 그런 것인가.

　서주시대에는 공公이 왕실을 지칭했으며, 가 혹은 사私는 왕실 이외의 귀족이나 제후국 가문을 뜻했다. 춘추시대에는 주 왕실과 아울러 제후국 공실이 공이 되고, 그 하부 단위의 귀족 가문이 사가 되었다. 이때 공/사는 귀족 가문의 서열을 정하는 것으로, 현대적 의미의 공/사 관계를 지칭하는 것은

4　『商君書』「開塞」.

아니었다.

그런데 춘추시대에 중앙집권제가 출현하면서 국가 통치를 위한 공적 규범이 필요했는데, 이를 개개인의 사사로운 행위와 대비하여 공/사로 구분하기 시작했다. 이로부터 공은 군주와 공적 규범(행위)의 의미를 포괄하게 되고, 사는 군주 이외의 귀족 가문과 사사로운 개인 행위의 의미로 쓰이게 되었다. 그리고 공적 규범(행위)/사사로운 행위가 대비되면서 긍정/부정의 가치판단이 개입되었다.

전국시대에 논의된 천자 질서는 전쟁을 중단시킬 정치체제로 구상된 것이었다. 천자는 통일 시대의 최고 권력자이면서, 천하 통치를 위한 공적 규범을 제정하는 대일통 군주로 인식되었다. 천자는 백성 누구에게나 적용되는 통일된 법으로 천하를 다스리며, 백성 개개인의 직분에 따라 재화가 공평하게 분배하도록 관리해야 할 책무가 있었다. 이러한 통일 시대에서 공은 천자와 천자가 제정한 대일통 규범이 되며, 사는 천자 아래의 백성 개개인과 사사로운 행위가 되었다.

이러한 공/사 개념과 전국시대 제자백가의 눈으로 '天下爲公'을 보면, 천하는 공동의 것이 되었다거나 공유되었다는 의미보다는 '천하에 천자 질서가 세워졌다'는 뜻이 된다. 천자 질서는 천자가 현능한 인재를 등용하여 신뢰있고 화목한 사회로 만들어, 백성 누구나 걱정 없이 살아가는 세상이다. 그러한 세상은 궁극적으로 공동체를 위한 것이 되고 백성이 부를 향유하는 세계가 된다. 천하위공을 공유의 의미로 해석하는 관점을 보면, 대개 요순시대 왕위 선양을 그 근거로 든다. 왕위를 세습하지 않고 현자에게 선양하는 것이 천하를 공유한 것이라고 본 셈이다. 그러나 왕위 선양은 천자를 선출하는 방식이지 백성과 더불어 천하를 공유한 증거가 되지는 못한다.

상고시대에 천하를 왕과 백성이 공유한다는 관념이 있었다고 보기는 힘들며, 전국시대에도 이러한 생각은 출현하지 않았다. 그래서 천하를 공유한다는 것보다는, 천하에 천자 질서가 세워져 전쟁과 혼란이 종식되고 백성이 평화롭게 살 수 있는 세상이 열렸다는 뜻이 되어야 한다. 이 속에는 다분히 전국시대의 시각이 개입되어 있는데, 이와 관련하여 주목해야 할 사안이 있다.

"대도가 행해질 때 천하에 천자 질서가 세워졌다"를 사건의 순서로 보면, 대도가 행해지고 나서 그 후 천자 질서가 이루어진 것이 된다. 즉 대도가 행해지기 이전에 혼란된 상황이 있었으며, 대도로 혼란된 상황을 바로잡으면서 비로소 천자 질서가 세워졌다는 얘기다. 그렇다면 누가 혼란된 상황에서 대도를 행한 것인가. 『예기』에는 이 질문에 대한 정보를 제공하지 않는다. 『묵자』에 고대 원시 사회에 대한 역사철학적 설명을 한 구절이 있는데, 그 내용을 이 문제와 연결지어 생각해 볼 수 있다.

> 지금으로부터 옛날에 사람이 처음 생겨나 지도자正長가 없던 시절로 돌아가면, 대략 다음과 같았을 것이다. 천하의 사람은 저마다 의義가 달라, 한 명이면 한 개의 의가 있고, 두 명이면 두 개의 의가 있고, 열 명이면 열 개의 의가 있고, 백 명이면 백 개의 의가 있었다. 사람이 많아지면서 각기 주장하는 의도 많아지게 되어, 자기의 의는 옳다고 하면서 다른 사람의 의는 잘못이라고 여겼다. 그래서 사람들은 서로를 비난하게 되었다. 집안에서는 부자나 형제들이 원망하고 미워하며, 다들 헤어지려는 마음을 가져 화합할 수 없었다. 여력이 있어도 버려두며 서로 돕지 않고, 좋은 도를 감춘 채 서로 가르쳐 주지 않고, 여분의 재물이 있어도 서로 나눠주지 않았다. 천하가 어지러워져 금수처럼 되었다. 군신, 상하, 노소 사이의 절도와 부자형제 사이의 예가 없어져 이에 천하가 혼란해졌다. 백성에게 지도자가 없으면 천하의 의가 통일되지 않아, 천하가 어지러워진다는 것은 명백하다. 그래서 천하에서 현명하고 지혜롭고 언변이 좋은 사람을 골라 천자로 세우고 천하의 의를 통일시켜야 한다.[5]

묵자는 인류의 원시 사회가 혼란에 빠지게 된 상황을 묘사하며, 그 원인이 사람들이 자기만의 의義를 주장하며 다른 사람과 화합하지 않는 데 있다고 설명한다. 묵자가 말하는 의는 자신에게 이로운 것을 추구하려는 마음으로, 사람들은 자신에게 이로운 일이 의로운 일이라고 여긴다. 이는 인간의 이익 추구를 자연스런 본성으로 간주하는 관념이 투영된 것이다.

그런데 문제는 사람들이 자신이 추구하는 의는 바르지만 다른 사람의 의는 잘못이라고 여겨, 사회가 분열하고 혼란된 상황이 벌어진다는 것이다. 사람들이 이렇게 자신만의 의를 주장하는 것은 이기적인 생활을 하지 않으면 자신의 생존을 보장할 수 없었기 때문이다. 이로 인해 서로 원망하고 미워하는 감정이 생겨, 천하가 화합하지 못하는 금수와 같은 세상이 된다. 이렇게 사람들의 이해관계가 충돌하는 어지러운 세상이 바로 대도가 행해지기 전의 천하의 상황이었다.

묵자는 천하가 혼란해진 것이 천하의 의를 통일시킬 수 있는 지도자가 없어서 그러하다고 여긴다. 그래서 천하에서 현능한 사람을 골라 천자로 세우고, 천하의 의를 통일시켜야 천하가 안정될 수 있다고 본다. 이는 천자가 천하의 의를 균형있게 조정하여 모든 사람들의 욕구를 충족시켜야 한다는 것을 뜻한다. 이것이 바로 대도이다. 이렇게 천자가 대도를 행하여 천하에 천자 질서가 세워지면서, 『예기』에서 말한 대동세계가 만들어진다.

『예기』에는 대동세계를 만든 정치적 주체가 명시되지 않아, 일반 백성이 그렇게 한 것으로 보곤 한다. 그렇게 보면 백성이 천하를 공유하는 것이

---

5 『墨子』「尙同 中」. "方今之時, 複古之民始生, 未有正長之時, 蓋其語曰, 天下之人異義, 是以一人一義, 十人十義, 百人百義. 其人數茲眾, 其所謂義者亦茲眾. 是以人是其義, 而非人之義, 故相交非也. 內之父子兄弟作怨讎, 皆有離散之心, 不能相和合. 至乎舍餘力, 不以相勞; 隱匿良道, 不以相教; 腐朽餘財, 不以相分. 天下之亂也, 至如禽獸然. 無君臣上下長幼之節, 父子兄弟之禮, 是以天下亂焉. 明乎民之無正長以一同天下之義, 而天下亂也, 是故選擇天下賢良, 聖知, 辯慧之人, 立以爲天子, 使從事乎一同天下之義."

되고, 대동세계는 원시 공산사회를 묘사한 것이 된다. 그러나 묵자의 세계에서 백성은 천자를 여론으로 추천할 수 있지만, 정치에 직접 참여할 기회는 주어지지 않는다. 천자의 임명도 하늘이 하는 것이어서, 결국 천자가 정점이 되는 중앙집권 체제가 형성된다.

대동세계로 알려진 요순시대도 『상서』에 근거하면, 왕이 하늘과 소통하는 제사장이자 천자가 되어, 현능한 관리를 임용하여 백성을 다스린다. 대동세계를 원시 공산사회라고 보곤 하지만, 그 실제 역사 배경인 신석기시대는 생존 여부가 자연에 의해 결정되는 낮은 생산력의 시대였다. 제사장은 신령에게 제사를 올리며 생존의 안정을 빌었고, 공동체는 제사장을 중심으로 협력하며 전체의 생존을 도모했다.[6] 이들의 공동체는 분산되어 살아가던 부족들의 연맹체였다.

요순시대의 수장들 명칭을 보면 당요唐堯·우순虞舜·하우夏禹 등으로 부르는데, 당요는 당 지역 부족의 수장이 요이고, 우순은 우 지역 부족의 수장이 순이며, 하우는 하 지역 부족의 수장이 우라는 뜻이다. 이러한 명칭은 요순시대에 각기 다른 지역의 부족을 다스리는 수장들이 연합하여 공동체를 이루고, 또 부족의 수장 가운데 가장 영적이고 유능한 이를 선발하여 제사장이자 최고 수장을 맡겼다는 것을 시사한다. 최고 수장은 공동체 전체의 생존을 위해 재화를 균형있게 분배하고, 이를 위한 공동체 의식과 제도를 정립했을 것이다. 묵자가 말한 천자는 바로 이러한 공동체 질서를 세운 최고 수장이었다.

소강은 천자 질서의 대동세계가 사라지면서 출현한 세상이다. 『예기』에는 대동세계가 사라진 이유에 대한 설명 없이, 대도가 사라져 가문이 다스리는 세상이 되었다고 말한다. 역사에서 사라졌다는 말은 보통 '자연도태'라기보다는 외부 세력이 침입하여 붕괴되었다는 의미에 가깝다. 그런데 가문 질서

---

6   이준갑 외, 『아틀라스중국사』, 사계절, 2015, 16쪽.

가 하나라 우임금에서 시작된다는 점은 주목을 요한다.

우임금은 순임금에게서 선양을 받아 평화로운 권력 교체를 이룬 성왕인데, 대동/소강이 분기되는 장본인이 된 것이다. 우임금이 왕위를 선양 받은 후 그 왕위를 자기 자식에게 물려준, 세습 왕조를 만들었다는 점이 분기의 기준이 된 것이다. 즉 내전이나 외세 침입과 같은 물리적 사태가 아니라 왕위를 선양에서 세습으로 전환된 데서 가문의 질서가 시작된다고 본 셈이다. 그렇다면 이는 질서가 붕괴되거나 사라진 것이 아니라 주체적인 전환을 이룬 것이 된다.

왕위 선양은 유가들이 주창한 것이지만, 묵자도 현자에게 왕위를 선양해야 한다는 생각을 견지했다. 그러나 중국 역사에서 왕조 교체가 순수한 선양으로 이루어진 적이 없다고 보는 사람들처럼, 요순시대의 선양을 부정하는 시각이 있었다.

요가 덕이 쇠하니 순이 요를 가두었다.[7]

순이 요를 사로잡고 다시 요의 아들 단주를 막아 아버지 요를 못 만나게 했다.[8]

요순 선양은 허언이다. 이는 소견이 천박한 자가 전한 것으로 견문이 적은 자의 설이다.[9]

순이 요를 협박하고, 우가 순을 협박하고, 탕이 걸을 협박하고, 무왕이 주왕을

---

7 張守節, 『史記正義』에서 인용된 『竹書紀年』. "堯德衰為舜所囚也."
8 張守節, 『史記正義』에서 인용된 『竹書紀年』. "舜囚堯復偃塞丹朱使不與父相見也."
9 『荀子』「正論」. "堯舜擅讓은 是虛言也. 是淺者之傳, 陋者之說也."

정벌한 이 4인의 왕자는 신하가 그 임금을 시해한 것이다.[10]

『죽서기년』, 『순자』, 『한비자』 등은 요순시대의 평화적인 선양을 부정하고 힘에 의한 정권 교체가 이루어진 것으로 보고 있다. 부족연맹의 수장들 사이에 권력 경쟁이 있었고 권력 경쟁에서 승리한 수장이 임금의 자리에 올랐다는 얘기다. 중국 역사를 포함한 인류사에서 익숙한 정권 교체의 방식이다. 요순시대 역시 이러한 방식으로 권력 교체가 이루어졌다면 선양의 문제는 사라지고, 대동/소강의 구분도 의미가 없어진다. 오히려 우임금의 왕위 세습이 하나라 왕조를 안정적으로 유지하여, 요순처럼 지속된 왕조의 이름도 없이 임금 교체로 기록되는 시대를 벗어나게 된다.

평화적인 선양을 사실로 보더라도, 요순 임금의 단기간에만 유지되어 안정적인 기반을 확립하지 못한 것은 변함이 없다. 이것이 대동세계가 사라진 이유가 된다. 안정적인 권력 기반 없이 통치 질서가 유지되기는 힘들기 때문이다. 물론 단기간이라 하더라도 혼란된 상황을 극복하고 안정된 질서를 세웠다면, 이는 역사적으로 의미 있는 일이다. 그래서 이 짧은 요순시대가 대동세계로 이상화된 것이라고 보인다. 하지만 대동세계 실현의 비결이 선양에 있었다고 주장하는 것은 사실관계 자체도 불분명할 뿐 아니라 권력 안정의 실효성도 증명할 수 없는 일이다. 이에 사라 알란은 선양을 춘추전국시대 사 계층이 세습 군주와 권력을 공유하기 위해 만든 이념적 근거로 보기도 한다.[11]

---

10   『韓非子』 「說疑」. "舜偪堯, 禹偪舜, 湯放桀, 武王伐紂, 此四王者, 人臣弒其君者也."
11   사라 알란, 『선양과 세습』(오만종 옮김, 예문서원, 2009), 44~46쪽.

2. 믿을 수 있는 자는 누구인가

맹자는 상나라 탕왕이 70리의 영토, 주나라 문왕이 100리의 영토로 천하의 왕자가 되었으며, 하상주의 최대 영토가 천 리 정도였다고 한다.[12] 맹자가 영토를 거론한 취지는 왕자는 영토가 아니라 덕으로 이뤄지는 것이며, 영토가 수천 리가 되면서도 불안에 떠는 열국의 힘의 정치를 비판하기 위함이다. 맹자의 말에 따르면 고대로 올라갈수록 왕이 다스리는 영토가 작았으며, 부족들과의 협력(덕)이 통치의 중요한 기반이 되었다고 할 것이다. 이는 왕이 미칠 수 있는 힘이 상대적으로 작았다는 것을 뜻한다.

현재 하나라의 역사적 실재와 이리두二里頭 유적의 관련성에 대한 고고학적 논의가 이뤄지고 있는데, 이리두와 하의 관계를 입증하거나 부인할 수 있는 확실한 근거는 나오지 않았다. 다만 당시 황하 중류와 하류 유역의 이리두에 어떤 사회도 필적할 수 없는 권력과 부를 소유한 국가 수준의 사회가 있었다는 점은 분명하다.[13]

하나라가 이리두의 국가가 아니라 하더라도, 우임금이 세습을 할 수 있었던 것은 다른 부족들보다 강한 힘을 지니고 있었기 때문이다. 우임금은 이러한 힘을 기반으로 자신의 혈족이 왕위를 세습하게 하고, 소강에서 말한 가문 중심의 통치 질서를 세운 것이었다.[14] 그러나 하나라 초기에도 위대한 궁수 예羿가 이끄는 중국 동부 지역의 부족에 의해 왕권을 빼앗긴 적이 있었다. 이는 여전히 하나라와 권력 경쟁을 하는 막강한 부족들이 존재했다는 것을

---

12 『孟子』「告子 下」.
13 리펑, 『중국고대사』, 74쪽.
14 「하본기」에서는 우 임금이 백익에게 선양을 했지만 백성이 우의 아들 계를 선택한 것이라고 서술했다. 이는 우 임금에게 면죄부를 준 역사 구성이지만, 결국 하나라부터 세습으로 전환한 사실은 변하지 않는다.

뜻한다. 이후 예가 측근에 의해 살해되고 우임금의 후손인 중강中康이 다시 왕위에 오르면서 마지막 걸왕까지 하나라가 이어졌다.

걸왕을 정벌한 상나라 탕왕도 자신의 혈족이 지배하는 가문의 질서를 이어갔다. 상나라의 왕위 세습은 갑골문에 의해 확실하게 입증되었으며, 아울러 왕위 계승 규칙에 관한 중요한 사실을 알려주었다. 왕위 계승이라고 하면 대개 부자간의 세습으로 알고 있는데, 상나라는 탕왕 이후 동일 세대의 형제간에 계승되는 새로운 규칙을 수용했다. 즉 왕위에 오른 막내가 죽으면 맏형의 장남에게 계승되고 다음 세대의 왕은 그 형제간에 계승되었다. 이러한 방식이 초기부터 시작된 것으로 보아, 어린아이가 아닌 어른이 왕위를 계승하도록 하여 안정적인 통치 기반을 유지하려 했던 것으로 보인다.[15] 상 후기 무을武乙이 왕이 되면서 형제가 아닌 아들에게 왕위를 물려주는 전통이 자리하게 되었지만, 형제들의 협력이 통치의 중요한 기반이라는 사실은 변함이 없었다.

주나라 무왕은 상나라를 정벌한 후 형제들을 상나라 세력이 잔존하고 있는 지역이나 대외 확장을 위한 전초기지에 제후로 분봉을 했다. 그리고 무왕 사후에는 아들인 성왕이 왕위를 이어가는데, 성왕 역시 자신의 형제들을 요충지에 보내어 제후로 삼았다. 서주시대 왕위 계승은 효왕孝王이 조카 이왕夷王의 승계를 빼앗은 것을 제외하면 부자 승계가 지켜지고 있었다. 그러나 적장자가 왕위를 승계한 경우는 많지 않았는데, 문왕의 아버지 계력季歷은 형 오태백吳泰伯이 왕위를 양보한 것이며, 무왕도 적장자가 아니었다. 형제들의 양보와 협력 속에서 왕위가 부자지간으로 승계되었던 셈이다.

성이 다른 부족들과 경쟁하는 사회에서는 누구보다 혈족이 가장 믿을 수

---

15 리펑, 『중국고대사』, 127쪽. 상나라의 이러한 왕위 승계방식은 후대 유목국가의 왕위 승계 방식으로 이어진다.

있는 사람이었다. 권력에 도전하는 타 부족들을 누르고 정권을 유지해야 하는 상황에서, 통치자는 혈족을 중심으로 통치 질서를 구축하는 것이 가장 안정적인 방안이라고 여겼다. 하나라 우임금이 혈족 세습을 이룬 것이나 상나라가 형제 계승과 부자 계승을 혼합한 것이나, 주나라가 부자 계승과 형제 분봉을 결합한 것도, 권력 안정을 위한 혈족 중심의 통치 방안이라고 할 수 있다.

그런데 문제는 서주 중기 이후 혈족 간의 신뢰와 협력의 시대가 와해되고, 오히려 가까운 혈친이 자신의 권력과 부를 위협하는 상황이 벌어졌다는 것이다. 묵자가 묘사한 인류 초기의 혼란된 사회처럼, 혈족들이 저마다 자신의 의義를 주장하며 이해관계가 충돌하는 상태로 되돌아간 것이다. 이러한 상황에서 이제 믿을 수 있는 사람이 누구인지의 문제가 현실 정치의 새로운 관건이 되었다.

춘추전국 시대에 혈족 중심의 통치 질서를 대체하는 새로운 질서를 구상하는 데 있어, 그 출발점은 사람들의 의義와 이익利을 충족시키는 일이었다. 『춘추좌전』의 시작인 은공 원년부터 '불의不義한 일을 많이 행하면 반드시 스스로 멸망한다'[16]고 하며, 의/불의가 이 시대 가치판단의 새로운 척도로 부상했다. 의라고 하면 대체로 군신유의君臣有義나 의리義理와 같은 유교적 신분질서나 윤리를 떠올린다. 그러나 이 시대에 쓰인 의의 사례를 종합해 보면, 유교적 윤리 개념과 아울러 사람들이 각기 바르다고 생각하는 가치나 이익이라는 의미를 포괄하고 있었다. 백이 숙제처럼 신분질서를 지키는 것이 의라고 생각하는 사람도 있었고, 관중처럼 사소한 절개보다 대업을 이루는 것이 의라고 생각하는 사람도 있었다. 통치자의 입장에서는 상하 간의 신분질서를 지키는 일이 의였다면, 백성의 입장에서는 자신의 생계와 안전을

---

16 『春秋左傳』. "多行不義, 必自斃."

보호하는 일을 의라고 여겼다.

이 시대의 의는 이익 공유의 문제와 연결되어 있었으며, 특히 변법가들이 혁신적인 질서를 구상하는데 개념적 기반이 되었다. 관중의 경우 백성의 욕구 충족을 통치자의 책무로 보면서도 예의염치의 윤리를 통해 백성이 직분 질서를 벗어나지 않게 했다. 묵자는 백성 개개인의 이익 추구를 긍정하면서도 다른 사람들과 이익을 공유할 수 있도록 겸애의 윤리를 강조했다. 순자는 사람들의 이익 추구를 본성으로 인정하면서도 차등화된 직분을 지키도록 예의를 제도화했다. 이렇게 변법가들은 이익과 의를 결합하여, 사람들 모두가 이익을 공유할 수 있도록 '관계성의 윤리'를 강조했던 것이다.

이러한 관계성의 윤리가 바로 의이며, 혈연관계에서 벗어난 개개인들이 모인 사회에서 신뢰관계를 형성하는 매개로 작용했다. 개인들은 이러한 의를 바탕으로 서로의 생존을 위해 협력하고 이익을 공유하는 인적 관계를 형성했다. 개개인에게 의가 중요하게 다가온 것은 혈연에 기반한 씨족사회가 와해되고 낯선 사람들이 모여 살아가는 새로운 환경이 형성되면서, 신뢰할 수 있는 사람들과 결속을 강화하는 것이 생존에 중대한 일이 되었기 때문이다.

이러한 의의 세계는 개인의 도덕적 인격 수양보다 사람들과 신뢰관계를 형성하여 공동의 이익을 추구하는 것을 목적으로 한다. 갑골문에서 기원하는 의 개념 속에는 종족의 결속과 분배의 의미가 내재되어 있었다. 시라카와 시즈카는 의의 갑골문 형상을 톱으로 양을 자르는 모양이라고 보아, 제물로서 결함이 없고 신의 뜻에 부합한다는 의미이며, 여기서 올바르다는 뜻이 생겨난다고 해석한다.[17]

이에 반해 허진웅은 의의 갑골문 형상을 날이 여럿인 창에 양이 매달려 있는 의장용 무기로 보고 있다.[18] 서로 형상을 보는 차이는 있지만, 집단을

17　시라카와 시즈카, 『字統』, 東京: 平凡社, 1984, 162쪽.

결속하여 바르게 한다는 의미에서는 상통한다. 즉 공동체의 결속과 조화로운 관계를 이루는 기준으로 작용하고 있으며, 이러한 의로 결속된 집단이 바로 우리我가 된다.

서주시대에 천명을 받은 천자가 덕德으로 나라를 통치한다는 관념이 정립되면서, 갑골문의 의의 의미는 덕치 속으로 포괄되었다. 사회 단위로 볼 때 주나라는 혈연을 매개로 같은 조상에게 제사를 지내며 공동으로 생산·분배·방어를 하는 씨족사회가 연합한 정치체였다. 그런데 주 왕실의 약화로 열국 경쟁체제가 형성되면서 씨족사회의 기반이 와해되고, 중앙집권 국가의 등장으로 소가족이 중심이 된 사회로 재편되기 시작했다.

이러한 사회는 같은 조상을 모시며 공동체 생활을 하던 씨족사회와 달리, 낯선 개개인(소가족)이 모여 안전과 이익을 도모해야 하는 생존경쟁의 사회였다. 국가 간의 패권 경쟁이 치열해지고 사회 내부에서는 개개인(소가족)들 간의 생존경쟁이 벌어지면서, 행위 주체들은 무엇보다 자신의 안전과 이익을 우선했다. 주 왕조의 질서가 균열된 상황 속에서 의가 혼란된 세상을 바로잡는 새 기준으로 부상했다. 의는 특정한 개인이나 집단에 편향되지 않는 합당한 판단 기준으로서, 새로운 사회를 구성하는 가치관이자 세계관이 되었다. 국가·집단·개인 사이의 이익 충돌이 벌어지는 상황에서 어떻게 의로우면서 이로운 방법으로 사회를 재건할 것인지의 문제가 관건이 되었던 것이다.

이 시대에는 세습 귀족을 넘어 새로운 소양과 능력을 갖춘 인재들이 필요해졌으며, 이에 신의를 바탕으로 인적 관계를 형성한 사인들이 통치집단과 연결되었다. 뜻이 맞는 사인들은 국가와 지역을 넘는 네트워크를 형성하여 관료 지식인이 되기 위한 협력관계를 이루었다. 각국의 통치자들은 전쟁과 배신이 난무하는 상황에서 믿을 수 있고 능력있는 인재를 초빙하여 사속私屬

---

18 허진웅, 하영삼·김화영 옮김, 『갑골문 고급자전』, 도서출판3, 2021, 97쪽.

적 관계를 맺었다. 군신 간에는 군신유의처럼 의가 위계적 윤리로 작동하기도 했지만, 그 속에는 서로 간에 정치적 대의와 이익을 공유하는 신뢰가 내재되어 있었다.

3. 의義, 혼란된 세상의 기준이 되다

『상서』「홍범洪範」을 보면, 기자가 우임금의 치국 법도(홍범)를 주 무왕에게 전하면서, '편향되거나 차별함이 없이, 왕의 의를 따르십시오無偏無陂, 遵王之義'라고 말한 구절이 있다. '왕의 의'는 하늘의 뜻에 따라 공평하게 다스리는 것인데, 주나라 통치의 정당성을 세우기 위한 일이다.

『춘추좌전』환공 2년의 기사를 보면, 무왕이 상나라를 정벌하고 구정九鼎을 낙읍으로 옮겼을 때, 의사義士들이 이를 비난했다는 이야기가 나온다. 의사들은 주 무왕의 행위를 반역 행위로 본 것이다. 군주가 무도하면 간언하여 정치를 바로잡거나 받아들여지지 않으면 떠나는 것이 신하의 일인데, 무왕은 신하로서 불충한 행위를 저지른 것이라는 얘기다.

『춘추좌전』도 주나라를 옹호하는 텍스트이지만, 상나라에 충정을 다한 이들의 진심을 높게 평가하여 '의사'라는 칭호를 부여한 것이다.[19] 무왕의 상나라 정벌은 주나라 건국 신화가 되면서 의/불의에 관한 논의는 금기시되고, 무왕이 천명을 받은 것이 덕 때문인지 힘力 때문인지에 관한 '덕德/력力' 논의로 전환되었다. 결국 왕조 교체의 의/불의의 관건은 집권의 정당성과 집권 후의 업적에 달려 있으며, 또 패배자라 하더라도 충정을 다한 경우

---

19 백이 숙제처럼 패망한 군주의 신하나 장수 가운데 충성을 다한 이들을 예의를 갖추어 대하는 것은 이후 중국 역사의 전통이 된다.

'의사'의 예우를 해준다는 점을 알 수 있다.

춘추시대에는 주나라 종법질서가 와해되면서 제 세력들 사이에 이해관계 충돌이 벌어졌는데, 이러한 상황 속에서 공적 규범의 역할을 한 개념이 바로 의였다. 춘추시대 이해관계의 핵심 영역인 군/신, 덕/력, 신神/인人, 리/의, 공/사 등의 문제를 중심으로 의가 어떤 역할을 하고 있는지 살펴보자.

군/신

춘추시대에 군주 승계를 둘러싼 공실의 갈등이 빈번해지면서 집권의 정당성에 대한 군신 간의 갈등이 심각하게 표출되었다. 은공 3년에 위衛 장공莊公이 교만한 서자 주우州吁를 총애하며 공실의 질서를 어지럽힌 기사가 있다. 이에 대부 석작石碏이 '군주는 의를 세우고 신하는 그 의를 행한다君義臣行'고 간언했지만, 위 장공은 석작의 말을 듣지 않았다. 결국 주우는 형을 시해하고 군주가 되는데, 석작의 아들 석후石厚가 주우를 도우려 했다. 이에 석작이 계략으로 주우와 석후를 처형시키고 보위를 바로 잡았다. 기사는 석작의 행위를 대의멸친大義滅親이라고 평하며, 불의한 군주를 몰아내기 위해 혈친인 아들을 희생시킨 일이었다고 설명한다.

대부인 석작은 군주인 주우와 군신관계에 있지만, 불의한 군주를 수용하기보다는 제거한 후 새로운 군주를 옹립하는 길을 선택했다. 게다가 자신의 아들이 불의한 군주를 돕는 것에 대해서도 국가에 해를 끼치는 행위라고 보고, 냉정하게 불의의 대가를 치르게 했다. 새로운 군주 옹립의 대의를 위해 불의한 군주와 아울러 혈친을 죽인 것인데, 대의멸친이 군신관계의 공적 규범으로 작용한 사례라고 할 것이다.

또 희공僖公 23년에 진晋 회공懷公이 대부 호돌狐突에게, 호돌의 아들이 망명한 중이重耳(진 문공)를 따르지 말고 귀국하게 하라고 명하는 기사가 있다. 호돌은 자신의 아들이 중이를 따른 지 여러 해가 되었기 때문에, 아들을 돌아오게 하는 것은 주군을 배신하는 일이라고 거절했다. 이에 화가 난 진 회공이 호돌을 죽여버렸다.

이 사건은 대부인 호돌이 군주의 명을 어긴 데서 비롯된 것이다. 표면적으로는 아들 귀국의 명을 따르지 않은 것이지만, 이는 진 회공이 불의한 군주이며 앞으로 중이가 새로운 군주가 되어야 한다고 생각했기 때문일 것이다. 만일 진 회공이 성군이며 중이가 자격이 미달한 인물이었다면, 호돌은 아들을 불러들이는 것이 의로운 일이라고 여겼을 것이다. 이에 호돌은 자신의 죽음을 선택하는데, 이것이 미래의 군주와 자식의 미래를 위한 의로운 길이라고 여겼던 것이다.

이 두 기사에는 제후국의 승계 분쟁과 이에 관계하는 아들에 대한 아버지의 시각이 나타나 있다. 석작과 호돌은 모두 주우와 진 회공이 불의한 군주라고 여기며 모반에 동조하고 있는데, 이는 군주가 의를 세우고 덕을 시행하지 않아 나라를 위험에 빠뜨렸다는 판단이다. 이러한 군주를 옹호하는 것은 혈친이라 하더라도 책임을 면할 수 없으며, 덕을 갖춘 새 군주를 옹립하는 것이 바로 의로운 길이 된다. 혈연관계보다 군주의 자격에 대한 공적인 기준을 더 중요시한 것이었다.

다음의 기사는 군주의 명령과 신하의 의에 관한 이야기이다. 선공宣公 15년에 진晉 경공景公이 초나라의 공격으로부터 송나라를 구원하기 위해 대부 해양解揚을 보내는 기사가 있다. 해양은 송나라로 가는 도중에 초 장왕에게 붙잡혔다. 해양은 초 장왕의 회유를 받아들이는 것처럼 꾸미지만 결국 자신의 주군인 진 경공의 명을 지켰다.

초 장왕이 신의를 저버렸다고 하며 처형하려 하자 해양은 "군주가 명을 정하는 것이 의義이고, 신하가 이를 받들어 행하는 것이 신信입니다", "군주는 두 신信을 지키는 신하를 두지 않고, 신하는 두 군주의 의를 따르지 않습니다"[20]라고 대답한다. 해양은 군/신 관계를 의/신의 관계로 정리하며, 다른 군주의 명령을 따르지 않는 것이 바로 신하의 의라고 주장한 것이다. 초장왕 역시 해양의 충정을 이해하며 사면으로 예우해주었다.

또 소공昭公 원년에 노나라가 국익을 위해 맹약을 위반하여, 노나라 사자 숙손표叔孫豹가 죽음에 처하게 된 기사가 있다. 숙손표는 뇌물로 죽음을 면하라는 주위의 제안을 거절하고 조국을 위해 목숨을 바치려 한다. 숙손표를 처형하려는 회맹국들에 대해 조맹趙孟은 "우환을 만나 국가를 잊지 않는 것이 충忠이고, 위난을 생각하면서도 직책을 사수하는 것이 신信이고, 국가를 생각하며 자신의 죽음을 잊는 것이 정貞이고, 이 세 가지로 일을 도모하는 것이 의義이다. 이 네 가지를 지니고 있으니 어찌 죽일 수 있겠는가"[21]라고 말하며 숙손표의 처형에 반대했다. 노나라의 맹약 위반이 회맹국들의 입장에서는 불의한 일이다. 하지만 숙손표는 이것이 노나라 국익을 위한 불가피한 일이라 판단하며, 자신의 목숨을 아끼지 않고 공무 수행의 길을 선택한 것이다. 회맹국들은 숙손표의 충정을 보며 노나라의 입장을 수용하고 아울러 숙손표를 사면해주었다.

해양과 숙손표 모두 군주의 명령은 충정으로 지키는 것이 신하의 의이며, 개인의 안위보다 공무를 우선하는 것을 의라고 생각했다. 군/신 관계를 군주는 의를 세우고 신하는 그 의를 행하는 것으로 여긴 것이다. 하지만 석작과 호돌의 사례처럼 불의한 군주에 대해서는 따르지 않고 대안을 찾는 것이 의로운 일이었다. 이들의 행위 속에는 군/신의 위계질서에 앞서, 군의신행君義臣行의 가치관이 내재되어 있음을 알 수 있다.

---

20 『春秋左傳』. "君能制命爲義, 臣能承命爲信.", "義無二信, 信無二命."
21 『春秋左傳』. "臨患不忘國, 忠也; 思難不越官, 信也; 圖國忘死, 貞也; 謀主三者, 義也. 有是四者, 又可戮乎?"

덕/력

춘추시대 현실 정치는 통치집단의 이익을 우선하여 덕에 위배되는 일들이 빈번하게 벌어졌다. 희공 24년에 주 양왕襄王이 적인狄人을 끌어들여 정나라를 공격한 기사가 있다. 대부 부신富辰이 주 왕실의 형제인 정나라와 소소한 원한이 있다 하더라도 좋은 친분을 유지하는 것이 덕이며, 정나라를 공격하는 것은 '마음으로 덕의德義의 원칙을 따르지 않는' 사악한 일이라고 간언했다. 그러나 주 양왕은 간언을 듣지 않고 정나라를 공격했다. 이는 제후국에게 덕을 베풀어야 할 주 왕실이 스스로 의를 저버리고 이해관계에 따른 행위를 한 것이다.

희공 14년에 진秦 목공이 기근이 들어 진晉 혜왕에게 곡식을 팔 것을 청했으나 들어주지 않은 기사가 있다. 대부 경정慶鄭은 이에 대해 "베풀어 준 은혜를 저버리는 것은 친분을 없애는 일이고, 남의 재난을 즐기는 일은 인정미 없는 일이며, 자신의 물건을 지나치게 아끼는 것은 상서롭지 못한 일이며, 이웃을 화나게 하는 일은 의롭지 못한 일입니다. 친親·인仁·상祥·의義 네 가지 덕을 다 잃고 무엇으로 나라를 지킬 것입니까?"[22]라고 간언했다. 진 혜공은 보위에 오른 전후로 진나라로부터 많은 도움을 받았지만, 정작 진나라에 어려움이 닥쳤을 때 국익을 내세우며 외면했다. 진 혜공의 불의한 행위는 내부적으로 지탄을 받았을 뿐 아니라 진 목공의 반격을 받고 혹독한 대가를 치루었다.

또 성공成公 8년에 진晉 경공이 노나라 문양汶陽 땅을 제나라에게 돌려주라고 한 기사가 있다. 노나라 계문자季文子가 "대국은 의에 따른 일 처리로 맹주가 되어야, 제후들이 덕을 그리워하고 토벌당할 것을 두려워해, 두 마음을 가지지 않습니다. 문양 땅은 원래 우리 땅인데 후에 진나라가 무력으로

---

22 『春秋左傳』. "背施, 無親; 幸災, 不仁; 貪愛, 不祥; 怒鄰, 不義. 四德皆失, 何以守國?"

제나라에 명해 우리에게 돌려주라고 한 것입니다. 이제 또다시 다른 명을 내려 제나라에 돌려주라고 하고 있습니다. 신으로 의를 행하고 의로 명을 완성하는 것은, 소국이 바라고 그리워하는 것입니다. 만일 신信을 알 수 없고 의가 세워지지 않는다면, 사방의 제후들 가운데 누가 이탈하지 않고 남아 있겠습니까?"[23]라고 반박했다.

이렇게 주 왕실과 제후국 내부에서 덕보다 힘을 앞세우고 이익을 우선하는 일들이 빈번하게 벌어졌다. 이러한 상황에서 각국의 현명한 대부들이 의를 내세우며 군주에게 덕/력 사이의 균형을 찾도록 간언했다. 춘추시대 제후국에는 관중, 숙향叔向, 자산, 안영 등을 비롯하여 『춘추좌전』에 등장하는 수많은 현능한 대부들이 있었다. 이들은 냉혹한 현실 정치 속에서도 의를 규범으로 세워 평화로운 국제관계를 만들기 위해 분투했다.

신/인

춘추시대에 전쟁은 패자가 되기 위해서만이 아니라 국가와 백성의 생존을 위해 반드시 승리해야 하는 중대사였다. 하지만 전쟁의 승리는 신에게 성대한 제사를 올린다고 보장되는 것도 아니고, 강대한 군사력만으로 장담할 수 있는 일도 아니었다. 전쟁의 관건은 바로 전쟁을 하기 전의 정치 경제적 안정과 사회적 결속력을 이루는데 달려 있었기 때문이다. 전쟁은 역설적으로 신의 영역과 구별되는 인사人事의 중요성을 인지하게 했고, 특히 백성 동원을 위한 민생의 중요성을 깨닫게 해주었다.

환공 6년에 초나라가 수나라 군사를 유인하여 공격하기 위한 술책을 쓰는 기사가 있다. 수隨나라 현신 계량季梁은 군주의 탐욕으로 백성이 굶주리고

---

23 『春秋左傳』. "大國制義, 以爲盟主, 是以諸侯懷德畏討, 無有貳心. 謂汝陽之田, 敝邑之舊也, 而用師於齊, 使歸諸敝邑. 今有二命, 曰, '歸諸齊'. 信以行義, 義以成命, 小國所望而懷也. 信不可知, 義無所立, 四方諸侯, 其誰不解體?"

거짓으로 제사를 지내, 초나라에 대적할 만한 상황이 아니라고 만류한다. 수나라 군주는 제사를 풍족하게 갖추어 지내는데 귀신이 소원을 들어주지 않을 이유가 없다고 말한다.

이에 계량은 "백성은 신에게 제사 지내는 주체입니다. 고대 성왕들은 먼저 백성을 잘 살게 만든 후에 귀신에게 정성을 바쳤습니다. (…) 지금 백성들은 모두 다른 마음을 품고 있고 귀신 또한 받드는 사람이 없으니, 군주가 홀로 제사를 풍성하게 지낸들 무슨 복을 구할 수 있겠습니까? 군주가 선정을 베풀고 이웃 형제국들과 친하게 지내면, 어려움을 면할 수 있을 것입니다"[24]라고 대답했다. 수나라 군주가 이 말을 듣고 정사에 힘써 초나라가 감히 침공하지 못했다.

희공 27년의 기사에 진晉 문공이 초 성왕과의 패권전쟁에서 백성을 동원하려고 하자, 자범子犯이 만류하며 다음과 같이 말한다.

> "백성들이 아직 의義를 알지 못하고, 생활도 안정되어 있지 않습니다."
>
> 진 문공은 밖으로는 주 양왕을 도와 왕위를 안정되게 만들고 안으로 백성을 이롭게 하는 일에 힘썼다. 백성들의 생활이 점차 안정되자 진 문공이 백성들을 전쟁에 동원하려고 했다. 자범이 또 만류했다.
>
> "백성들이 아직 신信을 알지 못하니 그런 조치를 내릴 수 없습니다."
>
> 진 문공은 원原을 공격하면서도 신의를 보여주었다. 백성들이 물자를 교역하면서 많은 이득을 구하지 않고 약속한 말을 분명하게 지켰다. 진 문공이 이제 동원이 가능하다고 생각하고 자범에게 물었다.
>
> "이제 가능하겠소"

---

24 『春秋左傳』. "夫民, 神之主也, 是以聖王先成民而後致力於神.(…) 今民各有心, 而鬼神乏主; 君雖獨豐, 其何福之有? 君姑修政, 而親兄弟之國, 庶免於難."

그러나 자범은 고개를 가로저으며 말했다.

"백성들이 아직 예를 알지 못해 윗사람을 대하면서 공경하는 마음을 보이지 않고 있습니다."

진 문공이 성대한 열병식을 통해 예를 보여주고, 관직의 서열을 잡아 관원을 바르게 했다. 이렇게 하여 백성들이 의혹 없이 명을 따르게 된 후에 동원했다.[25]

진 문공이 처음 백성을 전쟁에 동원하려고 할 때 자범은 백성이 아직 의를 알지 못하고 생활도 안정되지 못하다고 만류했다. 춘추시대에는 영토와 인구가 부강한 국가의 기준이 되면서 유동하는 백성을 끌어들여 인구를 늘리는 일이 중요한 사안이 되었다. 백성은 조세와 부역 그리고 군사력의 근간이 되기 때문에 위정자는 인구수를 중요하게 여겼고, 백성 역시 피동적으로 끌려다니는 존재가 아니라 자신의 생계와 안전을 보호해주는 나라를 선택할 수 있었다.

당시 위정자들은 공권력을 남용하여 백성을 약탈하고 수시로 부역과 전쟁에 동원하는 일이 비일비재했다. 백성들의 기본적인 생계와 안전이 보장되지 않고 나라에 대한 결속감이 부족한 상태에서는, 전쟁에 동원하기도 힘들고 전쟁에서 승리하기는 더 어려웠다. 자범이 진 문공의 백성 동원을 만류한 것도 이러한 이유 때문이다. 백성은 자신(가족)의 생계와 안전을 무엇보다 우선하며, 자신(가족)을 보호해주는 일을 의롭다고 여겼다. 당시 진나라는 아직 백성을 동원할 만큼 생계가 안정되지도 못하고 공동체로서의 결속감도 부족했다. 자범의 뜻은, 백성이 생활을 만족해하고義, 사회를 신뢰할 수 있고信, 상하 간에 서로 존중할 수 있어야禮, 백성이 전쟁을 바로 자기를 지키는 일이라

---

25 『春秋左傳』. "子犯曰, 民未知義, 未安其居. 於是乎出定襄王, 入務利民, 民懷生矣. 將用之. 子犯曰, "民未知信, 未宣其用." 於是乎伐原以示之信. 民易資者, 不求豊焉, 明徵其辭. 公曰, 可矣乎? 子犯曰, 民未知禮, 未生其共. 於是乎大蒐以示之禮, 作執秩以正其官. 民聽不惑, 而後用之."

고 여기게 된다는 것이다. 진 문공의 패권도 결국 의에서 시작된 셈이다.

또 성공 16년에 초나라 공왕共王이 정나라를 침범한 진晉나라를 공격하기 위해 출정하는 기사가 있다. 초나라 공자가 출정하는 도중에 신숙시申叔時에게 이번 전쟁의 승패를 물으니 다음과 같이 말한다.

> 덕德·형刑·상詳·의義·예禮·신信은 전쟁에 필요한 기물器物입니다. 덕으로 은혜를 베풀고, 형으로 사악함을 바로잡고, 상으로 신을 섬기고, 의로 이익을 얻고, 예로 때에 맞게 하고, 신으로 물자를 지킵니다. 민생이 풍요로워야 덕이 바로 서고, 생활이 편리해야 신을 섬기는 제사가 절도 있게 되고, 때에 맞게 일을 해야 물자를 얻을 수 있습니다. 상하가 화목하고, 질서가 안정되고, 필요한 것을 얻으면, 모두 그 이치를 알게 될 것입니다. 『시경』에서 '선왕이 백성을 바로 세우니 백성들이 이치에서 벗어나지 않는다'고 했습니다. 신이 복을 내리면 재해가 없고, 백성의 생활이 풍족해지고, 화목하게 따르며 모두가 힘을 다하게 되고, 상명을 쫓아 전사자가 생기면 그 공백을 메우게 되는데, 이것이 전쟁에 이기는 이치입니다. 그러나 지금 초나라는 안으로 백성을 돌보지 않고, 밖으로 우호를 끊고 맹약을 가벼이 하며 식언을 합니다. 농사철에 군사를 동원해 백성을 지치게 만들면서 탐욕을 부립니다. 백성들은 군주의 신의를 알지 못해, 행하는 일이 죄가 될까 두려워하고 있습니다. 이러한 상황에서 누가 목숨을 걸고 적과 싸우려 하겠습니까?[26]

---

26 『春秋左傳』. "德, 刑, 詳, 義, 禮, 信, 戰之器也. 德以施惠, 刑以正邪, 詳以事神, 義以建利, 禮以順時, 信以守物. 民生厚而德正, 用利而事節, 時順而物成, 上下和睦, 周旋不逆, 求無不具, 各知其極. 故詩曰, '立我烝民, 莫匪爾極.' 是以神降之福, 時無災害, 民生敦庬, 和同以聽, 莫不盡力以從上命, 致死以補其闕, 此戰之所由克也. 今楚內棄其民, 而外絶其好; 瀆齊盟, 而食話言; 奸時以動, 而疲民以逞. 民不知信, 進退罪也. 人恤所底, 其誰致死?"

신숙시는 덕德·형형刑·상상詳·의義·예禮·신信이 전쟁에 필요한 기물器物이라고 하는데, 이것은 전쟁 시에 사용하는 무기가 아니라 전쟁 전에 갖추어야 할 국가적 결속을 이루기 위한 덕목들이다. 진 문공은 백성이 의·신·예를 알게 된 이후에 동원을 했지만, 신숙시는 진 문공보다 더 구체적인 여섯 가지 덕목을 제시했다. 즉 덕행·사회의 교정·신에 대한 제사·민생·시의적절한 일처리·풍부한 물자 등에 힘써 나라의 안정을 우선하라고 역설한 것이다. 그런데 초 왕은 이러한 전쟁의 요건을 갖추는 데 힘쓰지 않고, 오히려 탐욕을 부려 민심을 잃고 패배를 자초했다. 백성들이 군주가 신의를 알지 못한다고 여겨 전쟁을 피하려고 했던 것이다.

이렇게 춘추시대는 전쟁 준비 과정에서 제사보다 인사를 안정시키는 것이 우선이고, 특히 백성이 의롭다고 생각하는 민생의 중요성을 인지하게 되었다. 그리고 백성이 수동적인 피통치자가 아니라, 통치자의 솔선수범을 통해 신의를 알고 자신들의 생계와 안전을 보호해주는 나라를 선택할 수 있는 존재임을 알게 되었다.

리/의

통치자의 입장에서 볼 때 백성에게 알게 하려는 의가 상하 간의 직분 질서를 지키는 것이라면, 백성의 입장에서 볼 때 의는 자신의 생계와 안전을 보호해주는 일이었다. 두 가지 의는 분리된 것이 아니며, 백성의 의를 충족해주는 것이 바로 통치자의 의를 구현하는 길이었다. 앞에서 언급한 환공 6년 기사에서 수나라 현신 계량이 초나라와의 전쟁을 막기 위해 변론한 내용을 살펴보자.

소국이 대국을 대적할 수 있는 경우는 소국이 도를 지키는 데 반해 대국은 무도한 때입니다. 이른바 도는 백성에게 충실하고 신에게 신실한 것입니다.

군주가 백성의 이로움利을 생각하는 것이 충忠이고, 제사장인 축사祝史가 신에게 바른 말을 하는 것이 신信입니다. 지금 백성은 굶주리는데 군주는 방종하게 사욕을 채우고, 축사는 거짓으로 제사를 지내고 있습니다."[27]

백성의 이로움을 생각하는 것이 충인데, 수나라 현실은 오히려 군주가 탐욕을 부려 백성이 굶주리고 있었다. 이는 대국인 초나라에 대적할 수 있는 조건이 갖춰지지 않은 것이다. 백성을 이롭게 하려면 당연히 백성의 생계와 안전을 보호해야 하는데, 통치자들이 이에 필요한 재원을 사리사욕을 채우는 데 쓴다면 백성에게 그 나라는 의롭지 않은不義 곳이 된다. 백성에게 이로워야 의로운 나라가 되는 것이다. 그만큼 이익은 백성의 삶에 필수적인 것이었지만, 실제 현실에서는 통치집단에 독점되어 민생이 궁핍해지는 경우가 많았다.

소공 16년에 진나라 한선자韓宣子가 옥환 한 쌍 가운데 하나밖에 없어 정나라 자산에게 나머지 하나를 구해달라고 하는 기사가 있다. 이에 자산은 '군자는 재물이 없는 것을 걱정하지 않고 명성이 없는 것을 걱정한다', '나라를 다스리면서 사대자소事大字小를 못하는 것이 걱정이 아니라 예로써 자신의 지위를 정하지 못하는 것이 걱정이다'는 말을 하며, 한선자의 요구를 거절했다. 한선자의 요구를 들어주면 대국의 통치자들이 끝없이 요구하여 소국인 정나라가 위험에 빠질 수 있고, 또 한선자가 과도한 탐욕을 부려 물건을 강탈하는 죄를 얻을 수 있으니, 의롭지 않은 일이었기 때문이다. 자산의 설명을 들은 한선자 역시 자신의 요구가 불의하다는 사실을 인정하고 요구를 철회했다.

또 소공 10년에 제 혜공惠公의 자손인 난시欒施·고강高疆이 진환자陳桓子·

---

[27] 『春秋左傳』. "臣聞小之能敵大也, 小道大淫. 所謂道, 忠於民而信於神也. 上思利民, 忠也; 祝史正辭, 信也. 今民餒而君逞欲, 祝史矯舉以祭, 臣不知其可也."

포문자鮑文子와 분쟁하는 기사가 있다. 난시·고강은 진환자·포문자 가문보다 세력이 강하면서도 이들을 미워했다. 이에 진환자·포문자가 방심한 틈을 타 난시·고강을 기습 공격하여 몰아낸 후, 이들의 재산을 나눠 가졌다. 대부 안영이 진환자에게 "그들의 재산은 반드시 군주에게 넘겨줘야 합니다. 겸양은 덕의 근본이고, 양보하는 것은 미덕입니다. 무릇 혈기가 넘치면 누구나 경쟁심이 발동합니다. 그래서 이익은 억지로 구할 수 있는 것이 아닙니다. 의를 생각하는 것이 이기는 것이며, 의는 이익의 근본입니다. 그러나 이익을 많이 쌓아두면 재앙이 나타나게 됩니다. 단번에 이익을 쌓아두지 않는 것이 오히려 이익을 더욱 커지도록 하는 길입니다"[28]라고 조언했다. 진환자는 안영의 뜻을 깨달아 두 사람의 재산을 군주에게 바치고, 주위 사람들에게 봉록과 재물을 나누어주었다. 그리고 힘든 백성에게 곡식을 베풀어주면서 그 세력이 더욱 확대되었다.

이렇게 이익은 민생과 부강의 바탕으로 모두가 중시한 것이지만, 한정된 재원을 두고 경쟁하는 과정에서 이해관계가 충돌할 수밖에 없었다. 이러한 상황에서 의는 재원을 합당하게 얻는 기준이 되었다. 의/리는 대립관계가 아니라, 어떠한 방법으로 이익을 합당하게 추구할 것인지의 문제였다. 대체로 상인들에게는 의에 저촉되지 않는 선에서 이익을 추구하는 것이었고, 사인들의 경우는 의로운 일을 하면 자연스레 이익이 돌아올 것이라고 여겼다. 의를 벗어난 탐욕스런 이익 추구는 지탄과 형벌의 대상이 되었다.

씨족사회처럼 한 조상을 모시며 공동으로 생산 분배를 하는 경우는 공동체 규범으로 이익 문제를 처리할 수 있었다. 하지만 이익을 우선하는 개인(소가족) 중심의 사회가 형성되면서 더 이상 씨족사회의 규범으로 문제를 처리하

---

28 『春秋左傳』. "必致諸公! 讓, 德之主也. 讓之謂懿德. 凡有血氣, 皆有爭心, 故利不可强, 思義爲愈. 義, 利之本也. 蘊利生孽. 姑使無蘊乎! 可以滋長."

기가 쉽지 않았다. 이제 새롭게 형성되고 있는 사회에 부합하고 백성 누구에게나 적용할 수 있는 새 규범이 필요하게 되었다. 그 방안으로 부상한 것이 성문화된 법과 예제인데, 모두 의를 기반으로 한 것이었다.

공/사

서주시대 명덕신벌明德愼罰의 통치 규범으로 보면 성문화된 법 역시 이 전통 속에 위치한다고 볼 수 있다. 법이 성문화된 것은 백성 모두에게 공개되어 적용되는 공적 규범이 등장했다는 사실을 뜻한다. 서주시대에 왕실·공실을 뜻하던 공에서 공적 규범을 뜻하는 개념이 나타난 것은 춘추시대의 현상인데, 공/사를 구분하는 기준도 의와 연결되어 있었다.

소공 14년에 진나라 대부 형후邢侯와 옹자雍子의 영토 분쟁 소송에 관한 기사가 있다. 숙향의 아우 숙어叔魚가 이 사건의 판결을 맡았는데, 숙어는 옹자에게 뇌물을 받고 형후에게 누명을 씌웠다가 분노한 형후에게 살해되었다. 이에 숙향은 세 사람을 같은 죄로 판정하고 형후를 사형에 처한 후, 세 사람의 시체를 늘어놓는 진시陳尸를 시행하게 했다. 숙향은 동생인 숙어가 부정한 행위를 하여 살해된 것이기 때문에, 사건에 연루된 세 명을 모두 똑같은 죄로 판정한 것이었다. 이에 대해 공자는 사적인 감정을 개입하지 않고 공정한 판결을 내린 의로운 행위大義滅親라고 칭송했다. 당시 혈친의 사사로움보다 공정함을 우선하는 것이 의라고 보며, 재판의 규범으로 작용하고 있었던 것이다.

소공 28년에 진晉나라 위헌자魏獻子가 자신의 서자인 위무魏戊에게 분봉한 기사가 있다. 위헌자가 자신의 분봉이 사사로운 편애가 아닌지 대부 성전成鱄에게 물었다. 이에 성전은 "위무의 사람됨이 멀리 떨어져 있어도 군주를 잊지 않고, 가까이 있어도 자신의 의견을 강요하지 않고, 이익이 생기는 곳에서는 의義를 생각하고, 궁핍한 처지에서도 바른 일을 생각하고, 예를 지키는 마음으로 지나친 행위를 하지 않습니다. 비록 그에게 한 개 현을 주었다고 하나 이 또한 옳은 일이 아니겠습니까?"²⁹라고 답했다. 등용에 있어서는 친소보다 사람됨이 더 중요하다고 옹호하는데, 여기서 주목할 점은 성전의 답변 내용이 아니다. 위헌자가 자신의 혈친에 대한 분봉도 공정한지 신경을 쓸 정도로, 공/사에 대한 가치판단이 엄격해졌다는 사실이다. 어떤 상황에서도 공/사를 구분하지 못하는 것을 의롭지 못한 행위로 여겼던 것이다. 위 기사는 사적인 혈연관계가 공무에 영향을 끼쳐선 안 된다는 당시의 시대 분위기를 역으로 반영한 사례라고 할 수 있다.

또 애공哀公 5년에 범소자范昭子의 가신 왕생王生이 사이가 좋지 않던 장류삭張柳朔을 백인柏人 땅의 지방장관에 추천한 기사가 있다. 범소자가 왕생에게 그 연유를 물으니 "사적인 원한은 공적인 일에 해를 끼칠 수 없습니다. 좋아하면서도 그 잘못을 봐주지 않고, 미워하면서도 그 좋은 점을 버리지 않는 것이 의義의 근본입니다"³⁰라고 답했다. 사적인 원한과 공적인 추천을 구분하는 것을 의로운 일로 여겼던 것이다.

양공 3년에 진晉나라 기해祁奚가 원수지간인 해호解狐의 능력을 인정하여 후임자로 천거한 일도 같은 사례에 속한다. 또 우무정郵無正이 원수인 윤탁尹鐸의 목숨을 구해주고 주군인 조간자趙簡子에게 상까지 받게 해준 일이 있었다. 이에 윤탁이 우무정에게 사례하자, "나는 주군을 위해 도모했을 뿐 그대를 위해서가 아니다. 원한은 여전히 원한으로 남아있다"고 했다.³¹ 이렇게 춘추시대에는 공/사를 구분하여, 공적인 일에 사사로운 개인의 욕심이나 원한이 개입되지 않아야 의롭다는 생각을 하고 있었다.

---

29 『春秋左傳』. "戊之爲人也, 遠不忘君, 近不偪同; 居利思義, 在約思純, 有守心而無淫行, 雖與之縣, 不亦可乎."
30 『春秋左傳』. "私讎不及公, 好不廢過, 惡不去善, 義之經也."
31 『國語』「晉語」9. "吾爲主圖, 非爲子也. 怨若怨焉."

이상의 기사들을 보면 춘추시대에 의가 규범으로 작동하고 있다는 점을 알 수 있다. 그러나 이것은 이해관계의 충돌을 조정할 수 있는 공적인 제도나 법이 결여되어 있다는 사실을 뜻하기도 했다. 누구나 저마다의 의가 있어서 자신에게 이익이 되는 일을 의라고 할 수 있었기 때문이다. 위의 기사들처럼 사람들이 다 의를 규범으로 삼아 공적인 행위를 했다면, 춘추시대는 안정되고 좋은 사회가 되었을 것이다. 그러면 전국시대와 같은 전쟁의 시대도 출현하지 않았을 것이다. 하지만 현실은 그렇지 않았으며 이익 앞에서 공/사의 구분이 모호해지는 경우가 다반사였다. 그런 일이 많아질수록 사회적 약자인 백성의 의를 해치게 되어 결국 백성의 분노를 일으키곤 했다.

> 진陳나라 대부 원파轅頗가 정나라로 달아났다. 본래 원파는 진나라의 사도가 된 위 봉읍 내에서 세금을 거두어 공녀公女(군주의 딸)의 출가 비용을 마련했다. 이때 그가 쓰고 남은 자금으로 커다란 예기大器를 만들어 가졌다. 이에 농민國人들이 그를 축출하자 곧 정나라로 도망갔다.[32]

진나라 원파의 봉읍에서 경작을 하던 농민들은 군주 딸의 결혼 자금을 위해 세금을 냈다. 농민들은 토지세 이외에 각종 명목의 세금을 냈는데, 힘이 들지만 그것을 백성으로서 의무라고 여겼다. 그런데 자신들이 낸 세금이 공적인 용도에 쓰이지 않고 관리가 사적으로 취한 일이 발각되면서 분노하게 되었다. 결혼 용도로 세금을 쓰는 것은 공적인 일이지만, 남은 세금으로 예기를 만들어 관리가 사적으로 취한 것은 백성의 의(이익)를 해치는 일이었기 때문이다. 남은 세금은 농민에게 환급하거나 농민을 위한 일에 쓰는 것이

---

32 『春秋左傳』. "陳轅頗出奔鄭. 初, 轅頗爲司徒, 賦封田以嫁公女; 有餘, 以爲己大器. 國人逐之, 故出."

합당한 처사였다. 그런데 관리가 사사로이 취하여 공분을 사게 되었고 결국 농민들에 의해 쫓겨나게 된 것이다.

통치 엘리트뿐만 아니라 백성도 공/사를 구분하며, 자신들의 의를 충족시키는 정책은 환영하고 반대로 의를 해치는 행위에 대해선 분노할 줄 알았다. 관중과 같은 통치자들이 백성의 욕구 충족을 중요시한 것은 이러한 백성의 의를 잘 알고 있었기 때문이며, 국인에게 쫓겨나거나 저항에 직면한 통치자들은 백성의 의를 무시한 결과라고 할 것이다.

4. 성문법의 등장과 귀족사회의 불안

법이 중국에서 공적 규범으로 등장한 것은 춘추시대 중앙집권 국가의 출현과 관련되어 있었다. 분산되어 있던 지역을 중앙집권 조직에 편재하고, 신분과 출신이 다른 이들이 정치공동체로 통합되는 과정에서, 누구에게나 공히 적용될 수 있는 통치 규범이 필요했던 것이다. 귀족들에게 통용되는 예나 종법질서, 지역의 씨족사회에 작동하는 관습으로는, 영토 국가 내부의 다양한 이해관계를 지닌 사람들을 통치하기가 어려웠다. 백성 누구나 쉽게 이해할 수 있고 엄정하게 시행되는 성문화된 법이 바로 중앙집권 국가에 필요한 새로운 규범으로 부상하였다. 법은 혼란한 세상의 새 가치 기준으로 등장한 의를 국가 질서 차원에서 제도화한 것이었다.

춘추시대 관중이 설계한 중앙집권 국가를 보면 세 가지 규범이 작동하고 있다. 주나라 법도, 법·형벌, 예의염치四維가 바로 그러하다. 주나라 법도는 주나라 문왕과 무왕이 나라를 세울 때 확립했던 규범을 지칭한다. 현능한 사람을 등용하고, 법을 정하여 백성의 기강을 세우고 조직을 구성하며, 포상으로 선행을 장려하고 형벌로 악행을 바로잡는 일이 주나라 법도에 해당한다. 주나라 법도는 나라를 세우고 다스리는 보편적 규범으로서 현대국가의 헌법에 해당한다고 할 것이다.

법·형벌은 주나라 법도를 계승하여 중앙집권의 목표와 제나라의 실정에 맞게 혁신한 법제를 지칭한다. 관중은 중앙집권적 조직을 구성하고, 농민에게 땅을 지급하고, 토지세와 교역세를 정하고, 관리를 선발하고, 포상과 형벌을 내리는 등의 공무를 국가가 정한 법·형벌에 따라 시행하였다. 이러한 법·형벌은 현대적 의미의 행정법, 경제법, 사법, 형법 등에 해당한다. 관중은 국가목표와 백성의 욕구에 기반하여 법제를 만들어 중앙집권 시스템의 근간으로 삼았다.

예의염치는 법도와 기강이 있는 나라를 세우기 위한 백성의 윤리적 규범을 지칭한다. 예는 규정된 절도를 넘지 않는 것이고, 의는 바르지 않은 일에 스스로 나아가지 않는 것이고, 염은 나쁜 일을 숨기지 않는 것이고, 치는 잘못된 일을 따르지 않는 것이다. 예의염치는 백성이 규정된 법도와 직분에 따라 바른 일을 하고, 나쁘고 잘못된 일을 하지 않도록 규제하는 윤리적 규범에 해당한다. 귀족문화였던 예의가 이제 백성 모두가 준수해야 하는 국가적 윤리로 전환된 것이다.

주나라 법도가 통치자가 따라야 할 최고 규범이라면, 법·형벌은 주나라 법도에 따라 만든 제나라의 실정법이며, 예의염치는 백성이 법과 직분에 따라 살아가는 것이 바른 일임을 알게 하는 윤리 규범이었다. 관중은 이 세 가지 규범에 기반하여 중앙집권 국가를 만들어, 제 환공은 춘추시대 첫 번째 패자가 되었고, 백성은 부유하고 예의를 아는 생활을 하였고, 현능한 인재들은 관리로 등용될 수 있었다.

제 환공의 성공으로 법치의 힘이 알려지게 되었으며, 제후국이 법을 수용하는 과정에서 통치집단 내부의 갈등이 벌어졌다. B.C. 536년 정鄭나라 자산子産이 형법을 솥에 주조한 성문법刑鼎을 공포했는데, 진晉나라 경대부 숙향叔

向이 자산에게 편지를 보내 이를 질타했다. 또 B.C. 513년에는 진나라에서 정나라를 본받아 형법을 솥에다 주조했는데, 이번에는 노나라 공자孔子가 이를 비판하였다.

1) 백성이 법률이 있다는 걸 알면 윗사람을 거리낌 없이 대하며 경쟁심을 갖고 법률 문서에만 근거한 증거로써 요행수를 찾아 자신의 뜻을 이루려 할 것이오. (…) 백성이 분쟁할 수 있는 단서를 알게 되면 장차 예를 버리고 법률 문서에만 근거를 찾게 될 것이오. 그럼 송곳 끝만 한 작은 분쟁도 끝까지 다투려 할 것이니 어지러운 옥사가 나날이 늘어나고 뇌물도 병행할 것이오. 그대의 생애가 끝나는 동안 정나라도 멸망할 것이오.[33]

2) 진나라는 망할 것이다. 그들은 국가의 법도를 잃어가고 있다. 진나라는 선조 당숙唐叔이 전한 법도를 잘 지켜 백성을 다스리는 기강으로 삼고, 경대부들 또한 자신의 위치에서 이를 잘 준수해야 한다. 이에 백성은 귀인을 존중할 수 있고, 귀인은 가업을 지킬 수 있으며, 귀천의 질서에도 잘못이 없게 된다. 이것이 이른바 법도인 것이다. (…) 지금 그 법도를 폐기하고 형법을 새긴 솥을 만들었으니 백성은 그 솥에서만 행동의 근거를 찾을 것이다. 무엇으로 귀인을 존중하고, 귀인은 무엇으로 가업을 지킬 수 있겠는가? 귀천에 질서가 없으니 무엇으로 나라를 다스릴 것인가?[34]

숙향과 공자는 성문법 공포를 국가의 법도가 무너지는 사태로 보고 있다. 백성이 법을 알게 되면 국가 통치의 기반인 신분 질서가 붕괴되어, 귀족이

---

33 『춘추좌전』 소공 6년. 번역은 『춘추좌전』 3(신동준 옮김, 한길사, 2006), 95~96쪽.
34 『춘추좌전』 소공 29년. 『춘추좌전』 3, 331~332쪽.

설 자리가 없어진다고 우려한 것이다. 귀족에게 법치가 통치 방식의 변경을 넘어 자신의 권력 기반에 대한 위협으로 다가온 것이었다. 정나라가 망할 것이라는 숙향의 질타는 이러한 위기감의 발로인 셈이다. 그러나 자산이 재상으로 재임한 20여 년 동안 정나라는 어린아이들이 밭갈이 등의 중노동에 동원되지 않게 되었고, 시장에서 물건값을 속이는 일이 없어졌으며, 도둑이 사라져 밤에 문을 잠그지 않아도 괜찮았다. 개혁이 뿌리내리면서 진晉과 초 두 강대국 사이에 끼어있던 정나라는 강소국으로 우뚝 설 수 있었다.

얼마 후 숙향의 진나라가 정나라를 본받아 성문법을 공포한 것도 그 효과를 알았기 때문이다. 이번에는 노나라 공자가 숙향과 같은 시각으로 진나라가 망할 것이라고 질타했다. 향후 진나라가 위·조·한 3국으로 분열되기는 했지만, 그것은 법치가 아니라 중앙집권을 반대하는 세족들의 내분 때문이었다. 숙향과 공자의 질타에도 불구하고, 춘추전국 시대 이래 법치는 중앙집권 국가의 통치 방식으로 정착되어 갔다.

그런데 정나라와 진나라가 솥에 주조한 성문법이 형벌에 관한 형법이라는 점은 주목할 필요가 있다. 형벌은 주나라 법도인 '명덕신벌'처럼 신중하게 내려야 하지만, 고대 중국의 형벌은 육형을 포함한 가혹한 벌이 많았다. 숙향과 공자도 형벌에 대해 대단히 엄중한 자세를 취하고 있었다. 앞에서 살펴보았듯이, 숙향은 아우인 숙어에게 엄벌을 내렸고, 이에 대해 공자는 적극적인 지지를 표했다.

또 『순자』 「유좌宥坐」와 『사기』 「공자세가」에 기록되어 있는, 노나라 대사구大司寇가 된 공자의 소정묘少正卯 판결에도 공자의 형벌관이 드러나 있다. 소정묘는 노나라에서 영향력이 있는 대부로서 처형을 당할만한 범죄를 저지르지 않았다. 그런데 공자는 소정묘가 소인의 영웅이 되어 사회를 혼란하게 만들 위험성이 높다는 이유로 처형을 하고, 그 시체를 3일간 내걸어 백성의 경종을 울렸다. 범죄 행위가 아니라 동기에 입각한 '춘추대의'식 엄벌주의를 시행한 것이었다.

『논어』에도 공자의 형벌관을 엿볼 수 있는 구절이 있다. 양을 훔친 아버지를 고발한 아들에 대해 초나라 섭공葉公과 공자가 상반된 입장을 드러낸 대화가 그러하다.

> 섭공이 공자에게 말했다. "우리 마을에 정직한 궁이라는 사람이 있는데, 그의 아버지가 양을 훔치자 관청에 고발합니다." 공자가 말했다. "우리 마을의 정직한 사람은 그와 다릅니다. 아버지는 자식을 숨겨주고 자식은 아버지를 숨겨줍니다. 정직함은 바로 그 속에 있습니다."[35]

섭공의 사회에서는 양을 훔친 아버지를 고발하는 아들을 정직하다고 하고, 공자의 사회에서는 숨겨주는 아들이 정직하다고 한다. 신정근의 견해에 따르면, 섭공은 백성이 국가 질서에 복종해야 한다고 여기고, 공자는 부자 관계가 다른 것에 의해 결코 침해되어서는 안 된다고 여긴다. 이것은 춘추시대가 가족 질서의 우위에서 가족 질서와 국가 질서의 혼용으로, 다시 국가 질서의 우위로 변해가는 과도기에 있다는 것을 보여준다.[36] 즉 아버지의 범죄에 대한 두 자식의 차이가 국가 질서와 가족 질서의 차이에 있다고 보는 것이다.

그러나 범죄 행위는 고대 중국에서 엄벌에 처했으며, 가족 질서가 우위에 있던 서주시대에도 면죄하거나 관대하게 대하지 않았다. 『상서』 「강고」에서 주공은 강숙에게 "문왕이 제정한 법에 따라 처벌하고 형에는 용서가 없도록 하라"고 했다. 다만 통치계급인 귀족은 형벌보다는 엄격한 예법 준수가 요구되었으며, 형벌은 주로 일반 백성을 다스리기 위한 것이었다. 그러나 예법이

---

[35] 『論語』 「子路」. 葉公語孔子曰, 吾黨有直躬者, 其父攘羊, 而子證之. 孔子曰, 吾黨之直者異於是. 父爲子隱, 子爲父隱, 直在其中矣.

[36] 신정근, 『공자씨의 유쾌한 논어』, 사계절, 2015, 515쪽.

관대한 처벌이라고 볼 수만은 없으며, 귀족에게는 감당하기 힘든 수치와 모욕의 형벌을 안겨주는 것이었다.[37]

춘추시대에 형법이 공적 규범이 되어 신분에 상관없이 적용되면서, 숙향의 판결에 나타나듯이 귀족도 예외가 될 수 없었다. 형법이 성문화되었는지의 차이는 있겠지만, 공자 사회에서도 백성의 범죄는 당연히 형법이 엄격하게 적용되었을 것이다. 형벌에 있어서 국가 질서와 가족 질서 사이에 본질적인 차이가 있었다고 보기는 힘들다.[38]

『논어』의 대화에서도 공자는 아버지 범죄에 대한 면죄를 얘기한 것이 아니다. 소정묘 판결에서 나타난 것처럼 동기로도 엄벌을 내린 공자가, 범죄 행위에 대해 아버지라는 이유로 면죄를 주장할 수는 없는 일이다. 공자는 아버지의 범죄를 자식이 신고하거나 혹은 자식의 범죄를 부모가 신고해서는 안 된다고 본 것이다. 즉 가족끼리는 서로 숨겨주고 싶은 것이 솔직한 마음이며, 이 인정(인륜)은 국가 질서에서도 허용하는 것이 마땅하다고 본 것이다.

가족이 아닌 남일 경우에는 범죄사실을 고지할 수 있지만, 가족 간에는 '예외적 불고지'가 허용되어야 한다는 얘기다.[39] 실제로 전국 말기에서 진시

---

37 취통쭈, 『법으로 읽은 중국 고대사회』(김여진 외 옮김, 글항아리, 2020), 280~281쪽.
38 고대 중국의 형벌 적용 방식으로 알려진 『예기』 「곡례」의 "예는 아래로 서인에게 미치지 않고, 형벌은 위로 대부에게 이르지 않는다"는 말도 이러한 맥락에서 해석되어야 한다. 즉 대부의 죄는 처벌하지 않거나 관대하게 대한다는 뜻이라기보다는, 대부와 서인의 범죄를 처벌하는 방식의 차이로 보아야 한다는 것이다. 신분에 따라 법을 동일하게 적용하지 않는 것은 맞지만, 귀족은 예법의 처벌을 받은 것이며, 이를 면죄로 보기는 힘들다는 말이다. 고대 중국에서 자결은 귀족의 체면과 존엄을 지켜주는 것으로, 일반 서민에게는 보이지 않는 일이다. 또 성문법이 정착된 이후에도 형법의 적용에 신분 차이가 있었다는 점은 주목해야 한다. 상앙의 변법 시기에는 "남작과 자작에게 작위를 1급 이상 수여하고 죄가 있으면 감면한다"는 규정이 있었다. 진 제국 시기에도 죄형을 법률에 적용할 때 신분에 따른 차등을 강조하고, 공개적으로 같은 죄라도 다른 벌을 적용하였다. 이점에 대해서는 장진번 주편, 『중국법제사』(한기종 외 옮김, 소나무, 2006), 240~242쪽 참고.
39 이종민, 「논어의 언명은 어떻게 현재화될 수 있는가 — '직궁(直躬)' 이야기와 사회정의 문제를 중심으로」, 『중국학보』 92집, 2020, 166~167쪽.

황 시기에 기록된 『수호지진묘죽간睡虎地秦墓竹簡』 「법률답문法律答問」에서는 "자식이 부모를 고발하고, 노비가 주인을 고발하는 것은 '비공실고非公室告'이니, 고발을 수리하지 않는다"[40]고 하였다. 또 법령의 전범으로 간주되는 『당률소의唐律疏議』에서는, 자식은 아비가 역모죄인 경우가 아니면 고발을 엄격히 금지하는 것은 물론, 고의로 부모를 고발할 경우 교수형에 처하게 했다. 이렇게 중국 법률에 공자의 주장이 수용되어, 역모죄가 아닌 일에는 불고지가 허용되는 것이 전통이 되었다.

이러한 법 전통은 중국에서 가족 질서와 국가 질서가 갈등 상황에 있었다기보다, 법이 부권父權과 족권族權을 보호하여 중앙집권적 통치 질서를 공고히 유지하고 있었다는 사실을 알려준다.[41] 이러한 중국 법의 역사를 잘 이해하지 못하면, 『논어』의 이야기를 질서의 차이나 도덕관의 차이로 생각하게 된다.

다시 숙향과 공자의 성문법에 대한 시각 문제로 돌아가자. 성문법에서 숙향과 공자가 부정하는 것은 성문법의 내용인 형법이 아니라, 형법을 공개하여 백성이 잘 알게 되는 사태가 벌어지는 일이다. 그렇게 되면 법을 독점적으로 행사해온 귀족들의 권위가 없어져 귀천의 질서가 무너진다고 우려했던 것이다. 귀족과 백성이 알고 있는 법률 지식이 동등해짐에 따라, 이제 백성은 귀족을 존중하지 않고 법률 근거를 가지고 귀족과 분쟁하려 들 것이기 때문이다.[42]

---

40 『수호지진묘죽간 역주』(수호지진묘죽간정리소조 엮음, 윤재석 옮김, 소명출판, 2010). 362~364쪽. "'公室告'何也? '非公室告'何也? 賊殺傷·盜它人爲 公室; 子盜父母, 父母擅殺·刑·髡子及奴妾, 不爲公室告; '子告父母, 臣妾告主, 非公 室告, 勿聽.' 何謂'非公室告'? 主擅殺·刑·髡其子·臣妾, 是謂'非公室告', 勿聽. 而行告, 告者罪. 告者罪已行, 它人又襲其告之, 亦不當聽."
41 김시천, 「『논어』의 직(直) – '직궁(直躬)' 이야기와 정의(justice)의 딜레마?」(『유교사상문화연구』 77집, 2019), 158~159쪽 참고.
42 취퉁쭈, 『법으로 읽은 중국 고대사회』, 276~277쪽.

다양한 이해관계를 지닌 사람들이 모여 사는 영토 국가에서 시비분별의 규범으로서 법이 공개화된다는 사실 자체가 귀족에게는 자신의 특권을 제한하는 일로 다가온 셈이다. 이것은 성문화되기 이전에는 귀족이 법을 권위적으로 행사하며 백성에게 돌아갈 이익을 차지했다는 점을 시사한다. 성문법은 귀족의 권력 기반을 제한하고 백성을 국가의 근간으로 삼으려는 중앙집권제의 목표와 연결되어 있었던 것이다.

성문법이 귀족의 특권을 제한한다는 차원에서 보면 숙향과 공자의 우려는 근거가 있지만, 국가의 법도를 무너뜨린다고 본 것은 과도한 생각이었다. 관중의 중앙집권 국가가 주나라 법도, 법·형벌, 예의염치의 세 가지 규범에 기반한 점을 환기하면, 법치가 반드시 국가의 법도나 예의 붕괴를 초래한다고 볼 수는 없다. 실제로 관중이 추구한 사회는 신분이 사라진 평등사회가 아니라 주나라 법도에 기반한 조화로운 차등사회였다.

5. 외유내법外儒內法과 중국식 통치 세계

고대 중국에서 법치는 불평등한 귀족 질서를 제한하고 조화로운 차등질서의 회복을 목표로 하였다. 여기서 회복이라고 한 것은 주나라 법도 혹은 고대 성왕의 도를 당대에 구현하려고 했기 때문이다. 주나라 고대 성왕의 세계가 조화로운 이상사회인지는 불확실하지만, 고대 중국에서 그것은 공유된 신념이었다. 조화로운 차등질서를 추구한다는 점에서는 법치와 유교의 예치가 확연하게 구별되지 않았다.

4장에서 설명했듯이, 예의 다층적 개념은 공자에 의해 정립되었다. 법치와 상대되는 개념으로서 예치는 예제, 예악문화, 예 윤리를 결합하여 통치하는 방식이라고 할 수 있다. 관중의 중앙집권 국가는 백성의 직분 윤리와 국가 제례는 수용했으나, 사회 경제질서는 예제가 아닌 법제에 기반하여 구축하였다. 즉 예의 국가 통합적 기능은 수용하면서도 백성의 이해관계를 조정하고 생산력을 높이는 데는 법제가 더 효율적이라고 본 것이다. 제나라의 현실은 "창고가 가득 차면 백성이 예절을 알고, 입고 먹는 게 풍족하면 영광과 수치를 안다"는 관중의 통치 철학을 실현하는 데 있어, 법제가 더 적합한 방식이었음을 입증해주었다.

관중의 통치는 예를 포함한 세 가지 규범에 기반하여 이뤄졌기 때문에 순수한 법치라기보다는 혼합적 통치 방식에 가까웠다. 이를 통해 관중은 먹고사는 욕구가 충족된 기반 위에서 사람의 예의를 아는 백성을 길러내려고 하였다. 법치/예치의 대립이 아니라, 법치를 통해 백성의 욕구를 충족시키는 사회를 만들고, 그 위에 예의를 지키는 문화를 이루어, 법도와 기강이 있는 나라를 건설하려고 했던 것이다.

공자의 경우도 도덕 사회를 목표하는 예치를 추구하면서도 백성의 생계 문제를 중시하였다. 통치자는 솔선수범하는 도덕성이 중요하지만, 백성에게는 먹고사는 문제가 우선이었기 때문이다. 그러나 관중과 달리 공자는 백성의 욕구 충족을 위한 정책을 설계하고 이를 백성이 알고 따르도록 법제화하지는 않았다. 백성의 생계 방안은 주로 소농 생산과 낮은 세금에 의존한 것이었다. 후대의 맹자가 내세운 인정仁政도 법치의 방안에 비하면 현실성이 떨어져, 백성이 믿고 따르게 하기가 쉽지 않았다. 조화로운 차등 사회를 내세우면서도 이를 위한 사회경제적 기반을 만들지 못하면 불평등 질서가 지속될 수밖에 없었다.

숙향과 공자는 법치가 귀족의 권력 기반을 제한한다고 우려했지만, 법치의 핵심이 중앙집권과 백성을 위한 사회경제적 기반 구축에 있었던 만큼, 귀족의 특권 제한은 불가피한 일이었다. 그래서 귀족과 귀족의 이익을 대변하는 지식인들이 법치에 반감을 가지게 되었던 것이다. 중앙집권과 법치가 부상하기 시작한 춘추전국 시대는 물론이고, 공식 제도로 정착된 왕조시대에도 제도개혁(변법)이 일어날 때마다 기득권 세력의 반발이 이어졌다. 이런 반감은 권력 투쟁과 연결되어 법치에 대한 편향된 생각을 낳았다.

바로 법치를 냉혹한 형벌주의로 간주하는 시각이다. 숙향과 공자의 우려에서 보이듯이, 성문법 갈등의 시초는 형벌(형법)에 관한 일이었다. 누구에게나 형벌은 피부로 느끼는 두려움이었던 만큼, 형벌의 기준인 법을 형벌처럼 생각하였다. 또 한나라 유생들이 상앙의 법치가 귀족들에게 가혹한 형벌을 내린 것이라고 평가하면서, 법치가 냉혹한 형벌로 국가를 통치하는 것이라는 생각이 고착되었다.

그러나 관중의 세 가지 규범에서 보이듯이, 법치는 형벌뿐만 아니라 국가 통치에 관한 전반적인 사안을 규정된 법에 따라 다스리는 시스템을 말한다. 상앙의 법치도 형벌뿐만 아니라 진나라 통치 전반에 관한 실정법을 포함하였다. 귀족의 특권을 강하게 제한하고 백성과 동일하게 법을 적용하여 귀족의 원망을 사기는 했지만, 냉혹한 형벌로 공포통치를 한 것은 아니었다. 당시 진나라 백성은 냉혹함보다는 변법이 주는 명예와 이익이 더 크다고 여겼다.

전국시대 말기 진나라를 방문하여 그 실정을 관찰한 순자의 소감이나 상앙의 변법 시행 이후의 진나라 모습에 대한 사마천의 기술도 마찬가지였다. 그러나 진시황 사후 제국이 단명하고, 한나라 정부 및 유생이 멸망의 원인을 냉혹한 법치로 몰고 가면서, 법치에 대한 편향된 생각이 뿌리를 내렸다. 8장에서 살펴보겠지만, 진 제국 멸망의 원인은 법치 자체의 문제라기보다는, 지역적 문화적 정체성 차이를 감안하지 못한 중앙집권 정책과, 진승의 봉기에 편승한 옛 육국 토호의 집단적 반란에 있었다. 그런데도 법치가 타깃이 된 것은, 법치로 인해 권력 기반이 약화된 귀족과 분서갱유의 피해를 입은 유생의 반감이 증폭된 결과라고 할 것이다.

그렇지만 이들의 반감과 달리, 한나라 현실 정치에서는 진나라 법제를 계승한 통치가 이루어졌다. 집행을 관대하게 했지만 형법도 계승하였고, 한나라 제도의 핵심인 관료제와 작위제, 수전제, 조세제도, 군사제도 등도 다 진나라 법제에 기반하여 시행한 것이었다. 진나라와 확연히 달랐던 점은 찰거제를 통해 등용된 유생들이 점차 법가를 대신하여 법을 집행하는 주체가 되었다는 사실이다.

이들은 법 조항을 실정보다는 유교식 대의에 입각하여 정치적으로 해석하고, 판관의 자의적 해석까지 가미되어, 한대에는 이른바 혹리酷吏들이 판을 치는 세상이 되었다.[43] 물론 혹리가 다 유생인 것도 아니며, 혹리의 행위가 황제의 뜻과 연결되어 있었던 것도 분명하다. 그러나 엄정한 법치가 시행되지 않았고 관리의 세금 수탈이 심해질수록 민생은 위기에 빠져갔다. 중앙 관료로 성공한 유생들은 대토지를 소유한 신흥 문벌이 되어 지방의 독립 세력으로 발전하였다.

중국 왕조시대의 통치 방식을 외유내법外儒內法이라고 부른다. 실제로는 법에 근거한 통치를 하면서도 겉으로는 유교의 덕치와 왕도를 내세운다는 뜻이다. 다시 말하면 덕치와 왕도를 통치 규범으로 내세우면서, 실재에서는 법에 근거한 엄벌 통치를 한다는 것이다. 외유내법의 실재를 더 정확히 보려면, 법을 시행하는 주체가 누구인지의 문제까지 포함해야 한다. 한나라 관리는 대개 유생 출신이었으며, 그래서 법치에는 관리인 유생들의 이해관계가 개입될 수밖에 없었다.

법은 황제가 중앙집권을 위해 제정하고, 시행과정에서는 관리들의 이해관계가 작동한다는 얘기다. 이런 점을 감안한다면, 외유내법은 황제가 중앙집권을 위해 유교 규범을 내세우면서 동시에 국가 운영을 위한 법을 제정하고, 유교 관리는 법을 집행하는 과정에서 자신들의 이해관계를 개입시킨다는

---

43 어우양잉즈, 『용과 독수리의 제국』(김영문 옮김, 살림, 2020), 566쪽.

의미가 된다.[44] 외유내법은 좋은 법과 아울러 공정한 집행자를 만나야 비로소 법치의 목표가 실현될 수 있다는 사실을 역설한다.

6. 생존공동체, 대의와 이익을 공유하는 사람들

현대에 이르기까지 중국인들 사이에는 '법보다 인정情大於法'이라는 관념이 오랜 시간 통용되고 있었다. 왜 그렇게 된 것일까. 춘추시대를 기록한 『춘추좌전』은 통치집단의 대의를 권면하는 시각을 취하고 있다. 이 때문인지 『춘추좌전』의 기사들은 공적 규범을 내세우고 있어서 행위 주체들의 사적인 세계는 상대적으로 잘 드러나지 않는다. 이 문제는 중국 문헌에서 바람직한 규범을 역설함에도 불구하고, 현실은 늘 규범과 간극이 생긴 이유를 설명해 주기도 한다. 사람들은 통치자가 내세운 규범대로 세상이 돌아가지 않는다는 사실을 잘 알고 있었고, 국가는 백성에게 생계와 안전을 지켜줄 것이라는 믿음도 주지 못했다. 통치집단은 통치집단대로, 백성은 백성대로 스스로 생존을 유지할 수 있는 길을 찾아야 했다.

순자가 말한 것처럼 생존은 사람들과의 협력을 통해 이루어지는 것이다. 혼란한 시대 속에서 사람들은 이점을 더욱 절실하게 느꼈을 것이며, 또 협력

---

[44] 역대 중국의 중앙집권 국가는 그 시대의 실정에 따라 법제를 제정하여 통치하면서, 법 적용에 있어서는 신분과 이념에 따라 차등적인 적용을 하였다. 가령 외유내법이 시작된 한대는 황권을 반대하는 어떠한 행위도 대역무도죄로 처벌했으며, 농민봉기 등 사회안정을 위협하는 행위에 대해서는 가혹한 처벌을 하였다. 그리고 불효를 포함하여 삼강오륜을 파괴하는 행위 역시 엄벌에 처하였다. 이에 반해 귀족 관료에게는 법적 특권을 부여하였고, 노약자에게는 관대한 처분을 하였으며, 친족 범죄에 대해서는 불고지를 허용하였다. 이러한 한대 외유내법의 특성은 후대에 이르기까지 영향력을 행사하여 중국식 법치의 근간이 되었다. 이점에 대해서는 장진번 주편, 『중국법제사』, 25~34쪽 참고.

은 믿을 수 있는 사람들 사이에서 지속될 수 있다는 사실도 깨닫게 되었을 것이다. 그래서 사람들은 자신과 의가 통하고 이익을 공유할 수 있는 이들과 무리를 이루었다. 혈연관계가 신뢰이던 시절에는 친소 관계만 따지면 되었고, 낯선 사람은 믿을 수 없는 자로 여겼다. 그러나 혈친이 믿을 수 없는 시대가 되면서 사람들은 유능하고 믿을 수 있는 사람을 찾아야 했다.

통치집단의 경우 환공과 관중의 만남이 그 이정표가 되었다. 환공과 관중은 패업의 대의를 공유하면서 운명공동체가 되었고, 그 결과 춘추시대 첫 번째 패자의 지위와 막대한 부를 실리로 얻을 수 있었다. 이후 환공과 관중의 관계는 군신 간에 대의와 실리를 공유한 성공 사례가 되었다. 그래서 성공한 군주 옆에는 항상 관중과 같은 현능한 신하가 있었다. 진秦 목공과 백리혜百里慧, 진 문공과 호언狐偃, 초 장왕과 손숙오孫叔敖, 오 합려와 오자서, 월 구천과 범려, 진 효공과 상앙, 진시황과 이사 등이 그 계보를 이어갔다.

환공 이래로 군주들뿐만 아니라 유력 가문의 세족들도 관중과 같은 인재를 예우했다. 각국의 군주와 세족 가문에는 수많은 빈객들이 드나들며 청운의 꿈을 품고 있었다. 전국시대 4군자로 불린 신릉군信陵君, 맹상군孟嘗君, 평원군平原君, 춘신군春申君 및 진나라 재상 여불위呂不韋의 객사에 각종 재능을 지닌 수천 명의 빈객들이 묵고 있었다는 것은 잘 알려진 사실이다. 이는 사속적 관계를 통해야 출세를 할 수 있는, 공식적인 인재 선발제도가 정착되지 못한 시대의 풍경이었다.

사속적 관계에서 그 관건은 상위자가 하위자를 예우하고, 하위자는 상위자에게 보은하는 데 있었다. 제나라 맹상군은 그 사실을 실각한 후에야 알게 되었다. 실각하기 전에 맹상군에게는 충성을 맹세하던 수많은 가신들이 있었는데, 실각한 후에는 배신감이 들 만큼 뿔뿔이 흩어져버렸다. 이에 측근인 풍환馮驩에게 푸념을 늘어놓는데, 풍환은 오히려 맹상군을 질타하며 사속적 관계에서 상위자가 취해야 할 태도를 알려준다.

살아 있는 것이 반드시 죽게 되는 것은 만물의 필연적인 결과입니다. 부유하고 귀하면 사람들이 많이 모여들고, 가난하고 지위가 낮으면 벗이 적어지는 것은 일의 당연한 이치입니다. 당신은 혹시 아침 일찍 시장으로 가는 사람들을 본 적이 없습니까? 새벽에는 어깨를 맞대면서 앞다투어 문으로 들어가지만 날이 저물고 나서 시장을 지나는 사람들은 팔을 휘저으면서 시장은 돌아보지도 않습니다. 그들이 아침을 좋아하고 날이 저무는 것을 싫어해서가 아닙니다. 날이 저물면 마음속으로 생각했던 물건이 시장 안에 없기 때문입니다. 이제 당신이 지위를 잃자 빈객이 모두 떠나가 버렸다고 해서 선비들을 원망하여 일부러 빈객들이 오는 길을 끊을 필요는 없습니다. 당신은 예전과 마찬가지로 빈객들을 대우하십시오.[45]

하위자의 입장에서 사속적 관계의 핵심은 상위자를 통해 자신의 이익을 얻는 것이어서, 상위자가 그러한 능력을 잃게 되면 떠나는 것이 자연스런 이치다. 권력이 있을 때는 충성을 맹세하지만 그렇지 못할 때는 냉정하게 떠나는 것이 하위자의 행동방식이었다. 맹상군은 이러한 사속적 관계의 본질을 실각한 후에야 알게 된 것이다. 의리를 지키고 남아 있던 풍환은 사속적 관계의 본질을 알려주면서 빈객을 끊으려 하는 맹상군의 태도가 잘못된 것임을 깨닫게 해주었다. 믿을 만한 인재 없이 집권을 할 수 없는 상황에서 빈객을 끊는다는 것은 고립을 자초하여 정치에 실패하는 일이기 때문이다. 맹상군이 해야 할 일은 복권을 기다리면서 빈객들을 더욱더 예우하여 유능한 인재를 모으는 일이었다.

인재를 알아보고 예우하는 것은 상위자가 반드시 갖추어야 할 덕목이었다.

---

[45] 『史記』「孟嘗君列傳」. "生者必有死, 物之必至也: 富貴多士, 貧賤寡友, 事之固然也. 君獨不見, 夫朝趣市[朝]者乎? 明旦, 側肩爭門而入: 日暮之後, 過市朝者掉臂而不顧. 非好朝而惡暮, 所期物忘其中. 今君失位, 賓客皆去, 不足以怨士而徒絶賓客之路. 願君遇客如故."

풍환이 끝까지 맹상군을 떠나지 않았던 것도 맹상군이 풍환을 그만큼 예우해주었기 때문이다. 흩어진 빈객들은 맹상군이 자신을 알아주지도 않고 대우도 잘 해주지 않은 것에 대해 불만을 표출한 것이라고 볼 수 있다. 자신을 더 잘 예우해줄 수 있는 상위자를 찾아 떠난 것이다. 결국 상위자가 빈객을 알아보고 대우해주는 것에 따라 사속적 관계의 지속성이 결정되는 것이었다.

평원군의 경우도 동일한 경험을 했다. 절름발이 협객이 평원군을 찾아왔는데, 평원군의 후궁이 절름발이인 것을 보고 비웃자, 평원군에게 그녀의 목을 베어달라고 항의했다. 그러나 평원군은 그의 의견을 무시했고 이에 가신들이 반이 넘도록 떠나버렸다. 평원군이 남아 있는 가신에게 그 연유를 물으니 "공자께서 저번에 절름발이를 비웃던 미인을 죽이지 않았기 때문에 공자가 여인만을 사랑할 뿐 협객은 천하게 여기는 것으로 알고 모두들 떠나간 것입니다"라고 말했다. 평원군이 그녀를 죽이고 절름발이를 찾아가 사과하자 다시 가신들이 모이기 시작했다. 가신을 예우하지 않은 일에 대한 항의였던 것이다.

또 모수毛遂라는 식객이 있었는데, 3년이 지나도 평원군이 자신을 알아주지 않았다. 평원군이 20명의 협객을 뽑아 초나라로 구원을 청하러 가는 일에 모수가 자원했다. 평원군은 식객으로 3년이나 있으면서 알지 못한 것이 모수가 재능이 없어서라고 여겼는데, 결국 모수의 결단력 있는 행동과 설득으로 초 왕과의 동맹에 성공했다.[46]

이러한 사례는 상위자가 인재를 알아보는 능력이 없으면 식객의 수가 아무리 많더라도 소용이 없는 일임을 알려준다. 전국시대 4군자 가운데 식객이 가장 많고 인재를 가장 잘 예우한 사람은 신릉군이다. 신릉군은 유협은 물론이고 문지기, 백정, 술꾼, 노름꾼까지 교제를 하며 예우해주었다. 조나라를

---

46 『史記』「平原君虞卿列傳」.

구원하는 일에 결정적인 역할을 한 후영侯嬴은 이름 없는 늙은 문지기였고, 주해朱亥는 시장의 천한 도살꾼이었다. 신릉군은 신분 차이에도 불구하고 평소 이들을 예우하여 굳건한 신뢰를 쌓았다. 이러한 신뢰 관계 덕분에 신릉군이 위급한 순간을 맞았을 때, 이들이 자신의 목숨을 내던지고 일이 성공하도록 헌신해 주었던 것이다.[47]

춘추전국시대 통치자들은 이러한 사속적 관계를 통해 믿을 수 있는 인재를 얻을 수 있었다. 인재들은 강대국을 만들기 위한 정책 아이디어를 제안하며 신흥 정치세력으로 성장할 수 있었다. 그러나 자신의 주군이 사망하거나 권력 경쟁에서 패배할 경우, 동일한 운명을 따르거나 또 다른 결단을 내려야 하는 처지에 몰리곤 했다.

사속적 관계의 가장 모범적 사례는 관중이다. 그러나 관중의 성공도 첫 번째 사속적 관계의 실패를 겪은 후 또 다른 결단을 통해 이뤄낸 것이었다. 환공 형제들의 승계 분쟁에서 관중은 공자 규를 주군으로 모셨지만 실패하고 처형의 위기에 처했다. 이런 경우는 대개 주군을 따라 신하가 죽는 것이 의로운 일이었다. 관중이 춘추시대 문화에 따라 자결했다면 중국 역사의 흐름은 바뀌었을지도 모른다.

그러나 포숙의 중재로 관중은 문화에 반하는 결단을 내리고 환공의 패업을 보필하는 길로 올라섰다. 관중은 자신에게 대의는 패업을 이루는 일이고, 주군을 따라 죽는 것은 소절小節(소의小義)이라고 여겼다. 관중과 환공은 패업의 대의를 공유했고 이에 관중은 환공을 주군으로 모시는 두 번째 사속적 관계를 맺었다. 환공은 관중의 능력을 인정하며 최고로 예우했고, 관중은 환공의 패업을 위해 혁신적인 부국강병책을 추진했다. 결국 두 사람은 대의를 실현하고 그에 따르는 이익을 얻을 수 있었다. 또 오자서, 상앙, 이사의

---

47 『史記』「魏公子列傳」.

경우처럼 사속적 관계를 통해 권력을 잡은 이들이 대체로 결말이 좋지 않았던 것과 달리, 관중은 군주 못지않은 부귀를 누리며 제 수명을 다할 수 있었다. 첫 번째 사속적 관계의 실패를 딛고 대의와 실리를 동시에 성취한 것이다.

사실 관중과 같은 성공 사례는 고대 중국에서 드문 일이다.『사기』「자객열전刺客列傳」을 보면, 사속적 관계와 연결된 비극적 인물들의 이야기가 있다. 조말曹沫, 전제專諸, 예양豫讓, 섭정聶政, 형가荊軻 다섯 명이 그 주인공인데, 사속적 관계의 하위자들이 지닌 의리의 세계관을 다각적으로 살펴볼 수 있다. 다섯 명 가운데 칼을 쓰는 자객이라 할 수 있는 사람은 섭정이며, 조말, 전제, 예양, 형가는 자객이라고 보기 힘든 사람들이다. 이들의 이야기에는 공통적으로 자신을 알아준 사람에 대한 보은과 그 과정에서의 자기희생이 놓여있다. 계약관계로 고용된 자객이 아니라 사속적 관계를 통해 맺어진 사람들이라는 얘기다.

조말은 노나라 장공莊公의 장군으로, 환공의 제나라와 세 차례 싸웠지만 모두 져서 달아난 인물이다. 노 장공은 수읍遂邑을 제나라에 바쳐 화친을 맺으려 했고, 여전히 조말을 장군으로 삼았다. 그런데 화친을 맺기로 한 날 조말은 비수를 들고 제 환공을 협박하여, 빼앗은 노나라 땅을 돌려준다는 약속을 받았다. 조말은 자기 목숨을 걸고 노나라 땅을 되찾은 것인데, 사마천은 이를 자객의 행위라고 본 것이다. 한 나라의 장군이 국가 간의 화친 석상에서 비수를 들고 상대국 군주를 협박한 것은, 예의에도 맞지 않을 뿐 아니라 자칫 전쟁을 불러일으킬 수 있는 위험한 행동이었다. 다행히 관중의 중재로 큰 탈 없이 마무리되었지만, 이것을 의로운 행위로 볼 수 있는지는 의문이다. 국력을 쌓아 후일을 도모하는 것이 합당한 처사였기 때문이다.

이 대목에서 주목할 점은 조말이 왜 목숨을 걸고 이런 행위를 했는가의 문제이다. 노 장공이 겁을 먹고 화친을 선택한 것으로 보아, 사전에 노 장공이 허락한 일 같지는 않다. 조말이 단독적으로 행한 일이며, 그 동기는 전쟁에서 세 번이나 패했음에도 불구하고 자신을 믿어주며 장군으로 삼은 것에 대한 보은이었다. 자신을 알아준 주군에 대한 보은, 목숨을 바쳐 노나라의 땅을 지키려는 명분, 협박에 실패하여 처형된다 하더라도 조말에게는 영예로운 죽음이 된다. 조말은 충의를 행하여 국익을 지키고, 그 순간 충신이 되는 것이다. 이런 조말에게는 충신의 칭호가 최고의 영예이자 자신이 얻고자 하는 실리였다. 그러나 국제관계에 좋지 않은 선례를 남김으로써 노나라의 국익이 오래 갈 수 없었다는 사실을 조말은 알지 못했다.[48]

전제는 오나라의 이름없는 인물이었는데 오자서가 망명했을 때 그 능력을 알아주었다. 오자서의 주군이 된 합려가 왕을 시해하고 자신이 왕이 되려고 하자, 오자서가 전제를 소개해주었다. 합려는 연회를 열어 왕을 시해하려고 하는데, 전제가 생선 배 속에 비수를 숨겼다가 왕을 찔러 죽이고 자신도 죽음을 당했다. 합려는 그 보상으로 전제의 아들을 상경으로 삼았다. 전제의 이야기는 오자서 인생 서사에 끼어있는 에피소드라 이야기가 자세하지 않다. 그러나 전제 역시 자신을 알아준 오자서와 합려를 위해 자객이 된 것이었다. 전제에게 의는 주군의 명을 따르는 것이었으며, 합려는 전제에게 가족의 생계 보장을 약속하고 그의 아들을 상경上卿으로 삼았다. 사속적 관계는 당사자뿐만 아니라 가족의 생계도 책임지는 사회안전망 역할을 했던 것이다. 그러나 합려의 아들 부차夫差가 월 구천에 패망함에 따라, 전제 가족의 생존도 알 수 없는 상황에 빠지게 되었다.[49]

섭정은 제나라에 살고 있었는데 한나라 엄중자嚴仲子가 찾아와 자객이 되어주길 청했다. 두 사람 사이에는 아무런 관계가 없었으나 엄중자가 섭정의 소문을 듣고 찾아온 것이었다. 섭정은 자신을 알아주고 후한 대우를 해준

---

48 『史記』「刺客列傳」.
49 『史記』「刺客列傳」.

엄중자가 고마웠지만 노모가 살아계시고 시집가지 않은 누나가 있어 청을 들어주지 못했다. 그러다가 노모가 돌아가시고 누나가 시집을 간 후 엄중자를 찾아가 한나라 재상 협루俠累를 시해했다. 시해 후 섭정은 아무도 알아보지 못하도록 자해를 한 후 처참하게 죽었다.

섭정 역시 자신을 알아준 사람을 위해 자객이 된 것이지만, 엄중자와 사속적 관계를 맺었다고 보기는 힘들다, 엄중자에게 목숨을 바칠 만큼 은혜를 입은 것도 아니고, 또 시해 대상인 협루에게 무슨 원한을 가진 것도 아니었다. 자신을 알아주었다는 이유만으로 청부 살인에 응한 것이어서, 섭정에게 무슨 의가 있는지 불분명하며, 또 그 보상으로 실리나 명예를 얻는 것도 아니었다. 오히려 시집 간 누나가 섭정의 처참한 시신을 알아보고 통곡한 후, 동생 곁에서 자결하는 비극적 결과를 얻었을 뿐이었다.[50]

예양은 진나라 세족 범씨范氏와 중항씨中行氏를 섬겼지만 자신을 알아주지 않았는데, 지백智伯은 그를 매우 존중하고 남다르게 아껴주었다. 그런데 지백이 조양자趙襄子를 치다가 반격을 당하여 죽임을 당하고 그의 두개골은 술잔으로 사용되는 치욕을 겪었다. 예양은 산속으로 달아나 자신을 알아준 지백의 원수를 갚으리라 다짐했다. 예양은 조양자의 궁궐로 들어가 변소에서 시해를 하려다가 붙잡혔는데, 조양자가 "그는 의로운 사람이다"라고 하며 풀어주었다. 얼마 뒤 예양은 몸에 옻칠을 하여 문둥이로 꾸미고, 숯가루를 먹고 목소리를 바꾸어 아무도 알아보지 못하게 했다. 그런 후 조양자가 지나가는 다리에서 시해하려고 했으나 또 붙잡히고 말았다. 조양자는 예양을 죽이려 하는데 예양이 조양자의 옷을 청하여 주었더니, 칼로 그 옷을 내리치는 것으로 원수를 갚았다고 말하고는 자결했다.

예양 역시 자신을 알아준 지백을 위해 자객이 된 것이었다. 예양은 지백의

---

50   『史記』「刺客列傳」.

원수를 갚는 일을 의라고 여기는데, 주군을 따라 자결하는 것보다 더 적극적인 행위라고 할 수 있다. 주군의 가문이 멸문지화를 당하고 두개골이 술잔으로 쓰이는 치욕적인 상황에서, 신하의 복수는 조양자가 의로 인정할 정도로 명분있는 일이었다. 그러나 예양은 조양자의 반격을 받지 않도록 지백을 보필하지도 못했고, 치밀하게 계획하여 조양자를 시해하지도 못했다. 관중처럼 패업의 대의가 있는 것도 아니어서 또 다른 결단을 내리지도 못했다. 예양은 자신을 알아준 주군을 위해 목숨을 바친 의인의 명예는 얻을 수 있었다. 그러나 배신을 밥 먹듯이 하는 사람들에게 경종을 울릴 순 있었지만, 혼란한 시대를 개혁할 수 있는 비전은 제시하지 못했다.[51]

조말, 전제, 섭정, 예양의 이야기가 간략한 에피소드라고 한다면, 형가의 이야기는 장편 서사에 가깝다. 사마천이「자객열전」에서 쓰려고 한 이야기가 형가 이야기라고 할 정도로 편폭의 차이가 크다. 형가 이야기는 진시황 암살 사건으로 잘 알려져 있지만 사속적 관계의 내막을 조망할 수 있게 해준다. 형가는 위나라 사람인데 자신을 알아주는 이를 찾아다니다가 드디어 연나라에서 전광田光을 만난다. 마침 연나라 태자 단丹은 진나라에서 볼모로 있다가 진시황에게 모욕을 받고 돌아와 복수를 하려고 한다. 진나라는 육국을 병합하며 천하 통일을 앞둔 상황인데, 태자 단은 이에 대항할 실질적 대책은 세우지 못하고 진시황 암살을 통해 원한을 갚으려 할 뿐이다. 태자 단은 전광을 통해 형가를 만난 자리에서 다음과 같이 말한다.

    제 개인적이고 어리석은 생각으로는 만약 이 세상에서 가장 용감한 사람을 얻어 진나라에 사신을 보내 큰 이익을 미끼로 던져 유혹해서 진나라 왕이 이익을 탐하도록 만든다면, 그 형세는 틀림없이 우리가 원하는 것을 이룰 수 있습니

---

51 『史記』「刺客列傳」.

다. 만일 조말이 제나라 환공에게 한 것과 같이 진왕을 위협하여 제후들에게 빼앗은 땅을 모두 돌려주게 한다면 가장 좋을 것입니다. 그러나 그렇게 할 수 없다면 기회를 봐서 그를 찔러 죽이는 수밖에 없습니다. 저 진나라의 대장들은 나라 밖에서 군사를 제멋대로 통솔하고 있으므로 안에서 변란이 일어나면 군주와 신하가 서로 의심하게 되고, 그 틈을 타서 제후들이 합종할 수 있다면 반드시 진나라를 깨트릴 수 있을 것입니다.[52]

태자 단은 조말이 제 환공을 협박하여 땅을 돌려받을 수 있었던 것처럼, 진시황을 위협하면 제후들의 땅을 돌려받을 수 있을 것이라고 믿었다. 그러나 조말의 경우는 당시 제나라가 제후들의 신뢰를 얻기 위해 선심을 베풀고 있는 상황이었지만, 지금은 진나라가 통일 전쟁을 벌이며 열국을 강제 병합하고 있어서, 태자 단의 생각은 주관적인 소망에 불과했다. 형가는 태자 단의 제안을 받아들이지만, 진시황을 암살해야 하는 명분이나 확고한 의지를 내보이진 않았다. 자신을 알아준 전광이 부탁한 일이라는 점이 형가를 자객으로 만들고 있었다. 진시황을 폭군으로 비난하는 후대인들은 암살계획이 천하 백성이 바라는 일이라고 여겼을 것이다. 그러나 당시 사람들은 대부분 전쟁을 끝내고 통일된 천하가 오기를 기대하고 있었으며, 그 기대에 가장 가까이 간 나라가 진나라였다.

전광을 매개로 태자 단과 형가가 사속적 관계를 맺으면서 사태는 돌이킬 수 없는 길로 가고 있었다. 형가가 불안감을 표출하고 머뭇거리기도 했지만 태자 단의 명은 거부할 수 없는 것이었다. 암살계획이 무모할 뿐 아니라, 실패했을 경우 그 파장이 심각할 것이라는 점을 태자 단은 생각하지 않았다.

---

52 『史記』「刺客列傳」. "丹之私計愚, 以爲誠得天下之勇士使於秦, 闚以重利; 秦王貪, 其勢必得所願矣. 誠得劫秦王, 使悉反諸侯侵地, 若曹沫之與齊桓公, 則大善矣.; 則不可, 因而刺殺之. 彼秦大將擅兵於外, 而內有亂, 則君臣相疑, 以其閒諸侯得合從其破秦必矣."

환공과 같은 안목과 관중과 같은 과감한 혁신이 만났을 때 사속적 관계는 최대 성과를 거둘 수 있다. 그러나 태자 단의 협소한 안목과 형가의 우유부단함은 일의 실패를 예고하는 것이었다. 게다가 당시 진시황과 이사는 환공과 관중 못지않은 사속적 관계를 맺고 있었던 것이 아닌가.

형가는 현상범 번오기樊於期의 수급과 연나라 비밀 지도를 가지고 진시황에 접근하여 암살을 기도했지만, 끝내 실패하고 말았다. 결정적인 이유는 형가가 칼을 쓸 줄 모르는 문인이며, 조말과 같은 협박이 먹힐 것이라는 판단 착오를 한 것이었다. 암살은 미수로 끝나고 형가는 죽임을 당했다. 암살 사건의 파장으로 연나라는 진나라의 대대적인 공격을 받아 멸망하고, 태자 단 역시 죽음을 피할 수 없었다.[53]

이렇게 「자객열전」은 자신을 알아준 사람을 위한 보은과 자기희생의 이야기를 전하고 있다. 문학적 수사가 더해지면서 과잉된 충정이 드러나기는 하지만, 춘추전국시대 사속적 관계가 지인/보은과 의리의 세계관에 기반하고 있다는 점을 잘 보여준다. 「자객열전」의 인물들은 명분을 중시하며 살았던 이들이다. 하지만 사마천은 당시 모든 사람들이 명분만을 위해 사는 것이 아니라는 사실을 더 전하고 싶어 했다.

고대 중국인들의 다양한 삶을 묘사한 '열전'이 대의를 논한 「백이열전」에서 시작하여 이익에 관한 「화식열전貨殖列傳」으로 마무리된다는 점은 시사하는 바 크다. 사람들 누구나 자신의 의를 내세우면서 이익을 얻으려 한다는 의리의 세계관이 열전을 관통하고 있는 것이다. 대의명분과 이익이 별개로

---

53 형가가 죽은 이후에 고점리高漸離 이야기가 이어진다. 고점리는 축을 타는 예인으로 연나라에서 형가를 만나 서로를 알아주는 사이가 되었다. 형가와 연루된 사람들이 쫓기는 신세가 되면서 숨어 살았는데, 축 연주 솜씨로 진시황에게 발탁되었다가 신분이 탄로 나 눈이 멀게 되었다. 고점리는 진시황 가까이에서 연주할 기회를 틈타 축에 숨겨놓은 납덩어리로 시해하려 하다가 실패하고 죽임을 당했다. 고점리 역시 자기를 알아준 형가를 위해 자객이 되었던 셈이다.

있는 게 아니라 서로 연결되어 그 사람의 인생을 만들고 있었다는 얘기다. 사마천은 그 중심에 부유하게 살고 싶은 마음이 있다고 생각했다.

현인이 조정에서 사려 깊은 계책을 내어 사업을 논의하고, 신의를 지키고 절의에 목숨을 거는 암혈의 은사가 명성을 높이는 것은 결국 무엇을 위해서인가? 부자가 되어 넉넉하게 살기 위해서다. 이런 까닭에 청렴한 관리는 시간이 지날수록 부유해지고, 깨끗한 상인도 결국 부자가 된다. 부라는 것은 사람의 욕구로 배우지 않아도 모두가 바라는 것이다. 그러므로 젊은 군사가 군대에서 성을 공격할 때 먼저 오르고, 적진을 무너뜨리고 물리치며, 적장을 베어 깃발을 빼앗고, 앞에서 화살과 돌을 무릅쓰고, 끓는 물을 피하지 않는 것은 모두 큰 상 때문에 그렇게 한 것이다. 마을의 소년들이 때리고 빼앗으며, 사람을 위협하고 속임수를 쓰고, 무덤을 파고 위폐를 만들고, 몸을 빌려주어 남의 원수를 갚아 주며 법령을 피하지 않고 죽을 곳으로 달려가는 것은 모두 재물을 위해서일 뿐이다.[54]

사마천은 사람들의 모든 행동 속에 부유함의 욕구가 내재되어 있다고 여겼다. 부유함의 욕구는 사람들의 자연스런 본성이어서, 나라의 관리나 상인, 군인은 물론이고 산속의 은사들도 모두 그러하다는 것이다. 인간 세상에서 벌어지는 일들의 동기를 명쾌하게 통찰한 셈이다. 다만 사람들이 추구하려는 이익을 부유함이라는 물질적 측면에 한정한 것은 좀 넓힐 필요가 있다. 백이와 예양의 경우 그들이 얻으려 한 이익이 부유함이라기보다는 명성에 대한

---

54 『史記』「貨殖列傳」. "賢人深謀於廊廟, 論議朝廷, 守信死節隱居岩穴之士設爲名高者安歸乎? 歸於富厚也. 是以廉吏久, 久更富, 廉賈歸富. 富者, 人之情性, 所不學而俱欲者也. 故壯士在軍, 攻城先登, 陷陣卻敵, 斬將搴旗, 前蒙矢石, 不避湯火之難者, 爲重賞使也. 其在閭巷少年, 攻剽椎埋, 劫人作奸, 掘塚鑄幣, 任俠並兼, 借交報仇, 篡逐幽隱, 不避法禁, 走死地如鶩者, 其實皆爲財用耳."

만족에 가깝기 때문이다. 세상에 도리를 알리며 그를 통해 얻은 명성이 바로 그들이 추구한 이익이었던 것이다. 혹 명성에 수반된 물질 추구가 목적이라면 사마천의 얘기 그대로이지만, 그렇지 않은 사람들의 삶도 있다는 것을 부정할 이유는 없다.

이런 경우의 사람들을 제외하고 대부분은 사마천의 통찰대로 살아가는 이들이다. 이러한 사람들이 모여 사는 사회에서 이해관계를 조정하는 공적 규범은 매우 중요했다. 그러나 사회는 힘 있는 세력들이 한정된 재화를 차지하려 했고, 나라는 사람들의 안전과 생계를 보장하지 못하는 경우가 많았다. 이러한 상황에서 사람들은 제각기 신뢰 집단을 형성하여 생존을 도모하려고 했다. 사람들은 자신이 속한 집단의 생존과 이익을 우선했고, 그 집단 내부의 사람들끼리 협력하는 사회가 만들어졌다. 이로 인해 집단 내부에서는 신뢰와 이익을 공유하지만, 타 집단과는 배타적 경쟁 관계를 형성하기도 했다. 또 나라의 공적 규범이라 하더라도 자기 집단의 이해관계와 충돌하거나 무관할 경우 잘 준수하지 않는, 공공성 결핍의 문제가 발생하기도 했다. 중국인이 생명처럼 여기는 꽌시가 이러한 상황 속에서 탄생하고 있었던 것이다.

이렇게 믿을 수 있는 사람들과 관계를 구축하려는 중국인의 방식은 내부뿐만 아니라 외부 세계에 대해서도 나타나는데, 바로 만리장성으로 표출되는 영토 경계선이다.

7장

중국의
대국화와 만들어진 변경

1. 중국이 장성을 쌓은 내막

전국시대부터 쌓기 시작한 장성은 북방 유목민족의 침입을 막기 위한 방어시설로 알려져 있다. 그런데 현재 중국과 세계 학계에서 통용되는 전국시대 장성 지도를 보면, 우리가 알고 있는 상식이 맞는 것인지 의문이 들게 한다. 전국시대 장성이 명 장성보다 북쪽에 위치하여 내몽골을 가로지르고 있기 때문이다.

중국 및 세계에서 통용되는 전국시대 장성 지도[1]

장성이 농경과 유목의 경계선이라는 시각에 따르면, 내몽골의 장성 지대는 중국이 지배하는 농경지대여야 한다. 그러나 B.C. 1천 년경에 내몽골의 농경이 기후 문제로 쇠퇴했기[2] 때문에, 전국시대 당시 이 지역은 농경지대가 아니었다. 이렇게 장성에 대한 상식과 위치가 어긋나면서 서구에서 일찍이 장성을 보는 상이한 시선이 출현했다. 장성이 유목국가의 침입 방어시설이 아니라, 중국이 유목국가를 공격하여 점령하기 위한 성벽이라는 주장이었다.[3]

어떠한 관점이 맞는 것인지 판단하려면, 무엇보다 전국시대 장성이 정말로 명 장성 북쪽에 있었던 것인지 검증해야 한다. 전국시대 북방 장성을 건설한 주체는 흉노, 동호 등의 세력과 인접한 진나라, 조나라, 연나라였다. 이들이 건설한 진 장성, 조 장성, 연 장성이 전국시대 북방 장성이며, 중원 통일 후 진시황이 이들 장성을 수리하고 확장하여 임조에서 요동까지 쌓은 것을 만리장성이라고 부른다. 이러한 사실은 사마천의 「흉노열전」, 「조선열전」 등에 나타나 있는데, 지금의 전국시대 장성 지도는 사마천이 기록한 지명을 추정한 것이다.

> 1) 진나라 소왕 때, 의거 왕이 소왕의 어머니 선 태후와 사통하여 두 아들을 낳았다. 선 태후는 의거 왕을 속여 감천궁에서 죽인 뒤, 군사를 일으켜 의거를 쳐서 멸망시켰다. 이렇게 하여 진나라는 농서, 북지, 상군을 차지하게 되었고, 장성을 쌓아 흉노胡를 막아내게 했다.[4]

---

1 출처: 줄리아 로벨, 『장성, 중국사를 말하다』(김병화 옮김, 웅진지식하우스, 2007), 42쪽.
2 피터 퍼듀, 『중국의 서진』(공원국 옮김, 길, 2012), 58쪽.
3 이 주장에 대해서는 니콜라 디코스모, 『오랑캐의 탄생』(이재정 옮김, 황금가지, 2005), 213~218쪽 및 홍승현, 「중국과 일본 학계의 燕·秦·漢長城 연구와 추이」(『동북아역사논총』, 2012), 344~345쪽 참고.
4 『史記』「匈奴列傳」. "秦昭王時, 義渠戎王與宣太后亂, 有二子. 宣太后詐而殺義渠戎王於甘泉, 遂起兵伐殘義渠.於是秦有隴西, 北地, 上郡, 筑長城以拒胡."

2) 조나라 무령왕도 풍속을 바꿔 호복을 입고 기마와 궁술을 익혀 북쪽으로 임호와 누번을 깨뜨리고 장성을 쌓았다. 대에서부터 음산산맥 기슭을 따라 고궐에 이르는 지역을 요새로 만들고 운중군, 안문군, 대군을 두었다.[5]

3) 그 뒤 연나라의 명장 진개가 동호에 볼모로 잡혀 있었는데, 동호는 그를 매우 신뢰하였다. 진개는 연나라로 돌아오자 동호를 습격하여 쫓아내니, 동호는 1000여 리나 물러갔다. 형가와 함께 진나라 왕 정을 암살하러 갔던 진무양은 진개의 손자이다. 연나라도 조양에서 양평에 이르는 장성을 쌓고 상곡군, 어양군, 우북평군, 요서군, 요동군을 두어 흉노胡를 방어했다.[6]

위의 세 기록에는 진 장성, 조 장성, 연 장성이 만들어진 간략한 내막과 장성이 위치한 지명이 나타나 있다. 먼저 1) 진 장성은 소양왕의 모친 선 태후가 연인인 의거 왕을 살해하여 멸망시키고, 그 나라를 차지한 B.C. 272년(소양왕 35년)의 사건에서 기인한다. 선 태후와 의거 왕이 연인관계인 점을 보면, 진과 의거는 이해관계가 긴밀한 인접국이었을 것이다. 실제로 진나라가 차지한 농서, 북지, 상군은 진 북쪽의 오르도스 지역에 속한다. 선 태후의 배신을 통해 의거 영토를 차지한 진나라는 이제 의거 북쪽에 있던 흉노胡[7]와 직면하게 되었다. 아울러 진나라에 쫓겨난 의거 사람들 일부는 흉노에 귀부

---

5 『史記』「匈奴列傳」. "趙武靈王亦變俗胡服, 習騎射, 北破林胡, 樓煩. 筑長城, 自代幷陰山下, 至高闕為塞. 而置雲中, 鴈門, 代郡.

6 『史記』「匈奴列傳」. "其後燕有賢將秦開, 為質於胡, 胡甚信之. 歸而襲破走東胡, 東胡卻千餘里. 與荊軻刺秦王秦舞陽者, 開之孫也. 燕亦筑長城, 自造陽至襄平. 置上谷, 漁陽, 右北平, 遼西, 遼東郡以拒胡."

7 「흉노열전」에서 흉노와 호는 동일한 의미로 사용되며, 동호는 연나라와 인접한 오환 선비를 지칭한다. 흉노와 호의 관계에 대해서는 김한규, 『천하국가』(소나무, 2005), 364~365쪽 참고.

했을 것이다. 세력을 얻은 흉노는 요충지인 오르도스 지역을 차지하려 하고, 의거 사람들은 흉노의 힘을 빌려 옛 땅을 되찾으려 할 것이다. 다가올 흉노와의 전쟁에 대비하기 위해 진나라가 선택한 길은 외곽의 침공로를 막는 장벽을 쌓는 일이었다.

 2) 조 장성은 무령왕(B.C. 340~295)이 추진한 호복·기마·궁술의 유목문화 수용 정책과 연결되어 있다. 당시 조나라는 서쪽의 진나라, 북쪽의 임호·누번, 남쪽의 한·위, 동쪽의 제·연에 둘러싸여 있었다. 무령왕은 이를 직시하며 강국으로 성장하기 위해, 관료들의 반대에도 불구하고 유목국가의 군사제도를 적극 수용하였다. 조나라는 유목국가의 장점을 배우는 처지에 놓였지만, 결국 개혁에 성공하여 임호와 누번을 몰아낼 수 있었다. 조나라는 그 지역에 장성을 쌓고 운중군, 안문군, 대군을 설치하였다.「흉노열전」에는 2) 다음 단락으로, 조나라가 흉노와 국경을 마주하게 되고, "조나라 장수 이목이 있을 때는 흉노가 감히 조나라 변경으로 쳐들어오지 못했다"[8]는 기록이 이어진다. 조나라도 흉노의 침입을 막기 위해 장성을 쌓은 것이었다.

 3) 연 장성은 동호에 볼모로 갔다 돌아온 진개 장군의 습격으로 동호를 몰아낸 B.C. 300년의 사건에서 기인한다. 당시 조나라와 마찬가지로 약세에 놓여있던 연나라는 북쪽의 동호와 우호관계를 이루고 있었다. 연 소왕(B.C. 311~279)이 진개 장군을 볼모로 보낸 것은 동호에게 신뢰를 표하는 외교적 방식이었다. 진개는 볼모로 있으면서 동호의 우수한 군사제도를 배우고 아울러 내부의 취약한 사정을 면밀하게 살펴보았을 것이다. 볼모에서 돌아온 진개는 군사력을 강화한 후 방심하고 있던 동호를 습격하여 멀리 몰아낼 수 있었다. 그리고 조양에서 양평에 이르는 지역에 장성을 쌓고 상곡군, 어양군, 우북평군, 요서군, 요동군을 두어 흉노의 침입을 방비하였다.

---

8 『史記』「匈奴列傳」. "趙將李牧時, 匈奴不敢入趙邊."

이상이 사마천이 기록한 전국시대 장성 탄생의 내막인데, 여기에 몇 가지 주목할 공통점이 있다. 먼저 진·조·연이 장성을 쌓기 전까지 북쪽의 인접 국가들과 우호적 관계를 이루고 있었다는 점이다. 진나라 선 태후와 의거 왕의 관계는 불륜으로 보이지만 당시에 통치집단 간의 혼인은 화친을 유지하기 위한 외교적 방식이었다. 이는 진과 의거 사이에 서로 이익을 주고받는 관계가 형성되어 있었다는 것을 뜻하며, 이러한 우호 관계를 먼저 깬 쪽은 진나라였다. 선 태후가 의거 왕을 속여 살해하고 그 영토를 차지했던 것이다.

조나라도 마찬가지였다. 조나라가 북방 국가와의 항시적인 전쟁의 위협에 처해 있었다면, 무령왕의 개혁은 성공하기 힘들었을 것이다. 무령왕은 강력한 군사력을 육성할 때까지 변경의 위기를 관리하면서, 중원 국가의 분쟁에 개입하지 않는 전략을 추구했다. 국력을 강화한 후 조나라가 추진한 일은 임호·누번을 몰아내어 영토를 차지하고, 아울러 그들의 기병을 흡수하여 중원 국가와의 전쟁에서 우세를 점하는 일이었다.

연나라 역시 진개 장군을 볼모로 보내어 동호와 우호관계를 형성하면서, 그들을 상대할 수 있는 기병을 육성하였다. 이를 기반으로 연나라는 군사력을 배양할 수 있었으며, 아울러 동호의 내부 사정을 잘 파악할 수 있었다. 국력을 강화한 연나라는 결국 동호와의 신뢰관계를 깨뜨리고, 습격을 단행하여 그 영토를 차지하였다.

이렇게 진·조·연의 장성은 북방 국가를 몰아내고 그 영토를 차지하기 위해 쌓은 것이었다. 장성의 탄생 내막은 유목국가의 침입을 방어하기 위해 쌓았다는 중국측의 시각과 배치되어 보인다. 물론 장성의 주요 목적이 유목국가의 침입을 방어하기 위한 것이라는 점은 분명하다. 그러나 이때의 침입은 진·조·연에게 쫓겨난 사람들이 자기 영토를 되찾기 위한 반격을 포함하고 있었다.

그런데 반격 주체가 쫓겨난 인접 국가들이 아니라 흉노라는 점은 주목할 필요가 있다. 진·조·연의 경쟁 세력이 인접 국가들에서 흉노로 바뀐 것이다. 진나라는 의거를, 조나라는 임호·누번을, 연나라는 동호를 몰아내고 장성을 쌓았는데, 그 목적이 모두 흉노를 방비하기 위한 것이었다. 이러한 정황을 위치 상으로 보면, 진·조·연 북쪽에 각각 인접한 국가들이 있고, 그 국가들 북쪽 전체에 흉노가 넓게 자리하고 있었던 것이 된다. 지정학적으로 보면, 인접한 국가들이 진·조·연과 흉노 사이에서 완충지대 역할을 했던 것인데, 진·조·연이 이들을 몰아냄에 따라 이제 흉노와 직접 마주하게 되었던 셈이다.

그리고 쫓겨난 사람들 가운데 일부는 진·조·연에 흡수되고, 일부는 흉노에 귀부하여 옛 땅을 수복할 복수전을 노리고 있었을 것이다. 이렇게 보면, 진·조·연의 장성은 흉노의 침입뿐만 아니라 쫓겨난 사람들의 복수전을 막기 위한 성벽이라고 할 수 있다. 전국시대에는 중원 국가들이 강력한 힘을 바탕으로 영토 팽창과 통일을 추진하던 시기여서, 흉노와의 전쟁이나 쫓겨난 사람들의 복수전은 크게 일어나지 않았다. 그러나 향후 중국사에서 벌어질 전쟁들이 고토 회복을 명분으로 내세운 경우가 많은데, 그 전쟁의 불씨가 장성과 연결되어 있다는 점을 놓쳐서는 안 될 것이다.

2. 전국시대 장성이 왜 명 장성 북쪽에 있는가

그러면 사마천의 기록을 통해 전국시대 장성의 위치를 찾아보자.
「흉노열전」을 통해 우리는 전국시대 장성이 진·조·연 북쪽에 인접한 국가들을 몰아내고 그 영토에 쌓은 것임을 알 수 있었다. 이것은 장성이 진·조·연의 영역에서 멀리 떨어져 있지 않았다는 점을 뜻한다. 당시 진·조·연을 포함한 전국시대 국가들은 통일전쟁 시대에 돌입해 있었으며, 특히 약소국들은 강대국에 흡수되지 않도록 내부 역량 강화에 주력하고 있었다. 게다가 기병이 주력군인 융적 국가들과 인접한 진·조·연은 안팎으로 안보의 위협에 직면해 있었다.

진나라가 직면한 의거는 기산, 양산, 경수, 칠수 북쪽에 위치한 융적 국가로, 진나라 서북쪽의 농경 목축지대에서 강력한 세력을 이루고 있었다. 진나라의 강한 군사력도 의거와의 공방전을 통해 형성된 것이며, 오랫동안 전쟁과 화친을 반복하다가 선 태후의 공격으로 비로소 의거 땅을 차지할 수 있었다. 그러나 진나라가 의거를 멸망시킨 목적이 의거 너머의 흉노 땅을 차지하기 위한 것은 아니었다. 불안한 변경을 진압하여 내부의 힘을 축적함으로써, 다가올 중원 국가들과의 통일전쟁에서 승리하기 위한 포석이었다.

진 장성을 쌓은 농서, 북지, 상군을 보면, 농서는 농산의 서쪽으로 감숙성 난주 지역, 북지는 영하회족자치구, 상군은 섬서성 유림시 지역으로, 흉노의 근거지인 내몽골 고원에서 한참 떨어진 곳이다. 이는 진 장성이 의거의 영토를 점령하면서, 불시에 생길 수 있는 흉노의 침입을 방비하기 위한 것임을 뜻한다. 내몽골을 가로지르는 장성 유적은 전국시대가 아니라, 진시황의 중원 통일 후 몽염 장군이 흉노를 물리치고 쌓은 것이다.

춘추시대 진晉에서 삼국(위, 조, 한)으로 분할된 조는 대나라의 영토와 구주산 북쪽을 차지했다. 위는 하서와 상군을, 한은 그 이남의 지역을 차지했다. 조가 차지한 대나라는 지금도 지명이 남아있는 산서성 흔주시 대현을 포함한 흔주시 지역에 속한다. 당시 조는 대 지역을 중심으로 세력을 확장하고 있었다.

무령왕이 즉위하기 전에 조나라는 강대국 진·제의 침입에 시달리고 있었고, 임호·누번에게 북쪽 영토를 빼앗겼던 것으로 보인다. 조나라가 임호·누번을 물리치고 설치한 대군이 바로 옛 대나라 지역이었기 때문이다. 무령왕이 유목 제도를 통해 군사력 강화를 추진했던 것도 바로 이러한 위기 상황을 타파하기 위해서였다. 국력을 강화한 후 조나라가 선택한 길은 북쪽 변경을 진압하고 장성을 쌓는 일이었다. 진나라와 마찬가지로 변경을 안정시켜 내부의 힘을 축적함으로써, 진·제에 대한 복수전을 벌이면서 남쪽으로 세력을 확장하려고 한 것이다. 조나라의 목표는 북쪽의 초원이 아니라 중원의 땅을 향하고 있었다.

  조 장성이 위치한 대군, 안문군, 운중군을 보면, 대군은 산서성 흔주시 대현 지역이며, 안문군은 대군 서쪽의 안문관 지역, 그리고 운중군은 안문관 서쪽에 있는 운중산 지역이다. 조 장성이 놓인 전체 위치를 보면, 태항산맥 서쪽의 산서성 중북부에서 오르도스의 황하 동북쪽에 이르는 방어선이 된다. 이 지역은 조나라가 진에서 삼국으로 분할될 때 차지했던 대나라 영토를 회복하고, 서쪽으로 좀 더 확장된 영역이라고 할 수 있다. 전국시대 조 장성이 위치한 곳은 현재에도 그 지명이 분명하게 남아있는 산서성 흔주시 대현, 안문관, 운중산 지역이다. 중국이 주장하는 조 장성 지역은 이곳에서 서북쪽으로 한참 떨어진 내몽골 지역인데, 그 근거가 무엇인지 분명하지 않다.

  중국이 주장하는 연 장성 위치도 석연치 않다. 국력만을 놓고 보면 연나라는 춘추전국시대에서 약세에 있던 나라 가운데 하나일 것이다. 『사기』「연소공세가」에서 주 무왕이 소공 석을 북연에 봉했다고 했는데, 이 북연을 북경 유리하 지역에 분봉 받은 나라라고 보는 것이 통설이다. 하지만 당시 주나라 북쪽 세력권이 산서성과 하북성 남부 정도였고, 북경 지역에서는 북방의 비중국계 유물이 넓게 발견되고 있다. 이 때문에 연나라가 북경 지역에 있었다는 통설은 문헌과 고고학적 측면에서 종합적으로 재검토해야 할 사안이다.

  연나라에 관한 기록은 『사기』에서 드문드문 나타나는데, 낙양의 성도 부근, 산서성과 하북성 남부, 산서성 북부 및 역수 지역 등에 위치했던 것으로 보인다. 지정학적으로 보면, 연나라는 제나라 북쪽에 인접해 있었으며, 이에 강대국인 제나라에 국가 안보를 의지하면서 그 울타리 역할을 수행하였다.

  연 장성은 부흥 군주인 소왕이 활약하던 시절에 쌓은 것이었다. 당시 연나라는 남쪽의 제나라, 서쪽의 조나라, 북쪽의 동호, 동쪽의 조선에 둘러싸여 있었다. 특히 소왕 즉위 직전에 쾌왕(B.C. 320~312)과 재상 자지의 실정으로 제나라의 침공을 받고 멸망 직전의 위기에 처해 있었다. 소왕이 등극하면서 인재를 등용하여 개혁정치를 시행하고 진개 장군이 군사력을 강화함으로써, 제나라에 대한 복수전을 추진할 수 있었다. 연나라는 복수전을 하기 전에 불안한 변경 진압을 선행했는데, 바로 진개 장군이 동호를 몰아내고 장성을 쌓은 일이었다.

연 장성은 조양에서 양평에 이르며 그 지역에 상곡군, 어양군, 우북평군, 요서군, 요동군을 설치하였다. 연 장성이 위치한 이 지명들은 향후 태항산맥 동쪽에서 벌어질 세력 경쟁의 요충지가 되었다. 그래서 『사기』뿐만 아니라 역대 사서에서 그 지리에 대해 자세히 설명하고 있는데, 이를 '시대에 맞게 종합적으로' 이해한다면 지명의 위치를 찾을 수 있을 것이다.

『한서漢書』「흉노열전」을 보면, "예전 진나라 때 몽염이 만든 새를 보수하고 하수에 의지해 방비를 굳건히 했다. 한나라는 또한 상곡의 험준하고 궁벽진 조양 땅을 버려 흉노에게 주었다"는 기록이 있다. 이 기록은 상곡과 조양이 같은 지역에 있었다는 점을 알려준다. 연 장성의 서쪽 기점인 조양에 상곡군이 설치되었던 것이다. 또 『한서』「지리지」[9]에는 양평이 요동군 소속의 현으로 요동군의 치소라고 기록되어 있다. 이 기록은 연 장성의 동쪽 종점인 양평이 요동군 지역에 있었다는 점을 알려준다. 이렇게 보면, 상곡군과 요동군이 연 장성의 양쪽 끝 지역이며 어양군, 우북평군, 요서군은 그 사이에 있는 지역임을 알 수 있다.

이른바 연5군은 연 장성이라는 공통점뿐만 아니라 『한서』「지리지」에 모

---

[9] 『漢書』「地理志」 원문과 번역은 『漢書 14』(진기환 역주, 명문당, 2021) 참고. 『漢書』「地理志」를 볼 때 주의할 점이 두 가지가 있다. 연5군이 연나라가 아니라 진나라가 설치한 것으로 기술되어 있다는 점과, 역자의 지명 위치 설명이 중국 측이 주장하는 전국시대 장성의 위치를 따르고 있다는 점이다.

두 유주幽州 소속의 군으로 기록되어 있다. 본래 우공 구주에서 산서성 지역을 기주라고 했는데, 한나라 때 관할 지역이 넓어지면서, 지금의 태원시 북서부를 병주, 태원시 북동부와 그에 인접한 하북성 일대를 유주, 태원시 이남 지역을 기주라고 하였다. 앞에서 살펴본 조 장성 지역인 대군, 안문군, 운중군은 병주에 속하며, 연5군은 유주 지역에 속하였다.

아래 지도에 표시한 것처럼, 조장성과 연 장성은 태원시 북서부 지역인 병주와 태원시 북동부 지역인 유주에 각기 위치하고 있었다.

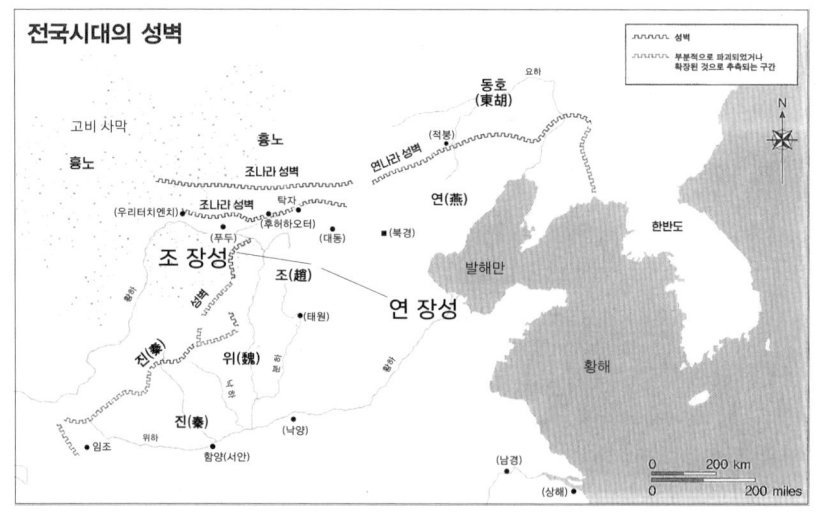

조 장성, 연 장성 실제 위치 표시 지도

연 장성의 상곡上谷군은 유주 서부 지역의 험준하고 궁벽진 곳으로, 상곡이라는 이름은 큰 산의 계곡을 뜻한다. 이곳은 태원시 북동쪽의 오대산 일대를 가리키며, 지금의 산서성 흔주시 오대현 지역에 속한다. 전국시대 당시 이곳은 오환 선비의 거점이었던 지역이다. 상곡군의 거용현에는 관문(居庸關)이 있는데, 태항산맥 서쪽의 국가나 북방 유목국가가 중원을 침입할 때 쓰던

루트 가운데 하나로, 중국사에서 벌어진 산서성 세력전의 요충지가 되는 곳이었다.

가령, B.C. 4세기 말 소진이 연나라 문후에게 유세할 때, "진秦이 연을 공격하려면 운중과 구원을 가로지르고, 대와 상곡을 지나 수천 리를 행군해야" 한다고 말한다. 이 공격 루트는 진나라 함양에서 북쪽 오르도스 평원으로 올라오다가, 동쪽으로 조 장성이 있는 안문·대를 거쳐, 태항산맥에서 하북성으로 들어가는 관문인 상곡을 통과하는 노선이다. 조나라 무령왕도 진나라 공격 계획을 세운 적이 있는데, 소진이 말한 연나라 공격 루트의 역순이었다. 조 장성 지역을 거쳐, 오르도스 지역에 이르면 남쪽으로 내려가 진나라 함양을 진공하는 것이었다. 진나라 함양에서 대에 이르는 동일한 노선을 구상하고 있었던 셈이다. 상곡은 대에서 하북성으로 들어가는 요충지이며 그 관문이 거용관이었다.[10] 이곳 산악지대를 빠져나가면 하북성으로 진입하게 되고 석가장을 거쳐 중원으로 남진할 수 있었다. 조 장성과 연 장성이 상곡을 접점으로 연결되어 있었던 것이다.

상곡군 다음 지역인 어양漁陽군은 위치 정보가 자세하지 않다. 이름에 나타나 있듯이 어양군은 강이나 하천이 있는 지역이며, 고수沽水가 흐르는 철 산지인 어양현과 소금 산지인 천주泉州현이 어양군에 소속되어 있었다. 어양이 요충지가 된 것은 소금과 철이 풍부한 곳이었기 때문인데, 『자치통감資治通鑑』에 후한 말 유주자사 유우劉虞가 변경 지역의 혼란을 막기 위해 상곡에서 흉노와의 호시를 열어 어양의 소금과 철을 교역했다는 기록이 있다."[11] 그리고 『후한서』 「군국지」에서는 낙양 동북쪽을 기준으로 어양군이 상곡군보다 가까운 거리에 있다[12]고 하는데, 상곡군 남쪽에 있으면서 어양현과 천주

---

10   북경 서북쪽의 명 장성에도 거용관이 있는데 이것은 후대인 명대에 개축된 것으로, 연 장성 지역에 먼저 있었던 상곡군의 거용관과 동일시해서는 안 된다.

11   『資治通鑑』 권59. "務存寬政, 勸督農桑, 開上谷胡市之利, 通漁陽鹽鐵之饒."

현의 이름이 연결된 산서성 양천陽泉시 지역이 어양군으로 추정된다.

어양군 다음 지역인 우북평右北平군은 한나라 때까지 유지되다가, 『진서』 「지리지」에 이르면 우북평군의 동부가 북평군으로 분할되었다. 우북평군이 우북평-북평으로 나누어졌다는 것인데, 이와 관련하여 주목할 사항이 1978년 하북성 석가장시 평산현 북동쪽 지역에서 중산국 궁전과 왕릉, 중산국의 역사가 기록된 청동기 정鼎이 발굴되었다는 점이다.

『사기』를 보면, 중산국은 B.C. 414~296년 산서성에서 하북성으로 이동하여 활동하던 융적 국가로 기록되어 있다. 그리고 『후한서』, 『자치통감』 등에는 북평이 중산국에 속한다고 하는데, 이 북평이 바로 중산국 유적이 발굴된 석가장시 평산현 일대인 것이다.[13] 당시 중산국은 평산현 북동쪽에 왕성을 두고 그 일대를 지배한 것으로 보인다. 평산현 일대는 어양군으로 추정된 산서성 양천시 동쪽에 인접한 지역이다.

그런데 지금의 연 장성 지도를 보면, 북경 서북쪽에서 요동반도에 이르기까지 넓게 펼쳐져 있어서, 나의 설명과 많은 차이가 있다. 그 진위를 가리기 위해 평산현 중산국 유적에서 출토된 청동기 명문을 살펴보자.

14년 중산왕 조가 정을 만들었다. … 지금 나의 신하 주賙가 친히 3군의 무리를 이끌고 가 의롭지 못한 나라[연나라]를 쳤는데, 채찍을 떨치고 방울을 흔들며 국경을 열어, 수백 리의 땅과 수십 개의 성을 빼앗고, 적을 이겨서 나라를

---

12 『後漢書』 「郡國志」에는 상곡군이 낙양에서 동북쪽으로 3천 2백리, 어양군이 낙양에서 동북쪽으로 2천 리 떨어져 있다고 한다. 참고로, 고대 중국의 거리 기록을 볼 때는 몇 가지 주의할 사항이 있다. 리를 km로 환산할 때의 수치 문제, 직선거리인지 도보 거리인지의 문제, 중국 사서의 거리 기록이 대개 과장된 경우가 많아 그 진실성 여부의 문제 등이 그러하다. 그래서 액면 그대로 봐서는 안 되며, 거리의 멀고 가까운 정도, 지명들 간의 위치와 방향 관계 등을 이해하는 참고 자료로 볼 필요가 있다.

13 송기섭, 「중산국(中山國) 고찰」(『역사와융합』 제15집, 2023), 205쪽.

확장했다.[14]

중산왕 조 14년(B.C. 314)에 연나라를 침략하여 영토를 빼앗았다는 내용인데, 바로 쾌왕과 재상 자지의 실정으로 제나라가 연나라를 침공하여 멸망 직전까지 몰아갔을 때의 상황이다. 군신 간의 도가 무너진 '불의한 연나라' 침공에 중산국도 제나라 연합국으로 참여하여 영토 확장의 성과를 거두었으며, 청동기는 이를 기념하기 위해 만든 것이었다. 진개 장군이 동호를 물리치고 연 장성을 쌓기 이전, 연나라가 주변국의 침략에 시달리던 시절의 이야기다.

당시 태자의 신분으로 몰락을 지켜봤던 연 소왕은 2년 후인 B.C. 312년에 즉위하여, 연나라 부흥을 위한 개혁정치를 시행했다. 개혁의 주요 목적은 제나라에 대한 복수였는데, 그 가운데는 연나라 영토를 빼앗은 중산국에 대한 복수도 포함되어 있었다. 『한비자』「유도」편을 보면, "연나라 소왕은 하河를 경계로 삼고, 계薊를 수도로 삼으며, 탁현과 방성을 방패로 삼아, 제나라를 무찌르고 중산국을 평정하였다"[15]는 내용이 있다. 연 소왕의 복수 대상이 제나라와 중산국으로 명시되어 있는데, 평산현의 청동기는 중산국이 왜 연의 복수 대상이 되었는지를 잘 설명해준다.

지정학적으로 보면, 제나라와 중산국이 협공하여 연의 영토를 빼앗은 것이었다. 중산국의 왕궁 유적이 호타하 인근에 있는 것으로 보아, 중산국은 이곳을 거점으로 호타하 일대의 지역을 연나라로부터 빼앗았을 것이다. 『한비자』에서 연 소왕이 하를 경계로 삼았다고 했는데, 이때 하는 호타하로서 연의 남쪽 지역에 해당한다.

연의 영토와 관련하여, 『사기』「소진열전」에 소진이 연 문후(B.C. 361~333)

---

14 <中山王鼎>. "中山王作鼎 (…) 今吾老賙親率三軍之眾, 以征不義之邦, 奮桴振鐸, 闢啟封疆, 方數百里, 列城數十 克敵大邦."

15 『韓非子』「有度」. "燕(昭)襄王以河爲境, 以薊爲國, 襲涿, 方城, 殘齊, 平中山."

에게 유세할 때 당시 연의 위치를 살필 수 있는 발언이 있다. "연나라의 동쪽에는 조선과 요동이 있으며, 북쪽에는 임호와 누번이 있으며, 서쪽에는 운중과 구원이 있다. 남쪽에는 호타하와 역수가 있으며, 면적이 2천여 리이다."[16]

소진의 발언에 근거하면, 문후 시기에는 호타하와 역수가 연의 남쪽 지역이었다. 쾌왕(B.C. 320~312) 시기에 제나라와 중산국의 침략으로 존망의 위기에 처했다가, 소왕(B.C. 311~279) 시기에 복수전에 성공하면서 중산국과 제나라에게 빼앗긴 영토를 되찾고, 중원쪽으로 이동하여 연 장성이 연나라 북쪽 경계가 된 것이었다.

『사기』「조세가」와 「진본기」를 보면, 조나라 무령왕이 B.C. 306년부터 5차례 공격하여 B.C. 296년에 중산국을 멸망시킨 주체로 기록되어 있다. 조나라와 중산국이 원수지간이 된 것은, 춘추시대에 산서성에 진입한 선우국 시절부터 전국시대 중산국에 이르기까지 조나라의 영토를 약탈하여 근거지를 삼았기 때문이다. 연나라 역시 호타하 일대의 영토를 빼앗기면서 중산국에 대한 복수전에 가세했으며, 이에 조 무령왕과 연 소왕이 연대하여 중산국을 멸망시킨 것으로 볼 수 있다.

이러한 정세에 근거하면, 진개 장군이 볼모로 갔다가 B.C. 300년에 멀리 몰아냈다고 하는 동호에 중산국도 포함해야 할 것이다. 중산국이 기마 궁술에 능한 융적 국가이면서, 연 장성의 우북평 지역이 바로 중산국이 활동하던 호타하 일대이기 때문이다. 중산국의 유적 유물을 보면, 오랜 시간 중원 국가들과 경쟁하면서 그 문화를 흡수하기도 하고, 또 인접한 조·연 등에게 유목문화를 전수했던 것으로 보인다. 이러한 문화 융합을 통해 중산국은 전쟁과

---

16 『史記』「蘇秦列傳」. "燕東有朝鮮·遼東, 北有林胡·樓煩, 西有雲中·九原, 南有嘑沱·易水, 地方二千餘里."

화친을 반복하면서 전국 8웅으로 평가될 정도로 국력이 성장할 수 있었다.

3. 고토 회복, 동아시아 전쟁의 기원

우북평군 다음 지역인 요서군, 요동군은 한국 고대사에서도 익숙한 이름들이다. 『한서』「지리지」요서군을 보면 14개 현이 속해 있는데, 그중 옛 고죽국의 도성(고죽성)이 위치한 영지현이 있다. 백이 숙제의 모국인 고죽국은 춘추시대 연나라 북쪽에 있던 나라로『사기』「제태공세가」에 관련된 기록이 있다.

> 제 환공 23년(B.C. 663년) 산융이 연나라로 쳐들어오자 연나라가 제나라에 위급함을 알렸다. 제 환공이 연나라를 구하였다. 산융을 치고 고죽에 이르러 돌아왔다. 연 장공이 환공을 배웅하다가 제나라 경내까지 들어오게 되자 제 환공이 "제후는 천자가 아니면 국경 밖까지 나가 전송하지 않는 법이니 연나라에 예의를 갖추지 않을 수 없다"며 도랑을 파서 경계를 짓고 연 장공이 온 곳까지 땅을 떼어 연나라에 주었다.[17]

이 기사는 B.C. 663년 산융이 연나라를 침입해왔을 때 연 장공이 제 환공에게 구원을 청하여 물리친 사건을 기록한 것이다. 제 환공은 연나라 밖으로 산융을 치고 고죽국에 이르러 회군하는데, 고죽국이 연나라에서 멀지 않았음을 알 수 있다. 고죽국이 있던 영지현은 춘추시대 연나라에 인접해 있었기

---

[17] 『史記』「齊太公世家」. "二十三年, 山戎伐燕, 燕告急於齊. 齊桓公救燕, 遂伐山戎, 至于孤竹而還. 燕莊公遂送桓公入齊境. 桓公曰. 非天子, 諸侯相送不出境, 吾不可以無禮於燕. 於是分溝割燕君所至與燕."

때문에, 전성기인 소왕 때 요서군으로 복속시킬 수 있었다.

이 영지현의 위치를 찾으면 요서군 뿐 아니라 고죽군과 춘추시대 연나라의 위치도 알 수 있게 된다. 그런데 역대 중국 왕조의 행정 지역을 보면, 관할 범위와 이름이 일정하지 않고 변화된 곳이 많다. 새로운 통치자가 된 왕조가 행정구역을 조정하고 새로운 이름을 부여했기 때문이다. 다행히 고죽국의 경우는 소속 현의 명칭이 바뀌었어도 옛 고죽국이 위치한 곳이라는 설명은 명기되어 있다. 한나라 시기에는 유주 요서군 영지현이었지만, 위나라 시기에는 평주 소속으로, 수나라 시기에는 기주 북평군 노령현으로, 당나라 시기에는 영주 유성군 유성현으로, 요나라 시기에는 평주 요흥군의 닌해군으로 변화되어 있었다. 이들은 이름은 다르지만 동일한 지역을 지칭한다. 그래서 이 가운데 어느 것이든 실제 위치를 찾을 수 있다면, 그곳이 바로 연나라 요서군 지역이 되는 것이다.

하북성 석가장시 정정현에 융흥사라는 사찰이 있다. 본래 융흥사는 403년 후연 왕 모용희가 왕후 부씨 자매를 위해 만든 동산인 용등원이었다. 용등원은 모용희의 왕성인 용성 북쪽 부근에 만들어졌다. 용등원은 586년 수 문제 때 사찰로 개조되어 용장사라 칭했고, 당나라 때에는 용흥사로 개명했다가, 청나라 때 융흥사라는 이름으로 정착되었다. 용등원 유적은 현재 전국중점문물보호단위로 지정되어 있다.

『요사遼史』「지리지」[18]에 따르면, 용성이 위치한 곳이 평주 요흥군의 닌해군隣海軍이라고 한다. "원래 상나라 고죽국이 있던 곳이다. 진나라에서는 요서군에 속했고, 한나라에서는 창려군으로 삼았다. 전연 모용황이 이곳에 도읍을 옮겼다." 전연 왕 모용황은 즉위 7년(337)째 되는 해에 용성으로 천도를 하는데, 닌해군이 바로 용등원이 있는 용성이면서 고죽국이 있던 곳이 된다.

---

18 『遼史』「地理志」는 김위현 옮김, 『국역 요사-중』, 단국대학교출판부, 2021 참고.

즉 지금의 석가장시 정정현 일대가 연나라 요서군이 위치한 지역이 되는 것이다. 정정현은 우북평이 있던 평산현에서 동쪽으로 호타하 건너편에 있는 곳이다.

요서군 다음 지역인 요동군은 일반적으로 요녕성 요하를 기준으로 동서로 나뉜 것이라고 알려져 있다. 그러나 전국시대 연나라 요서군이 석가장시 호타하 일대에 있었기 때문에, 요동군이 저 멀리 요녕성 요하 동쪽에 있다고 보기는 힘들다. 연나라 수도인 용성이 석가장시 정정현 부근에 있다는 사실이 바로 이를 반증한다.

그런데 중국 정부가 용성의 용등원 유적을 전국중점문물보호단위로 지정했음에도 불구하고, 중국 학계에서는 요녕성 조양시 부근에 용성이 있었다고 주장한다. 이곳에는 딱히 용성을 입증할 만한 유적 유물이나 문헌적 근거가 없다. 이는 요하를 기준으로 요서 요동을 구분하는 요나라 이후의 역사 지리를 이전 시대에다 억지로 맞추는 일이라 할 것이다.

『한서』「지리지」요동군을 보면 18개 현이 이에 소속되어 있다. 그중 망평현 설명에서 "대요수가 새외에서 발원하여 남으로 흘러 안시현에서 해海로 들어간다"는 구절이 있다. 『수경水經』에 의하면, 대요수는 새(장성) 밖에 있는 위백평산에서 발원하여 요동군 양평현 서쪽을 지나는 강이라고 한다.[19]

즉 요동군에서 서쪽으로 흐르는 강이 대요수인데, 요서군 지역인 정정현에서 보면 동쪽으로 흐르는 강이 된다. 실제로 정정현 동쪽으로 흐르는 강이 하나 있는데 바로 자하이다. 대요수가 요서와 요동을 나누는 강이며, 지금의 자하가 바로 대요수인 것이다. 우리가 알고 있는 요녕성 요하는 중국사 속에 요하 지역이 포함되기 시작한 요나라 이후에 요서 요동의 경계로 부각된 지형물이다.

---

19   『水經』. "大遼水出塞外衛白平山, 東南入塞, 過遼東襄平縣西."

자하의 동쪽에 위치한 요동군 치소 양평은 후한 공손씨의 양평성, 위나라의 호동이교위護東夷校尉, 고구려의 요동성이 있던 곳으로, 향후 중국사에서 벌어질 요동 세력전의 최전방이 되는 지역이다.[20] 양평이 요동의 요충지가 된 것은 철 산지이면서 말 사육장이 있었기 때문이며, 자하 동쪽에 인접한

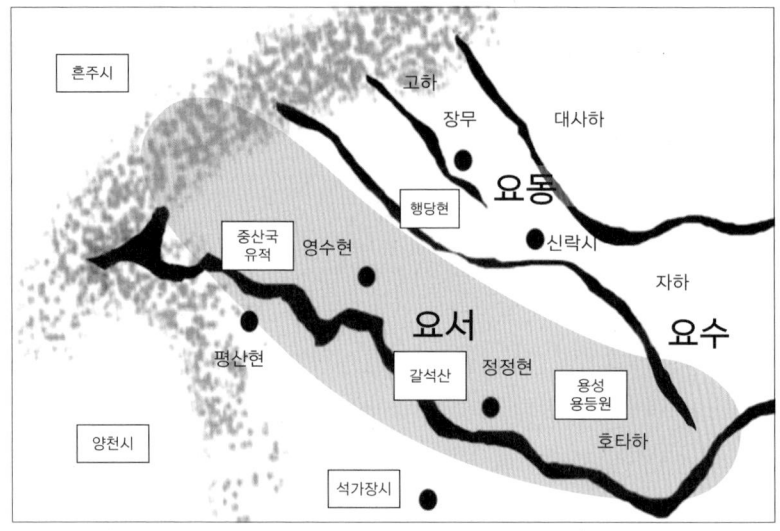

| 참고도 | 연5군 지역의 현재 지명과 유적[21]

---

20   『晉書』「地理志」에서는 양평을 '평주平州'에 소속시켜 다음과 같이 기록하고 있다. "평주는 생각건대 우공의 기주이며, 주나라의 유주이고, 한나라의 우북평군에 속했다. 후한 말 공손도가 스스로 평주목을 칭했다. 그의 아들 공손강과 강의 아들 공손연이 모두 제멋대로 요동에 의거하니 동이 9종이 모두 복속하였다. 위나라는 동이교위를 설치하여 양평에 거하였고, 요동·창려·현토·대방·낙랑의 5개군을 나누어 평주로 삼았다. 후에 도로 유주에 합하였다. 공손연을 멸한 후에 호동이교위를 두어 양평에 거하였다."『진서』「지리지」에서 양평이 한나라 때 우북평군에 속했다고 하는데, 이는 당시 양평이 요동군 소속이었다는 점을 착각한 것이다. 두 군이 그만큼 근접해 있었기 때문일 것이다. 후한 말 영제 6년(189)에 공손도가 요동태수가 된 이후 공손씨 가문은 공손강-공손연에 이르는 3대 동안 요동군 양평현을 거점으로 활동했다. 공손씨 세력이 위나라의 위협이 되면서 명제 2년(238) 사마의와 고구려의 협공을 받아 패망하였다.

21   <참고도>의 바탕 지도의 출처는 유튜브 채널 <김기홍의 역사퍼즐>이며, 그 위에 연5군

중심지인 석가장시 행당현 지역에 속한다. 그리고 요동군의 서안평현과 요양현은 지금의 형수시 안평현과 요양현에 그 이름이 남아 있으며, 자하 동쪽 끝에 위치한다. 요동군은 석가장시 행당현을 중심으로 한 자하 동쪽 일대였던 것이다.

이렇게 조양에서 양평에 이르는 연 장성에 상곡군(산서성 흔주시 오대현 일대), 어양군(산서성 양천시 일대), 우북평군(하북성 석가장시 평산현 일대), 요서군(하북성 석가장시 정정현 일대), 요동군(하북성 석가장시 행당현 일대)이 위치해 있었다. 지금의 산서성 흔주시 지역에서 하북성 석가장시 일대에 걸쳐 있었던 것이다. 그리고 당시 상곡군은 오환 선비가 활동하던 곳이며, 우북평군은 중산국이, 요동군은 조선이 지배한 지역이었다.

지금까지 살펴본 연 장성 기록은 『사기』「흉노열전」에 근거한 것이다. 「흉노열전」은 흉노의 계보를 찾기 위한 서사라고 할 수 있으며, 이에 오환 선비의 동호나 융적 국가를 흉노의 전사前史로 서술하고 있다. 진·조·연에게 쫓겨난 이들이 흉노의 부족으로 흡수된 점을 고려하면 통찰력 있는 시각이지만, 요동의 조선은 이들과는 다른 국가적 환경에 있었다. 『사기』「조선열전」에 다음과 같은 서술이 있다.

연나라 전성기 때부터 일찍이 진번 조선을 침략하여 소속시키고, 관리를 두어 장새鄣塞를 쌓았다. 진나라가 연나라를 멸하고 요동외요에 소속시켰다. 한나라가 일어나고 지키기 어려우므로 요동고새(연 장성)를 수리하고 패수를 경계로 하여 연국(한나라 제후국)에 소속시켰다.[22]

지역의 현재 지명과 유적을 표기한 것이다.
22 『史記』「朝鮮列傳」. "自始全燕時嘗略屬真番, 朝鮮, 為置吏, 築鄣塞. 秦滅燕, 屬遼東外徼. 漢興, 為其遠難守, 複修遼東故塞, 至浿水為界, 屬燕."

연나라 전성기는 진개 장군이 정복 활동을 하던 시기인데, 이때 동호를 북쪽으로 몰아내면서 동쪽으로는 조선의 영토를 침범하여 장새를 쌓았다. 이 장새가 바로 요동군에 있는 연 장성이다.『염철론鹽鐵論』「벌공伐功」에서도 "연나라가 동호를 습격하여 쫓아내고 천 리를 넓혔으며, 요동을 건너 조선을 공격했다"[23]고 하는데, 이는 요동과 조선이 본래 연나라 땅이 아니었다는 것을 뜻한다. 전국시대 장성이 비중국 국가를 몰아내고 쌓은 것이듯이, 요동군의 연 장성도 조선의 영토를 침범하여 쌓은 것이었다. 이후 쫓겨난 사람들은 새로운 곳에 이주하거나 흉노에 귀부했기 때문에, 중원 국가들은 흉노 방비를 장성의 목적으로 삼았다. 역설적으로 흉노가 대제국으로 성장할 수 있는 정세를 장성이 만들어 주었던 셈이다.

중국 문헌에서는 연나라가 동호를 천 리 몰아냈다고 하는데, 이에 반해 조선은 요동군 일부를 빼앗긴 것에 불과했다. 요동의 조선은 본래 연나라를 경계로 하여 태항산맥 동쪽에서 살던 동이족 연맹 국가였다.『한서』「지리지」 '옛 연나라 땅'을 보면, "은의 왕도가 쇠망하자, 기자가 은을 떠나 조선으로 가서, 그곳 백성에게 예의, 농사, 방직을 가르쳤다"[24]고 한다. B.C. 1045년경 은나라가 망했을 때 기자가 조선 땅에 망명했다는 것인데, 우리가 고조선이라고 통칭하는 그 나라였다.『한서』에서 말하는 조선은 한국의『삼국유사』에 의하면 단군조선 시기에 해당한다. 그리고 이 조선은 갑골문에서 상나라와 경쟁·협력 관계에 있으면서 동북쪽에 위치했던 방(方)[25]의 존재와, 고고학적으로 하가점 하층문화를 이룩한 집단[26]과 관련되어 있는 것으로 보인다.

---

23 『鹽鐵論』「伐功」. "燕襲走東胡 辟地千里 度遼東而攻朝鮮."
24 『漢書』「地理志」. "殷道衰, 箕子去之朝鮮, 教其民以禮義田蠶織作."
25 갑골문에 등장하는 방과 고조선의 관련성에 대해서는 최명희「갑골문의 신관을 통해 본 帝와 方의 관계 연구」(국제뇌교육종합대학원대학교 박사논문, 2024) 참고.
26 하가점 하층문화를 포함한 요하문명과 고조선 문명의 관계에 대해서는 우실하,『고조선 문명의 기원과 요하문명』(지식산업사, 2018) 참고.

기자는 바로 상나라 동북쪽에 위치한 고조선 땅의 서부지역(연나라와 인접한 지역)에 정착한 것이었으며, 기자의 후손들이 그 지역에 기자조선을 세웠다고 한다. 한나라 초기 여후 섭정 때(B.C. 195) 위만이 조선에 망명했는데, 그 조선은 바로 기자조선의 준왕이 다스리던 나라였다. 위만은 기자조선의 땅을 할양받아 살다가 준왕을 무너뜨리고 위만조선을 세웠다. 『사기』에 기록된 조선은 바로 연나라와 인접한 기자조선, 위만조선을 지칭한 것이었다. 동이족 연맹 국가로서 고조선 전체가 아니라 기자조선-위만조선이 다스리던 고조선 서부 영역에 해당한다.[27]

중원 국가들 입장에서는 연나라가 중국의 동북쪽 영토 경계선 역할을 하고 있었으며, 그 너머를 먼 동쪽이라는 의미의 요동으로 여겼다. 그 요동에 조선으로 통칭된 연맹 국가가 위치하고 있었던 것이다. 조선은 유목국가와 달리 농경, 목축, 수렵, 수산업을 기반으로 교역과 수공업이 발전한 혼합경제를 이루고 있었다. 조선은 고고학적 유물이 증명하는 높은 수준의 문화와 군사력을 바탕으로 요동 지역을 지배하고 있었는데, 전국시대 중원 국가들의 팽창이 시작되면서 연나라의 침입을 받았던 것이다.

그러나 조선이 빼앗긴 영토는 연나라가 설치한 요동군에 해당하며, 이에 요동군의 연 장성을 경계로 연나라와 대치하는 상황이었다. 요동군 밖의 광활한 동부 지역에서 조선은 비중국 국가로서 존립하고 있었던 것이다. 연 소왕 이후 연나라 국력이 쇠약해지면서 조선 사람들은 다시 요동군 지역에 들어가 살았다. 진시황이 연나라 수도 계성을 함락했을 때 연왕 희가 도피한 곳이 요동이었는데, 바로 연나라가 설치한 요동군 지역으로 이때는 연나라의 통치력이 미치지 못하는 시절이었다.

---

27 동이족 연방 국가로서 고조선의 실체에 대해서는 신용하, 『고조선문명의 사회사』(지식산업사, 2018) 참고. 다만 고조선 국가들의 위치 비정에 있어서 나의 관점과 차이가 있고 이에 따라 역사 해석이 달라질 수 있다는 점을 밝힌다.

진시황이 중원 통일 후 장성의 확장 보수를 명하여, 몽염 장군이 연 장성 외곽에 새롭게 '요동외요'를 쌓았다. 이것이 연나라 지역에 쌓은 만리장성인데, 성벽으로서의 기능은 오래 가지 못하였다. 진한 교체기에 통제력을 상실하여 원래의 연 장성 지역으로 후퇴했기 때문이다. 한나라는 옛 연 장성인 '요동고새'를 수리하고 동쪽에 있는 패수를 경계로 했는데, 이곳이 바로 한나라와 조선이 마주한 변경 지대였다.

전국시대 장성 건설로 동호와 융적 사람들이 쫓겨나면서 흉노의 세력이 급속히 성장하였다. 이는 장성 지대에 살던 사람들이 흉노 세력권으로 이주했다는 것을 뜻한다. 이에 진·조·연은 흉노를 마주하게 되는데, 그 사이에서 완충지대 역할을 하던 나라들이 사라졌기 때문이다. 중원 통일 후 진시황은 몽염 장군에게 북쪽의 흉노를 물리치고 만리장성을 축조할 것을 명하였다. 오르도스 황하 만곡부의 장성은 진시황이 몽염에게 북쪽으로 흉노를 치게 하여 하남 땅을 차지한 후에 건설한 것이었다. 이때 비로소 오르도스의 황하를 건너 양산과 북가를 차지하며 흉노 영역에 장성을 쌓을 수 있었다.[28]

진시황의 만리장성은 쏟은 공력에 비해 흉노 세력 약화에 큰 역할을 하지는 못했다. B.C. 209년에 거대한 세력을 지닌 흉노 유목제국이 탄생했기 때문이다. 만리장성의 통제력을 상실한 진한 교체기에는, 흉노와 흉노에 귀부한 전국시대 장성 지대 사람들이 자신의 옛 땅에 들어가 살기 시작했다. 조선 사람들이 다시 요동군 지역에 들어가 살았던 것과 마찬가지였다. 자신들의 고토를 회복한 것이었다. 하지만 장성 건설 이후 이 지역에 이주하여 자기 땅이라고 여기며 살던 사람들에게는 낯선 외부인의 침입에 다름아니었다.

잃어버린 옛 땅을 되찾으려는 사람들과 지금 차지하고 있는 자신의 땅을 지키려는 사람들 사이의 끊임없는 분쟁, 장성은 그 전쟁의 불씨를 잉태하고

---

28 『史記』「匈奴列傳」.

있었다. 그 속에는 중국과 비중국 국가 간의 분쟁뿐만 아니라, 비중국 국가들 사이에서도 고토 회복을 내세운 갈등의 불씨가 내재되어 있었다. 진시황의 통일은 중원 내부의 안정을 이룬 일이었지만, 향후 중국사에서 장성 바깥으로 밀려난 비중국 국가들과의 영토 전쟁이 시작되는 사태이기도 했다.

4. 머나먼 평화의 길

이러한 장성의 역사를 고려할 때, 지금의 전국시대 장성론은 몇 가지 중요한 역사적 사실을 놓치고 있다. 먼저 전국시대 장성이 인접한 융적 국가와 동호, 조선을 공격한 후 그 영토를 점령하기 위해 쌓은 것이라는 점이다. 흉노의 침입 방비는 이들을 몰아낸 후 흉노와의 완충지대가 사라지고, 이에 중원 국가가 흉노를 직접 마주하게 되면서 생긴 일이다. 전국시대 장성은 명 장성처럼 벽돌로 튼튼하게 건설한 성벽이 아니라, 자연의 지형지물을 이용하여 흙으로 쌓은 요새에 가까운 것이었다.

그래서 장성 지대는 통제력을 상실하면 얼마든지 넘나들 수 있는 곳이기도 했다. 이러한 요새로는 쫓겨난 사람들을 완벽하게 막기 어려웠으며, 이들이 가세한 흉노가 한나라 초기처럼 대대적으로 공격했다면 심각한 위기에 처할 수 있는 상황이었다. 진·조·연에게는 다행스럽게도 흉노가 아직 국가 체제를 정비하지 못하여, 약탈을 넘는 큰 전쟁이 벌어지지 않았다. 덕분에 진·조·연은 중원 내부의 문제에 주력할 수 있었다.

지금의 전국시대 장성 지도를 보면, 진 장성은 오르도스의 황하 만곡부까지 이르고, 조 장성은 흉노의 근거지인 내몽골 지역을 가로지르며, 연 장성은 북경 서북쪽에서 요동반도에 이르고 있다. 이 위치를 보면 진·조·연이 흉노 근거지까지 쳐들어가 장성을 쌓은 것이 된다. 그러나 앞에서 설명했듯이,

당시 진·조·연의 목표는 흉노와의 대전이 아니라, 변경을 안정시킨 후 자신들이 직면한 중원 내부의 문제를 해결하는 데 있었다.

진은 의거를 물리친 후 라이벌 제와 조에 대한 공격에 주력하였고, 조는 제나라에 대한 복수전과 아울러 진과의 대권 경쟁을 도모하고 있었다. 그리고 연은 제나라에 대한 복수전을 통해 국가 존립기반을 강화하는 것이 목표였다. 이러한 상황에서 흉노의 영역을 침범하여 장성을 쌓는 것은, 군사력을 분산시켜 국가 전체의 위기를 초래할 수 있는 일이었다.

지금의 장성 위치는 이러한 전국시대의 역사와 부합하지 않는다. 그리고 비중국 국가의 영역에 장성이 위치함에 따라, 중국이 주장하는 방어 목적의 장성론이 균열되어 버린다. 장성 연구의 개창자인 래티모어는 유목지역에 남아있는 유적을 보며 장성의 방어론을 신뢰하지 않았다. 그보다는 중국이 유목국가를 공격하여 점령하기 위한 성벽이라는 관점이 더 설득력이 있었기 때문이다. 래티모어의 관점은 니콜라 디코스모, 토마스 바필드 등의 후대 연구자들에게 이어져 중국의 장성론에 대한 비판적 시각을 형성하였다.

그런데 이들의 연구에서 주목할 점이 있다. 중국의 장성 방어론은 비판하면서 전국시대 장성의 위치에 대해서는 중국의 시각을 따르고 있다는 사실이다. 흉노 영역을 가로지르는 장성의 위치가 자신들의 장성 점령론을 설득력 있게 해주기 때문일 것이다. 이들의 연구 목표가 중화주의적 중국사에서 벗어나 유라시아 유목국가의 역사 문화적 의미를 정립하는 데 있다는 점을 고려하면, 장성의 위치 문제는 부수적인 실증 문제 정도로 보았을 수 있다.

그러나 지금의 장성 위치는 전국시대 장성의 지정학을 뒤틀리게 하며, 나아가 진시황의 중원 통일 이후 벌어질 장성을 둘러싼 동아시아 세력전의 역사를 이해하기 힘들게 한다. 전국시대 진·조·연에게 장성의 우선적인 목적은 인접한 융적 국가, 동호 그리고 연에게는 요동의 조선을 진압하여 내부의 힘을 강화하기 위한 것이었다. 그리고 흉노의 침입을 방비하여 다가올 중원

국가와의 세력전에 주력하는 것이 바로 장성 구축의 지정학적 이유였다.

지금의 장성 위치는 이러한 지정학을 밀어내고 중국과 흉노의 대결 구도를 부각시킨다. 중국과 유라시아 유목국가의 관계로 '중국적 국제질서'를 보려는 이들에게는 이것이 큰 문제로 보이지 않을 수 있다. 그러나 특히 연 장성의 위치는 향후 태항산맥 동쪽에서 벌어질 동아시아 세력전의 역사가 사라지는 심각한 문제를 안고 있다. 이곳의 세력전은 태항산맥 서쪽에서 벌어질 중국과 유라시아 유목국가의 관계사 속에 포함될 수 없는 고유한 동아시아 역사이기 때문이다.

지금의 연 장성 지도를 보면, 상곡군은 북경시 서북쪽인 하북성 장가구에, 어양군은 북경 동북쪽인 북경시 밀운구에, 우북평군은 하북성 진황도시 북부와 내몽고 자치구 영성현에, 요서군과 요동군은 요녕성 요하를 기준으로 동서에 위치한다. 북경을 중심으로 서쪽으로 하북성 장가구에서 동쪽으로 요동반도에 이르는 광활한 지역에 펼쳐져 있다.

연5군이 이렇게 위치하기 때문에 연 장성은 당연히 이보다 북쪽 외곽에 있어야 하는 것이다. 연5군을 산서성 흔주시 지역에서 하북성 석가장시 일대로 보는 것과는 천양지차가 난다. 연나라가 조나라와 제나라 사이에서 생존을 걱정한 나라가 아니라, 북경을 중심으로 한 동북부의 대국이 된 것이다. 이렇게 보려면 상응하는 문헌 기록과 유적 유물이 있어야 하지만, 신뢰할 만한 근거는 보이지 않는다.

정말 큰 문제는 연나라가 동북부의 대국으로 탈바꿈하면서, 원래 그 자리에 있던 나라와 민족, 지명이 멀리 밀려났다는 점이다. 전국시대만의 문제가 아니라 향후 중국사 전체의 판도가 연쇄적으로 바뀌는 순간이다. 상곡군의 흔주시 지역은 대대로 선비족이 활동하던 곳이었는데, 그 거점이 내몽골 호륜패이시 지역으로 밀려났다. 요동의 조선은 석가장시 자하 동쪽에서 요녕성 요하 동쪽이나 더 멀리 한반도 북부로 밀려났다. 부여, 읍루, 옥저 등

수많은 나라와 민족, 지명의 연쇄 이동이 일어났으며, 그 영역 안에서 발견되는 고고 유적 유물은 다 중국의 것으로 간주하는 '정치적' 역사가 만들어진 것이다.

크게 보면 전국시대부터 중국과 유라시아 유목국가의 대결 구도로 중국사가 전개되는 서사가 구축된 셈이다. 농경/유목, 한족/유목민, 중국/유라시아 유목국가의 양자 관계는 결국 유목국가의 침입/중국의 방어 서사로 귀결되기 마련이다. 이러한 시각으로는 중국사에서 끊임없이 벌어지는 전쟁의 원인이 무엇인지, 전쟁이 왜 동일한 요충지를 두고 일어난 것인지, 전쟁을 포함한 국가경쟁이 어떻게 문명 발전의 원동력이 되었는지 등의 문제를 총체적으로 이해하기가 힘들다.

중국사에서 벌어진 전쟁은 대부분 고토 회복을 명분으로 내세운다. 몽골이나 서구 열강처럼 근거지가 중원에서 먼 경우는 예외이지만, 대부분은 자신의 선조의 땅을 되찾으려고 했다는 것이다. 그 선조가 오래전의 조상인지 근세의 혈친인지, 아니면 명분으로 만든 것인지 등의 차이는 있지만, 다 자신이 되찾아야 하는 땅으로 여겼다. 외부인의 침입 전쟁이 아니라 연고가 있는 사람들이 잃어버린 자신의 권리를 되찾겠다는 뜻이다. 고토 회복은 조상의 명예를 회복하여 통치 정당성을 확립하는 일이면서, 자신들이 필요로 하는 경제적 이익을 얻는 길이었다.

중국이 장성을 저 멀리 옮겨놓았지만, 전쟁이 벌어진 곳은 대부분 오르도스와 산서성과 하북성 일대였다. 전국시대 장성의 실제 위치로 설명한 바로 그곳이다. 중원 통일 후 진시황은 전국시대 장성을 수리하고 흉노 영역까지 확장하여 만리장성을 만들었다. 하지만 진한 교체기에 통제력을 상실하면서 장성 밖의 사람들이 들어와 살고 있었다. "몽염이 죽고 제후들이 진나라를 배반하여 중원이 소란스러워지자, 진나라가 변경으로 수자리 보냈던 죄수들도 모두 돌아왔다. 그래서 흉노는 숨을 돌리고 차츰 하수를 건너 남쪽으로 내려와 원래의 변방에서 중원과 경계를 맞대게 되었다."[29]

흉노는 B.C. 209년에 거대 국가로 등장하게 되는데, 장성이 그 시기를 늦추는 데 얼마만큼의 역할을 했는지는 분명치 않다. 선우 묵특이 권력을 잡기 전에 흉노의 상황은 주변 국가에 포위된 것이나 다름없었다. 남쪽에서는 진시황이 오르도스에서 흉노를 몰아냈고, 서쪽에서는 월지가 감숙성을 차지하며 인질을 잡아갔고, 동쪽에서는 동호가 흉노를 멸시하며 약탈하고 있었다. 묵특이 등장한 후 비로소 흉노는 몽염에게 잃은 영토를 수복하고 동호와 월지를 물리칠 수 있었다.

조 무령왕이 유목국가의 제도를 배워 국력을 강화한 것처럼, 묵특은 유목식 중앙집권 체제를 구축하여 흩어진 세력을 통합하였다. 여러 부족의 연맹 체제로 구성된 흉노에는 세 가지 층의 행정 조직이 있었다. 상층에는 선우와 좌우 골도후骨都侯가 제국을 통치하며 제국 전체 상황을 조정하였다. 중간층에는 만기萬騎의 칭호를 가진 24인의 임명 관료들이 제국 내의 여러 부족들을 관리하였다. 하층에는 수많은 토착 부족장들로 구성되며 중앙에서 임명한 24인의 관료들의 감독을 받았다.[30]

연맹 체제를 구축하는 과정에서 흉노는 가공할 공격력을 지닌 기병 부대를 양성할 수 있었다. 이러한 흉노의 행정 체제로 볼 때, 진·조·연에게 쫓겨난 융적 국가와 동호는 흉노의 하층 토착 부족에 흡수되어 그들의 고토인 장성 지대 공격 시 선봉이 되었을 것이다. 한 고조 유방은 중원을 재통일하고 흉노에게 빼앗긴 북방을 수복하려고 했을 때, 흉노의 군사력이 어느 정도인지 실감하지 못했다.

당시 한과 흉노가 처음으로 맞부딪친 곳이 태원시 북쪽의 평성인데, 바로

---

29 『史記』「匈奴列傳」.
30 흉노의 행정 체제에 대해서는 토마스 바필드, 『위태로운 변경』(윤영인 옮김, 동북아역사재단, 2009), 97~101쪽 참고.

조 장성이 위치한 지역이었다. 중원을 막 재통일한 유방이 왜 이 북방 변경에 나타난 것인가. 흉노는 유방이 중원 재통일에 주력하는 사이 오르도스 지역뿐만 아니라 "연 땅과 대 땅을 공격하여 진나라 몽염에게 빼앗겼던 흉노 땅을 모조리 되찾았다."[31] 오르도스가 진 장성 지역이라면, 연 땅은 연 장성 지역, 그리고 대 땅은 조 장성 지역이다. 유방은 바로 조 장성 지역인 대 땅을 찾으러 갔다가 흉노의 계략에 빠져 '평성의 치욕'을 당했다. 평성에 가기 전에 유방은 제후왕 한신을 대 지역으로 옮겨 흉노를 방비하게 했다. 그러나 한신이 흉노에게 항복하면서 이에 분노하여 친정親征을 감행한 것이었다. 이 치욕적인 패배로 인해 한나라는 무제의 흉노 정벌 전쟁 이전까지 굴욕적인 시간을 보내게 되었다.

한나라와 흉노는 이후에도 세 지역에서 지속적인 충돌을 벌이는데, 주목할 점은 두 나라 모두 이 지역을 수복해야 할 땅으로 생각한다는 사실이다. 흉노는 진나라 몽염에게 빼앗겼던 땅이라고 하고, 한나라는 중국의 땅을 흉노가 빼앗은 것이라고 한다. 다 고토 회복(되찾아야 할 옛 땅)을 내세운 것이었다. 그러나 내몽골 고원이 근거지인 흉노의 경우 오르도스 지역은 몰라도, 동호·누번의 조 장성 지역이나 오환 선비·중산국의 연 장성 지역을 고토라고 할 수 있는가. 한나라의 경우도 전 왕조인 진이 차지했던 지역을 수복해야 할 땅이라고 말할 수 있는가.

흉노의 경우는 종족 구성의 문제와 연결지어 생각할 필요가 있다. 흉노는 흩어진 여러 종족을 통합하여 만든 정치공동체인데, 그 가운데는 진·조·연 장성 지대에서 쫓겨난 사람들도 가세하고 있었다. 이들이 선봉이 되었을 것이기 때문에 고토 회복이 틀린 주장만은 아니다. 한나라도 전 왕조의 땅을 상실하지 않고 계승하는 일이 통치 정당성을 얻는 길이기 때문에 영토 수복

---

31 『史記』「匈奴列傳」.

에 나서지 않을 수 없었다. 이렇게 서로가 되찾아야 할 땅이라고 주장하는 상황에서 어떻게 전쟁을 피할 수 있겠는가.

고토 회복의 명분에서 보면, 중국사의 전쟁은 외부 침입이나 정복 전쟁이 아니라 잃어버린 옛땅에 대한 폭력적 권리 주장에 가깝다. 서한 시기에는 한-흉노의 전쟁이 주가 되었지만, 89년 북흉노가 한-남흉노-선비 연합군에 패배하여 중국사에서 사라진 이후에는, 제 종족들이 등장하여 각축전을 벌이는 일이 북중국의 풍경이 되었다. 장기 지속된 전쟁과 화친의 과정에서 중원과 비중국의 인력과 물질, 문화 등이 장성을 넘나들었다. 장성은 장성을 지키는 통제력이 있을 때에는 효과가 있었으며, 그렇지 못한 시기에는 상징적인 경계선에 불과하였다.

태항산맥 동쪽의 요동에서도 마찬가지의 상황이었다. 앞에서 흉노가 세 장성 지역의 땅을 수복했다고 했지만, 요동의 장성 지역은 조선이 지배하고 있었다. 『사기』 「조선열전」의 기사를 읽어보자.

> 연나라 왕 노관이 한나라를 배반하고 흉노로 들어가니, 위만도 망명하여 1000여 명의 무리를 모아 머리를 상투 모양으로 틀고 만이의 차림새로 동쪽으로 달아나 요새를 벗어났다. 그리고 패수를 건너 진나라의 옛땅으로 비어 있던 상하장이라는 곳에 살면서 점점 진번 조선의 만이들과 연나라와 제나라에서 망명해 온 자들을 복속시켜 왕이 되어 왕검에 도읍을 정했다.[32]

유방은 한나라를 건국했지만 세력이 강성하지 못하여 지방은 제후들에게 분봉하여 다스리게 했다. 노관은 옛 연나라 지역에 분봉된 제후왕이었는데,

---

32 『史記』 「朝鮮列傳」. "燕王盧綰反, 入匈奴, 滿亡命, 聚黨千餘人, 魋結蠻夷服而東走出塞, 渡浿水, 居秦故空地上下鄣, 稍役屬真番, 朝鮮蠻夷及故燕, 齊亡命者王之, 都王險."

여후가 제후왕을 제거하려는 위협에 직면하면서 흉노에 귀부하였다. 당시에는 귀순하는 적장에게 그대로 권력을 보장해주고, 유능한 인사에게는 더 큰 대우를 해주는 것이 관행이었다. 이러한 관행 덕분에 흉노는 환관 중항렬을 얻어 한나라의 사정을 꿰뚫어볼 수 있었고, 한나라는 소왕 조신을 얻어 흉노를 제압할 수 있었다. 귀순한 제후나 장군, 사신 그리고 장성을 넘나드는 일반인을 통해 한과 흉노는 서로의 사정을 알게 되었을 뿐 아니라 상대의 장점을 수용하여 국력을 강화할 수 있었다.

노관의 흉노 귀순은 이러한 상황에서 벌어진 일이었다. 그런데 부하인 위만은 노관을 따라 흉노로 가지 않고 요동을 선택하였다. 위만의 행색이나 그를 따르는 천명의 무리를 보면, 위만은 요동의 문화에 익숙한 명망있는 무장 관리였던 것으로 보인다. 위만이 연 땅에서 요동으로 가는 여정을 보면, 동쪽으로 요새를 벗어나 패수를 건넌다. 위만이 벗어난 동쪽 요새는 연 장성(요동고새)이며, 패수를 건너면 그곳이 바로 중국 밖의 요동 땅이다.

요동에서 위만이 정착한 곳은 '진나라의 옛땅으로 비어 있던 상하장上下鄣'이다. 진나라의 옛 땅은 연 장성 외곽에 진 장성(요동외요)을 쌓았지만 한나라가 지키지 못하여 조선에 속하게 된 곳이다. 상하장이라는 말은 진 장성의 위 아래 지역을 뜻한다. 망명자 위만은 이 지역을 기반으로 진번 조선의 사람들과 연·제 출신의 망명자들을 복속시켜 왕이 되고 왕검성에 도읍을 정하였다. 이른바 위만조선이 세워진 것이다.

「조선열전」에는 서술되어 있지 않지만, 위만은 자신을 신뢰한 기준 왕을 몰아내고 나라를 세운 것이었다. 이에 기준 왕을 대신하여 한나라와 마주한 위만은 한나라의 외신外臣이 될 것을 제안 받는다. 외신은 한나라의 안보 울타리 역할을 해주고, 그 대가로 군사·경제 등 국가 발전에 필요한 지원을 받는 것을 뜻한다. 외신은 한나라 황제에 복속된 신하(내신)가 아니라 울타리 역할을 수행하는 국가에게 수여하는 일종의 상징적 작위라고 할 수 있다.

위만은 한나라의 외신이 되어 지역 통치자로서의 권위를 부여받게 되고, 아울러 국력 향상에 필요한 자원을 얻을 수 있었다.

그 덕분에 위만은 급속한 국력 향상을 이루고 주변 지역을 복속하여 세력을 크게 확장할 수 있었다. 그러나 기대했던 외신의 역할보다는 한나라를 위협하는 세력으로 성장함에 따라, 위만조선과 한나라의 충돌은 피할 수 없었다. 「조선열전」은 위만조선을 중심으로 한나라와 요동의 관계를 서술하고 있어서 그 외의 요동 세력에 관한 자세한 정보는 제공하지 않는다. 가령, 『사기』「화식열전」에서는 연나라가 북쪽으로 오환, 부여와 이웃하고 있었다고 했는데, 이 시기에 부여는 이미 연나라의 경쟁국으로 활동하고 있었던 것이다. 향후 부여에서 파생되어 나온 고구려·백제 및 옥저, 삼한, 읍루 등은 태항산맥 동쪽의 역사를 만든 주역이 되었다. 그리고 중국사에서 등장하게 될 정복 왕조의 주역들인 선비, 거란, 말갈, 여진, 만주 등도 모두 동부 지역의 정체성을 지닌 세력들이었다.[33]

이러한 맥락에서 나는 전국시대 장성이 명 장성 북쪽에 위치한 지도의 문제점을 제기하고, 중국사를 중국과 유라시아 유목국가의 관계사로 보는 시각에 의문을 표했다. 이 문제에 대한 대안으로, 태항산맥과 황하를 지정학적 축으로 하여, 태항산맥 서쪽의 유목 세력, 태항산맥 동쪽의 농경·목축·삼림·해양 혼합 세력, 황하를 중심으로 한 중원 농경 세력이 유라시아 차원에서 벌이는 Y자 세력전으로 중국사를 볼 것을 제안한다.[34]

---

[33] 동부 지역의 정체성을 지닌 종족과 국가 들의 본래 역사를 되찾는 일은, 황하문명을 앞선 신석기 문명의 시원으로 자리한 요하문명과 동아시아 상고사의 관계를 조명하고, 근래의 정복왕조론·신청사·만주학의 체계 구축을 위한 지역의 역사 계보 논의를 열어가는 일이 될 것이다.

[34] 태항산맥 서쪽을 유목 세력이라고 한 것은 그 지역의 정치적 주역이 유목국가였다는 뜻이며, 그 지역에 거주하는 모든 사람들이 유목 생활만을 했다는 의미는 아니다. 김현진의 『흉노와 훈』(책과함께, 2024)에 따르면, 역사적으로 내륙아시아를 고향으로 삼은 사람들의

지정학적으로 '유라시아 속의 중국'을 역사 공간으로 하며, 유라시아의 지역 범위는 세력들의 상호작용을 통해 역사 시기마다 확장되어 간다. 진한에서 위진남북조시대에는 동유라시아가 중심 범위였지만, 돌궐·위구르·티벳이 가세한 이후에는 중앙유라시아로 확장되고, 몽골제국 시기에는 중국과 유라시아가 통합되고, 만주족 청의 서진과 러시아의 남진 이후에는 북유라시아 그리고 유럽의 동진 이후에는 서유라시아가 가세하여 중국사의 공간과 플레이어들이 다원화된다.

무엇보다 이 관점의 핵심은 태항산맥 동부 세력의 지역적 정체성을 확립한다는 점과 아울러, 장성 지대가 농경/유목을 가르는 경계선이 아니라 다양한 종족과 생산양식이 공존하는 완충지대로 본다는 점이다. 그곳은 여러 종족들의 고향이면서 삶의 터전이었고 교역의 요충지이기도 하였다. 이곳에 장성이 축조되면서 쫓겨난 이들이 흉노에 통합되었으며, 이에 따라 중국과 흉노의 조우는 농경/목축 세력의 충돌을 넘어 고토 회복의 성격도 지니게 되었다.[35]

흉노가 와해되고 중국의 통제력이 약해지는 후한 말, 위진시기에는 여러 종족들이 다시 세력을 형성하기 시작했다. 중국 내지(병주)로 들어온 남흉노 후예들뿐 아니라, 동호의 오환 선비나 오르도스 지역의 강족·저족 등도 흉노의 하층 부족에서 벗어나 독립 세력이 되었다. 그때 그들의 정치적 거점이 되었던 곳이 바로 장성 지대의 고토였다. 탁발선비는 옛 대나라 지역이 거점

삶의 방식도 매우 다양했다. 내륙아시아는 목축민(유목민이라고 잘못 분류되는 경우가 잦다), 농경민(농민), 수렵민, 도시민이 살아간 터전이었다. 이 네 종류의 사람들이 복잡한 공생 체제를 이루어 동일한 지역이나 아주 가까운 지역에서 살아간 경우도 많다. 삶의 방식이 어느 하나로 정해지지 않고, 한 종류에 속하는 사람이 살아가면서 다른 종류의 방식으로 전환하는 일도 부지기수였다. 또한 이들 중 대다수는 최소한 알타이어족(튀르크어와 몽골어, 퉁구스어로 구성되나, 각 계통의 언어가 서로 통하지는 않았을 것이다)과 인도유럽어족(대개 이란어와 토하르어), 예니세이어족(현재는 거의 남아있지 않은 시베리아 중부의 케트어가 대표적이다)의 세 개 언어군에 총출된 다중언어 사용자였을 것이다.

35 이점에 대해서는 정재훈, 『흉노유목제국사』(사계절, 2023), 75~101쪽 참고.

이었고, 모용 선비는 옛 연나라 요서 지역을 거점으로 삼았다. 그리고 고구려도 요동 지역을 향해 세력을 확장하고 있었다.

이렇게 중국 변경 지대에서 새로운 국가들이 출현하기 시작했다. 중원의 분열은 비중국 세력들이 성장할 수 있는 공간을 열어주었다. 이는 유라시아 차원의 세력전을 예고하는 것이었다. 진시황의 통일이 중원 내부의 세력 통합이었다면, 향후 펼쳐질 역사 과정은 유라시아 차원의 천하 경쟁이라고 명명할 수 있는 그런 세력전이었다.

전국시대 장성의 위치에서 시작되는 중국의 영토와 역사 해석에서는 중국의 주장이 오랫동안 통용되고 있다. 서구의 중국/유라시아 유목국가 관계사도 중국의 주장과 연결되어 있으며, 일본의 시각도 제국주의 시기의 식민사관에 기반하여 중국의 주장을 묵인하고 있다. 이러한 국제학계의 거대한 장벽 앞에서 나의 시각은 소수 의견으로 남을 가능성이 크지만, 역사의 진실을 찾아가는 작업은 지속되어야 할 것이다. 이 문제는 앞으로 진한 시대에서 근대 전환기까지의 역사를 대상으로 하는 '유라시아 속의 중국: 통일-분열의 순환 서사를 넘어'의 저술로 구체화 될 것이다.

8장

통일국가의 탄생

진시황과 사마천

1. 승자와 기억되고 싶은 역사

   기원전 221년 진시황은 마지막 제후국 제나라를 병합하고 통일국가를 건설했다. 주나라의 동천으로 제후국이 분립한 지 500여 년이 훨씬 지난 시점이다. 주나라 친족 사이였던 제후국들은 오랜 전쟁과 이합집산을 거치면서 독자적인 국가 정체성을 지닌 나라로 바뀌어 있었다. 각기 다른 지역과 종족과 문화를 기반으로 성장하면서 천하의 정체성이 상이한 나라들이 각축전을 벌이는 장소가 되었던 것이다.
   춘추시대 이래 천하가 분열되기는 했지만, 천자 중심의 보편질서가 회복되어야 한다는 생각은 끊이지 않았다.[1] 제후들은 주 왕의 권위를 인정하면서도 천자가 되고 싶은 욕망을 감추지는 않았다. 그들은 중앙집권 국가를 건설하고 다른 나라를 그 하부 단위로 편입시키면 천하 질서가 이루어질 것이라는 소박한 생각을 하고 있었다. 이는 정체성이 다른 국가들이 천하 경쟁을 펼치고 있는 현실을 잘 이해하지 못한 것이었다. 강대국의 군주가 천하를 통일하여 천자가 되더라도, 상이한 정체성을 지닌 나라들을 통일국가의 정체성으로 통합해야 하는 난제를 깨닫지 못했던 것이다. 진시황도 마찬가지였다. 통일

---

[1] 마크 에드워드 루이스, 최정섭 옮김, 『고대 중국의 글과 권위 – 제국으로 가는 글의 여정』, 미토, 2006, 638~639쪽.

천하의 질서는 전쟁 종식으로 이뤄지는 것이 아니라 새롭게 만들어야 한다는 점을 진시황이 알았을 때, 전국에 분서焚書의 소용돌이가 몰아치고 있었다.

근래 출토된 진한시대 문헌들을 보면, 진 제국은 잔혹한 통치보다는 공평하고 세밀한 법치를 시행하고 있었다. 천하 통일의 시대를 맞이하여 신분과 지역의 장벽을 허물고 누구에게나 공평한 사회를 만드는 게 천자의 위용을 세우는 일이었던 것이다.[2] 진시황은 진나라 부강의 기반이 된 작위제와 수전제를 전국적으로 확장 시행하려고 했다. 이 정책은 육국의 대토지 소유자인 세습 귀족의 권력 기반을 약화시키고, 지역 백성의 기본 생계를 보호하기 위한 것이었다. 이러한 통치가 지속되었다면, 순자가 본 진나라 모습처럼 천하의 백성은 안정된 삶을 누릴 수도 있었을 것이다. 하지만 진 제국의 급작스런 멸망은 잔혹한 통치라는 불명예를 안겨 주었다.

분명 불만을 느꼈던 사람들이 많았기 때문에 전국적인 반란이 일시에 일어났을 것이다. 그러나 잔혹함은 대개 자신의 권력과 부를 억울하게 빼앗겼다고 생각하는 사람들이 느끼는 감정이다. 그러한 감정은 거대 권력자에서 일개 백성으로 전락한 육국의 세습 귀족들이 느낄 만한 것이다. 일반 백성은 잔혹함보다 전쟁에서 벗어난 평온함과, 경작할 땅이 생길 수 있다는 기대감을 가졌을지도 모른다.

하지만 진나라의 통치가 현실이 되면서 일반 백성들도, 자신의 부모 형제를 죽인 나라에 대한 원한과, 서북쪽의 변방 국가가 중원의 문화국을 지배하는 데 대한 반감, 낯선 관리들이 엄격한 법으로 일상생활을 통제하는 데 대한 불만이 쌓였다. 진나라 일국에서 시행된 통치 방식을 육국의 실정을 고려하지 않고 적용하는 과정에서 대대적인 반감이 생겼던 것이다. 제국의 관리들에게 중앙정부의 법은 공적 규범이고 지역문화는 극복되어야 할 사사

---

2   이점에 대해선 장펀톈, 『진시황평전』(이재훈 옮김, 글항아리, 2018), 635~643쪽 참고.

로움이었기 때문에, 중앙과 지방의 충돌은 피할 수 없는 일이었다.

진 제국 멸망의 시발점이 된 진승陳勝의 반란을 농민봉기라고 부르지만, 변방으로 징발되어 가는 과정에서 기한을 맞추지 못하면 처형된다는 두려움에서 촉발된 일이었다. 이는 농민들의 계급적 이해관계보다는 지역민의 실정을 고려하지 않은 법 적용의 문제에서 발생한 사건이었다. 사마천은 반란이 확산되는 과정을 "진나라가 도를 잃자 진승이 난을 일으켰고, 제후들이 반란을 했는데, 그 기세가 바람과 구름 같아 끝내 진의 통치자를 멸망시켰다"³고 기술한다. 진승의 난에 편승하여 반란을 주도한 세력은 농민이 아니라 육국의 권력자였던 제후(세족)들이었다. 농민은 지역 토호인 옛 제후들을 따라 고향을 침탈한 진나라 통치자를 몰아내는 데 동조한 것이다.

진시황도 육국 출신의 관료들과 조정 회의를 하는 과정에서 정체성 충돌을 피부로 느끼며, 제도의 통일뿐만 아니라 생각의 통일이 중요하다는 사실을 인지했다. 진시황이 단행한 분서는 이러한 맥락에서 일어난 것인데, 그 주된 대상이 유교 서적으로 알려져 있지만, 사실은 각국의 역사서가 가장 큰 피해를 입었다. 사마천은 이에 대해 다음과 같이 말한다.

> 진나라는 이미 뜻을 이루자 천하의 시서詩書를 불살랐는데 제후들의 역사 기록에 대해서는 더욱 심하게 했다. 진나라를 풍자하고 헐뜯는 곳이 있었기 때문이다. 시서가 다시 세상에 나타나게 된 이유는 대부분 민간에 감추어 두었기 때문인데, 역사 기록은 유독 주나라 왕실에 소장되어 있어서 없어져 버렸다. 애석하구나! 애석하구나! 오직 『진기秦記』만 남아 있지만 여기에는 해와 달이 기록되어 있지 않고 그 문장도 간략하고 완전하지도 못하다.⁴

---

3   『史記』「太史公自序」. "秦失其政, 而陳涉發跡, 諸侯作難, 風起雲蒸, 卒亡秦族."
4   『史記』「六國年表」. "秦既得意, 燒天下《詩》《書》, 諸侯史記尤甚, 爲其有所刺譏也. 詩書所以複見者, 多藏人家, 而史記獨藏周室, 以故滅. 惜哉, 惜哉!獨有秦記, 又不載日月, 其文略不具."

사마천에 따르면, 시서는 불탔지만 민간에 감추어진 시서가 나타나 복원되었고, 제후국의 역사서는 철저히 소각되어 다시 볼 수 없게 되었다. 진나라는 자신들의 시각으로 쓴 『진기』만을 남겨두고, 진나라를 비난하고 있는 다른 제후국의 역사서는 불태워버렸다. 전쟁 후 승자가 패자의 역사서를 불태우고, 승자의 시각으로 역사를 다시 쓰는 선례가 만들어진 것이다. 역사 기록을 중시하는 중국인의 관념과 전쟁으로 수많은 국가가 흡수된 선진시대의 상황으로 볼 때, 진시황 이전에도 분서의 전례가 있었을지 모른다.

가령, 전국시대 제 선왕 때 연나라 내분을 틈타 침략하여 궁궐과 종묘를 불태운 적이 있었다. 이에 대한 보복으로 연 소왕은 제나라 임치를 공격하여 궁궐과 종묘를 불태웠다. 궁궐과 종묘를 불태우는 일은 상대 국가를 병합하기 위한 전쟁이 시작되면서 벌어진 일이었다. 이는 상대 국가의 존립 근거를 없애기 위한 승자의 폭력 행위였다. 종묘는 국가의 통치 정당성을 하늘에 의지하던 시대에, 상제(하늘)와 지상의 왕을 매개하는 선조를 모시던 신성한 장소였다. 이를 불태운다는 것은 그 나라의 천명을 부정하는 것이었다.

궁궐은 현실 정치가 이루어지는 중심적 장소로, 여기에는 각종 예기·보물과 아울러 그 나라의 정통성을 상징하는 사서가 보관되어 있었다. 궁궐을 불태운다는 것은 그 나라의 현실적·역사적 존립 근거를 없애는 일이었다. 종묘를 불태워 천명을 부정하고 궁궐을 불태워 현실적 존립기반을 제거함으로써 패자가 다시 부흥할 여지를 없애버린 것이다.

진시황 분서 이후 항우項羽가 진나라 함양궁咸陽宮을 불태웠을 때도 여지없이 왕궁에 보관된 도서들이 희생되었다. 그 규모는 진시황의 분서 규모를 훨씬 초과하는 것이었다. 아버지 사마담司馬談의 유업을 이어받아 『사기』 저술을 준비하고 있을 때, 사마천은 두 차례의 분서로 역사 기록이 사라진 곤혹스런 상황에 직면하게 되었다. 통치자는 천하 통일을 위해 사서를 불태워야 했고, 역사가는 사서를 쓰기 위해 사라진 역사를 되찾아야 했다. 사마천은 수집 가능한 천하의 모든 자료와 구문舊聞을 망라하여 단절된 역사를 이어가는 작업을 했다.

그렇다고 천하를 통일하는 일과 역사를 이어가는 일이 물과 불처럼 상반된 것은 아니었다. 진시황이나 유방劉邦에게는 흩어져있던 나라를 병합하여 하나의 천하로 이어가는 일이 통일 전쟁이었고, 사마천에게는 흩어져있거나 사라진 기록을 모아 하나의 큰 역사를 만드는 일이 『사기』 저술이었다. 이어가는 방식이 달랐을 뿐, 통일시대에서 그것은 모두 전쟁에 승리한 자의 역사 만들기였다.

그러나 사마천의 역사 통일은 통치자의 천하 통일보다 더 높은 차원에서 구상된 것이었다. 통치자의 천하 통일은 역사의 한 시공간에서 이루어졌다가 사라질 수 있는 것이지만, 사마천의 역사 통일은 변하지 않고 지속될 수 있는 보편 세계를 만드는 일이었기 때문이다. 사마천의 역사 세계 속에서 통치자의 시공간은 역사 원리에 따라 움직이는 한 국면이었다. 천하를 움직이는 자는 통치자이지만, 그 통치자 역시 역사 세계의 규범을 따르는 한 시대의 인물에 불과했다.

이러한 역사 세계는 왕조가 교체되더라도 단절되지 않고, 천하가 흩어졌다가 다시 모이는 본체에 다름아니었다. 『사기』의 역사 세계와 관련하여 루이스Mark Edward Leiws의 얘기를 들어보자.

『사기』의 첫 12편인 「본기」는 천하를 통치했던 군주나 왕조에 대한 기록이다. 통일된 한 제국의 역사를 제대로 이해하기 위해 역사의 최초 단계로 거슬러 올라가는 사마천은 황제로부터 자기 시대의 통치자인 무제에 이르기까지 제통帝統이 단절되지 않고 이어졌다고 가정한다. 전국시대 말기의 논객들이 지적 통일의 원천이라고 주장했던 단일 군주의 이념은 이 책에서 역사의 통합 원리로 재등장하고 있다.

『사기』는 역사를 관류하는 제통을 기술한 「본기」 외에도, 역대 황제와 왕후 장상의 연대기를 일목요연하게 보여주는 「표」, 제국을 제국답게 해준 시각적 청각적 형식인 예악과 음률, 역법, 제의의 발달을 설명한 「서」, 춘추시대로부터 한대에 이르기까지 중국에서 명멸해간 무수한 제후국 왕들의 일대기를 상술한 「세가」, 관리·사신·장군·상인·수공업자·제자백가의 태두·학자·시인·무당·자객·협객—모두 평민이다—을 묘사함으로써 전국시대와 진나라, 초기 한나라의 전반적인 사회상을 알려주는 「열전」 같은 다양한 범주의 편들로 이루어져 있다.

비록 '경'은 아니지만, 『사기』는 경과 전의 형식을 취하고 있다. 이 책의 첫 부분인 12편인 「본기」는 『춘추』를 본떠 사건의 연대기로 이루어져 있다. 그가 이 편들에 적용한 '기紀'라는 용어는 '경經'의 동음이철어에 가까웠고, 실마리·규범·통치기율 등의 뜻을 공유하고 있었다. 『사기』의 나머지 편들은 대부분 주석을 뜻하는 '전傳'이라는 글자를 포함하고 있다.[5]

루이스는 『사기』 역사 세계를 구성하는 「본기本紀」, 「표表」, 「서序」, 「세가 世家」, 「열전列傳」의 내용과 그 관계를 흥미롭게 설명하고 있다. 여기서 주목할 점은 『사기』가 기전체紀傳體 형식을 취한 의미에 대해 설명하는 부분이다. 기전체는 「본기」의 기와 「열전」의 전을 결합한 용어로, 『사기』의 핵심 내용이 이 두 편에 있다는 뜻도 포함되어 있다. 루이스는 기-전을 경經-전傳의 관계로 보는데, 경은 규범이며 전은 규범을 설명하는 주석을 뜻한다. 즉 「본기」는 역사 세계의 규범으로서 경이 되고, 「열전」을 포함한 나머지 네 편은 「본기」를 설명하는 주석이 되는 것이다. 「본기」에 화하족華夏族을 탄생시킨 선조 황제黃帝, 덕과 선양의 통치 규범을 실현한 요순堯舜, 중국의 이상적

---

5   마크 에드워드 루이스, 『진·한, 최초의 중화제국』, 너머북스, 2020, 394~395쪽. 이 부분은 그의 저서 『고대 중국의 글과 권위』(최정섭 옮김, 미토, 2006) 제7장 백과사전의 시대 가운데 '사마천과 보편사'를 요약 정리한 것으로, 자세한 내용은 이 책을 참고할 것.

강역을 정립한 하나라 우禹가 등장한 것이,「본기」를 규범으로 볼 수 있는 부분이다. 사마천은「세가」를 설명할 때, 28수 별자리가 북극성을 도는 것처럼 신하들이 군주를 보필하는 세계라고 말한다.「본기」-「세가」의 관계를 북극성-28수 별자리의 관계로 보면,「열전」은 그 외곽을 도는 작은 별들의 세계가 된다. 공자가 덕치를 북극성을 중심으로 뭇별이 도는 것에 비유한 것처럼,「본기」를 중심으로「세가」와「열전」이 따르는 관계라고 할 수 있다.

현실 정치에서도 규범 제정자는 군주였으니 적절한 설명인 것으로 보인다. 하지만「본기」와 나머지 네 편을 경-전의 관계로 보면,『사기』의 세계를 정태적인 시선으로 볼 우려가 있다.「본기」에서 규범에 관한 내용은「오제본기五帝本紀」와「하본기夏本紀」에 나온다. 그런데 두「본기」의 주인공들은 신화 전설 시대의 인물로, 후대 군주들에게도 규범이 되었던 성왕이다. 실제로 하 우임금 이래 후대 군주들 가운데 덕과 선양의 규범을 모두 실천한 이는 없었다. 왕위를 세습하며 덕을 베풀 때는 왕조가 지속되었지만, 그렇지 못할 때는 덕을 베푼 새로운 군주가 나타나 왕조가 교체되었다. 이러한 왕조 흥망의 과정이 사마천 당대에까지 이른 것이며, 미래에도 이렇게 지속되어 나간다는 것이「본기」의 세계라고 할 수 있다.

그렇다면「본기」전체를 규범으로 볼 수는 없으며,「본기」내부에서도 규범이 되는 성왕과 그렇지 못한 후대 군주들이 공존하고 있다. 그리고 덕을 잃고 힘을 상실한 군주의 시대에는「세가」의 제후들 가운데 덕과 힘이 있는 패자가 그 역할을 대신했다. 진나라의 천하 통일도 그러한 역할을 수행하는 과정에서 이룬 것이며, 진시황 덕분에 진나라 제후들도「진본기秦本紀」에 오르는 영예를 누릴 수 있었다.

「세가」의 첫 번째 제후는 오태백吳泰伯이다. 오태백은 주 문왕의 부친인 계력季歷의 형으로, 동생인 계력에게 왕위를 양보한 인물이다. 왕위 세습이 시작된 이래 역대 군주들이 선양을 한 적은 없었으며, 오태백이 동생에게 왕위를 양보한 것도 아주 드문 경우라고 할 수 있다. 이에 사마천은 오태백의 양보가 요순시대 선양에 비견될 수 있는 규범적 행위라고 여기며,「세가」의 첫 번째로 배치한 것이다.

사마천은「세가」를 28수 별자리처럼 군주를 보필하는 세계로 보고 있지만,「세가」의 제후 가운데 주 왕을 진심으로 보필한 인물은 주나라 초기 제후들을 제외하면 거의 없었다. 그 이유는 춘추시대 이래 유력한 제후들도 자기 선조의 독자적인 천명을 만들어 천하 경쟁에 뛰어들었기 때문이다. 이는 천하에 규범이 사라졌다는 것을 의미하는데, 이에 사마천은 공자가 천하의 규범 역할을 한 것으로 보고「세가」에 편입했다.「열전」의 세계에 속해야 하는 공자가 오히려「세가」의 규범 역할을 한 것이다.

「열전」의 첫 번째 주인공은 백이다. 백이는 오태백처럼 군주 자리를 양보하고 명분있는 삶을 선택한 인물이다. 사마천은「본기」나「세가」와 마찬가지로「열전」에서도 규범적인 인물을 앞세우고 있다. 하지만「열전」의 주인공들은 대부분 백이와 같은 명분보다는, 서로 신뢰하며 이익을 공유하는 의리義利의 세계관으로 살아가는 사람들이다. 열전의 주인공들은 획일적 규범에서 벗어나 인간의 욕구에 충실한 삶의 세계를 만들었다.

실제로「백이열전」을 읽어보면 백이에 관한 이야기라기보다, 덕과 복이 불일치하는 세상에 대한 사마천의 질의에 가깝다. 즉 백이나 안연顏淵과 같은 선인善人은 참담한 삶을 살았는데, 도척盜跖과 같은 포악한 사람은 오히려 천수를 누린 것에 대한 의문이다. 당위와 현실 사이의 거대한 간극, 사마천은 이 문제에 맞서 다음과 같은 결론을 내린다. 사람은 각기 하고 싶은 일을 하기 위해 살아가며, 세상이 그것을 알아주지 못하는 것이 불우한 일이다.

"탐욕스런 사람은 재물을 구하고, 열사는 이름을 추구한다. 뽐내고 싶은 사람은 권세 때문에 죽고, 평범한 백성은 그저 살기 바쁘다."[6] 그래서 백이와 안연은 자기가 하고 싶은 일을 선택한 것이며, 또 공자를 통해 세상에 알려졌으니 불행한 삶으로 볼 수 없다는 것이다. 사마천은 이러한 깨달음을 통해, 당위적 규범이나 가치관에서 벗어나 현실 속의 인간들이 살아가는 다양한 모습을 관찰한다. 그리고 진정성 있게 살아간 사람들을 찾아내어 세상에 알리는 것을 역사가로서의 책무로 삼는다. 이렇게 '열전'의 세계가 탄생한 것이다.

2. 『사기』, 통일국가의 탄생

루이스의 경-전, 규범-주석의 시각으로 『사기』를 보면 군주를 중심으로 돌아가는 세상은 보이지만, 그 내부의 역동적이고 다면적인 모습은 잘 드러나지 않는다. 이것은 사마천이 『사기』 저술을 통해 정립하려고 한 중국사가 어떠한 세계인지 이해하지 못하는 결과를 초래할 수 있다.

나는 경-전의 정태적인 시각에 대한 대안으로, '존립기반-규범-인간세계'의 세 층차로 『사기』의 세계를 해석하려고 한다. 사마천의 목표는 중국의 기원이라고 여긴 상고시대 황제에서 당대當代 한 무제에 이르는 통사를 쓰는 것이었다. 단대사가 아닌 통사를 쓴다는 것은 중국이라는 국가를 주인공으로 하여, 과거에 중국이 어떻게 형성되어, 어떠한 과정으로 현재에 이르게 된 것이며, 어떠한 미래로 나아갈 것인지에 대해 사유한다는 뜻이다. 사마천의 통사 속에서 중국은 왕조가 교체되더라도 끊임없이 지속되는 역사와 광활한 세상을 통합하는 통일국가의 모습을 지니고 있었다.

'존립기반(foundation of existence)'은 중국을 존립 가능케 하는 실체적 기반으로, 역사·민족·영토를 포괄한다. 진시황의 천하 통일은 전국시대 육국을

---

6   『史記』「伯夷列傳」. "賈子曰. 貪夫徇財, 烈士徇名, 夸者死權, 衆庶馮生."

병합한 것이지만, 시간을 위로 거슬러 올라가면 흩어져있던 수많은 종족, 지역, 문화를 하나로 통합한 것이었다. 이들 사이에는 통일이 되어야 할 필연적인 이유가 없었으며, 전쟁의 재앙이 극심해지면서 전쟁을 중단시킬 평화의 시대를 원했을 뿐이었다. 공동체 의식이나 공통의 정체성이 없는 상태에서 천하 통일은 진 제국처럼 단명할 수 있는 내적 원인이 되었다. 제국이 지속되기 위해선 공동체로서 내부 결속력을 갖추어야 했던 것이다.

역사가로서 사마천은 공동의 역사 속에서 내부 결속의 힘을 찾았다. 사람들이 서로 흩어져 살아온 게 아니라, 상고시대부터 동일한 조상과 영토, 규범 속에서 공동체로 살아왔다는 생각이 그것이다. 이에 사마천은 상고시대부터 당대에 이르는 통사를 구성하고, 흩어져있던 각 종족, 지역, 문화를 통합하여 하나의 거대한 역사로 만들었다. 이 통사 속에서 제국의 성원들은 이제 공동의 역사를 지니는 공동체로 재탄생하게 되었다. 역사공동체로서 내부 결속감을 가지는 일이 『사기』 저술로 일시에 이뤄지는 것은 아니지만, 『사기』의 역사 세계가 널리 공유된 후대에 실제적인 힘으로 작용했다는 것은 분명한 사실이다.

사마천은 이러한 역사공동체를 위한 공동 조상으로 황제를 내세웠다. 황제가 중국인의 공동 조상으로 등장한 것은 춘추시대였다. 당시 열국의 통치자들은 자신의 시조를 신화적 존재나 고대 성왕, 현신과 연결시키고 있었다. 위대한 선조를 내세움으로써 자신도 천하 경쟁에 뛰어들 자격이 있는 신성한 가문의 후예라는 점을 부각하기 위한 것이었다. 『국어』 「진어晉語」에서는 황제의 후손으로 희姬, 유酉, 임任, 순筍 등 12개 성씨의 나라를 들고 있다. 이는 요순에서 하상주 삼대 그리고 춘추시대 열국이 모두 황제의 후손이 되는 계보 형성의 과정으로 보인다. 춘추시대의 이러한 조상 만들기가 바로 사마천의 황제 가족사 「오제본기」의 밑바탕이 되었다.

전국시대에는 상고시대의 제왕을 '삼황오제三皇五帝'로 통칭하고 있었는데, 사마천이 삼황을 삭제하고 황제를 오제의 시작으로 만들었다. 가령, 사마천과 비슷한 시기에 활동했던 공안국孔安國 주석의 『계본系本』에는 삼황을 복희伏羲·신농神農·황제로, 오제는 소호少昊·전욱顓頊·곡嚳·요·순으로 보았다. 사마천과 달리 황제를 삼황에 소속시키고, 오제의 시작은 사마천이 삭제한 소호를 두고 있었다.

통설에 따라 삼황오제를 중국인의 공동 조상으로 내세울 수도 있었지만, 사마천은 황제를 단독 조상으로 내세웠던 것이다. 그 이유는 사마천이 화하족의 역사를 쓰기 위해 황제를 조상으로 내세웠다는 것이 유력하다.[7] 「오제본기」에서도 황제가 평화의 시대에서 제왕을 한 것이 아니라 신농, 치우蚩尤와 전쟁을 치르고 있는 상태로 되어 있다. 당시 신농과 치우 그리고 삼황 가운데 복희도 동이족東夷族의 제왕으로 알려져 있었다. 삼황 가운데 신농, 복희가 동이족이라면, 화하족의 역사를 구상한 사마천이 삼황을 조상으로 수용할 수 없는 일이다. 이것이 삼황을 삭제하고 황제를 오제의 시작으로 만든 이유인 것으로 보인다.

하지만 황제를 화하족 조상으로 내세운다고 하여 문제가 다 해결된 것은 아니었다. 황제의 아들인 소호는 동이족의 대표적 인물이었고, 순은 『맹자』에서 동이족이라고 밝힌 바 있기 때문이다. 이에 사마천은 황제의 계보에서 소호를 삭제하고 손자인 전욱이 제위를 이어가는 것으로 만들었다. 그러나 아들 소호는 동이족인데 아버지 황제는 화하족인 설정은 모순적인 일이다.

순의 경우는 이미 요순이 상징어가 되어 있어서 삭제하지 못하고 계보 속에 그대로 넣어두었다. 이는 상고시대에 동이족 세력이 그만큼 강성했다는 것을 뜻한다. 그러나 모든 역사는 승자의 기록인 만큼, 화하족이 중원을 통합한 한대를 기준으로 상고시대의 역사도 그렇게 바뀌었다. 시간이 흐를수록

---

7   이 문제에 대해서는 이덕일, 『사기, 2천년의 비밀』(만권당, 2022), 3장 오제를 찾아서 참고.

과거를 기억하는 사람은 사라지고, 사마천의 구상대로 화하족은 황제를 조상으로 하는 대가족 정치공동체로 만들어졌다.

공동의 역사, 공동의 조상과 아울러 사람들이 공동체로 살아가는 데 필수 기반이 되는 것이 바로 공동의 땅이다. 사마천은 「하본기」에서 우 임금의 치수부터 중국의 영토가 9주九州로 확정되어, 9주의 산천 어떤 땅에서도 살 수 있게 되었다고 말한다. 「은본기殷本紀」와 「주본기周本紀」에는 중국 영토에 대한 언급이 없는데, 이는 하나라의 9주가 중국의 영토로 확정되었다는 뜻이다. 우임금이 개척한 '우공9주禹貢九州'는 천하를 예주豫州, 청주靑州, 서주徐州, 양주揚州, 형주荊州, 양주梁州, 옹주雍州, 기주冀州, 연주兗州의 9주로 나눈 것이다.

그런데 이 9주는 한 무제 시대의 영토의식이 투영된 광활한 땅으로, 하나라 당시의 실제 영토라고 보기는 힘들다. 현재 하나라 유적으로 논의되고 있는 이리두二里頭 지역은 황하 중류와 하류 유역에 해당한다. 또 『맹자』에서 하상주의 최대 영토가 천 리 정도라고 한 것을 고려하면, 9주는 사마천이 상상한 중국의 이상적인 영토일 것이다. 사마천은 중국의 영토가 상고시대부터 당대까지 동일한 영토를 유지하게 만듦으로써, 9주 안에 있는 모든 사람들의 역사를 화하족의 중국사로 포괄할 수 있었다.

이렇게 『사기』가 만들어놓은 공동의 역사, 공동의 민족(조상), 공동의 영토는 중국이 실체적으로 존재할 수 있는 존립기반이 되었다. 이러한 존립기반이 없으면 중국은 상상 속의 존재에 불과해진다. 고대 세계의 실체로 보면 과장되게 만들어진 것이지만, 이러한 존립기반 덕분에 중국은 역사가 지속되는 전통 제국으로, 조상이 동일한 대가족 제국으로, 광활한 영토를 지닌 천하 제국으로 자기 정체성을 내세울 수 있었다. 존립기반은 중국의 '핵심이익'으로 자리하여, 역대 왕조가 반드시 지켜야 할 책무이자 정통성의 근간이 되었다.

『사기』 역사 세계의 두 번째 요소는 규범(norm)이다. 규범은 중국이 추구해야 할 이상적 가치나 질서, 기강을 지칭한다. 규범은 법도있고 부강한 국가를 만들기 위해 반드시 확립해야 할 가치 표준이다. 사마천이 만든 존립기반도 실재라기보다는 추구해야 할 이상적 상태에 가깝기 때문에, 그 자체로 규범 역할을 한다고 볼 수 있다. 이것은 사마천의 통사가 과거의 역사를 사실대로 기록한 것이 아니라 당대의 규범이 될 역사 세계를 만드는 작업이었기 때문이다. 사마천은 자신의 역사 저술이 하늘과 인간의 관계를 밝히고, 고금의 변화를 통찰하고, 공자의 『춘추』를 계승하는 일이라고 말한 바 있다. 이는 『사기』가 분서로 사라진 역사를 이어가는 일이면서, 나아가 전쟁으로 끊어진 중국의 문명 질서를 회복하는 작업임을 알려준다.

사마천이 보기에 중국의 문명 질서는 그 정당성을 하늘에서 구한 것이었다. 상고시대부터 역대 군주들은 하늘의 운행을 관측하여 그 원리를 규범으로 삼아 인간사회를 다스렸다. 일월성신의 운행 과정을 역법으로 만들었고, 우주가 상호 작용하는 원리로 음양오행을 만들었다. 천하의 9주도 하늘의 별자리에 대응하여 정한 것이며, 인간사회의 예제도 북극성을 중심으로 뭇별이 도는 우주 원리를 유비한 것이었다.

> 최초에 인류가 생긴 이래 세상의 군주로서 일월성신을 관측하지 않은 사람이 없었지만, 오제와 삼대의 제왕들이 그것을 계승하여 분명히 밝혔다. 중국을 내로, 이족을 외로 삼고, 중국을 12주로 나눈 것은, 위로는 천상天象을, 아래로는 지상의 현상과 원리를 관찰 조사하여 그 법칙과 원리에 따른 것이다. 천상의 일월은 지상의 음양, 오성은 지상의 오행, 열수는 지상의 주에 각각 대응한다. 3광日月星은 음양의 정기이며, 기는 본래 땅에 있어 성인이 그것을 통어한다.[8]

---

8 『史記』「天官書」. "自初生民以來, 世主曷嘗不曆日月星辰及至五家, 三代, 紹而明之, 內冠帶, 外夷狄, 分中國爲十有二州, 仰則觀象於天, 俯則法類於地. 天則有日月, 地則有陰陽. 天有五星, 地有五行. 天則有列宿, 地則有州域. 三光者, 陰陽之精氣本在地, 而聖人統理之."

「본기」의 규범이 되는 오제와 삼대 제왕은 하늘의 운행 원리를 이해하고 있었지만, 후대 군주들은 그렇지 못했다. 주나라에서 이 우주 원리는 천명 질서로 정립되었는데, 그 실제 내용은 주 왕을 중심으로 조화로운 차등질서를 유지하는 것이었다. 그러나 유왕 이후 백성을 위한 덕치를 베풀지 못하면서 주나라는 쇠약해지고, 제후들과 가신들이 집정을 하면서 하늘과의 관계가 멀어지기 시작했다. 하늘에서 정당성을 얻는 중국의 문명 질서가 위기에 처한 것이다.

> 천하에 도가 있으면 절기와 기후도 조화를 잃지 않았으며, 도가 없으면 올바른 역법正朔이 제후들 간에 행해지지 않는다. 여왕, 유왕 이후 주 왕실이 쇠약해지고, 제후 대부가 집정하면서 사관은 시時를 기록하지 않았고, 군주는 역법을 종묘에 고하지 않았다.[9]

역법은 천명을 받은 군주가 제정하여 제후들에게 하사하는 것인데, 제후들이 그 역법을 따르지 않는다는 것은 군주의 권위를 인정하지 않는다는 뜻이다. 이로 인해 천하의 시간이 어지러워졌을 뿐 아니라 농사가 제 절기에 맞게 이뤄지지 않아 백성의 삶이 궁핍해졌다. 또 사관이 시時를 기록하지 않았고, 유일하게 남은 『진기』에는 해와 달의 운행이 기록되지 않았다. 하늘과 인간의 관계가 단절되고, 지상의 통치자들은 자신의 힘에 의지하여 세상을 지배하려고 했다. 이렇게 하늘과 인간의 관계가 멀어지면서 삶의 표준이 되는 바른 역법이 사라지게 되었다. 사마천은 역법을 바르게 개정하는 일이 바로 천하에 규범(도)을 다시 세우는 출발점이라고 여겼다. 그것은 하늘의

---

9 『史記』「曆書」. "天下有道, 則不失紀序; 無道, 則正朔不行於諸侯. 幽, 厲之後, 周室微, 陪臣執政, 史不記時, 君不告朔."

원리에 따라 지상의 질서를 재정립하는 일이면서, 중국 문명의 원천을 회복하는 길이었다.

이렇게 『사기』의 역사 세계에서는 하늘의 원리가 최상위의 규범이 된다. 실제로 사마천이 한 무제의 역법 개정에 힘쓰고, 하늘과 땅의 신에게 제사 지내는 봉선의식에 참여한 것도 바로 이러한 이유 때문이었다. 하늘의 운행 원리와 지상의 통치 질서를 다시 이어가려고 했던 것이다.

> 무릇 천운은 30년마다 한 번 소변小變하고, 100년에 한 번씩 중변中變하며, 500년에 한 번 대변大變한다. 3번 대변하는 주기를 1기紀라 하는데, 3기가 되면 크게 갖추어진다. 이것이 대체적인 천운 변동의 연수이다. 통치자는 반드시 3, 5의 변동을 중시하지 않으면 안 된다. 상하 각 천 년의 변화를 살펴야 하늘과 인간의 관계가 분명히 드러난다.[10]

우주 운행의 변화 주기에 따라 인간 세상의 변화도 일어난다는 얘기인데, 특히 500년마다 대변동이 일어난다는 것이 중요하다. 누구보다 고금의 역사 사실을 중시한 사마천이 정말로 이런 역사철학을 믿은 것인지 의문이 들지만, 아버지 사마담의 유언에도 있는 얘기라는 점은 당시의 통설로 보인다. 이 500년 주기론은 맹자의 '500년 후에 반드시 왕자가 출현한다'는 설과 상통하는 것이다. 맹자는 요순에서 탕까지, 탕에서 문왕까지, 문왕에서 공자까지 500년 시차로 왕자가 출현한다는 얘기를 한 바 있다. 공자는 제왕은 아니지만 『춘추』를 저술하여 왕의 역할素王을 했다고 보았다. 우주 운행에 따르면, 이제 공자 사후 500년이 지난 사마천의 시대에 다시 왕자가 출현하게

---

10 『史記』「天官書」. "夫天運, 三十歲一小變, 百年中變, 五百載大變; 三大變一紀, 三紀而大備: 此其大數也. 爲國者必貴三五. 上下各千歲, 然後天人之際續備."

된다. 아버지 사마담이 공자의 『춘추』를 계승하라는 유언 속에는 아들에게 기대한 욕망도 내재되어 있었을 것이다.

사마천이 지상의 역사 기록을 널리 수집하면서도 하늘의 원리를 최상의 규범으로 숭상한 일은 『사기』 속에 그대로 드러나 있다. 오제와 삼대의 군주는 모두 하늘의 뜻을 통찰한 제왕들이며, 「천관서天官書」, 「봉선서封禪書」, 「역서曆書」, 「예서禮書」, 「악서樂書」 등은 모두 하늘의 원리와 지상의 제도를 연결한 담론이기 때문이다. 사마천은 천자를 정점으로 천하의 모든 국가와 민족이 융합하는 대일통大一統 세계를 구상했는데, 이는 하늘의 일원성을 인간의 정치 질서에 적용한 것이었다.

『사기』에서 만들어진 존립기반은 바로 대일통 국가를 구축하기 위한 실체적 조건이 되는 셈이다. 그러나 사마천이 추구한 대일통 국가는 엄격한 신분질서가 지배하는 위계적 세상은 아니었다. 사람이 이익을 좋아하는 것을 자연스런 본성으로 인정하고 있기 때문이다. 사마천은 이익 추구의 욕구가 군주로부터 일반 백성에 이르기까지 예외가 없는 공통된 본성으로 인식했다. 그래서 통치자가 덕치를 행하고 사람이 예절을 알려면 반드시 부가 바탕이 되어야 한다고 보았다.

> '창고가 차야 예절을 알고, 입고 먹는 것이 넉넉해야 명예와 치욕을 안다.' 예의는 재산이 있으면 생기고 재산이 없으면 사라진다. 이 때문에 군자는 부유해야 덕행을 즐겨하고, 소인은 부유해야 능력에 맞게 행동한다. 연못이 깊어야 물고기가 살고, 산이 깊어야 짐승이 노닐 듯이, 사람은 부유해야 비로소 인의를 행한다.[11]

---

11 『史記』「貨殖列傳」. "倉廩實而知禮節, 衣食足而知榮辱." 禮生於有而廢於無. 故君子富, 好行其德; 小人富, 以適其力. 淵深而魚生之, 山深而獸往之, 人富而仁義附焉."

사마천의 이러한 생각은 관중의 시각을 전폭적으로 수용한 것이다. 먼저 사람의 본성인 부의 욕구가 충족되어야, 자신을 절제하고 타인을 배려하는 예악문화가 형성될 수 있고, 나아가 모든 사람들이 조화롭게 살아가는 대일통 국가가 가능해진다. 이는 대일통 국가가 사람들의 욕구를 충족시키는 민생경제에서 시작되어야 한다는 뜻이다.

민생경제를 구현하기 위해선 크게 두 가지 경제 규범을 정립해야 한다. 하나는 농업 및 상공업 각 분야를 균형있게 발전시켜 모든 백성이 두루 이익을 얻게 하는 것이다. 다른 하나는 정부가 재정 수입을 위해 백성의 이익을 제한하지 못하도록 하는 것이다. 이것은 국가의 독점적 재정정책으로 인해 민간경제가 위축되는 폐해를 막기 위한 규범이라고 할 수 있다.(「평준서平準書」)

역대 중국 왕조는 민간경제를 활성화하기 위한 자유방임 정책과 안보(전쟁) 비용 확충을 위한 재정정책을 겸용하고 있었다.[12] 사마천이 제시한 경제 규범은 한 무제가 흉노와의 전쟁을 위해 재정정책을 쓰는 과정에서 민간경제가 위축된 폐해를 막기 위한 것이었다. 무제가 말년에 자신의 실책을 인정하고 민생경제로의 재전환을 결정한 것을 보면, 사마천의 경제 규범이 통찰력을 지니고 있었다고 할 것이다.

또 대일통 국가를 이루기 위해선 그에 걸맞는 사회 제도가 뒷받침되어야 하는데, 사마천은 시대 변화에 따른 제도 개혁(변법)을 중시했다. 특히 육형肉刑과 같이 인간의 정서에 맞지 않는 형벌 제도를 폐지한 한 문제文帝나, 혁신적인 부강책을 내세워 변법에 성공한 이회·상앙·이사 등의 개혁은 변법의 규범이 될 만한 것이었다. 그리고 자신들의 이익을 위해 옛 법을 고수하거나 인의를 내세우면서도 탐욕을 추구한 통치자와 유림儒林, 혹리酷吏는 반면교사

---

12 이 점에 대해선 이종민, 『역사의 거울로 보는 시진핑 시대 중국과 그 딜레마』(서강대학교출판부, 2023), 2장 경제력, 국가는 성장을 지속시킬 수 있는가 참고.

로 만들었다.

『사기』의 세계는 이러한 규범 위에서 형성될 수 있었다. 크게 보면, 위로는 하늘을 본받고 아래로는 이익을 추구하는 일이 근간이 되었다. 얼핏 두 가지 일이 상반되어 보이지만, 『사기』의 세계에서는 결코 모순되지 않는다. 인간의 이익 추구가 하늘이 내려준 본성이라고 보기 때문이다. 백성은 밥을 하늘로 여기고 있고, 그러한 백성을 하늘로 여기고 다스리는 일이 바로 통치자의 책무인 것이다. 이점이 사마천이 통찰한 중국의 진면목이라고 할 수 있다.

사마천은 『사기』가 공자의 『춘추』를 계승한 것이라고 했는데, 이익 문제에 대한 시각은 공자의 전통 세계를 벗어나 있다. 위로 하늘을 본받는 것과 관련된 천명, 역법, 예악문화, 봉선의식 등은 공자를 계승한 일이지만, 아래로 이익을 추구하거나 민생경제와 관련된 부분은 관중을 계승한 것이라고 해야 한다. 이러한 이원적 세계가 바로 통치 규범과 인간세계의 관계가 되어 『사기』를 관통하고 있는 것이다.

3. 인간은 의리義利를 먹고 산다

『사기』의 세계를 구성하고 있는 세 번째 요소는 '인간세계(human world)' 이다. 존립기반과 규범이 이상적인 통일국가의 상을 부여하고 있다면, 인간세계는 대일통 규범 하에서 현실 속의 중국인들이 살아온 다각적인 모습에 해당한다. 이 인간세계 속에는 「본기」의 제왕에서 「세가」의 제후, 「열전」의 평민에 이르기까지 모든 중국인의 삶이 녹아있다. 루이스는 「본기」를 규범으로 보고 있지만, 신화 전설의 성격이 강한 오제를 제외하고 나머지 제왕들은 다 인간세계에 속하는 사람들이다. 규범적인 이상세계가 아니라, 인간세계의 차등질서인 제왕-제후-평민 가운데 제왕의 자리에서 살아온 사람들이라는 얘기다.

제왕이 인간세계의 규범 제정자이기는 하지만, 규범이 확립되면 그들도 규범의 제한을 받으며 살아간다. 오제는 하늘의 원리를 본받아 덕치와 선양의 규범을 정립했는데, 하나라 우 임금은 덕치만을 수용하고 선양은 이어가지 못했다.[13] 이후 하나라 마지막 왕 걸왕은 폭정과 애첩에 빠져 왕조를 잃어버렸고, 덕을 베푼 상나라 탕왕이 천명을 받아 새로운 왕조를 건설했다.

이와 같은 왕조 교체방식은 일종의 규범적 서사가 되었으며, 상나라 주왕의 멸망과 주나라 무왕의 건국도 그렇게 서술되었다. 서주시대 마지막 왕인 유왕의 몰락에도 악덕과 포사가 있었다. 사라 알란은 이러한 왕조 교체 방식이 본래 상주 교체의 정당성을 위해 만든 이야기인데, 이를 거꾸로 하 걸왕과 상 탕왕에게도 적용하여 역사적 보편성을 얻으려 한 것이라고 설명한 바 있다.[14]

지금의 시각으로 보면, 이러한 서사는 멸망 왕조 내부의 권력 구조의 문제, 신흥 왕조의 침략 전쟁의 문제 등을 은폐하고 있다. 그렇지만 이렇게 왕조의 흥망이 덕의 유무에 의해 결정된다는 규범이 만들어졌기 때문에, 역대 군주들은 이 규범의 제약 속에서 통치 활동을 하지 않을 수 없었다. 「세가」와 「열전」의 첫 편인 「오태백세가」와 「백이열전」에서도 양보의 덕을 내세우면서, 이것이 인간세계 전체의 규범이 되었다. 그렇지만 『사기』의 인간세계를 보면, 규범대로 산 사람은 손에 꼽을 정도이며, 대부분 자신의 이해관계와 욕망에 따라 살았다고 해도 과언이 아니다.

고대 군주들의 경우 통치 정당성은 천명에 있었고, 천명을 받은 군주는

---

13 「하본기」에서는 우 임금이 백익에게 선양을 했지만, 백성이 우의 아들 계를 선택한 것이라고 서술했다. 이는 우 임금에게 면죄부를 준 역사 구성이지만, 결국 하나라부터 세습으로 전환한 사실은 변하지 않는다.

14 사라 알란, 『선양과 세습』(오만종 옮김, 예문서원, 2009), 224~230쪽 참고.

왕조를 세워 덕치를 행할 수 있었다. 문제는 천명을 받았다는 사실을 타인에게 인정받아야 하는데, 이것이 쉽지 않은 일이라는 점이다.『사기』에서 창업과 천명이 처음으로 연결된 군주는 주 문왕인데, 문왕이 어떻게 천명을 인정받게 되는지 살펴보자.

> 서백西伯이 아무도 몰래 선을 행했으므로 제후들이 모두 와서 공정한 판결을 청했다. 우虞와 예芮의 사람들 사이에 소송이 있었는데 해결할 수 없자 주나라로 왔다. 주나라 국경 내에 들어서니 밭 가는 자는 다 밭의 경계를 양보하고, 백성들은 모두 나이가 더 많은 사람에게 양보하는 풍습이 있었다. 그러자 우와 예의 사람들은 미처 서백을 만나지도 않고 모두 부끄러워하며 서로 말했다.
> "우리가 싸운 것은 주나라 사람들이 부끄러워하는 것이니, 무엇 때문에 가겠는가? 치욕만 얻을 뿐이네."
> 마침내 되돌아가 모두 양보하고 떠나갔다. 제후들이 이 소문을 듣자 말했다.
> "서백은 아마도 천명을 받은 군주인가 보군."
> 이듬해 서백은 견융犬戎족을 정벌했다. 그다음 해에 밀수密須를 정벌했다. 그리고 그다음 해 기耆국을 무찔렀다. 은나라의 조이祖伊가 이 소식을 듣고 두려움에 떨면서 주왕에게 알렸다. 주왕이 말했다.
> "내게 천명이 있는 것이 아니더냐? 그가 무엇을 할 수 있겠느냐!"[15]

서백(문왕)이 덕을 베풀어 주나라가 양보를 아는 나라가 되었다는 소문이 제후들에게 퍼지고, 이에 제후들이 문왕이 천명을 받은 군자라는 말을 한다.

---

15 『史記』「周本紀」. "西伯陰行善, 諸侯皆來決平. 於是虞, 芮之人有獄不能決, 乃如周. 入界, 耕者皆讓畔, 民俗皆讓長. 虞, 芮之人未見西伯, 皆慚, 相謂曰: 吾所爭, 周人所恥, 何往爲, 祇取辱耳. 遂還, 俱讓而去. 諸侯聞之, 曰 西伯蓋受命之君. 明年, 伐犬戎. 明年, 伐密須. 明年, 敗耆國. 殷之祖伊聞之, 懼, 以告帝紂. 紂曰: "不有天命乎? 是何能爲!"

은나라 주왕이 자신의 천명을 과신하는 부덕의 말이 이어지면서 문왕의 덕을 더욱 돋보이게 한다. 그러나 제후들이 문왕의 천명을 인정하게 된 정황은 설명하고 있지만, 문왕이 하늘로부터 천명을 받은 것을 보았다는 증언은 아니다. 하늘의 뜻은 민심에 있다는 맹자의 논리에 가까울 뿐, 하늘이 어떻게 천명을 준 것인지에 대한 의문은 해소되지 않는다. 주변의 평판과 은나라 주왕의 악덕을 결합시켜 문왕의 천명을 의심하지 못하게 하는 것이다.

그런데 「주본기」에는 서술되어 있지 않지만,『죽서기년竹書紀年』에는 은 주왕 32년에 "오성이 하늘 방房 자리에 모이고, 붉은 새가 주나라 제단에 내려 앉았다五星聚于房, 有赤鳥集于周社"[16]는 기록이 있다. 목성, 토성, 화성, 금성, 수성의 다섯 행성이 모이는 오성취五星聚 현상이 주나라 하늘 위에서 벌여졌다는 것이다. 주나라 창업자들은 이 호기를 놓치지 않고, 오성취 현상이 바로 하늘이 천명을 내려준 것이라고 말하며, 이로부터 천명의 원년으로 여겼다.[17] 사람들도 기이한 천문 현상을 근거로 문왕의 천명을 사실로 믿었을 것이다. 지금의 시선으로 보면 오성취 현상이 왕조 창업과 무관하다는 것을 알고 있지만, 당시 사람들은 그것이 하늘의 뜻이라고 여겼던 것이다. 주나라 창업을 위한 신의 한 수가 된 셈이다.

사실 사마천도 오성취 현상이 천명과 연결되어 있다는 점은 알고 있었다. 「천관서天官書」에 "한 왕조가 흥기할 때 오성이 하늘 동정東井 자리에 모였다"[18]는 기록이 있기 때문이다. 한 고조 유방이 함양궁을 점령할 때의 천문 현상으로, 사서에서도 이 해를 한나라 원년으로 보고 있다. 사마천은 그러나 주나라 오성취 현상을 「주본기」에 기록하지 않았다. 사마천이 이를 알고도

---

16 『竹書紀年前漢記後漢記』, 臺灣商務印書館 영인, 18쪽.
17 David W. Pankenier, "The Cosmo-political Background of Heaven's Mandate" 및 리펑,『중국고대사』, 142쪽 참고.
18 『史記』「天官書」. "漢之興, 五星聚于東井."

기록하지 않았다는 것은, 천명을 외부적인 스펙터클한 일과 연결짓지 않으려는 뜻이었을 것이다. 문왕이 제후들의 인정을 받은 것처럼, 창업자 스스로 덕을 쌓는 일이 천명을 받는 길(규범)이라는 점을 부각시키려 했던 것으로 보인다.

그러나 통치자들의 최우선적인 관심은 늘 자신의 권력과 부를 확대 보존하는 일이었다. 백성을 위한 덕치가 천명의 당위적 목표라는 점은 알고 있었으나 왕실의 이익을 넘어설 수는 없었다. 결국 주 왕실은 자신이 내세운 천명과 현실 정치의 간극으로 인해, 백성의 원망을 받고 몰락의 길을 걸었다. 춘추시대 통치자들도 덕의 실천보다는 자신의 독자적인 천명 만들기에 열성이었다.

춘추시대에 성행한 위대한 조상 만들기는 바로 통치 정당성을 자기 조상의 천명과 연결시키는 작업이었다. 또 주 왕실이 금지한 상제 제사를 올리며 천명이 자신에게 있다는 점을 과시했다. 이러한 풍조는 성대한 궁궐을 짓고 거대한 무덤을 만드는 일로 이어졌으며, 갈수록 통치집단과 백성 간의 빈부 격차가 극심해지기 시작했다. 이러한 일들은 열국 경쟁체제가 빚어놓은 부덕한 세태인데, 사마천의 실망은 노나라에서 가장 컸던 것 같다.

노나라는 주공의 후손의 나라로 주나라 문화가 가장 잘 보존되어 있었고, 노나라 사람들도 이에 대한 자부심을 가지고 있었다. 그런데 노나라의 현실은 예의를 내세우면서도 도리에 어긋난 일들로 점철되어 있었다. 사마천은 이에 대해 극도로 개탄했다.

> 공자가 '심하구나, 노나라의 도가 쇠약해졌으니! 수洙수와 사泗수 사이에서 분쟁이 끊임이 없구나!'라고 하셨다. 경보慶父와 숙아叔牙, 민공閔公의 때를 관찰해보니, 어찌 그다지도 혼란했던가! 은공과 환공의 사건, 양중襄仲이 적자를 죽이고 서자를 세운 일, 삼환이 북쪽을 바라보는 신하가 되고서도 소공을 직접 쳐 소공을 달아나게 한 일 등이 그렇다. 노나라가 읍양의 예를 따르는 듯하면서

사건을 일으킨 것이 어찌 그리 도리에 어긋나는가![19]

권력과 부 앞에서 주공의 나라가 힘없이 무너진 것이다. 노 장공에게는 아우 계우季友와 배다른 경보, 숙아 등 4형제가 있었다. 장공이 죽자 계우가 지지한 장공의 아들 반斑이 군주가 되었지만, 경보가 두 달 만에 살해하고 장공의 어린 손자 개開를 내세웠다. 경보는 2년 뒤 야욕을 드러내며 스스로 임금이 되었는데, 군주 승계 분쟁으로 골육상잔의 비극이 벌어졌던 것이다.

은공은 정나라가 천자를 모시고 태산에 제사 지내던 팽읍祊邑과 노나라가 천자를 뵐 때 숙식하던 허전許田을 맞바꾸었는데, 이는 천자를 조롱하는 행위였다. 환공은 송나라가 뇌물로 바친 정鼎을 주공의 묘인 태묘에 넣어 군자들의 비웃음을 받았다. 이런 일들은 예를 안다고 과시하던 노나라가 권력과 부를 쫓아 스스로 예를 파괴한 사례들이다. 사마천은 노나라의 사태를 관찰하면서 규범이 지켜지지 않는 현실에 더욱 실망했다. 주공은 500년 주기론의 시작이 되는 인물인데 그의 나라에서 더 규범이 지켜지지 않는 사태는, 사마천 자신의 과업에 대한 어두운 그림자로 다가왔을지도 모른다.

노나라에 실망한 사마천은 예가 통하지 않는 현실을 인정할 수밖에 없었다. 주나라의 예가 하늘의 원리를 본받은 것이라고 했지만, 실제로는 혈족 안의 대종-소종의 차등, 종족 간의 정치적 차등, 백성 간의 신분적 차등에 기반하고 있었다. 그래서 예를 내세운 나라에서 오히려 귀족들이 대토지를 소유하고 가혹한 세금을 물려 백성의 삶이 고달파지곤 했다. 사마천은 이러한 현실을 통찰하면서 노나라보다 제나라와 같이 실용적인 개혁 정책을 추진한 나라들을 더 높이 평가했다.

---

19 『史記』「魯周公世家」. "余聞孔子稱曰"甚矣魯道之衰也! 洙泗之間齗齗如也". 觀慶父及叔牙閔公之際, 何其亂也? 隱桓之事; 襄仲殺適立庶; 三家北面爲臣, 親攻昭公, 昭公以奔. 至其揖讓之禮則從矣, 而行事何其戾也?"

내가 제나라를 가 보니, 태산부터 낭야琅邪산까지 이어지고, 북쪽으로는 바다에 쭉 뻗어 기름진 땅이 2천리나 되었다. 그곳 백성들이 마음이 드넓고 숨은 재능이 많은 것은 그들의 타고난 성품이다. 태공의 성스러움으로 나라의 기본을 세우고, 환공의 흥성함으로 선정을 베풀어 제후들을 불러 맹세하게 하고 패자로 일컫게 되었으니, 이 또한 마땅하지 않은가! 넓고 넓구나, 정녕 큰 나라의 기풍이구나![20]

강태공姜太公의 나라인 제나라는 환공 때 관중의 개혁 정책이 성공을 거두어 나라가 부강하고 백성이 잘 사는 나라가 되었다. 제나라는 본래 땅이 넓고 물산이 풍부하며, 백성은 마음이 넓고 타고난 재능이 많았는데, 이러한 기반 위에 개혁 정책이 성공하여 춘추시대 첫 번째 패자가 되었던 것이다. 사마천은 환공 시기 제나라에서 인간세계의 군주와 신하가 실현했던 가장 예의있고 부강한 나라의 모습을 발견했던 것 같다.

공자는 관중을 예의를 모르는 그릇이 작은 사람이라고 비판했지만,[21] 사마천은 그렇게 보지 않았다. 제 환공은 패자가 되어 제후들을 아홉 번 규합하여 일시에 천하를 바로잡은 후, 천자만이 할 수 있는 봉선의식을 거행하려고 했다. 이에 관중은 환공을 설득하여 그만두게 만들었다. 또 관중이 융족을 평정한 공로로 주 양왕이 상경의 예로 대우하려 하자, 신분에 맞지 않는다고 세 번 사양한 후 하경의 예를 받아들였다. 사마천의 눈에 비친 이러한 모습은 부강하면서도 스스로 예를 지키는 모범적인 나라의 모습이었다. 주공의 나라

---

20 『史記』「齊太公世家』. "吾適齊, 自泰山屬之琅邪, 北被於海, 膏壤二千裏, 其民闊達多匿知, 其天性也. 以太公之聖, 建國本, 桓公之盛, 修善政, 以爲諸侯會盟, 稱伯, 不亦宜乎?洋洋哉, 固大國之風也!"

21 『論語』「八佾」. 子曰: "管仲之器小哉!" 或曰: "管仲儉乎?" 曰: "管氏有三歸, 官事不攝, 焉得儉?" "然則管仲知禮乎?" 曰: "邦君樹塞門, 管氏亦樹塞門; 邦君爲兩君之好, 有反坫, 管氏亦有反坫. 管氏而知禮, 孰不知禮?"

인 노나라에서는 예를 칭송하면서도 오히려 탐욕을 부리는 일들이 벌어지고 있었는데, 제나라에서는 백성의 이익을 내세우면서도 예의를 지키고 있었던 것이다.

사마천은 여기서 인간세계를 통찰하는 중요한 시각을 찾았다. 관중이 말한 '창고가 차야 예절을 알고, 입고 먹는 것이 넉넉해야 명예와 치욕을 안다'는 것이다. 관중의 시각을 수용하면서『사기』는 대일통 규범을 강조하는 국가 서사를 넘어, 중국인이 살아온 현실적인 모습을 통찰한 인간사가 될 수 있었다. 당위적으로 덕의 유무를 통해 나라의 흥망을 얘기하고 있지만, 실제로는 제도 개혁과 인간의 능동적 활동이 흥망의 관건이라고 보았던 것이다.

규범의 당위성으로 보면, 중원의 변방국인 진나라 제후들이나 폭군인 진시황을 「본기」에서 제외해야 하지만, 사마천은 역사의 실제성을 중시하며 그렇게 하지 않았다. 「진본기」에서는 진나라 부강에 결정적 작용을 한 진 목공의 정책, 효공 시기 상앙의 변법을 높이 평가했고, 「진시황본기」에서는 육국을 병합해나가는 진시황의 능력과 천하 통일의 정당성을 인정했다. 또 제왕이 아닌 항우를 「본기」에 넣어 천하 판도 변화에 끼친 그의 영향력을 존중했고, 유방의 황후인 여후呂后를 「본기」에 넣어 혜제惠帝를 대신하여 황제 권력을 행사한 그녀의 능력을 인정했다. 규범으로 보면 파격적이지만 현실주의 역사로 보면 설득력 있는 선택이었다.

「세가」의 경우도 이러한 서술 시각이 적용되었다. 제후국의 선조와 역대 군주의 덕/부덕의 정황을 서술하면서도, 제후국이 흥성했을 때 군신의 역할과 제도 개혁에 대한 이야기가 서술의 중점을 이루었다. 앞에서 살펴본 것처럼, 노나라에서는 허위적인 모습을 멸망의 근원으로 보았다면, 제나라에서는 부강함과 그에 걸맞는 예의를 흥성의 동력으로 부각했다. 「초세가楚世家」에서는 초나라를 강대국 반열에 올린 성왕, 장왕, 소왕의 업적과 초나라를 멸망으로 이끈 평왕, 회왕, 경왕의 사적을 확연하게 대비시켰다.

또 「조세가趙世家」에서는 '상황이 달라지면 대처도 달려져야 한다'는 무령왕의 개혁정치를 부각하면서도, 후계자 선정을 머뭇거리다 비참하게 죽은 최후의 모습을 통탄했다. 「전경중완세가田敬仲完世家」에서는 대부인 전씨가 강씨 공실을 몰아낸 반역자였지만, 민심의 중요성을 인지하고 제도 혁신을 이룬 공로를 인정하여 세가의 자리에 올려놓았다. 무엇보다 「세가」에서 파격적인 일은 평민 출신의 반란자인 진승을 「세가」의 반열에 올린 것으로, 진나라를 붕괴시킨 실마리 역할을 크게 인정했기 때문이다.

공자를 「세가」에 올린 것도 도가 무너진 시대에 규범 역할을 수행한 공로를 높이 평가한 것인데, 이런 측면에서 보면 관중의 자리는 상대적으로 낮아 보인다. 관중은 「관안열전」에서 포숙과의 우정에 관한 이야기로 짤막하게 등장한다. 후대까지 지속된 중앙집권 질서를 세운 역할에 비한다면, 「열전」 속의 관중의 자리는 그 역사적 의미가 제대로 부각되지 못한 것이었다. 게다가 『사기』가 관중의 현실주의 시각과 공자의 전통주의 시각을 결합하여 쓰여진 것이라는 점을 고려한다면 더욱 그러하다. 아마도 법가가 냉대받는 시대에서, 맹자에게 패도정치의 원조로 비판받았던 관중을 공자와 비등한 지위로 내세우기는 힘들었을 것이다.

『사기』에서 인간세계의 결정판은 단연 「열전」이다. 「열전」은 이릉李陵의 화를 당한 사마천의 심정이 역사 속의 인간 발견으로 승화된 현장이었다. 「열전」에서도 시작부터 공자와 관중이 맞서고 있다. 「열전」의 서문 격인 「백이열전」은 공자가 사람을 알아주는 범위가 백이나 안연 같은 선인에 한정된 것에 대한 사마천의 질의서였다. 사마천은 공자에 대한 질의를 통해, 사람들은 특정한 규범이나 가치관보다는 자신의 이해관계와 욕망에 따라 살아가는 것이며, 진정성 있게 살아가는 사람들의 삶을 알아주는 게 역사가로서 자신의 사명이라고 인식했다.

서로를 알아주며 이익을 공유하는 삶, 사마천은 그것을 진정성 있는 삶의 기준으로 보았다. 「열전」에서 이 기준에 따라 살아간 첫 번째 인물이 바로 관중이었다. 특히 관중과 포숙의 만남은 의리義利 공동체가 중국 사회를 움직이는 새로운 힘으로 등장한 역사적 순간이었다. 관중의 뒤를 이어 전국시대 4군자가 의리 공동체로 명성을 날렸고, 지식인들도 출세를 위해 전국적인 인적 네트워크를 형성했다. 통치자들과 사속적 관계로 연결된 「자객열전」의 자객들은 의리를 위해 생명을 걸었고, 「유협열전游俠列傳」의 유협들은 부패한 관리들을 대신하여 사람들이 필요로 하는 의리를 실천하고 있었다. 「화식열전」의 상인들은 능력껏 이익을 추구하면서도 사회적 도의에 벗어나는 일은 하지 않았다.

인간세계의 사람들은 도덕적 인격 수양보다는 자신을 알아주는 이들과 서로 이익을 공유하며 살아가고 있었다. 사람들은 저마다 자신의 의리를 중시했지만 그렇다고 규범 밖으로 탈주하지는 않았다. 유협이나 자객의 경우도 규범이 무너진 세상에 대해 폭력으로 분노한 것이지, 규범 밖에 자기만의 세상을 구축한 것은 아니었다. 농민 출신의 진승이 반란을 일으켰지만, 농민이 주인이 되는 새로운 세상을 추구한 것은 아니었다. 인간세계 사람들은 통치 규범을 그대로 따르지는 않았지만, 자신의 욕망을 규범 안에서 조절하며 살아가고 있었다.

4. 26사史, 중국 왕조가 지속되는 이유

이상으로 존립기반-규범-인간세계의 세 층차로 『사기』의 역사 세계에 대해 살펴보았다. 크게 보면 『사기』는 이원적 세계로 이뤄져 있다. 하나는 당위적인 통일국가로서 대일통 세계이고, 다른 하나는 사람들 저마다의 삶의 욕구에 충실한 현실 세계이다. 사마천은 왜 『사기』를 이러한 이원적 세계로 구성한 것일까.

　진 제국이 단명한 것을 보면서, 사마천은 중국이 존립하려면 무엇보다 통일국가로 결속될 수 있는 힘이 있어야 한다고 보았다. 사마천에게 그 힘은 황제를 시조로 하는 화하족의 보편사를 서술하여, 종족과 출신 지역이 다른 사람들을 역사공동체로 만드는 일이었다. 이러한 보편사는 중국 역사의 실재를 기술한 것이 아니라 당위적인 이상세계를 구성한 것이었다.

　이로부터 중국은 본래 한 조상에서 나와 동일한 지역에서 통일국가로 존재했다는 생각이 자리하게 되었다. 왕조의 창업자는 누구나 분열된 중국을 통일국가로 만드는 일을 자신의 천명이자 통치 정당성으로 내세웠다. 이러한 역사가 지속되면서 2천 년이 훨씬 지난 오늘날에도 『사기』의 보편사가 통일국가의 규범으로 작동하고 있는 것이다.

　『사기』의 보편사는 현재 26사의 정사로 이어지고 있다. 이렇게 정사가 이어진 것은 신생 왕조의 정통성이 전대 왕조의 사서 편찬을 통해 확립되는 방식이 지속되었기 때문이다. 역대 중국 국가의 정통성은 천명에 있었다. 신생 왕조가 전대 왕조의 사서를 편찬한다는 것은 전대 왕조의 천명과 그 역사가 끝나고, 신생 왕조가 새로운 천명을 이어받았다는 사실을 대내외적으로 공표하는 일이었다. 그래서 한·당 같은 통일 왕조뿐만 아니라 남북조시대·오대 10국 같은 분열시대에도 정사 편찬을 통한 정통성 경쟁을 했으며, 원·청 같은 이민족 왕조에서도 전대 중국 왕조의 사서 편찬을 정통성 계승을 위한 핵심 사업으로 여겼다.

　이렇게 정사 편찬이 최근인 중화민국 시대의 『청사고淸史稿』까지 이어져 중국의 정사를 26사라고 부른다. 26사라고 칭하기는 하지만, 중국 역대 왕조의 수는 그보다 많았으며 사서 역시 훨씬 많은 책이 있었다. 이른바 26사는 정사 가운데 역대 황제들이 인정한 기전체 사서를 총칭하는 것이다. 『사기』의 기전체가 정사의 기준이 되어, 편년체編年體를 포함한 다른 기술 방식의 사서는 포함되지 않았다. 사마광司馬光의 『자치통감資治通鑑』은 황제의 인정을 받았을 뿐 아니라 통감학이 있을 정도로 사서의 모범이 되었지만, 편년체 사서였기 때문에 26사에 선정되지 못했다.

또 매 왕조마다 전대 왕조의 사서를 편찬하기는 했지만, 당 이전에는 국가 사업(관찬)보다는 개인 편찬의 형식으로 진행되었으며, 편찬한 사서가 반드시 당대當代에 간행된 것은 아니었다. 하지만 개인 편찬이라 하더라도 황제의 인정을 받는 것이 목적이었기 때문에 대일통 규범에서 벗어나지 않았으며, 당대에 간행되지 못한 사서라도 후대에 보완되어 정사의 반열에 오를 수 있었다.

26사는 『사기』 이래 매 왕조마다 편찬된 사서가 누적된 것인데, 역대 왕조에서 유행한 몇 가지 총칭이 있었다.[22] 3사, 10사, 13사, 17사, 18사, 21사, 22사, 24사, 25사, 26사.

3사는 『사기』, 『한서漢書』, 『후한서後漢書』의 한나라 역사서를 총칭하는데 사마천, 반고班固, 범엽范曄의 개인 편찬의 형식이었다. 범엽의 『후한서』가 나오기 전에는 황제의 명에 의한 관찬 『동관한기東觀漢記』가 3사에 포함되어 있었는데, 후대에 『후한서』로 바뀌었다.

10사는 『삼국지三國志』, 『진서晉書』, 『송서宋書』, 『제서齊書』, 『양서梁書』, 『진서陳書』, 『북위서北魏書』, 『북제서北齊書』, 『주서周書』, 『수서隋書』의 위진남북조 시대와 수나라의 역사서를 총칭한다. 서진시대 진수陳壽『삼국지』 이외의 사서들은 당 태종과 고종 시대에 편찬되었으나 궁중에 수장되어 간행되지는 못했다.

13사는 3사와 10사를 합하여 부른 총칭이다.

17사는 송대에 유행한 총칭이다. 13사와 남북조 시대 통사인 『남사南史』,

---

22 신승하, 『중국사학사』, 24~29쪽.

『북사北史』 그리고 『신당서新唐書』, 궁야수歐陽修의 『오대사기五代史記』의 4사를 포함한 것이다. 송나라 때 비로소 당나라 때 편찬한 사서들이 간행되면서 13사가 유포되었다. 이때 『남사』와 『북사』가 추가되고, 유구劉昫의 『구당서舊唐書』가 『신당서新唐書』로 대체되고, 설거정薛居正의 『오대사五代史』가 구양수의 『오대사기』로 대체되었는데, 이를 모두 합하여 17사라고 불렀다.

18사는 17사와 원에서 편찬한 『송사宋史』를 합하여 부른 총칭이다.

21사는 18사와 명에서 편찬한 『원사元史』, 원에서 편찬한 『요사遼史』·『금사金史』를 간행하면서 부른 총칭이다.

22사는 21사와 청에서 편찬한 『명사明史』를 합하여 부른 총칭이다.

24사는 청대에 『명사』를 간행할 때, 오대시대의 사서 『구당서』와 송대의 사서 『구오대사』를 함께 간행하면서 부른 총칭이다.

25사는 24사와 민국 시대인 1920년에 커샤오민柯劭忞이 편찬한 『신원사新元史』를 합하여 부른 총칭이다. 북양 군벌정부는 1921년 대총통 영으로 『신원사』를 정사에 편입시켰고 1922년 간행하여 25사가 되었다.

26사는 25사와 1914년 위안스카이遠世凱 정부가 청사관을 설치하고 자오얼쉰趙爾巽·커샤오민 등이 참여하여 1928년 완성한 『청사고』를 합하여 부른 총칭이다. 대륙과 대만에서 모두 『청사고』를 간행하여 청대의 정사로 인정받고 있다.

현재 중국이 추진하고 있는 역사 공정은 이러한 26사에 기반하고 있으며, 정사 시공간의 확장을 목표로 한 것이다. 역사 공정의 시공간은 『사기』를 기준으로 하여 그 존립기반을 더욱 확장한 것이라고 할 수 있다. 존립기반의 차원에서 보면 『사기』나 역사 공정이나 당위적 필요성에서 출발한 것이기 때문에, 실증보다는 정치적 목적이 우선이다. 이러한 작업을 통해 현재 중국의 통일국가 판도는 사마천도 몰랐던 요하문명과, 사마천이 배제하였던 동이족도 중국사 안으로 포괄하여 역대 최대치의 시공간을 만들고 있다.

이러한 보편사는 통치자 누구나 필요로 하는 일이었고, 지식인 중에서도 이를 자신의 학술적 사명으로 여기는 이들이 있었다. 20세기에 대일통 규범에 의해 '만들어진 고대사'를 의심하던 구지강顧頡剛 등의 의고파疑古派도 있었지만, 지금은 그러한 목소리를 찾아보기가 힘들다.[23] 중국의 국가 프로젝트인 문명탐원공정, 하상주단대공정, 신청사공정, 동북공정, 서북공정, 서남공정 등은 모두 정치적 목적에서 추진된 역사 만들기 작업이다. 이러한 작업에는 늘 역사 진실성 문제나 주변국과의 역사 분쟁이 수반될 수밖에 없다. 동북공정에 대해 지금의 한국인들이 분노하는 것처럼, 『사기』「조선열전朝鮮列傳」을 고대 한국인들이 보았다면 마찬가지로 그 의도에 분노하였을 것이다.

그러나 방대한 영토에 사는 다민족을 통일국가의 결속력을 지니는 역사공동체로 만드는 일이 중국에게는 더 중요한 목적이었다. 이러한 보편사 만들기가 바로 사마천의 『사기』에서 시작된 것이다. 세부적인 시공간은 왕조마다 달랐지만, 보편사의 틀은 사마천의 구상이 지속되고 있었다. 그 덕분에 통치자뿐만 아니라 일반 중국인도 중국이 통일국가라는 생각을 가질 수 있었다. 또 이러한 생각이 중국의 파워와 문화를 통해 주변국으로 확산되면서, 과학적 역사를 표방한 『총, 균, 쇠』와 같은 서구 저작에서도 아무런 의심 없이 수용될 정도로 성공을 거두었다.[24]

---

[23] 왕조시대 중국의 역사 기술은 국가가 주도하는 정사 편찬이 주류였지만, 개인적 차원에서 고대 중국사의 허상에 대한 비판적 시각도 끊이지 않았다. 전국시대 순자에서 시작하여, 왕충, 유지기, 정초, 이탁오, 최술, 장학성 등으로 이어졌으며, 20세기 고힐강의 의고 사관도 이러한 비판적 역사관의 맥락에서 볼 수 있을 것이다. 고힐강의 의고 사관에 대해서는 고힐강, 『고사변 자서』(김병준 옮김, 소명출판, 2006) 참고.

[24] 제래드 다이아몬드『총, 균, 쇠』의 중국 이야기는 중국이 고대부터 안정된 통일국가를 이뤘으며, 황하문명의 전파와 중국인들의 이주를 통해 동아시아에 중국 중심의 국제질서가 구축되었다는 논리에 기반한다. 그러나 통일-분열의 중국사가 역사적 실재라기보다는 중국에 의해 만들어진 서사이며, 또 요하문명이 황하문명보다 더 오래된 신석기 문명이었고 이들 요하문명을 만든 사람들의 문명 전파와 이주가 동아시아 지역의 시원성을 형성했다는 최근

정사 편찬과 국가 정통성이 연결되면서 중국의 역사 작업은 대일통 규범에 종속될 수밖에 없었다. 『사기』의 이원적 세계 가운데 대일통 규범의 세계가 국가 정통성을 위한 정사 작업으로 이어진 것이다. 이것은 사마천이 『사기』를 통해 기대한 일이라고 할 수 있는데, 문제는 『사기』의 인간세계가 정사에서 배제되었다는 점이다. 이 문제는 반고의 『한서』부터 이미 나타났던 것이며, 국가 주도의 역사 작업이 지니게 될 예정된 문제였다.[25]

앞에서 나는 경-전, 규범-주석의 시각으로 『사기』를 보는 루이스의 관점은, 군주를 중심으로 돌아가는 세상만을 보며 그 내부의 역동적이고 다면적인 모습은 보지 못한다고 비판한 바 있다. 루이스의 관점은 바로 인간세계를 배제한 『한서』와 그 이후의 정사 기술에 해당하는 것이다. 만일 『사기』도 이러한 정사 기술에 국한되어 있었다면, 지금의 역사 공정 보고서와 같은 관방 사서가 되었을 것이다.

그러나 사마천은 그렇게 하지 않았다. 사마천은 인간의 욕구와 역사 발전의 관계에 주목하면서, 현실 중국을 움직이는 내재적 힘을 발견했던 것이다. 즉 규범의 차원에서는 중국을 통일국가로 만드는 보편사가 작동하면서, 현실의 차원에서는 욕구에 충실한 인간의 활동들이 중국을 움직여나가는 이원적 세계를 통찰한 것이다.

사마천의 인간세계에 대한 통찰은 「열전」에 잘 나타나 있다. 사마천은 「열전」을 통해 중국을 움직이는 인간세계의 힘을 발견했으며, 이점이 『사기』를 인간의 욕망이 출렁이는 역사의 현장으로 만들었다. 대일통 규범 하에서 자신의 욕망에 충실한 사람들이 서로 경쟁하며 만들어가는 세계, 이것이 바로 사마천이 『사기』에서 서술한 이원적 세계로서 중국의 역사였다.

의 연구들은 『총, 균, 쇠』의 중국 이야기에 균열을 내고 있다.
25 이점에 대해서는 레이 황, 『허드슨 강변에서 중국사를 이야기하다』(권중달 옮김, 푸른역사, 2006), 71~76쪽 참고.

그러나 이원적 세계는 규범과 현실 사이의 간극을 내재할 수밖에 없었다. 보편사는 정치적 목적을 위해 만들어진 세계로, 지향의 대상일 수는 있으나 현실 역사가 되기는 어렵기 때문이다. 방대한 영토의 다민족이 보편사의 뜻대로 살아가지는 않는 게 인간세계였다. 또 실제 현실을 보편사에 맞추려면 지금의 하나의 중국처럼 권위주의적 통합의 방식을 쓰지 않을 수 없었다. 이러한 간극이 보편사와 인간세계의 딜레마를 만들었다.

이것은 대일통 통일국가가 되기 위한 중국의 태생적 문제이기도 하며, 통치자의 입장에서는 이 딜레마를 얼마나 균형적으로 관리할 수 있느냐가 국가안정의 관건이었다. 역대 통치자들 가운데는 대일통 규범은 내세우면서도, 백성의 욕구 충족을 위한 책무를 간과하는 이들이 많았다. 사마천은 『사기』에서 중국의 통치자를 위해, 부덕과 실정이 백성의 원망으로 이어지면 왕조 교체의 역사가 반복된다는 사실을 끊임없이 경고하고 있었다.

글을 마치며

두 중국 딜레마의 통찰이 중국 이해의 관건이다

이제 문명 중국과 현실 중국, 두 중국의 탄생에 관한 천년의 여행을 마칠 때가 되었다. 여행의 마지막 단계에서 만났던 사마천의 『사기』가 구성한 이원적 세계는 두 중국을 역사적 차원에서 재구성한 것이었다. 즉 '규범 중국'과 '현실 왕조'가 상호작용하는 이원적 세계로 통일중국의 역사를 만든 것이었다. 왜 이런 두 중국이 만들어진 것인가. 천년의 여행은 바로 통치 정당성을 위한 권력-지식 집단의 다각적인 협력이 두 중국을 만든 것이라는 점을 알려준다.

천명에서 자신의 통치 정당성을 찾은 주 왕실과 춘추전국시대 제후들, 주나라 종법질서와 예악문화에서 개혁의 정당성을 찾은 공자, 천하위공의 천자 질서에서 전쟁시대 이후의 대안을 찾은 제자백가, 화하족의 대일통 국가에서 제국의 보편사를 찾은 사마천. 중국의 권력-지식 집단은 왕조 교체, 정치 개혁, 전쟁시대의 종결, 통일국가 완성의 목표를 위해 보편적 공감과 권위를 얻을 수 있는 규범의 세계를 창안했던 것이다.

규범은 통치 목적을 위해 만든 이념·가치·표준으로 국가 건설의 필수적인 사안이었다. 규범은 최상위의 차원에서 통치 정당성을 확립하는 것이며, 누구나 인정하고 따를 수 있게 하는 절대적 권위를 지녀야 한다. 광활한 지역에서 고유한 문화를 지닌 수많은 종족을 통치해야 하는 중국의 권력-지식 집단은 정치적 경쟁 세력을 통합하고 이질적인 백성을 다스리기 위해 더욱더 절대적이면서 포용적인 규범을 만들어야 했다.

그래서 규범과 연결된 정당성의 원천들은 초월적이고 이상적인 세계였는데, 그 덕분에 규범으로 정착된 이후에 강력한 권위를 지닐 수 있었다. 천명은 최고신 상제와 하늘의 초월성을 끌어들였고, 예의 규범은 천명을 받은 주나라의 통치 문화를 모범으로 삼았으며, 천자 질서는 요순이 다스린 이상적 고대 사회를, 통일국가는 황제를 조상으로 하는 화하족의 보편사를 정당성의 원천으로 삼았다. 이 때문에 규범은 누구도 의문을 표하기 어려운 절대적 권위를 지닐 수 있었다. 규범은 의문의 대상이 아니라 통치자가 되려는 자라면 반드시 따라야 하는 자격 조건으로 승화되었다.

이러한 과정에서 이른바 규범(문명) 중국이 탄생한 것이다. 우리가 알고 있는 중화문명이나 천조, 천하질서 등은 바로 규범 중국을 역사적 실체로 만든 것에 가깝다. 근대에 이르기까지 오랜 시간이 흘렀지만 규범 중국의 큰 틀에는 별다른 변화가 없었으며, 역대 중국 지식인들이 세부 내용을 더욱 정교하게 가다듬었다.

중국의 권력-지식 집단은 규범 중국을 세상의 중심이자 선진 문명국을 뜻하는 '중국'으로 칭하며, 현실 국가인 역대 왕조의 국명과 구별하였다. 이는 중국이 현실 왕조가 따라야 하는 문명 세계로 인식되었기 때문이다. 이러한 중국 개념에 의하면, 중원에 있는 왕조라 하여 다 중국이 되었던 것은 아니며, 중국의 가치를 실현할 때 비로소 중국이 될 수 있었다.

천년의 시간 동안 중원은 끊임없는 전쟁의 시대였다. 주나라도 전쟁을 통해 상나라를 정복한 것이며, 주나라 판도에서 벗어난 열국들도 전쟁으로 세력을 확장한 것이며, 진시황의 중원 통일도 전쟁으로 이룩한 것이었다. 이러한 전쟁의 시대에서 규범 중국이 탄생한 것을 생각하면, 중국 개념은 평화 세계를 갈망하는 권력-지식 집단의 담론 실천의 산물이라고 볼 수 있다.

담론 속에서 중국은 전쟁과 혼란이 없는 절대적 평화의 세계이며, 폭력은 현실 왕조에서 벌어지는 야만적인 사태에 속한다. 이러한 대비를 통해 중국은 현실 왕조의 폭력성을 억제하는 규범의 기능을 수행하였다. 이것은 규범 중국의 긍정적인 역할이지만, 문제는 현실 왕조가 정통성을 위해 다들 중국이라고 칭했다는 점이다. 중국의 자격을 갖추기보다는 스스로를 중국과 동일시하며 통치의 정당성을 내세웠던 것이다.

동일시는 규범 중국이 현실 왕조의 정당성을 위한 명분으로 작동했다는 점을 뜻한다. 중국이라 내세우면서도 폭력으로 통치하는 현실 왕조들이 바로 전쟁 시대를 이끈 주역이었다. 중국을 자칭한 현실 왕조들이 규범의 제어를 받지 않고 통치집단의 이해관계에 따라 나라를 다스리는 상태, 이러한 상황에서 두 중국 딜레마가 발생하였다.

딜레마는 두 가지 가운데 어느 길을 선택해도 바람직하지 못한 결과가 벌어지는 곤란한 상황을 뜻한다. 현실정치에 나타난 이러한 딜레마를 감지한 권력-지식 집단은 종종 그 사실을 통제하기 위한 다각적인 시도를 했다. 천년의 여행에서 보았듯이, 규범 중국도 사실이라기보다는 통치 정당성을 위해 창안된 것이며, 현실 왕조 역시 규범 중국을 계승한 것임을 강조하기 위해 인위적인 작업을 가하였다.

특히 왕조의 정통성과 연결된 역사 기술에서 그러한 작위성이 두드러지는데, 근대 중국의 대표적 지식인인 량치차오梁啓超는 이 문제에 대해 다음과 같이 비판한 바 있다.

> 중국인은 어떤 종류의 학문을 하든 모두 주관적 작용을 포함하고 있으며 다른 목적을 섞어 넣음으로써 순수한 객관적 연구가 되기를 결코 원하지 않는다. (…) 역사학 역시 그러하며, 줄곧 역사를 위해 역사를 하지 않고 반드시 "명도明道"나 "경세經世" 같은 한층 더 높고 아름다운 목적을 헛되이 내걸고 일체의 역사 사실은 그 목적을 위해 제공되는 한 번 쓰고 버려지는 물건일 뿐이었다. 그 결과 역사를 강박하여 자신의 필요에 짜 맞추게 되니 역사가의

신뢰가 땅에 떨어졌다.¹

량치차오는 객관적 역사 사실에 기반하지 않고 자신의 목적이나 필요성을 위해 역사를 짜 맞추는 관행이 바로 중국의 역사학을 신뢰하지 못하게 만든 원인이라고 보았다. 그리고 이러한 악습이 공자의 『춘추』에서 시작된 것이라고 여기면서, 공자에 대해 다음과 같은 의문을 표했다. 공자는 수많은 미언대의微言大義를 가지고 있어서 따로 책을 써도 상관없을 터인데, 왜 역사 사실을 어지럽혀 후세인들을 현혹되게 만든 것인가.²

량치차오는 공자가 천하 질서를 바로잡기 위해 『춘추』를 쓴 것이라는 점은 인정하지만, 공자의 역사 쓰기 방식이 후세인들에게 나쁜 영향을 끼쳤다고 보았다. 가령, 북방 이민족 적狄이 위衛를 멸망시켰지만 제 환공의 수치를 덮으려고 서술하지 않았고, 진 문공이 주 천자를 부른 일은 악행이지만 그것이 폭로되지 않도록 문장 표현을 바꾸었다.³ 이러한 사례들은 본받아야 할 규범의 역사를 만들기 위해 춘추시대의 역사 사실을 은폐한 것이었다.

『춘추』의 이러한 관행은 구양수의 『신오대사』, 주희의 『통감강목通鑑綱目』으로 이어지는데, 량치차오는 이러한 역사 만들기는 자기 민족을 지나치게 찬미하는 것으로 경계해야 할 일이라고 여겼다. 좋은 역사는 국민의 자각을 촉진하는 것이지, 스스로 기만하며 속이는 일이 아니기 때문이다. 역사에 대한 찬미는 실패의 경험에서 배워야 할 교훈을 숨겨 국민의 자각을 방해하는 일이라고 본 것이다. 량치차오는 역사가가 자신의 주관을 억누르고 객관에 충실하여 역사 자체를 목적으로 삼아야 한다고 주장했다.

이러한 면에서 량치차오의 역사론은 고대 중국의 진실을 찾아가는 이 책의

---

1 량치차오, 『중국역사연구법』(유용태 역주, 서울대학교출판문화원, 2019), 81쪽.
2 량치차오, 『중국역사연구법』, 83쪽.
3 량치차오, 『중국역사연구법』, 82쪽.

시각과 상통한다. 그러나 역사가 목적이 되어야 한다는 량치차오의 기대와 달리, 나는 중국에서 그런 일이 일반화되기는 어려울 것이라고 판단한다. '4장 공자, 천하 규범을 찾아서'에서 살펴본 것처럼, 공자의 이상인 주공의 시대 역시 믿고 싶은 사실을 역사로 만든 것이었다. 공자에게 중요한 것은 역사적 팩트보다는 혼란한 현실 세계를 바로잡기 위한 이상적 규범이었다. 공자는 그 규범을 통해 자신의 개혁의 정당성을 역설했던 것이다. 주공이라는 거울을 통해 공자 시대가 나아가야 할 방향을 비추는 데 목적이 있었다는 뜻이다.

공자의 이러한 사유는 고대 중국을 거울로 삼는 전통시대 중국인들뿐 아니라, 최근 유학에 기반하여 문명국가론을 구상하는 현대 중국의 지식인들에게도 이어지고 있다. 가령, 공산당의 통치 정당성을 가장 잘 대변하는 장웨이웨이張維爲의 중국 문명국가론을 보면 몇 가지 주목할 점이 있다.[4]

첫째, 역사적으로 서주시대에서 진한 제국에 이르는 시기를 중국 문명국가가 형성되는 기축의 시간으로 본다는 점이다. 이 기축의 시간에 중국 문명국가의 원형적 질서가 정립되고, 이후 왕조의 질서는 경로 의존성에 기반하여 시대적 특성을 형성한다. 그 가운데 진한시대 통일국가, 당송 시대 과거제, 송명시대 성리학, 명청시대 제국 질서는 현재의 중국 문명국가 형성에 지대한 작용을 한다.

둘째, 중국 문명국가의 특성을 서구식 발전의 길과 대비한다는 점이다. 서구와 다른 중국식 발전의 길을 특정하고, 나아가 중국의 길이 서구보다 우월한 특성이 무엇인지 부각한다. 가령, 민심을 근본으로 하고 우수한 인재들이 통치하는 현능정치가 선거 민주에 의지하는 서구 정치보다 뛰어난 제도라고 본다. 국가 간의 평화발전을 추구하는 천하 질서는 민족국가의 이해관

---

4   장웨이웨이, 성균중국연구소 옮김, 『중국은 문명형 국가다』, 지식공작소, 2018.

계를 확장한 제국주의 질서보다 안전하고 도덕적이라고 여긴다.

셋째, 중국 문명국가의 특성을 역대 왕조의 현실정치로 간주하고 있다는 점이다. 중국 문명국가론은 역사적 실재라기보다는 이상적 통치 규범에 가까운 것인데, 이를 역사 현실과 동일시하고 있는 것이다. 역대 왕조에서 민본주의가 실제로 구현된 시기는 왕조의 태평성세라 불리는 짧은 기간이었으며, 천하 질서는 도덕이 아니라 중원 국가가 압도적 힘을 지니던 시기에 이루어질 수 있었다는 사실을 성찰하지 않는다.

이상적 규범이 역사가 아니듯이, 우리의 평가대상은 규범 속의 문명국가가 아니라 역사 속의 현실 국가가 되어야 한다. 장웨이웨이의 문명국가론이 특히 친공산당 성향을 띠고 있지만, 그의 사유방식은 문명국가론을 주장하는 다른 지식인들의 담론에서도 쉽게 찾아볼 수 있다. 량치차오의 기대와 달리, 현재 중국에서 역사를 목적으로 보는 사람을 찾아보기가 쉽지 않은 셈이다.

사실 량치차오도 자신이 비판한 문제에서 자유롭지 못했다. 앞에서 언급한 량치차오의 역사론은 1922년 출간된 『중국역사연구법中國歷史研究法』에서 개진한 것인데, 같은 해에 저술된 『선진정치사상사先秦政治思想史』에서는 고대 중국의 거울을 통해 현실개혁의 방향을 모색했다. 1차 세계대전 이후 서구 근대문명에 대한 대안으로 당시 국제사회에서는 세계주의, 평민주의, 사회주의가 부상하고 있었다. 그런데 량치차오는 그 사상적 원천이 중국 선진시대 사상에서 먼저 발현되었다고 주장했다. 이러한 주장을 입증하기 위해 량치차오는 세계주의를 천하天下 개념과, 평민주의를 민본民本 개념과, 사회주의를 민생民生 개념과 연결지었다.[5]

량치차오의 이러한 설명 방식은 고대 중국에 국가·민족보다 평화로운 천하 질서를 우선하고, 백성의 민심을 통치의 근간으로 삼고, 효율보다 재화의

---

5   梁啓超, 『先秦政治思想史』(北京: 中華書局, 2015), 13~19쪽.

분배를 중시하는 관념이 있었다는 점을 근거로 한다. 이러한 관념이 세계주의·평민주의·사회주의와 연결되는 부분이 있다는 점은 분명하다. 하지만 고대 중국이 중앙집권적 군주제 하의 조화로운 차등질서를 추구했다는 점에서 보면, 평등과 자유 그리고 참정권을 지향하는 시대와는 통치 규범 자체가 달랐다.

당시 량치차오는 참정권을 제외한 다른 영역은 중국의 사상을 발전시켜 도달할 수 있다고 여겼다. 21세기 현재의 시점에서 되돌아보면, 참정권뿐만 아니라 자유·평등의 영역도 량치차오가 생각한 만큼 발전되지 못했다. 중국의 사회주의 핵심 가치관에는 자유·민주·평등·공정·법치·신뢰 등 선진사회의 가치가 포함되어 있다. 하지만 그 실제적 함의는 개인의 자유와 권리를 위한 것이라기보다, 국가와 사회 안전의 차원에서 개인이 따라야 하는 가치로 변화되어 있다. 중국에서 말하는 자유는 개인의 자유보다는 패권국의 간섭이나 강압으로부터 자유로울 수 있는 국가의 권리에 가깝다.

량치차오의 기대치로 보면 중국의 상황은 아직 갈 길이 멀어 보인다. 공산당 권위주의 통치와 디지털 감시체제 하에서 자유로운 개인의 개념이 불가능해진 현실을 감안하면, 중국이 그 세계로 가려는 목표가 있는지 의문이 들 정도다. 이러한 결과는 량치차오의 『선진정치사상사』 역시 역사의 진실보다 고대 중국의 거울에 자신의 목적을 투영했기 때문이 아니었을까.

고대 중국에서 형성된 경로 의존성 위에서 현재 중국의 모습을 보면, 참정권 이외의 영역에서도 서구사회와는 다른 중국식 세계가 지속되고 있다. 권위주의 통치와 능력주의 차등질서 그리고 중국인의 의리의 세계관은 21세기 중국에서도 여전히 중국을 움직이는 힘으로 작동하고 있기 때문이다.

중국이 국제사회의 기대와 달리 자신의 경로 의존성에 따른 길을 가더라도, 그것은 중국 인민의 정치적 선택으로서 존중되어야 한다. 서구의 시선이 아니라 중국 인민이 원하는 나라로 발전하고 있는지가 평가 기준이 되어야 하기 때문이다. 그렇지만 역사의 진실을 추구하는 지식인의 실천에 있어서는 정치와 그 결이 달라야 하는데, 중국의 현실은 어떠한가.

공자도 믿고 싶은 역사를 내세웠고. 공자의 역사 쓰기를 비판한 량치차오도 그 길에서 벗어나지 못했으며, 문명국가론을 주장하는 지금의 지식계도 권력-지식의 전통을 이어받은 것이 아닌가. 루쉰처럼 '묵묵하고 끈기있게' 역사적 진실을 통찰한 이들도 있지만, 중국에서 역사를 위한 역사 쓰기는 기대할 수 있는 것일까.

역사적 사실보다 믿고 싶은 역사(규범)를 내세워 자신의 행위를 정당화하는 일이 중국의 역사가 된 것이다. 이 책에서 논의한 두 중국의 탄생에 관한 내용들이 바로 그러하다. 이렇게 권력-지식 집단에 의해 만들어진 역사를 바로잡아 보자는 것이 이 책의 목표였으며, 그 출발점은 중국의 이상세계인 주나라를 현실정치의 시각으로 성찰하는 작업이었다.

- 주나라 천명이 상나라 최고신 상제를 주족의 최고신 천으로 대체하는 과정에서 창안된 것이라는 관점을 수정하였다. 본래 주족에게 천이라는 최고신이 없었고 상나라 상제를 최고신으로 수용하고 있었는데, 상주 교체기에 동시대적으로 쓰이고 있던 천이라는 말을 의식적으로 채택하여 상제와 상응하는 개념으로 발전시킨 것이었다.

- 주나라 왕실은 천명을 내세우기는 했지만, 그들이 만든 질서는 하늘의 보편질서라기보다 주족의 조상신과 그 후손들이 정치공동체가 되어 지배하는 인간사회의 질서였다. 덕치를 천명으로 여겨 북극성과 뭇별의 관계로 비유하더라도, 고대 중국의 질서는 평등한 민주사회가 아니라 최상위 통치자를 중심으로 조화로운 차등질서를 확립하는 것이었다.

- 주나라 봉건제는 완정한 영지를 제후에게 분봉하여 소왕국 통치를 한 것이 아니라, 전략적 요충지에 위임 통치를 맡겨 주 왕실의 안보와 세력

확장을 도모하기 위한 것이었다. 주 왕실은 혈연관계를 기반으로 중앙 권력을 안정시키려 했지만, 서주 중기 이래 대내외적 위기에 직면하면서 제후들은 지방 권력을 강화하기 시작했다. 중앙 권력이 약화될수록 지방은 독립국가로 성장했으며, 춘추시대에는 제후들이 자신의 천명을 주장하면서 천하 패권의 욕망을 숨기지 않았다.

- 춘추시대에 천명을 실현할 수 있는 권력 기반은 영토 국가였으며, 이에 땅과 백성을 확보하기 위한 전쟁이 끊임없이 벌어졌다. 농업이 경제력의 근간이었고 또 백성 동원이 전쟁의 관건이었기 때문에, 백성을 정치공동체로 결속시키는 일이 통치의 주요한 과제가 되었다. 민심을 통치 정당성의 근간으로 보는 생각이 형성되었으며, 이러한 통치의 모범을 만든 사람이 바로 춘추시대 첫 번째 패자인 제 환공과 관중이었다.

- 관중은 주나라 질서와 법도의 회복을 내세우면서 중앙집권적 군주제, 생산적 직분사회, 수전제와 경작 혁신, 상공업 육성, 공적 규범과 백성 윤리, 강한 군사력, 현실주의 국제정치 등을 통해 부강한 중앙집권 국가를 건설했다. 특히 중앙집권적 군주제와 토지개혁이 부국강병을 위한 비결로 알려지면서 많은 나라들이 이를 모방하였다. 진나라 문공의 군현 설치와 농민의 군사화, 정나라 자산의 토지개혁, 위나라 이회의 개혁정책 등이 그러하며, 진시황의 통일 기반을 구축한 상앙의 변법도 연속선상의 정책이었다.

- 공자는 춘추시대의 전쟁이 종법질서가 붕괴되어 벌어진 하극상이라고 보며, 주나라 천자 질서를 바로잡는 일이 평화를 회복하는 길이라고 인식했다. 공자 이후 묵자, 맹자, 상앙, 여불위, 한비자, 순자 등 춘추전국시대 지식인들은 대부분 군주 중심의 중앙집권 국가를 지향했으며, 이 통치체제가 전쟁 시대를 종결할 수 있는 질서라고 여겼다. 그 실천의 중심에 일국의 군주가 있었지만, 타국이 그 하부 단위로 들어오면 천하 질서로 확대될 수 있는 그러한 세계였다.

- 진나라 천하 통일의 기반이 된 상앙의 변법은 작위와 토지로 백성의 의욕을 고취하고, 세족들의 권력 기반을 통제하여 군주권을 강화하는 데 그 목적이 있었다. 백성은 국가로부터 작위와 토지를 받은 만큼 그 의무로서 세금과 부역을 짊어져야 했다. 그리고 상벌을 규정한 국가의 엄격한 법령과 사적인 일탈을 허용하지 않는 통제 정책을 따라야 했다. 후대인들이 이것을 냉혹한 법치라고 비난하지만, 당시 진나라 백성은 냉혹함보다는 변법이 주는 명예와 이익이 더 크다고 여겼다.

- 고대 중국의 통치자들은 민심을 내세우면서도 한정된 재화를 독점하려고 했고, 국가는 백성의 안전과 생계를 보장하지 못하는 경우가 많았다. 이러한 상황에서 사람들은 제각기 신뢰 집단을 형성하여 생존을 도모하려고 했다. 사람들은 자신이 속한 집단의 생존과 이익을 우선했고, 그 집단 내부의 사람들끼리 협력하는 사회가 만들어졌다. 이로 인해 집단 내부에서는 신뢰와 이익을 공유하지만, 타 집단과는 배타적 경쟁 관계를 형성하기도 했다. 또 나라의 공적 규범이라 하더라도 자기 집단의 이해관계와 충돌하거나 무관할 경우 잘 준수하지 않는, 공공성 결핍의 문제가 발생하기도 했다. 중국인의 의리義利의 세계관과 꽌시 사회가 이러한 상황 속에서 탄생하고 있었다.

- 이렇게 믿을 수 있는 사람과 관계를 구축하려는 중국인의 방식은 내부뿐만 아니라 외부 세계에 대해서도 나타나는데, 바로 만리장성으로 표출되는 영토 경계선이다. 장성은 유목국가의 침입을 막는 방어시설로 알려져 있지만, 전국시대 장성은 진·조·연 북쪽에 인접한 융적 국가와 동호, 조선의 일부 영토를 공격하여 점령한 후, 배후에 있는 흉노의 침입을 방비하기 위해 쌓은 것이었다. 장성은 통제력이 있을 때는 차단 기능을 했지만, 통제력을 상실한 진한 교체기에는 쫓겨난 사람들의 진입을 막을 수 없었다. 특히 그 사람들이 흉노제국의 일원으로 가세함에 따라, 고토 회복이 한-흉노 전쟁의 일면이 되기도 하였다. 동한 말 중원이 분열되고 흉노제국이 와해된 이후에는, 장성

지대에 살던 종족들이 독립하여 세력을 확장함으로써, 향후 고토 회복의 문제가 중국사에서 벌어질 전쟁의 불씨가 되었다.

- 군주와 민심이 가장 결속된 진나라가 통일 전쟁에서 승리하여 중앙집권적 통일국가를 건설하였다. 진나라가 작위제와 수전제를 통해 백성의 의욕을 고취하는 데 성공했던 것이다. 하지만 전쟁을 지속해야 백성이 부유해지는 기형적 사회구조를 만들어, 국가 간 세력 균형이나 국제평화에 관한 사유는 발전하지 못했다. 이로 인해 진나라는 중앙과 육국 지역 사이의 정체성 차이를 통합할 수 있는 방안을 만들지 못했다. 전쟁이 끝난 후 평화의 국면이 도래했을 때, 이 딜레마는 결국 진 제국이 육국의 민심을 얻지 못하고 단명한 원인이 되었다.

- 진 제국이 단명한 것을 보면서, 사마천은 중국에 통일국가로 결속될 수 있는 힘이 있어야 한다고 생각했다. 사마천에게 그 힘은 황제를 시조로 하는 화하족의 보편사를 서술하여, 종족과 출신 지역이 다른 사람들을 역사 공동체로 만드는 일이었다. 이로부터 중국은 본래 한 조상에서 나와 동일한 지역에서 통일국가로 존재했다는 생각이 자리하게 되었다. 왕조의 창업자는 누구나 분열된 중국을 통일국가로 만드는 일을 자신의 천명이자 통치 정당성으로 내세웠다. 이러한 역사가 지속되면서 2천 년이 지난 오늘날에도 『사기』의 보편사가 통일국가의 규범으로 작동하고 있다.

이렇게 중국은 천년의 시간을 거치면서 중앙집권적 군주제 하의 통일국가로 나아가고 있었다. 그리고 이후 중원 국가들과 비중국 국가들은 치열한 세력전을 벌이며 유라시아 차원의 다원적인 중국사를 열어 놓았다. 그렇지만 근대 이전까지 중국사에는 중앙집권적 군주제에서 벗어난 새로운 통치 질서가 형성되지는 않았다. 중원 국가들과 천하 경쟁을 벌인 비중국 국가들도 흩어진 부족들을 결속하여 그들 방식의 중앙집권을 이룩하는 일이 패권 도전의 선결과제가 되었다.

이러한 장기 지속성으로 인해 중국의 국가 정체성을 대체로 전제군주 국가나 대일통 제국으로 간주한다. 전제군주라는 말은 량치차오 등의 근대 지식인들이 중국이 낙후한 원인을 전제군주 통치에서 찾은 데서 비롯된 것이다. 서구 입헌국가나 민주국가와 상대되는 개념으로 사용되면서 전제군주라는 말 속에는 부정적인 뜻이 함축되어 있었다.

그러나 역대 중국에서 전제군주는 군주 1인이 나라를 전일적으로 통치한다는 개념으로, 그 자체에 부정적인 뜻이 내포된 것은 아니었다. 춘추전국시대 지식인들은 대부분 천자 질서의 회복을 기대했는데, 이 천자가 바로 천하를 다스리는 전제군주였다. 그들은 이 통치체제가 전쟁 시대를 종결할 수 있을 것이라고 여겼으며, 천자 질서라는 말에는 부정적인 뜻보다는 오히려 긍정적인 희망이 담겨 있었다.

대일통 제국이라는 말도 전제군주가 방대한 영토에 사는 다민족을 통일적으로 다스리는 나라라는 뜻이지만, 전제군주를 부정적으로 보면 대일통 제국 역시 부정적인 개념이 될 수밖에 없다. 이러한 획일적 이해를 피하려면, 전제군주를 중앙집권 국가를 다스리는 최고 통치자의 개념으로 객관화해야 한다. 그리고 전제군주가 다스리는 중앙집권 국가가 어떠한 제도로 통치하여 어떠한 나라를 만들었는지가 평가 대상이 되어야 한다. 전제군주는 중앙집권적 통일국가를 지향하지만, 하위 주체인 지역 세력들과 정치적 대의를 공유하면서 이익 균형을 이루는 질서를 확립해야 제국이 안정될 수 있었기 때문이다.

전제군주의 편견과 아울러 생각해야 할 문제가, 천명-덕치-민심의 통치 규범이 중국을 이상적 도덕국가로 간주하는 선입견이 되었다는 점이다. 중국의 모든 왕조는 천명을 자신의 통치 규범으로 삼았지만, 통치 이상으로 내세운 천명과 그것이 현실 정치에서 나타나는 실제 모습 사이에는 늘 다양한 간극이 있었다. 천명-덕치-민심의 규범이 통치 정당성의 차원에서 절대적 권위를 지녔지만, 실제 현실에서는 권력-지식 집단들의 정치 역학과 현실주의적 정책이 국가를 움직이고 있었던 것이다.

태평성세와 같이 현실 정치가 통치 규범에 근접한 시기도 있었으나, 규범 자체를 현실 중국으로 보는 '착각'을 해서는 안 된다. 전제군주 국가로의 전반적 부정이나 도덕국가와의 동일시가 아니라, 『사기』에서 살펴보았던 이원적 세계의 개념을 통해 중국의 실정을 이해하자는 것이다. 아울러 이러한 이원적 세계에서 두 중국 딜레마라 부를 수 있는 중요한 문제들이 배태되었다는 점도 주목해야 한다.

가령, 중국은 현능한 사람에 의한 통치(현능정치)를 내세우는데, 세습 군주와 관료들이 항상 좋은 정치를 하는 현능한 사람이 아니었다는 문제. 통치자들은 늘 민심을 통치 정당성으로 내세우는데, 백성의 참정권을 제한하는 상태에서 어떻게 민심을 알 수 있는지의 문제. 통치자는 민생을 통치 목표로 내세우는데, 통치집단이 국가의 공공재를 독점하고 경제보다 안보를 우선하는 상황에서 어떻게 백성의 삶이 부유해질 수 있는지의 문제.

통치자는 공적 규범을 통해 천하위공天下爲公, 공천하公天下의 세상을 만들겠다고 하지만, 공적 규범 위에 권력이 군림하고 있는 상황에서 어떻게 공정한 사회가 이루어질 수 있는지의 문제. 통치자는 대일통 통일국가 건설을 목표로 내세우는데, 방대한 영토를 지닌 다민족 제국이 어떻게 일체화된 통치를 할 수 있는지의 문제. 사마천 이후 중국은 하나의 역사공동체를 표방하고 있지만, 동화와 배제가 기반이 된 역사가 어떻게 결속된 공동체를 만들 수 있는지의 문제.

역대 중국의 통치자는 누구나 이러한 두 중국 딜레마에 직면해 있었다. 중국에 중앙집권적 군주제가 장기 지속되었지만, 이 딜레마를 풀어나가는 방식은 매 왕조마다 달랐으며, 그 결과에 따라 왕조의 흥망이 결정되었던 것이다. 지금의 중화인민공화국에서도 이 딜레마는 지속되고 있으며, 공산당

이 집권을 위해 반드시 풀어야 할 근본 문제로 남아 있다. 국가의 규범은 '사회주의'로 바뀌었지만, 두 중국 딜레마는 여전히 지속되고 있는 것이다.[6]

개혁개방 이래 유래없는 고도성장을 이루었던 중국은 현재 미국의 대공세와 제로코로나 정책으로 인한 인민의 불신, 성장 둔화와 경체 침체 등이 중첩되어 최대의 위기에 직면해 있다. 동시에 중국은 역대 최고의 '대일통 통일국가' 체제를 구축하고 있는데, 공산당 중앙집권 하의 지방행정의 일체화, 인프라 구축을 통한 전 중국의 교통 일체화, 하나의 중국 정책을 통한 사상문화의 일체화, 디지털 관리시스템을 통한 생활의 일체화 등을 국가 전략 차원에서 장기 추진한 결과로 보인다.

최대의 위기 상황 속에서 최고의 일체화된 국가 체제를 구축하고 있는 중국. 지금 한국은 이러한 딜레마 속에서 새로운 출로를 모색하는 중국과 직면해 있다. 중국이 선택한 길에서 발생한 문제는 결국 중국인 스스로 해결하는 것이지 외부인이 개입할 수 있는 일이 아니다. 이러한 상황일수록 중국이 걸어온 길을 통찰하여 어떠한 길을 가는지 잘 이해하는 일이 매우 중요하다. 아울러 우리의 가장 적극적인 개입은 중국식 현대화와 다른 방식으로 사람이 살기 좋은 문명사회를 만들어가는 일이라는 점을 잊어선 안 될 것이다.

---

[6] 이 문제에 대해서는 이종민, 『역사의 거울로 보는 시진핑 시대 중국과 그 딜레마』(서강대학교출판부, 2023) 참고.

주요 참고문헌

『관자』, 김필수 외 옮김, 소나무, 2021.
『국어』, 신동준 옮김, 인간사랑, 2017.
『맹자』, 김용옥 역주, 통나무, 2019.
『묵자』, 신동준 옮김, 인간사랑, 2018.
『상군서』, 우재호 옮김, 소명출판, 2005.
『서경』, 김학주 옮김, 명문당, 2015.
『순자』, 김학주 옮김, 을유문화사, 2019.
『시경』, 김학주 옮김, 명문당, 2018.
『여씨춘추』, 김근 옮김, 글항아리, 2012.
『장자』, 김갑수 옮김, 글항아리, 2019.
『춘추좌전』, 신동준 옮김, 한길사, 2006.
『한비자』, 김원중 옮김, 휴머니스트, 2019.
가이즈카 시게키·이토 미치하루, 배진영·임대희 옮김, 『중국의 역사: 선진시대』, 혜안, 2015.
강붕, 김영진 옮김, 『혼군, 명군, 폭군』, 왕의서재, 2016.
강신주, 『관중과 공자』, 사계절, 2016.
거자오광, 이등연 외 옮김, 『중국사상사』 1~2, 일빛, 2015.
거젠슝, 숙사연구회 옮김, 『중국통일 중국분열』, 신서원, 1996.
고힐강, 김병준 옮김, 『고사변 자서』, 소명출판, 2006.
공원국, 『춘추전국이야기』 1~10, 위즈덤하우스, 2017.
권기영, 『마르크스와 공자의 화해』, 푸른숲, 2016.
김경일, 『유교 탄생의 비밀』, 바다출판사, 2013.
김광억, 『중국인의 일상세계 - 문화인류학적 해석』, 세창출판사, 2017.
김근, 『예란 무엇인가』, 서강대학교출판부, 2012.
김근, 『漢詩의 비밀』, 소나무, 2008.
김상준, 『맹자의 땀 성왕의 피: 중층근대와 동아시아 유교문명』, 아카넷, 2011.

김영민, 『중국정치사상사』, 사회평론아카데미, 2021.
김영수, 『절대역사서 사기』, 창해, 2016.
김인희 편, 『중국 애국주의와 고대사 만들기』, 동북아역사재단, 2021.
김일권, 『동양 천문사상, 인간의 역사』, 예문서원, 2010.
김일권, 『동양 천문사상, 하늘의 역사』, 예문서원, 2012.
김정렬, 『서주 국가의 지역정치체 통합 연구』, 서경문화사, 2012.
대니얼 벨, 김기협 옮김, 『차이나 모델: 중국의 정치 지도자들은 왜 유능한가』, 서울, 서해문집, 2017.
디터 쿤, 육정임 옮김, 『송, 유교 원칙의 시대』, 너머북스, 2015.
레이 황, 권중달 옮김, 『허드슨 강변에서 중국사를 이야기하다』, 푸른역사, 2006.
레이 황, 홍손도·홍광훈 옮김, 『중국, 그 거대한 행보』, 경당, 2002.
로타 본 팔켄하우젠, 심재훈 옮김, 『고고학 증거로 본 공자시대 중국사회』, 세창출판사, 2011.
루쉰, 루쉰전집번역위원회 옮김, 『루쉰전집』, 그린비.
리링, 김갑수 옮김, 『집 잃은 개』 1~2, 글항아리, 2012.
리링, 황종원 옮김, 『논어, 세 번 찢다』, 글항아리, 2011.
리보중, 이화승 옮김, 『중국 경제사 연구의 새로운 모색』, 책세상, 2006.
리쉬, 홍상훈 옮김, 『상나라 정벌』, 글항아리, 2024.
리저허우, 임옥균 옮김, 『논어금독』, 북로드, 2006.
리쩌허우, 정병석 옮김, 『중국고대사상사론』, 한길사, 2010.
리처드 폰 글란, 류형식 옮김, 『폰 글란의 중국경제사』, 소와당, 2020.
리펑, 이청규 옮김, 『중국고대사』, 사회평론, 2017.
마크 에드워드 루이스, 김한신 옮김, 『당−열린 세계 제국』, 너머북스, 2017.
마크 에드워드 루이스, 김우영 옮김, 『진·한−최초의 중화제국』, 너머북스, 2020.
마크 에드워드 루이스, 최정섭 옮김, 『고대 중국의 글과 권위』, 미토, 2006.
마틴 자크, 안세민 옮김, 『중국이 세계를 지배하면』, 부키, 2010.
미야자키 이치사다, 박영철 옮김, 『논어』, 이산, 2001.
미야자키 이치사다, 이경덕 옮김, 『자유인 사마천과 사기의 세계』, 다른세상, 2004.
미조구찌 유조 외, 동국대 동양사연구실 옮김, 『중국의 예치 시스템』, 청계, 2001.
미조구치 유조 외, 조영렬 옮김, 『중국 제국을 움직이는 네 가지 힘』, 글항아리, 2012.
바이시, 이임찬 옮김, 『직하학연구』, 소나무, 2013.

박기수 외 역주, 『중국 고대 사회경제사』, 청어람미디어, 2005.
박민희, 『중국 딜레마』, 한겨레출판, 2021.
박원규 외, 『중국고대 금문의 이해』, 신아사, 2009.
반고, 진기환 옮김, 『한서』 14, 명문당, 2017.
벤자민 슈워츠, 나성 옮김, 『중국 고대 사상의 세계』, 살림, 2004.
사라 알란, 오만종 옮김, 『거북의 비밀: 중국인의 우주와 신화』, 예문서원, 2002.
사라 알란, 오만종 옮김, 『선양과 세습』, 예문서원, 2009.
사마천, 김원중 옮김, 『사기』, 민음사, 2017.
사마천, 한가람역사문화연구소 사기연구실 옮김, 《신주사기》, 한가람역사문화연구소, 2020.
샤오젠성, 조경희·임소연 옮김, 『송나라의 슬픔』, 글항아리, 2022.
스도 요시유키·나카지마 사토시, 이석현·임대희 옮김, 『중국의 역사: 송대』, 혜안, 2018.
시라카와 시즈카, 고인덕 옮김, 한자의 세계, 솔, 2008.
신승하, 『중국사학사』, 고려대학교출판부, 2000.
신정근, 『공자씨의 유쾌한 논어』, 사계절, 2015.
앙리 마스페로, 김선민 옮김, 『고대중국』, 까치, 1995.
앙리 마스페로, 신하령·김태완 옮김, 『도교』, 까치, 1999.
양계초, 이혜경 주해, 『신민설』, 서울대학교출판문화원, 2014.
양동숙, 『갑골문해독』, 이화문출판사, 2019.
어우양잉즈, 김영문 옮김, 『용과 독수리의 제국』, 살림, 2020.
엘리아데, 이은봉 옮김, 『성과 속』, 한길사, 2019.
오금성, 『국법과 사회관행 - 명청시대 사회경제사 연구』, 지식산업사, 2007.
오드 아르네 베스타, 옥창준 옮김, 『제국과 의로운 민족』, 너머북스, 2022.
왕우신, 이재석 옮김, 『갑골학통론』, 동문선, 2004.
왕후이, 송인재 옮김, 『단기 20세기』, 글항아리, 2021.
왕휘, 박노봉 옮김, 『상주금문 상하』, 학고방, 2013.
요코야마 히로아키, 이용빈 옮김, 『중화민족의 탄생』, 한울, 2012.
우실하, 『요하문명론』, 소나무, 2014.
우훙, 김병준 옮김, 『순간과 영원- 중국고대의 미술과 건축』, 아카넷, 2003.
원석조·이성기, 『중국 사회복지의 역사: 고대에서 개혁개방까지』, 공동체, 2018.

유발 하라리, 조현욱 옮김, 『사피엔스』, 김영사, 2017.
윤내현, 「商王朝史의 연구-甲骨文의 중심으로」, 단국대학교 박사논문, 1977.
윤내현, 『상주사』, 민음사, 1988.
이덕일, 『사기, 2천년의 비밀』, 만권당, 2022.
이삼성, 『동아시아의 전쟁과 평화』 1~2, 한길사, 2010.
이성구, 『중국고대의 주술적 사유와 제왕통치』, 일조각, 1997.
이성규, 『사기-중국고대사회의 형성』, 서울대학교출판부, 1988.
이승환, 『유가사상의 사회철학적 조명』, 고려대출판부, 1998.
이종민, 『글로벌 차이나』, 산지니, 2008.
이종민, 『역사의 거울로 보는 시진핑 시대 중국과 그 딜레마-중국이 풀어야 할 7가지 근본문제』, 서강대학교출판부, 2023.
이종민, 『중국이라는 불편한 진실-신자유주의의 대안이 될 수 있는가』, 서강대학교출판부, 2017.
이종민, 『흩어진 모래-현대 중국인의 고뇌와 꿈』, 산지니, 2013.
이중톈, 박경숙 옮김, 『이중톈, 중국인을 말하다』, 은행나무, 2008.
이철, 『중국의 선택』, 처음북스, 2021.
이탁오, 이영호 역주, 『이탁오의 논어평』, 성균관대학교출판부, 2011.
이토 진사이, 최경열 옮김, 『논어고의』, 그린비, 2016.
이희옥, 『중국의 새로운 사회주의 탐색』, 창비, 2004.
임건순, 『제자백가, 인간을 말하다』, 서해문집, 2019.
자오팅양, 노승현 옮김, 『천하체계』, 도서출판 길, 2010.
장광직, 하영삼 옮김, 『중국 청동기 시대』, 학고방, 2013.
장웨이웨이, 성균중국연구소 옮김, 『중국은 문명형 국가다』, 지식공작소, 2018.
장진번 주편, 한기종 외 옮김, 『중국법제사』, 소나무, 2006.
장펀톈, 이재훈 옮김, 『진시황평전』, 글항아리, 2018.
재레드 다이아몬드, 김진준 옮김, 『총, 균, 쇠』, 문학사상, 2005.
전우성, 『우리 고대 국가 위치를 찾다』 1~10권, 한솜미디어, 2024.
정약용, 이지형 역주, 『논어고금주』, 사암, 2010.
정재훈, 『흉노 유목제국사: 기원전 209~216』, 사계절, 2023.
조기빈, 조남호 외 옮김, 『반논어』, 예문서원, 1996.
조명화, 『논어역평』 1,2, 현암사, 2017.

진래, 진성수·고재석 옮김, 『중국고대사상문화의 세계』, 유교문화연구소, 2008.
진정, 김효민 옮김, 『중국 과거 문화사』, 동아시아, 2003.
차태근, 『제국주의 담론과 동아시아 근대성 - 현대 중국의 정치적 무의식을 찾아서』, 소명출판, 2021.
최술, 이제하 외 옮김, 『수사고신록』, 한길사, 2009.
최진석, 『노자의 목소리로 듣는 도덕경』, 소나무, 2001.
취퉁쭈, 김여진 외 옮김, 『법으로 읽은 중국 도대사회』, 글항아리, 2020.
치량, 이승모 옮김, 『현대신유학비판』, 심산, 2012.
크릴, 이성규 옮김, 『공자-인간과 신화』, 지식산업사, 1997.
클라우스 뮐한, 윤형진 옮김, 『현대 중국의 탄생: 청 제국에서 시진핑까지』, 너머북스, 2023.
테일러 프레이블, 장성준 옮김, 『중국의 영토 분쟁: 타협과 무력 충돌의 매커니즘』, 김앤김북스, 2021.
토마스 바필드, 윤영인 옮김, 『위태로운 변경: 기원전 221년에서 기원후 1757년까지의 유목제국과 중원』, 동북아역사재단, 2009.
티모시 브룩 외, 박소현 옮김, 『능지처참: 중국의 잔혹성과 서구의 시선』, 너머북스, 2010.
페이샤오퉁, 최만원 옮김, 『중국의 신사계급』, 갈무리, 2019.
포메란츠, 김규태 외 옮김, 『대분기 - 중국과 유럽, 그리고 근대 세계 경제의 형성』, 에코르브르, 2016.
프랜시스 후쿠야마, 함규진 옮김, 『정치질서의 기원』, 웅진지식하우스, 2012.
피터 퍼듀, 공원국 옮김, 『중국의 서진: 청의 중앙유라시아 정복사』, 도서출판 길, 2012.
필립 쿤, 윤성주 옮김, 『중국 현대국가의 기원』, 동북아역사재단, 2009.
하야시 미나오, 박봉규 옮김, 『중국 고대의 신들』, 영림카디널, 2004.
하야시 미나오, 이남규 옮김, 『고대 중국인 이야기』, 솔, 2000.
한청훤, 『차이나쇼크, 한국의 선택』, 사이드웨이, 2022.
홉스봄, 이용우 옮김, 『극단의 시대: 20세기 역사』, 까치, 1997.
梁啓超, 『先秦政治思想史』, 中華書局, 2015.
余英時, 『士與中國文化』, 上海人民出版社, 2003.
汪暉, 『現代中國思想的興起』, 北京: 三聯書店, 2004.
陳來, 古代宗教與倫理, 三聯書店, 1996.

Arthur H. smith, *Chinese Characteristics*, 上海三聯書店, 2007.

David W. Pankenier, "A Brief History of Beiji(Northern Culmen), with an Excursus on the Origin of the Character di", *Journal of the American Oriental Society* Vol.124, 2004.

David W. Pankenier, "The Cosmo-political Background of Heaven's Mandate", Early China Vol.20, 1995.

James Pusey, *Lu Xun and Evolution*, New York University, 1998.

Joseph, Levenson, *Confucian China and Its Modern Fate*, Uni. of California Press, 1968.

Maddison, *Contours of the World Economy 1-2030 AD*. New York: Oxford University Press, 2007.

Mark Edward Lewis, *Sanctioned Violence in Early China*, State University of New York Press, 1990.

Sarah Allan, "On the Identity of Shangdi(上帝) and the Origin of the Concept of a CelestialMandate(Tian Minh. 天命)", Early China Vol.31, 2007.

Tang Xiabing, *Global Space and Nationalist Discourse of Modernity: The Historical Thinking of Liang Qichao*, Stanford University, 1996.

Tomas Huxly, *Evolution and Ethics And Other Essays*, Macmillan And Co, 1894.

Yuri Pines, *Foundations of Confucian Thought_Intellectual Life in the Chunqiu Period, B.C.E 722-453*, University of Hawaii Press, 2002.

찾아보기

ㄱ

갑골문 38, 40, 42, 44, 45, 47, 161, 162, 167, 185, 254, 256, 318
강원姜嫄 38, 54
겸애兼愛 232, 233, 239, 244, 256
경로 의존성 9, 21, 372, 374
계년繫年 66, 71~73, 173
고점리高漸離 294
고토 회복 20, 304, 321, 324, 326, 330, 377
공자孔子 14, 89, 275
공자세가孔子世家 187, 276
관안열전管晏列傳 112, 114, 360
관자管子 133, 146, 148, 150, 186
관중管仲 5, 15~17, 83, 101, 104, 107, 108, 110, 112~116, 119, 120, 122, 123, 213, 226, 228, 229, 256, 263, 273, 281, 282, 285, 288, 289, 294, 351, 352, 358~361, 376
관중의 힘管仲之力 147, 185, 186, 189, 195, 197
국어國語 68, 75, 76, 78, 95, 97, 98, 102, 113, 115, 147, 186, 344
군신유의君臣有義 19, 255, 258
군의신행君義臣行 261
군현제 152, 210, 228
궈머뤄郭沫若 48
권도權道 191, 192, 194

규구葵丘 회맹 83, 150
규범 13~16, 186, 198, 247, 349, 361, 362, 367, 368, 370, 372~374, 376~379, 381
균분均分 187, 238
금등金縢 174, 177, 180
김정렬 59, 170
꽌시 9, 19, 296, 377

ㄴ

논어論語 15, 140, 157, 169~171, 173, 181, 186~191, 193, 197, 198, 277, 278
농전農戰 사회 213

ㄷ

대고大誥 35, 36, 174
대동세계 129, 244, 246, 249, 250, 252
대외 정복 전쟁 55, 58, 246
대의명분 146, 294
대일통大一統 21, 247, 350~352, 359, 361, 363, 365, 366, 368, 379, 380
덕치德治 12, 15, 60, 102~104, 127, 130, 159~161, 181, 185, 188, 196, 210, 233, 257, 283, 341, 348, 350, 353, 354, 356, 375, 379
도교 168
도철문 166
동북공정 365
동중서董仲舒 17, 218, 219, 228

동천東遷　20, 66~68, 70, 73~81, 86~89, 103, 107, 335
동호　20, 300, 302~304, 306, 311, 312, 317, 318, 320~322, 325, 326, 330, 377
두 중국　13, 21, 368, 370, 375, 380
딜레마　51, 188, 195, 367, 370, 378, 380, 381

ㄹ

량치차오梁啓超　370, 371, 373~375, 379
루쉰魯迅　29, 31, 65, 375
류쩌화　42
리펑　33, 59

ㅁ

마스페로Maspero　57
마크 에드워드 루이스　339, 340, 343, 352, 366
만리장성　19, 296, 300, 320, 324, 377
맹상군孟嘗君　285, 286
맹자孟子　16, 148, 149, 150, 186, 192, 193, 206, 208, 220~227, 229, 230, 233, 234, 236, 237, 244, 245, 253, 281, 345, 346, 349, 355, 360, 376
명덕신벌明德愼罰　116, 127, 175, 270, 276
모공정毛公鼎　87, 88
무왕武王　10, 29~32, 34~36, 39, 46~48, 52, 57, 78, 93, 95, 116, 151, 173, 177~179, 198, 245, 246, 254, 258, 273, 306, 353
무위지치無爲之治　159~161, 185
묵자墨子　231~234, 238, 239, 244, 248~251, 255, 256, 376
문왕文王　10, 30~32, 34, 36, 46, 49, 52, 54, 57, 87, 93, 94, 115~117, 138, 150, 157, 158, 169, 173~177, 198, 245, 253, 254, 273, 277, 341, 349, 354, 356
민생　13, 60, 86, 99, 102, 103, 147, 185, 187, 199, 263, 267~269, 283, 373, 380
민생경제　15, 123, 134, 185, 226, 351, 352

ㅂ

반간계反間計　146
백이伯夷　30, 31, 34, 77, 78, 255, 295, 313, 342, 360
법가　206, 208, 238, 283, 360
법치　102, 217, 239, 274, 276, 280~283, 336, 374, 377
벤자민 슈워츠　42, 55, 103
변법變法　18, 205, 206, 207, 210~214, 216, 218, 219, 231, 233, 234, 282, 351, 359, 376, 377
보은　285, 289, 290, 294
보편사　20, 21, 362, 365, 366, 368, 369, 378
복사卜辭　40, 44, 48
본기本紀　340, 342, 348, 352, 359
봉건제　51, 58, 60, 143, 211, 375
봉선서封禪書　82, 350
부국강병　22, 90, 102, 104, 110, 137, 152, 195, 205, 211, 376
북극성　12, 15, 37, 103, 127, 143, 159~162, 164~168, 185, 195, 197, 239, 341, 347, 375

분서焚書　336~338, 347

ㅅ

사기史記　8, 12, 20, 21, 57, 66~72, 74~77, 80, 81, 98, 112, 114, 168, 187, 203, 205, 276, 289, 306, 307, 310, 311, 313, 317, 319, 327, 329, 338~341, 343, 344, 346, 349, 350, 352, 353, 359~362, 364, 366, 368, 378, 380

사농공상　119, 123, 124, 126, 144, 213

사마무편종司馬楙編鐘　94

사마천司馬遷　8, 12, 20, 21, 67, 77, 81, 83, 114, 123, 168, 203~205, 207, 213, 217, 221, 282, 289, 292, 294, 295, 300, 303, 304, 337, 338, 341~344, 346~349, 351, 352, 355, 357, 358, 360, 361, 363, 364, 366, 368, 378, 380

사백師伯　75~78, 89

사속私屬적 관계　19, 111, 258, 285, 286, 288~290, 292~294, 361

사순궤師詢簋　87

사인 사회　124~126, 135, 142, 144

사장반史牆盤　53, 54, 57, 88

3국 5비제　140, 152, 210

삼황오제三皇五帝　209, 210, 344

상고시대　12, 209, 247, 343~345, 347

상군서商君書　211, 212

상나라　9, 10, 11, 29~32, 34~36, 38~40, 44~46, 48, 50~52, 55, 56, 97, 161, 162, 167, 169, 170, 172, 174~178, 197, 198, 253~255, 258, 314, 318, 353, 369, 375

상서尙書　10, 15, 35, 52, 159, 164, 173, 174, 180, 245, 250, 258, 277

상앙商鞅　17, 205, 209~212, 214~216, 218~222, 228, 229, 231, 233, 234, 238, 239, 245, 282, 285, 288, 351, 359, 376

상제上帝　10, 11, 32, 36~44, 46, 47, 49, 51, 53, 54, 57, 60, 81~83, 97, 100, 103, 116, 161, 162, 168, 204, 338, 356, 369, 375

상제명上帝命　35~37, 50

상주商周 전환　10, 167

생산적 직분사회　15, 126, 131, 136, 137, 139, 144, 213, 376

생존공동체　18, 126, 284

서백西伯　354

서주시대　12, 57, 59, 79, 81, 83, 85, 88~91, 93, 94, 98, 100, 101, 103, 113, 127, 129, 130, 156, 168, 171, 173, 246, 254, 257, 270, 277, 353, 372

선양禪讓　208, 247, 251, 252, 340, 341, 353

선왕宣王　11, 15, 41, 49, 52, 57, 67, 68, 75, 87, 88, 93, 116, 175, 176, 179, 180, 206, 338

선진정치사상사先秦政治思想史　373, 374

섭정　35, 174, 177~180, 289, 290, 292, 319

성강지치成康之治　55, 246

성선설　236~238

성악설　236~238

성왕成王　10, 34, 35, 49, 52, 57, 78, 84, 91~93, 97, 98, 100, 173, 174, 177~179, 190, 209, 245, 246, 251, 254, 264, 280, 341, 344, 359

세가世家　340

세력 균형 18, 79, 83, 208, 212, 378
소강小康 245, 246, 250, 252, 253
소고召誥 52, 174
소왕昭王 53, 55, 115, 116, 300, 302, 306, 307, 311, 312, 314, 319, 328, 338, 359
소호少昊 81, 98, 345
소홀召忽 108, 109, 182, 183
수기안인修己安人 160, 161, 195
수전제授田制 15, 17, 132, 216, 228, 235, 240, 283, 336, 376, 378
숙이종叔夷鐘 96, 97
순임금 159, 160, 251
순자荀子 17, 206, 207, 217, 234, 238, 239, 240, 252, 256, 276, 282, 284, 336, 376
시경詩經 10, 11, 33, 38, 52, 54, 86, 127, 130, 131, 155, 222, 266
시라카와 시즈카 41, 256
신념의 정치 16, 229
신릉군信陵君 285, 287
신석기문화 164
십이제후연표十二諸侯年表 203
씨족사회 18, 107, 118, 125, 126, 256, 257, 269, 273

ㅇ

엘리아데Eliade 43, 48
여씨춘추呂氏春秋 68
여왕厲王 57, 60, 67, 74, 126, 170
역사 만들기 339, 365, 371
역사공동체 20, 344, 362, 365, 378, 380
역성혁명 34, 36, 90, 169
연 장성 308, 312, 317, 323

열국 83~85, 90, 94, 95, 97~101, 104, 107, 111, 116, 117, 126, 132, 144~147, 152, 155, 171, 181, 190, 195, 198, 210, 234, 253, 257, 293, 344, 356, 369
열전列傳 294, 340, 342, 343, 352, 353, 360, 361, 366
예기禮記 244, 248~250, 272, 338
예악문화 11, 14, 30, 170, 171, 173, 190, 198, 280, 351, 352, 368
예양豫讓 289, 291, 295
예의 규범 15, 137, 149, 151, 369
예제 198, 238, 244, 270, 280, 347
오성취五星聚 10, 33, 34, 36, 52, 156, 355
왕도王道 16, 22, 29~31, 54, 208~210, 222~225, 228, 229, 233, 234, 283
요순시대 247, 250~252, 342
요임금 158, 159
욕구 충족 15, 21, 130, 131, 135, 136, 144, 211, 235, 236, 243, 256, 273, 281, 367
우공9주禹貢九州 346
우임금 160, 251~255, 258, 341, 346
우주 정치 11, 14, 41, 42, 44~46, 48, 50, 58, 60, 83, 99, 101
운명공동체 111, 112, 285
위魏 혜왕惠王 205, 211, 221
유왕幽王 12, 65~70, 72, 73, 75~78, 89, 138, 348, 353
육국 17, 18, 203~206, 208, 219, 220, 230, 292, 336, 337, 343, 359, 378
육국연표六國年表 203
의례 개혁 11, 56, 170~173, 190, 198
의리 공동체 110, 361

찾아보기 391

의리義利 18, 342, 377
의리의 세계관 289, 294, 374
이궤利簋 31, 32, 35
이리두二里頭 253, 346
이사李斯 285, 288, 294, 351
26사 362, 364
이회李悝 216, 351, 376
인간세계 21, 343, 352, 353, 358~361, 366
인문주의 10, 14, 22, 38
인문화 10, 101, 102, 197

ㅈ

자객열전刺客列傳 289, 292, 294, 361
자공子貢 183, 184, 188, 189, 198
자로子路 183, 184, 188, 189
자범子犯 91, 92, 95, 264, 265
자산子産 101, 102, 133, 216, 263, 268, 274, 276, 376
작위제 239, 283, 336, 378
장광즈張光直 10, 40~42, 166
장웨이웨이張維爲 372, 373
전국시대 16, 19, 29, 68, 71, 75, 78, 85, 95, 98, 102, 104, 196, 203~206, 208, 212, 216, 221, 223, 228, 229, 231~234, 236, 238, 240, 244, 246, 247, 272, 282, 285, 287, 299, 300, 303~305, 308, 312, 315, 318~322, 324, 329, 338, 343, 344, 361, 377
전쟁국가 18, 210~212, 219~222, 229, 231
전제專諸 289, 290, 292
정전제井田制 17, 208, 218, 219, 225, 227~229
정체성 12, 14, 20, 95, 98, 111, 211, 282, 329, 335, 337, 344, 346, 378
정치공동체 12, 16, 60, 142, 143, 149, 233, 238, 273, 326, 346, 375, 376
제 환공桓公 83, 85, 93, 107, 110, 126, 150, 171, 181, 182, 222, 223, 274, 289, 293, 313, 358, 371, 376
제사 11, 32, 39~47, 58, 77, 80~83, 86, 90, 91, 96, 99~101, 116, 120, 124~126, 128, 129, 132, 133, 148, 150, 151, 156, 166, 172, 177, 178, 180, 185, 186, 191, 197, 198, 204, 250, 257, 263, 264, 266, 267, 349, 356, 357
제태공세가齊太公世家 114, 313
조 장성 19, 300~302, 306, 308, 309, 321, 326
조말曹沫 289, 292, 294
조상 만들기 97, 98, 100, 344, 356
조상신 11, 12, 39, 41~46, 60, 82, 161, 162, 178, 375
조선 20, 306, 312, 317~320, 322, 323, 327, 328, 377
존립기반 322, 338, 343, 346, 350, 352, 361, 364
존왕양이尊王攘夷 83, 93, 95, 107, 185
종법질서 11, 58, 86, 125, 198, 259, 273, 368, 376
주공周公 14, 30, 35, 56, 99, 169, 170, 173~181, 185, 186, 190, 195, 197, 245, 277, 356~358, 372
주공의 덕 15, 169, 176, 177, 180, 185, 186, 195, 197

주례周禮 14, 56, 170, 173
죽서기년竹書紀年 33, 66, 68, 71~74, 77, 252, 355
중국역사연구법中國歷史研究法 373
중도 192, 194, 195
중앙집권 국가 16, 139, 143, 210, 257, 273, 274, 276, 280, 335, 376, 379
중앙집권적 군주제 15, 139, 143, 212, 231, 232, 374, 376, 378, 380
중용 76, 116, 188, 192, 194
증후여편종曾侯與編鐘 94
진 문공文公 83, 85, 92, 95, 102, 152, 171, 210, 222, 259, 265~267, 285, 371
진 장성 20, 300, 301, 305, 321, 326, 328
진 효공孝公 89, 209~211, 213, 222, 285, 359
진공분晉公盆 92
진공종秦公鐘 80, 90
진승陳勝 282, 337, 360, 361
진시황秦始皇 12, 17, 20, 146, 168, 279, 282, 285, 292, 293, 300, 305, 319, 320, 322, 324, 331, 335, 337~339, 341, 343, 359, 369, 376

ㅊ

차등질서 12, 16, 116, 127, 130, 136, 137, 143, 168, 198, 232, 239, 280, 348, 352, 374, 375
천관서天官書 168, 350, 355
천망궤天亡簋 32, 33, 35, 36, 46, 47
천명天命 9, 10, 12, 13, 15, 21, 22, 29~37, 43, 45, 50~52, 54, 56, 57, 60, 65, 74, 76, 78, 80, 81, 83, 85~87, 89, 90, 92~ 97, 99~101, 103, 104, 116, 127, 155, 156, 158, 167~170, 174, 176, 179, 181, 197, 199, 205, 229, 232, 233, 257, 258, 328, 338, 342, 348, 352, 354~356, 362, 368, 369, 375, 376, 378, 379
천명의 다원화 90, 95, 100, 103, 155
천자 질서 231, 233, 240, 247~249, 379
천자天子 11, 13, 52, 54, 55, 57, 72, 78, 79, 82, 83, 85, 90~92, 99, 104, 143, 149, 168, 171, 182, 184, 186, 195, 229, 231~233, 239, 246~250, 257, 335, 336, 350, 357, 358, 368, 369, 371, 376, 379
천하 제국 346
천하 질서 107, 185, 196, 197, 199, 226, 231, 335, 371~373, 376
천하위공天下爲公 247, 368, 380
청사고淸史槁 362, 364
초 장왕莊王 84, 85, 102, 222, 260, 261, 285
최고신 10, 36, 38~43, 47, 49, 51, 82, 83, 87, 155, 161, 162, 167, 168, 369, 375
춘추시대 11, 12, 14, 15, 71, 74, 77~79, 83, 85, 89, 90, 92, 94, 95, 97, 98, 100~104, 107, 109, 116, 117, 126, 130, 132, 137, 143, 147, 151, 155, 156, 171, 173, 181, 184, 186, 188, 189, 198, 203, 204, 206, 209, 210, 213, 222, 223, 226, 231, 246, 247, 259, 262, 263, 265, 267, 270, 271, 273, 274, 277, 278, 284, 288, 305, 312, 313, 335, 342, 344, 356, 358, 371, 376
춘추좌전春秋左傳 84, 85, 95, 97, 102, 114, 138, 147, 173, 186, 188, 255, 258,

263, 284

ㅋ
크릴Creel 9

ㅌ
탕왕湯王 65, 96, 176, 253, 254, 353
토지신 82, 99

ㅍ
팔켄하우젠Falkenhausen 56, 57, 170
패도覇道 16, 209, 223, 226, 229, 360
팬케니어Pankenier 33, 162
평왕平王 66, 68, 70, 72, 73, 78, 80, 95, 359
평원군平原君 285, 287
평준서平準書 351
포사褒姒 65~67, 69, 77, 353
포숙鮑叔 108, 110~113, 115, 183, 184, 288, 360, 361

ㅎ
하나라 176, 251~253, 255, 341, 346, 353
하준何尊 34, 35, 48
한비자韓非子 117, 234, 235, 238, 252, 311, 376
현실주의 16, 166, 359, 360, 376, 380
형가荊軻 289, 292, 293
화식열전貨殖列傳 294, 329, 361
황제黃帝 12, 20, 81, 82, 98, 100, 199, 283, 328, 340, 343, 344, 346, 359, 362, 369, 378
회맹질서 83, 93, 95, 147

후직后稷 38, 53, 54, 56, 57, 173
흉노 19, 300~305, 309, 318, 320~322, 324~326, 328, 330, 351, 377

이종민

서울대 중문학과 박사. 중국문명연구자. 한밭대·경성대 교수, 홍콩영남대·북경수도사범대 방문학자, <중국의 창> 편집인 역임. 한국 표준의 중국 시각 정립을 목표로 '세계사 속의 중국 이야기' 저술을 하고 있다. 이 책은 그 첫 번째 저작이며, 앞으로 <사피엔스 길들이기: 제자백가의 위대한 혹은 무모한 도전>, <유라시아 속의 중국: 통일-분열의 순환 서사를 넘어>, <상상의 제국: 량치차오와 중국의 국가 정체성>, <중화인민공화국: 제국의 재건과 서구 문명에의 도전>이 이어질 것이다. 그간 쓴 책으로 『역사의 거울로 보는 시진핑 시대 중국과 그 딜레마』, 『중국이라는 불편한 진실』, 『흩어진 모래-현대 중국인의 고뇌와 꿈』, 『글로벌 차이나』 등이 있고, 역서로 『진화와 윤리』, 『구유심영록』, 『신중국미래기』, 『중국소설의 근대적 전환』 등이 있다. 시집으로 『길이 열렸다』, 『눈사람의 품』을 출간하였다.

문명 중국, 현실 중국
중국을 보는 패러다임의 대전환

초판 1쇄 인쇄 2024년 9월 20일
초판 1쇄 발행 2024년 9월 30일

지은이 이종민
펴낸이 이대현

편집 이태곤 권분옥 임애정 강윤경
디자인 안혜진 최선주 강보민 | **마케팅** 박태훈 한주영
펴낸곳 도서출판 역락 | **등록** 1999년 4월 19일 제303-2002-000014호
주소 서울시 서초구 동광로46길 6-6 문창빌딩 2층(우06589)
전화 02-3409-2060(편집부), 2058(영업부) | **팩스** 02-3409-2059
전자우편 youkrack@hanmail.net | **홈페이지** www.youkrackbooks.com

ISBN 979-11-6742-866-0 93300

책값은 뒤표지에 있습니다.
파본은 구입처에서 교환해 드립니다.